은퇴가
없는 나라

은퇴가 없는 나라
국가경제를 이모작하라

2013년 2월 22일 초판 1쇄 발행
2019년 7월 12일 초판 8쇄 발행

지 은 이 | 김태유
펴 낸 곳 | 삼성경제연구소
펴 낸 이 | 차문중
출판등록 | 제1991-000067호
등록일자 | 1991년 10월 12일
주   소 | 서울시 서초구 서초대로74길 4(서초동) 삼성생명서초타워 30층
전   화 | 02-3780-8153(기획), 02-3780-8084(마케팅), 02-3780-8152(팩스)
이 메 일 | seribook@samsung.com

ⓒ 김태유 2013
ISBN | 978-89-7633-451-0 03330

- 저자와의 협의에 의해 인지는 붙이지 않습니다.
- 이 책은 저작권법에 따라 보호받는 저작물이므로 무단전재와 무단복제를 금지하며,
  이 책 내용의 전부 또는 일부를 이용하려면 반드시 저작권자와 삼성경제연구소의
  서면동의를 받아야 합니다.

- 가격은 뒤표지에 있습니다.
- 잘못된 책은 바꾸어 드립니다.

> 삼성경제연구소 도서정보는 이렇게도 보실 수 있습니다.
> 홈페이지(http://www.seri.org) → SERI 북 → SERI가 만든 책

| 국가 경제를 이모작하라 |

은퇴가 없는 나라

:: 김태유 지음 ::

삼성경제연구소

책을 내며

 돛단배에 몸을 싣고 거친 파도를 가르며 대서양을 횡단한 콜럼버스의 항해(1492년)는 소년시절 필자에게 큰 감동을 준 이야기였다. 그때는 몰랐지만, 이 항해는 서유럽 국가들이 오대양육대주의 실질적 지배자로 군림하리라는 것을 세상에 알리는 신호탄과도 같은 역사적 사건이었다. 그런데 초등학생이던 필자가 아무리 생각해도 이해할 수 없었던 것은 콜럼버스가 돛단배를 타고 "역풍을 거슬러 항해했다"는 대목이었다. 학업성적도 신통치 않은데 엉뚱한(?) 질문이나 해서 수업을 방해하는 아이로 여겨지던 터라 삼각돛의 원리를 학교 선생님께 질문하기까지는 상당한 용기가 필요했건만, 성과는 없었다.
 저녁상을 물리고 나서 아버지께 삼각돛의 원리를 묻는 일이 여러 번 계속되었다. 토목공학을 전공한 아버지였지만 베르누이의 정리(Bernoulli's theorem)에 의한 양력(Lift, 揚力)의 원리를 어린 아들에게 이해시키는 것은 애당초 불가능한 일이었는지 모른다. 삼각돛이 역풍을 거슬러 가는 것과 비행기가 하늘로 떠오르는 것이 같은 원리라는 것조차 이해할 수 없었다. 삼각돛의 원리와 비행기의 양력을 실험

한답시고 나무껍질 돛단배와 수수깡 비행기를 만들 때 곁에서 도와주며 용기를 북돋아주던 어머니의 자애로운 미소만이 낡고 퇴색된 흑백사진처럼 드문드문 필자의 뇌리에 남아 눈시울을 뜨겁게 할 따름이다. 비록 삼각돛의 원리는 이해하지 못했지만 "역풍의 힘으로 역풍을 거슬러 갈 수 있다"는 사실만큼은 어린 필자에게도 전율을 느낄 정도의 생생한 감동으로 각인되어, 오늘날까지 그것을 인생의 좌우명으로 삼고 있다.

필자는 '국가발전과 국민행복'을 화두로 삼아 평생을 정책연구에 전념해왔으며, 인구 고령화 문제의 해결책을 찾고자 도전해왔다. 그것은 이 시대에 태어난 정책연구자로서 필자에게 주어진 시대적 소명처럼 느껴졌다. 오복(五福) 중의 으뜸이자 인류의 가장 오랜 꿈이던 수명연장(壽)이, 영양 및 위생상태 개선과 의약발전 같은 현대 산업기술 문명의 가장 빛나는 성과 중 하나임에는 의문의 여지가 없다. 그러나 순수하게 경제적 측면에서만 본다면 수명연장은 썩 달갑잖은 부담의 증가이며, 준비되지 않은 개인이나 사회에는 도리어 재앙일 수 있다.

세계에서 고령화가 가장 빠르게 진행되고 있는 우리나라는 당장 필요한 복지재원의 규모만 해도 우리 경제가 감내하기에는 힘겨운 수준이다. 게다가 국민소득이 아직 2만 달러에 불과해 국민소득 4만 달러대의 선진국과 비교하면 절반의 성공에 그친다. 미래 국가발전을 위한 투자재원도 부족한 형편이기 때문에 복지재정 부담은 더욱 힘겨운 시련으로 다가올 수밖에 없다. 그래서 국가와 민족의 미래를 걱정하는 지성인들이 복지 논쟁에 뛰어든 지 오래건만, 명쾌한 해결책은 제시되지 않고 있다.

국가와 민족의 미래를 위한 투자재원 부족, 고령층과 소외계층을 위한 복지재원 부족이라는 2가지 난제는 어느 하나를 희생하지 않고는 결코 다른 하나를 얻을 수 없는 난해한 방정식이다. 그렇다고 해서 허리띠를 졸라매고 피땀 흘려 '무'에서 '유'를 창조한 자랑스런 대한민국 국민에게 또다시 일방적 희생을 강요함으로써 이 난제를 해결하려는 시도는, 해서는 안 되는 일일뿐더러 또 그렇게 한다고 해서 꼭 해결될 일도 아니다. 우리가 가진 모든 경제적 역량을 총동원하고 아무리 꼼꼼히 따져보아도 그런 거액의 재원을 당장 걷어낼 방법이 없다.

이런 상태가 그대로 방치될 경우 우리는 결국 국민복지를 포기하든지 아니면 국가발전을 포기하든지 하는, 양자택일의 힘든 선택을 강요받는 벼랑 끝으로 내몰릴 수밖에 없다. 그러나 국가발전과 국민복지 모두 결코 포기하지 않겠다는 것이 대한민국 국민의 확고한 의지 아니던가.

해답을 찾지 못해 실망을 거듭하며 정책연구자로서 자괴감에 빠져 있던 어느 순간, 언뜻 필자의 뇌리를 스치는 것이 있었으니, 바로 '역풍의 힘으로 역풍을 거슬러 항해하는 삼각돛의 원리'였다. 그렇다! 고령화 문제는 고령자의 힘을 이용해 해결하는 것밖에는 다른 방책이 있을 수 없다.

이 책은 고령화라는 역풍의 힘을 추진력 삼아 오늘 우리 사회가 직면한 역풍을 거슬러 전진하는 미래의 '선진국 대한민국호'에 필요한 삼각돛의 비밀에 관한 책이다.

필자가 평생 연구해온 국가발전의 기본원리를 체계적으로 정리해보고자 2006년 새해 첫날부터 입산수도의 자세로 연구실에 파묻혀 보낸 세월이 만 7년이 되었다. 젊은 날 공학도에서 경제학자로 변신하는 데 5년이 걸렸으니, 5년이면 충분할 줄 알았던 연구저술 작업은 아직도 갈 길이 멀다. 이 책이 출간되면 이제 80% 정도 마치는 셈이니 '십년 공부'라는 말이 그래서 생겼나 보다.

공학에서 경영과학으로 또 경제학에서 역사학까지 학문의 벽을 넘나들며 오직 하나의 화두에 집중해 부족하나마 혼신의 힘을 다해 체득한 원리를, 나와 같은 관심사를 가진 동료들과 나누고 또 나와 같은 길을 걸을 후학들을 위해 기록으로 남겨보겠다는 소박한 꿈을 가지고 시작한 일이다. 좀 더 욕심을 부린다면 여러 뜻있는 분들의 건설적인 비판과 조언이 더해져 부족한 부분을 채우게 되고, 또 실천 가능한 세부 정책이 보완되어 대한민국이 선진국으로 도약하는 데 일조할 수 있다면 더 바랄 나위 없을 것이다.

오랜 세월 동안 1년이면 340일을 연구에만 전념할 수 있도록 내 육신과 영혼을 보살펴준 아내에게 이 기회를 빌려 감사를 전한다. 학업으로 바쁜 중에도 귀한 시간을 할애해 궂은일을 도맡아준 숨은 공로자 나준호 씨의 도움이 없었다면 이 책의 완성은 기약할 수 없었을 것이다. 마지막으로 이 책이 출간될 수 있도록 배려해준 삼성경제연구소의 여러분에게 고마움을 전한다.

2013년 2월 관악에서

김태유

| 차 례 |

책을 내며 • 4

Executive Summary | 고령화와 그 해법에 관한 10가지 질문과 답 • 12

Prologue
고령사회의 성장해법, '이모작 경제'에 있다

경제성장은 여전히 중요하다 • 56
경제성장을 가로막는 신(新)맬서스 트랩 • 60
신맬서스 트랩을 넘어서려면 '재산업화'가 필요하다 • 65
재산업화의 첫걸음, 청년층을 '제조업'으로 보내라 • 68

1장
'고령화' 쓰나미, 전 지구를 뒤흔들다!

Intro • 74
1 | 늙어가는 일본, 길을 잃다 • 76
2 | 고령화, 일본만의 문제가 아니다 • 93
3 | '고령화'는 '기후변화'보다 심각한 글로벌 이슈 • 105

2장
고령화·저성장의 다음 희생양은 누구인가?

Intro • 110
1 | 한국은 이미 늙었다! • 112
2 | 고령화의 충격, 저성장의 늪! • 122

3장
한국의 고령화 정책, 무엇이 문제인가?

Intro • 144
1 | 저출산 대책, 쏟아 부은 돈만큼 효과 있을까? • 147
2 | 여성과 외국인노동자 활용의 딜레마 • 157
3 | 고령자 정책, 제대로 가고 있나? • 165
4 | 다시, 문제는 국가의 가치창출 능력! • 181

4장
'고령 복지사회'에서 '일하는 건강한 고령사회'로

Intro • 192
1 | 인생이 길어진다. '100세 시대'가 온다! • 195
2 | 미래는 평생학습시대! • 204
3 | 노년기, 새로운 행복의 조건 • 211
4 | 고령화의 덫, 그러나 활로는 있다 • 228

5장
직업적성에 맞춰 이모작 직업으로 갈아타기

Intro • 246

1 | 연령별 생산성 저하, 분야마다 다르다 • 252
2 | 왜 연령별 생산성 패턴이 분야마다 다를까? • 264
3 | 연령별 생산성 저하, 막을 방법은 없을까? • 277

6장
국가 차원의 연령별 분업체계 만들기

Intro • 294

1 | 겉만 화려한 고령자 고용실태 • 296
2 | 고령자 고용정책의 현황과 문제점 • 302
3 | '생산적 고령화' 관점에 해법 있다 • 311

7장
이모작 분업체계의 경제적 효과 시뮬레이션

Intro • 334

1 | 연령별 분업 시뮬레이션의 가정과 방법 • 337
2 | 연령별 분업이 가져다줄 성과 시뮬레이션 • 349

8장
미래 고령화 정책, 이렇게 업그레이드하라

Intro • 378
1 | 고학력 장년층에 대한 이모작 정책 • 387
2 | 저학력 고령층을 대상으로 한 이모작 정책 • 414
3 | 청년층을 위한 일모작 교육 정책 • 422

Epilogue
이모작 인생,
국가와 개인 모두가 행복해지는 길

Intro • 438
1 | 개인도 행복해지고 국가도 부강하려면? • 440
2 | 이모작 인생이 실패할 수 없는 3가지 이유 • 450
3 | 삶의 시계를 '이모작 인생기'에 다시 맞춰라 • 463
4 | 국가는 멋진 이모작 인생의 파트너 • 470

참고문헌 • 473

▮ Executive Summary ▮

고령화와 그 해법에 관한 10가지 질문과 답

이 책은 이미 돌이킬 수 없는 저출산·고령화의 흐름 속에서 한국이 어떻게 성장기조를 유지하며 선진국으로 도약할 수 있을지 진지하게 고민한 결과물이다. 고령화는 인류 역사상 처음 겪는 사회경제 차원의 거대한 쓰나미다. 지금 그것은 인간의 생산과 소비에 관한 근본적 패러다임 변화를 요구하고 있다. 따라서 단편적이고 소극적인 기존의 대응방식으로는 고령화 문제를 결코 풀 수 없다. 우리보다 먼저 고령화가 진행된 선진국 사례를 살펴보면 이 점은 더욱 분명해진다. 그러나 고령시대에 걸맞은 새로운 사회경제체제를 설계하고 이를 잘 구현해낸다면, 역풍을 거슬러 전진하는 삼각돛처럼 고령화라는 시대적 역풍을 지속적인 성장동력으로 바꿀 수 있다.

고령사회에서도 일반적 상식을 뛰어넘어 지속성장을 이룰 수 있는 발상의 전환이란 무엇인가? 역설적이게도 그 해법은 바로 늘어나는 수명 자체에 있다. 인간수명의 물리적 연장에 따라 생산활동에 참여할 수 있는 경제적 수명 또한 크게 늘어나고 있다. 즉 현대의 고령자들은 역사상 어떤 시대의 고령자들보다 건강하고 많은 경험과 경륜을 쌓았으며, 높은 직업적 소명의식까지 갖추고 있다. 이처럼 우수한 인적자원인 현대의 고령자들을 단순히 복지대상으로만 방치하지 말고 보다 적극적인 생산주체로서 경제활동에 참여할 수 있게 해주자는 것이다.

평균적으로 볼 때 고령자는 청장년층보다 생산성이 낮다는 것과 고령층 고용증대나 정년연장 노력이 자칫 청년층의 실업을 야기할 수 있다는 현실적 딜레마를 극복하는 것이 문제 해결의 핵심이다. 이런 측면에서, 필자가 제안하는 '연령별 분업에 기초한 이모작 사회 건설'은 고령자의 생산성 높이기와 세대 간 일자리 경쟁 문제를 동시에 해결하면서 고령층의 고용증대를 국가 전체의 생산성 및 총생산 증가로 연결시키는 묘수가 될 것이다.

필자가 이 책에 담으려는 내용은 고령화의 현황과 문제의 심각성, 현행 정책의 한계, '일하는 건강한 고령자사회'라는 미래 지향점과 이를 달성하기 위한 차별적 방법론인 '연령별 분업에 기초한 이모작 사회 건설'의 이론적 배경과 실질적 정책과제, 이를 실현시킬 때 누릴 수 있는 경제적 효과 등이다. 그리고 특별히 여기서는 책의 전체 내용을 관통하는 질문 10개를 중심으로 핵심 아이디어들을 정리한다. 이로써 현재 우리나라에 '연령별 분업에 기초한 이모작 사회' 정책을 꼭 도입해야 할 이유가 무엇인지, 이를 실제로 어떻게 구현할 수 있을지에 대해 독자들이 쉽고 빠르게 이해하는 데 도움이 되기를 기대한다.

Q1 고령화, 무엇이 문제인가?

A 인구 고령화가 경제 고령화를 불러온다!

잘 알려진 대로 한국은 세계에서 고령화가 가장 빨리 진행되는 나라다. 프랑스, 독일, 영국, 이탈리아 등 선진국들은 고령화사회(고령자 비율 7%)에 진입한 후 고령사회(고령자 비율 14%)를 거쳐 초고령사회(고령자 비율 20%)까지 가는 데 80~150년이라는 긴 시간이 소요되었다. 고령화가 매우 급격히 진행되었다고 평가받는 일본조차 36년이 걸렸다. 그러나 한국은 2000년 고령화사회에 진입해 그 후 불과 26년 만인 2026년에 초고령사회로 접어들 전망이다. 앞으로 15년쯤 후면 인구 5명 중 1명이 고령자인 시대를 맞게 되는 것이다.

현재의 고령화 추세가 지속되면 청장년층의 고령층 부양부담이 매우 커진다. 고령자부양비율(=65세 이상 고령인구/15~64세 생산가능인구×100)은 2010년 15.2였지만, 2020년 22.1을 거쳐 2040년에는 57.2까지 가파르게 상승할 전망이다.[1] 2010년에는 생산가능인구(15~64세) 100명이 고령자 15.2명을 부양하면 되었지만, 2040년에는 그 부양부담이 57.2명으로 4배 가까이 늘어나는 것이다.

이처럼 향후 고령화가 빠르게 진행되면 한국에는 무슨 일이 벌어

---

1 통계청(2010. 9), "2010 고령자 통계"

질까? 다양한 경제사회적 변화가 나타나겠지만 그중 가장 우려되는 일은 경제활동인구 감소에 따른 생산위축이다. 고령화가 진전되면 15~64세 생산가능인구가 날이 갈수록 줄어든다. 보다 현실적으로 노동시장의 주력 부대인 25~54세 실질생산가능인구는 이미 2009년 2,433만 명을 기점으로 감소세로 돌아서, 2010년에는 2,431만 명이 되었다. 경제활동 주력 연령대의 절대인구 자체가 크게 줄어들면 산업 생산활동은 자연히 큰 타격을 입을 것이고, 국가의 가치창출 능력 또한 위축될 수밖에 없다.

한편 수명연장과 고령화에 따라 사회 전체적으로 비생산적 소비나 복지지출은 크게 늘어난다. 비생산적 지출 항목의 대표적인 예로는 '의료비'를 들 수 있다. 물론 의료비는 아픈 몸을 낫게 함으로써 경제활동을 가능케 하는 생산적 측면도 있다. 그러나 의료비 지출 증가, 특히 고령자들에 대한 의료지출 증가는 순수하게 경제적 측면만 놓고 보자면 미래에 경제활동인구를 늘리기보다는 부양대상인구를 훨씬 더 늘린다. 따라서 이는 생산적 지출이 아니라 비생산적 지출인 셈이다. 인구구조 변화는 바로 이런 의료비 지출을 크게 늘릴 것이다. 보건복지부의 추계에 따르면 이미 2009년 73.7조 원(GDP 대비 6.9%)까지 증가한 국민의료비는 2020년 256조 원(GDP 대비 11.2%)으로 3배 가까이 증가할 전망이다.[2]

의료비를 포함해 날로 증가하는 복지지출은 국가재정에도 부담이다. 나라살림을 담당하는 기획재정부의 예상에 따르면, 복지수준을

---

2 보건복지부(2011. 5), "2010~2020년 국민의료비 중장기 가(假)추계 자료"

현재 상태로 유지하더라도 전체 복지지출은 2030년경 전체 예산의 49.3%에 달하게 된다.[3] 이는 주로 고령화에 따른 복지 수혜자 수의 절대적 증가 때문이다. 미래의 경제성장 잠재력을 담보하는 국가 과학기술투자도 2010년 기준 GDP의 3.7%에 불과한 상황인데, 고령화가 진전될수록 경제성장과 무관한 비생산적 지출이 엄청난 규모로 발생하게 되는 것이다.

이처럼 국가와 사회 전체적으로 생산은 위축되는데 비생산적 지출은 많아지면 어떻게 될까? 일반 가정이나 국가나 마찬가지로 수입은 줄고 지출만 늘어나면 결국 가난해진다. 생산은 늘지 않는데 비생산적 소비만 많아지니 경제성장이 둔화되어 이내 정체상태에 빠지게 된다. 국가경제에서 성장이 멈추고 정체되는 것은 기업 도산, 실업 증가 등 심각한 부작용을 야기하기 때문에 실로 무서운 일이다. 어디 그뿐인가? 경제 상황의 악화로 내핍 생활을 하는 고령자들이 많아지면, 내수시장이 축소되고 경제의 활력은 떨어진다. 또한 고령자들이 저축을 쪼개 생활비로 사용하게 되므로 저축이 감소하고, 이는 내수사업 기회 부족과 맞물려 민간투자를 위축시킨다. 나아가 이미 일부 표면화되고 있듯이 부동산과 주식 등 자산가격이 전반적으로 하락하면서 사회 전체적으로 큰 혼란이 일어날 수도 있다.

특히 고령화가 '경제활동 및 소비 위축→고용 악화→청장년층 생활기반 악화→저출산 심화'라는 악순환을 촉발한다면 상황은 더욱 나빠질 것이다. 이 경우 장기적인 성장정체, 심지어 경제위축의 늪에

---

[3] 중앙일보(2011. 8. 17), "복지에는 유턴이 없다-김동연 기재부 예산실장 인터뷰"

빠질 위험이 매우 커진다. 이처럼 특단의 대책 없이 인구구조와 경제 구조의 내재적 문제가 계속 방치될 경우 인구 고령화는 결국 경제 고령화를 초래할 것이다. 지금까지 역동성과 성장성을 자랑해오던 한국 경제가 갈수록 늙고 위축되어, 결국 선진국 대열에 진입조차 해보지 못한 채 아시아의 변방 국가로 쇠락해갈 수도 있는 것이다.

Q2 고령화로 인한 경제성장 정체 사례는 있는가?

A 일본의 "잃어버린 20년"과 PIGS 3개국의 국가부도 위기

    고령화가 야기할 여러 문제 중 가장 심각한 이슈로 거론되는 것은 사회복지 부담 증가에 따른 재정건전성 악화다. 그러나 이는 결과적으로 드러나는 문제 중 하나일 뿐, 보다 근원적인 문제는 국가경제의 가치창출 능력 약화다. 2008년 금융위기 이후의 미국 혹은 유럽 상황을 떠올려보라. 경제의 가치창출 능력이 약화되어 경기가 둔화되고 내수는 위축되며 도산 기업도 늘어난다. 실업률이 급상승하고 집을 잃은 사람들이 거리로 나앉는다. 사회안전망이 무너지면서 청년들은 꿈을 잃고 성난 시민들이 쏟아져 나온다. 고령자 복지는 말할 필요도 없고 전 국민의 안위, 나아가 사회적 안정성 자체가 큰 위협을 받는다. 경제가 성장동력을 잃으면 이토록 암울한 상황이 펼쳐지는 것이다.

    그렇다면 고령화 때문에 실제로 경제가 침체의 구렁텅이에 빠진 사례가 있는가? 물론 있다. 고령화가 경제발전에 미치는 악영향은 최근 일본이 겪은 "잃어버린 20년"만 봐도 알 수 있다. 1980년대 일본경제는 무서운 기세로 고도성장을 달성하여 곧 미국마저 추월할 것처럼 보였다. 그러나 1990년대 초반 자산 버블이 갑작스레 붕괴되면서 일본의 성장신화는 깨졌다. 처음에는 일시적 조정에 불과한 것이라 생각했다. 그러나 일본의 경기 침체는 10년 넘게 지속되었고, 20년이 지

난 지금도 저성장의 늪에서 허우적거리고 있다.

일본이 장기 침체에 빠진 이유는 무엇일까? 흔히 자산가격 붕괴로 인한 내수위축이 장기 침체를 불렀다고 이야기하지만 그것은 단지 방아쇠에 불과했다. 일반적으로는 시간이 지나면 자산가격이 일정 수준 회복되고 내수도 살아나게 마련인데, 일본에서는 20년이 지나도록 진정한 의미의 경기 회복이 이루어지지 않고 있다. 이처럼 경기 침체가 장기화되는 가장 본질적인 이유는 바로 인구구조의 근본적인 변화, 즉 고령화에 있다.

〈표 1〉처럼 일본은 이미 1970년에 65세 이상 고령자 비율이 7.0%를 넘어서면서 고령화사회가 시작되었다. 고령자들에 대한 사회적 부양부담이 늘어나는데도 어느 정도 경제성장이 유지될 수 있었던 것은 경제의 주축을 담당하는 생산가능인구(15~64세)가 1990년대 중반까지만 해도 지속적으로 늘어났기 때문이다. 우수한 인력이 노동시장에 많이 유입되고 기업은 이들을 저렴한 인건비로 활용할 수 있어 사업의 지속적 확장이 가능했으며 경제가 성장기조를 이어갈 수 있었다.

그러나 2000년대 들어 상황은 반전되었다. 2000년에 일본의 고령자는 2,160만 명으로 전체의 17.2%, 2011년에는 2,871만 명으로 전체의 22.7%에 달하는 등 고령화가 빠른 속도로 진전되었다. 늘어나는 사회적 부양부담을 감내하려면 사회적 생산 증가가 뒷받침되어야 하고 그만큼 일할 사람들이 필요하지만, 이를 추동할 일본의 생산가능인구(15~64세)는 감소 추세였다. 1995년 8,660만 명으로 정점을 찍은 뒤 빠르게 감소하여 2011년에는 8,093만 명으로 줄어들었다. 일할 사람들이 감소하는 동시에 내수침체, 한국 및 중국 기업의 부상 등 대

| 표 1 | 일본의 인구구조 변화

연도	1960	1970	1980	1990	2000	2011
총인구(만 명)	9,250	10,371	11,592	12,225	12,572	12,654
65세 이상(만 명)	530	729	1,048	1,461	2,160	2,871
65세 이상 비율(%)	5.7	7.0	9.0	11.9	17.2	22.7
생산가능인구 (15~64세, 만 명)	5,931	7,140	7,812	8,526	8,573	8,093
실질생산가능인구 (25~54세, 만 명)	3,532	4,351	5,224	5,225	5,352	4,986
피부양인구 (0~24세, 55세 이상, 만 명)	5,718	6,020	6,367	7,000	7,220	7,668
실질부양비율(명)	1.62	1.38	1.22	1.34	1.35	1.54
GDP성장률(10년 평균, %)	9.2	4.5	4.6	1.1	0.7	-0.7

자료 UN 인구통계, data.worldbank.org
주 GDP성장률은 2000년 US달러 기준으로 계산된 10년간의 평균성장률. 예를 들어 1960년의 GDP성장률은 1960~1969년, 즉 1960년대의 평균성장률을 의미한다. 단, 2011년은 해당연도 성장률이다.

내외적 악재가 겹치면서, 결국 일본은 2000년대 들어 10년간 평균성장률 0.7%라는 장기 침체에 빠졌다.

생산은 위축되는데 부양인구는 점점 늘어나니 사회적 부양부담을 감당하기 위해 결국 국가가 빚을 얻어야 하는 상황이 전개되었다. 2009년 일본의 고령자 관련 사회보장비용은 68.6조 엔으로 전체 사회보장비용 99.9조 엔의 68.7%를 차지했고, 이는 국민총소득(GNI)의 약 29.4%에 달했다.[4] 일본이 고령화사회에 진입하던 1970년 고령자 관련 사회보장비용이 국민총소득의 5.8%에 불과하던 것을 감안

---

4 일본내각부(2012), 《고령사회백서》, 9~10쪽

하면, 무려 5배 가까이 증가한 것이다. 아무리 세계 2위의 경제대국이라 해도 이 정도 규모의 지출은 큰 부담이다. 고령화로 인한 생산 위축과 복지부담 증가로 인해 결국 일본의 국가부채가 1,000조 엔까지 치솟게 된 셈이다.

고령화 때문에 국가경제가 위기를 맞는 일이 비단 일본에서만 일어난 것은 아니다. 최근 재정위기 문제로 곤욕을 치른 스페인, 그리스, 이탈리아도 사정은 비슷하다. 흔히 PIGS(Portugal, Italy, Greece, Spain) 라 불리는 이들 남유럽 국가들은 2008년 세계 금융위기 극복 과정에서 경기부양책을 과도하게 남발했다. 그 결과 재정적자가 심각한 수준으로 누적되면서 오늘날의 위기를 맞게 되었다. 그러나 이런 설명은 어쩌면 표면적 이유에 불과할 수 있다. 이미 2008년 이전에 이들 국가의 재정은 상당 부분 부실해져 있었기 때문이다. 언제 터져도 터질 일이 세계 금융위기를 통해 현실화되었을 뿐이다.

그렇다면 이들 국가에서 재정이 부실해진 이유는 무엇일까? 방만한 국가 운영, 국민들의 모럴해저드(moral hazard), 취약한 산업구조 및 고용 현황도 중요한 원인일 것이다. 그러나 재정부실화의 배후에는 역시 고령화가 도사리고 있었다. 이탈리아, 그리스, 스페인의 고령자 비율은 2010년 기준으로 각각 20.3%, 19.4%, 16.9%에 달한다. 이는 OECD의 2008년 고령자 비율 평균인 14.3%보다 훨씬 높은 수준으로, 이들 세 나라는 이미 초고령사회이거나 고령사회가 상당히 진전된 상태다.

이들 세 국가는 고령화의 부정적 영향을 상쇄할 만한 산업생산성 증대나 고용구조 개혁 등 경제 패러다임의 변화와 개혁을 충분히 이끌어내지 못했다. 그 결과 1990년대 이후 이들의 국제경쟁력은 계속 하락

| 표 2 | 재정위기를 겪는 나라들의 고령자 비율과 GDP 및 세계 순위

연도		1970	1980	1990	2000	2010
고령자 비율 (%)	이탈리아	11.1	13.4	14.9	18.3	20.3
	그리스	11.1	13.1	13.7	16.8	19.4
	스페인	9.7	11.2	13.7	16.9	16.9
GDP (억 달러, 순위)	이탈리아	1,092(5위)	4,598(6위)	11,334(5위)	10,973(7위)	20,514(8위)
	그리스	1,451(22위)	627(30위)	1,081(30위)	1,442(29위)	3,048(30위)
	스페인	3,980(11위)	2,260(6위)	5,209(8위)	5,806(11위)	14,074(12위)
GDP 대비 사회복지 지출 비중 (%)	이탈리아	-	18.0	20.0	23.3	24.9*
	그리스	-	10.2	16.5	19.2	21.3*
	스페인	-	15.5	19.9	20.4	21.6*

자료 UN Population Database, Worldbank Data, OECD Social Expenditure (SOCX) Database
주 *는 2007년 기준

하거나 정체했다. 국제 GDP 순위를 보면 이탈리아는 1990년 5위에서 2010년 8위로 떨어졌고, 같은 기간 동안 스페인은 8위에서 12위로 하락했다. 그리스는 2010년 현재 30위권 수준에 머물고 있었다.

한편 이들 세 국가는 1980년대 이래 사회복지지출을 크게 늘려왔다. 비슷한 시기 서유럽과 북유럽 국가들이 사회보장제도를 대대적으로 개편해 관련 지출을 적절히 통제했던 것과 대조적이다. 국가경제력이 증가하는 속도보다 사회복지지출이 더 빨리 증가하니 나라살림이 힘들어질 수밖에 없었다. 그 결과 노인 및 은퇴자의 '천국'이 잠시나마 '땅에서도' 이루어지기는 했으나 이를 위해 재정적자와 국가부채를 계속 늘린 탓에 결국 세 나라는 국가부도 위기라는 비참한 지경에 이르게 되었다. → 관련 내용은 1장 참조 한국은 일본과 다른 길을 걸을 수 있을까?

A 한국의 고령화 추세는 일본보다 더 심각하다

고령화가 향후 한국경제에 미칠 사회적·경제적 충격에 관한 낙관론은 대부분 고령화의 심각성에 대한 이해부족이거나, 알지만 애써 외면하려는 무책임한 태도의 일면이다. "한국경제가 언제, 위기 아닌 적 있었나? 그래도 지금까지 잘해왔잖아"라는 식의 맹목적 자기위안은 자칫 돌이킬 수 없는 위험을 초래할 수 있다. 고령화는 인류 역사상 처음 겪어보는 사회경제적 패러다임의 근본적 변화이고, 현재로서는 세계 여러 나라 중 한국이 가장 불리한 상황에 처했기 때문이다.

우리나라에서 고령화의 경제적 충격은 특히 3가지 측면에서 일본보다 클 것으로 예상된다. 첫째, 고령화가 더욱 급격히 진행되고 있다. 둘째, 우리나라의 경제력이 일본의 절반 수준이라 고령화의 사회경제적 부담을 감당할 재원이 부족하다. 셋째, 대비하고 준비할 시간조차 일본에 비해 너무나 부족하다.

무엇보다 한국의 고령화는 〈그림 1〉에서 알 수 있듯이 세계 주요 선진국 중 어느 나라보다도 가파르게 진행될 것으로 예측된다. 앞서 언급했듯이 프랑스, 독일, 영국, 이탈리아 등 선진국들이 고령화사회에서 고령사회를 거쳐 초고령사회까지 가는 데는 80~150년이나 걸렸고 일본도 36년 걸렸다. 한편 한국은 2000년 고령화사회에 진입한

| 그림 1 | 세계 주요국의 고령화 추이 및 전망(1950~2060년)

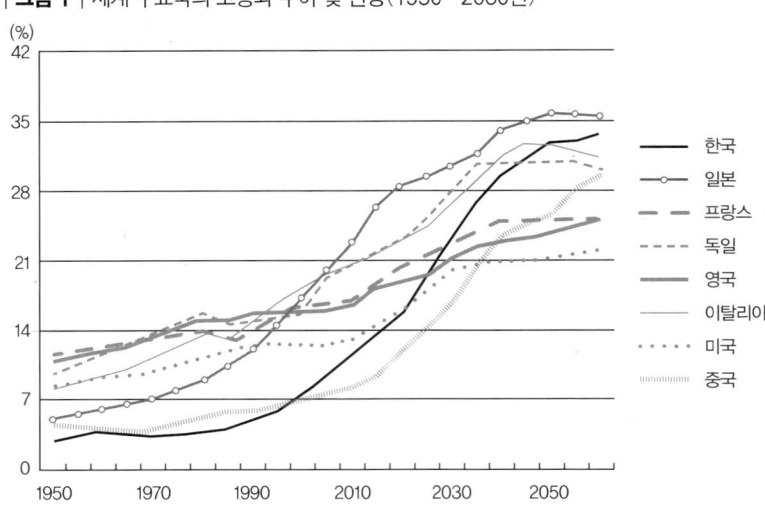

자료 UN Population Database

이래 2011년 이미 고령자 비율이 11.3%를 기록했고, 앞으로 6년 뒤인 2018년에는 14%를 넘기며 고령사회로 진입하게 된다. 급기야 2026년경에는 고령자 수가 1,000만 명을 넘어서면서 고령자 비율 20%를 돌파해 초고령사회가 시작될 전망이다. 2000년에 고령화사회로 진입한 지 불과 26년 만에 초고령사회가 열리는 것이다.

이뿐만이 아니다. 현재 추세가 지속되면 2030년경 한국은 OECD 내에서 일본, 독일, 이탈리아 다음으로 고령자 비율이 높은 나라가 될 것이다. 2050년에는 고령자 비율이 무려 32.8%로, 전 국민 3명 중 1명이 노인인 시대가 올 것이다. 이때 우리나라는 고령자 비율 측면에서 일본(고령자 비율 35.6%)의 뒤를 잇는, 세계 2위의 노인대국이 된다.

문제는 우리나라의 경제력이 고령화를 먼저 경험한 선진국들보다

왜소한 탓에 고령사회를 관리하는 데 필요한 제반 비용을 마련하기에 어려움이 많으리라는 점이다. 일본은 국민소득 4만 달러로 세계에서 몇 손가락 안에 드는 부자나라가 된 후 고령화시대를 맞았다. 반면 한국은 국민소득 2만 달러대에 겨우 턱걸이한 상태에서 고령화 위기에 노출되고 있다. 일본이 젊어서 돈을 많이 벌어놓고 노년기를 맞은 부자노인에 비유된다면, 한국은 이제 겨우 먹고살 만한데 노년기를 맞은 처량하고 준비되지 못한 노인의 모습인 셈이다. 부자노인 일본도 고령화시대 개막 이후 장기 경제 침체라는 심각한 후유증을 앓았는데, 준비 안 된 노인국가는 오죽할까. 향후 어떤 일이 벌어질지 심히 걱정되는 대목이다.[5]

더욱 심각한 문제는 대비할 시간이 많지 않다는 점이다. 일본에서는 고령화사회로 진입한 때로부터 2년이 지난 1972년 고령화 문제에 대한 정책적 관심이 적극적으로 표면화되었다. 당시 고령화시대의 도래에 주목한 다나카 총리가 취임 후 첫 국회연설에서 종합적 노인 대책의 필요성을 설파했던 것이다. 이어 1980년대에는 좀 더 구체적인 고령화 대책이 강구되었다. 1985년 장수사회 대책 관계 각료회의가 구성되어 1986년 '장수사회대책대강'이 기본대응 정책방향으로 마련되었다. 또한 고령자 비율 14.4%로 고령사회에 진입한

---

5 게다가 한국은 향후 20~30년 동안 남북통일이라는 거대한 사회적 변화를 경험할 가능성이 있다. 일각에서는 북한 주민의 유입으로 고령화 문제가 완화될 수 있다고 이야기하지만 이는 수치상의 예측일 따름이다. 통일이 이루어질 경우 우리가 부담할 비용은 가히 천문학적으로 늘어나게 된다. 워낙 불확실성이 크다 보니 계산방식에 따라 최소 500억 달러(약 60조 원, Wolf and Akramov, 2005)에서 최대 5조 달러(약 6,000조 원, Peter Beck, 2010)까지 큰 차이가 난다(신동진, "통일비용에 대한 기존 연구 검토", 국회예산정책처, 2011. 8). 벌어놓은 재산도 많지 않은 상태에서 노인복지 부담을 안아야 하는데 가난한 친척들 생계까지 떠안는 형국이다. 심각한 문제가 아닐 수 없다.

| 표 3 | 일본과 한국의 실질생산가능인구(25~54세)와 경제성장률 비교

연도	일본			한국		
	실질생산 가능인구 (만 명)	1인당 GDP (달러)	GDP성장률 (%)	실질생산 가능인구 (만 명)	1인당 GDP (달러)	GDP성장률 (%)
1990	5,262	24,754	5.21	1,816	6,153	7.91
2000	5,399	34,789	2.68	2,218	11,346	7.58
2005	5,166	35,627	1.92	2,345	17,550	3.74
2009	5,041	39,738	-5.12	2,431	17,078	-0.09
2020	4,718	GDP 정체 혹은 감소	마이너스 성장률	2,286	GDP 정체 혹은 감소	마이너스 성장률
2030	4,058			2,004		
2050	3,099			1,466		

1995년 고령사회대책기본법이 마련되었다. 고령화사회 진입 후 고령사회로 이행하는 25년에 걸쳐 차근차근 고령화에 대한 대비책이 마련되었던 것이다.

물론 한국에서도 고령화사회로 진입한 2000년경부터는 고령화에 대한 사회적 논의가 꾸준히 이루어져왔다. 법제적 대응도 일본의 선례를 참고해 발 빠르게 이루어진 게 사실이다. 2005년 저출산고령사회기본법이 마련된 데 이어, 2006년 제1차 저출산고령화기본계획(새로마지 플랜)이 제정되었고, 2010년에는 제2차 저출산고령화기본계획까지 마련되었다. 그러나 현실적으로 정책방향의 무게중심이 저출산 대책 쪽에 실린 결과, 고령화에 대응할 수 있도록 경제 시스템을 바꾸는 일은 시도조차 해보지 못한 채 10여 년의 세월이 흘러버렸다.

고령화가 빠른 일본이든 뒤따르는 한국이든, 현재는 그 어느 쪽에서도 발상의 전환을 통한 근본적 해결책이 나왔다고는 볼 수 없다. 그래서 일본은 "잃어버린 20년"을 벗어나지 못하고 있으며, 우리나라는 710만 명에 달하는 베이비부머(1955~1963년생을 지칭)들의 은퇴가 본격화되면서 고령화가 갑자기 발등의 불이 되어버렸다. 그러나 아직까지도 사회적 논의는 대부분 고령화의 급진전에 따른 소외계층 조명이나 암울한 전망의 제시, 대중적 차원의 노인복지 필요성 강조에만 머물고 있다. 보다 근본적인 방안, 즉 고령화시대에 성장기조를 유지하기 위한 대안은 아직 세계 어느 곳에서도 뚜렷이 마련되고 있지 않은 상황이다.

이미 전국 161개 시군 중 40%는 고령자 비율이 20%를 넘어서 초고령 지역사회가 된 상태다. 국가 전체적으로도 불과 14년 뒤인 2026년이면 초고령사회가 된다. 14년은 생각보다 길지 않다. 지금부터 4~5년 안에 고령화시대에 부응하는 새로운 사회경제적 패러다임을 정립하지 못한다면 우리나라는 일본 이상으로 큰 사회적 충격을 경험하게 될 것이다. → 관련 내용은 2장 참조

Q4 기존 저출산·고령화 대책은 효과가 없었나?

A 경제성장에는 거의 기여하지 못했다

    2000년대 들어 우리나라 정부 및 정책담당자들이 저출산·고령화 문제 해결을 위해 많은 노력을 기울여온 것은 사실이다. 또한 저출산·고령사회기본법(2005), 1·2차 새로마지 플랜(2006·2010) 등을 비롯해 출산장려, 여성 및 외국인노동자 활용, 고령자 복지 및 재취업과 관련된 다양한 정책이 추진되었다. 특히 2015년까지 시행될 2차 새로마지 플랜에서는 출산율 제고와 고령화 대응을 위해 77조 원이라는 막대한 국가예산이 투입될 예정이다.

    그러나 안타깝게도 기존의 저출산·고령화 정책을 아무리 열심히 추진한다 해도 가시적 경제성과를 기대하기 어려울 것 같다. 그 이유는 첫째, 정책추진의 목표 측면에서 핵심 문제를 해결할 근본처방보다는 현상완화를 위한 대증요법의 성격이 강해서다. 둘째, 정책방향 측면에서 상당 기간은 경제적 실효를 기대하기 힘든 저출산 대책에 초점이 맞추어져 있어서다. 셋째, 정책의 시행방안 측면에서도 각각의 세부 정책이 고유의 한계를 갖고 있거나, 저출산·고령화의 핵심 이슈인 경제성장 둔화 문제를 해결하는 데 역부족이기 때문이다.

    무엇보다 현행 정책은 출산율 증대, 고령자 실업률 저하 등 정책지표 관리에 초점을 맞추고 있다. 즉 출산 및 육아에 대한 혜택이나 고령자 지원 같은 보편적 복지 확대를 통한 관리수치의 단기적 개선에 치중하고 있다. 물론 천문학적 국가예산이 투입되고 있는 만큼, 적어도 출산율 저하와 고령자 삶의 질 악화라는 현상을 완화시키는 데는 도움이 될 수 있기를 기대한다. 그러나 이 과정에서 핵심 문제인 국가와 사회 전반의 가치창출 능력 저하를 해결하는 일은 정작 뒷전으로 밀려나고 있는 형편이다. 또한 관련 부처나 기관별로 사실상 다른 목적을 가진 기존 정책들이 무늬만 저출산·고령화 대책으로 재포장되는 전시행정 행태도 나타나고 있어 더욱 우려된다.

정책의 무게중심이 단기간에 해결하기 곤란한 저출산 대책에 치우쳐 있다는 것도 문제다. 저출산은 한국만의 특수한 문제가 아니라 세계적으로 보편화되고 있는 문제이자 문명사적 흐름이기도 하다. OECD 전체의 2008년 합계출산율(fertility rate)도 대체출산율 2.1보다 한참 낮은 1.71 정도에 머무르고 있다. 세계적으로 출산율이 낮아진 이유는 결혼, 출산, 육아 등 가족생활의 개념이 과거와는 판이하게 달라졌기 때문이다. 여러 가지 사회 변화와 맞물려 결혼이나 출산은 개인의 선택사항이 되었고, 육아도 적게 낳아 잘 키우는 것이 미덕이 되어버렸다.

특히 한국은 자녀를 낳아 대학을 졸업할 때까지 키우는 데 약 2.6억 원이 드는 고비용사회다. 국가에서 육아비용을 지원하느라 국가재정 수조 원을 쓰고 있지만, 정작 개별 가정이 지원받는 액수는 한 달에 몇 십만 원 정도에 지나지 않는다. 결국 출산의욕을 북돋울 만한 충분한 인센티브가 되기 어려워 자칫 밑 빠진 독에 물 붓기가 될 수도 있다.

마지막으로 세부 정책의 경우, 고령화·저출산의 근본문제인 경제성장 둔화를 막기에는 역부족이며, 각각 고유한 정책적 한계를 갖는다. 먼저 출산장려책은 가시적이고 즉각적인 경제성과를 기대하기 곤란하다. 실제 출산율 증대로 연결되기가 쉽지 않을뿐더러, 신생아가 경제활동인구로 성장하려면 적어도 15~20년은 필요하기 때문이다. 여성 및 외국인노동자 활용 정책도 마찬가지다. 단기적 노동수급 불일치 해소에는 도움이 되겠지만, 생산가능인구의 장기적 감소를 해결하는 데는 분명한 한계가 존재한다. 한국에서 여성 고용의 증가는 현실적으로 출산율 저하 문제를 오히려 심화할 수 있고, 외국인노동자 활용확대는 내국인 일자리에 대한 구축현상(crowding out effect)이나 문화적 갈등 증폭 등 다양한 부작용을 낳을 수 있다.

고령자 복지정책은 고령자 수의 빠른 증가세를 감안할 때 향후 재원 부족 문제로 복지의 질적 수준이 후퇴할 가능성을 안고 있다. 고령자 정년연장 또한 청년실업을 야기해 경제에 더 큰 부담을 안길 우려가 상존한다. 그나마 고령자 직업 알선 및 재취업 정책이 '일하는 건강한 고령사회'라는 새로운 시대적 패러다임에 명분상으로는 가장 근접해 있다. 그러나 현행 고령자 재취업정책은 대부분 취미 수준이거나 복지 성격의 일자리 제공에 그치고 있어 실질적 부가가치 창출과 경제발전이라는 목표에는 거의 기여하지 못하고 있다. 이처럼 생산적 경제활동과 애당초 거리가 먼 고령자 취업은 경제에 부담만 주기 십상이다. 고령자들의 경험과 노하우를 최대한 활용해 사회적 부가가치를 창출하고 경제성장에 기여하는 고용정책은 아직 눈에 띄지 않는다.

→ 관련 내용은 3장 참조

Q5 고령화로 인해 한국경제의 미래는 절망적인가?

A 희망은 있다. 희망의 열쇠는 바로 '고령화' 속에 숨어 있다!

　이미 시작된 고령화 추세를 반전시키기란 쉽지 않다. 또한 고령화가 한국의 사회경제에 미칠 파급효과는 다른 어느 나라보다도 심각할 것이다. 기존 정책만으로는 고령화로 인한 국가 가치창출 능력의 저하 문제를 제대로 해결하기 어려운 이유다. 그렇다면 향후 고령사회나 초고령사회 시대가 도래했을 때 한국은 선진국처럼 1인당 GDP 4만 달러 시대에 도달해보지도 못한 채 결국 아시아의 변방 국가로 침몰하는 운명을 맞게 되는 것일까?

　기존 사회체제와 정책을 그대로 고수한다면 분명 고령화는 한국에 엄청난 위기로 다가올 수밖에 없다. 그러나 고령화에 능동적으로 대응하는 새로운 경제체제를 다른 나라들보다 먼저 만들어낸다면 고령화는 오히려 기회일 수 있다. 이런 측면에서 현재 우리가 고령화를 대응하는 데 가장 중요하게 생각해야 할 과제는 바로 고령화라는 사회경제적 변화를 경제성장의 동력으로 활용할 방법이다. 고령화시대에 걸맞은 새로운 사회경제체제를 만들어야 한다는 것이다. 이는 곧 삼각돛의 발명 원리와 같다. '삼각돛'이 발상의 전환을 통해 역풍 자체를 또 다른 동력 삼아 계속해서 전진하는 항해를 가능하게 했듯이, 이런 정책 또한 새롭고 획기적인 미래의 대안이라 말할 수 있을 것이다.

우리가 지향하는 새로운 사회경제체제는 '고령자 복지사회'이기 전에 고령화를 동력 삼아 경제성장을 가능하게 하는 '일하는 건강한 고령자사회'이다. 즉 고령자들이 일을 통해 개인적인 삶의 보람과 경제적 여유를 얻을 뿐만 아니라, 살면서 축적한 직업적 경험과 노하우와 전문성을 활용한 생산적 경제활동으로 국가사회에도 기여하는 경제구조를 만들자는 것이다. 고령자들의 경제활동 강화는 현재 나타나고 있는 건강수명의 연장 경향을 고령자들이 더 오래 더 많은 가치를 창출하는 경제수명의 연장으로 승화시키는 것이기도 하다. 현대의 고령자들은 과거의 인류보다 더 건강하게 오래 살면서 더 많은 경제적 가치를 창출할 수 있다. 어쩌면 이들이야말로 오늘날의 문명사회에 등장한 또 하나의 '신인류'일 수 있다. 이런 현대 고령자들의 잠재력을 적극 활용해 경제성장의 새로운 동력으로 활용하자는 것이다.

다행히 우리나라의 고령자들은 그 특성상 선진국의 고령자들과 달리 '일하는 건강한 고령자사회'를 만들기에 아주 적합하다. 즉 우리나라의 고령층은 일할 의욕, 일할 능력, 일할 필요라는 삼박자를 모두 갖추고 있다. 무엇보다 이들은 일할 의욕이 넘쳐난다. 사실 이들은 '한강의 기적'을 만든 산업전사들로 직장생활이나 일에 대해 강한 의지와 자부심이 있다. 2010년 통계청 조사에서도 55~64세 고령자들의 근로희망 비율은 73.9%로 매우 높게 나타났다.

현재 고령층은 일할 능력도 충분하다. 요즘의 60~70대는 과거의 그 연령대에 비하면 아주 건강하다. 도쿄노인의학연구소에 따르면 1977년 70세였던 사람의 건강과 체력 수준은 2007년의 87세에 해당한다고 추정되었다. 즉 건강수명 측면에서 최근의 고령자들은 30년 전에 비해 17세나 젊어진 셈이다. 실제로 현재 60~70대 중에는 30년 전의 40~50대에 비견할 만한 체력과 건강을 가진 사람도 많다. 또 요즘의 고령층은 일에 대한 책임감이 강하고 근무태도도 우수하다. 특히 1970~1990년대에 이들이 불가능에 도전하며 쌓아올린 경험과 노하우는 그냥 사장시키기에는 너무도 아까운 사회적 자산이다.

무엇보다도 현재 한국의 고령층은 일할 필요 또한 절실하다. 내 집 마련, 부모 봉양, 자녀 뒷바라지에 시달리다 막상 자신들의 은퇴 이후는 제대로 준비해두지 못한 현실이기 때문이다. 자녀들 결혼시키고 나니 집 한 채만 달랑 남고, 연금소득만으로는 생계유지조차 쉽지 않은 경우가 많다. 실제로 2009년 통계청 조사에 따르면 65세 이상 고령자 중 "노후 준비가 되어 있지 않다"고 말하는 사람들의 비중이 61%나 되는 것으로 나타났다.

이처럼 일할 의욕, 일할 능력, 일할 필요의 삼박자를 두루 갖춘 고령자들은 고령사회 도래에 따른 경제활동인구의 감소에 직면한 한국경제에 주어진 희망이자 자산이다. 숫자도 많고 능력도 우수한 이들 고령인력을 생산적으로 활용할 수만 있다면, 절반의 성공에 머무르고 있는 한국경제의 선진국 대열 진입, 나아가 복지재원 확대와 복지대상 감소에 따른 선진 복지사회 건설로 현재 한국경제가 직면한 가장 어려운 두 가지 난제를 한꺼번에 해결할 수 있다. 고령화 문제의 해법은 바로 고령층 속에 숨어 있다. → 관련 내용은 4장 참조

Q6 고령인력의 생산적 활용은 어떻게 가능한가?

A '연령별 분업'이 답이다!

'일하는 건강한 고령사회 건설'이 미래 초고령시대에도 성장을 지속시키는 새로운 패러다임이라는 사실에 많은 사람이 공감하고 있다. 또한 우리나라 고령자들이 일할 의욕, 일할 필요, 일할 능력의 삼박자를 두루 갖추었다는 점에도 대부분 동의한다.

그러나 이처럼 우수한 고령자들도 현실에서는 막상 제대로 된 일자리를 구할 수 없다. 그뿐 아니라 대다수 직장인이 불과 50대 초반 한창 일할 나이에 자의반 타의반 회사에서 퇴직해 다른 나라 직장인보다 일찍 은퇴자 대열에 합류하는 상황이다. 이들 퇴직 인력은 이 시대 국가경제발전의 숨은 성장엔진이지만, 현실사회에서는 이 소중한 인력자산이 방치되고 있는 것이다. 일할 의욕, 일할 능력, 일할 필요까지 갖춘 50~70대 고령자들이 왜 한창 일할 나이에 일자리를 얻지 못하고 직업전선의 뒷자리로 물러앉아 있어야 할까?

기업들이 고령자 고용을 꺼리는 이유는 생각보다 단순하다. 고령자 고용이 대체로 '고비용 저효율'이기 때문이다. 업무효율이 청장년보다 떨어지더라도 연공서열상 고령자에게는 청장년보다 많은 임금이 지급된다. 생산성 높은 청장년을 더 적은 임금으로 고용할 수 있는 상황에서, 기업들이 고령자들의 고용을 늘릴 이유가 없는 것이다.

그렇다면 '일하는 건강한 고령사회 건설'이란 단지 이상론에 불과한 것일까? 결코 그렇지 않다. 고령자의 고비용 저효율 문제는 충분히 해결할 수 있기 때문이다. 먼저 고비용 문제는 적절한 사회적 합의와 임금체계 재정비를 통해 얼마든지 해결할 수 있다. 한국사회의 임금체계는 근본적으로 연공서열 또는 호봉제에 뿌리를 둔다. 이 때문에 동일한 일을 해도 고령자들은 연공서열이나 호봉상 젊은 직원보다 많은 임금을 받는다. 따라서 회사는 이를 불합리한 비용부담으로 인식하고 가급적 고령자들을 내보내려 한다.

그렇다면 문제는 간단해진다. 즉 사회적 합의를 통해 고령자들에 대한 임금체계를 현재의 연공급 대신 직능급, 직무급, 성과급 형태로 변경하면 된다. 즉 고령자들에게 나이와 경력이 아니라 능력, 맡은 업무, 내는 성과에 따라 임금을 지급하면 고령자 고용에 따른 고비용 문제를 해소할 수 있다. 이는 취업을 원하는 고령자 개개인들도 충분히 양보할 수 있는 부분이다. 살 집을 마련하거나 자녀를 키우고 교육시키는 부담이 이미 상당 부분 해소된 상태이므로, 고령자들은 연봉의 많고 적음보다 취업 여부를 더 중시할 터이기 때문이다.

그러나 고령자들의 저효율 또는 저생산성 문제는 사회적 합의로 해결 가능한 문제가 결코 아니다. 나이가 들수록 생산성이 감소하는 것은 자연의 법칙에 가깝다. 만일 생산성 낮은 고령자들이 생산성 높은 청장년층을 제치고 무리하게 일을 맡게 되면 더 큰 사회적 비효율 문제가 빚어질 수 있다. 국가경제 전체를 놓고 볼 때 청년실업 확대와 총체적 생산성 저하가 나타날 수 있기 때문이다. 결국 고령자 취업을 확대하면서 국가의 가치창출 능력까지 증대시키려면, 고령자 고용의 저효율성 문제부터 효과적으로 해결해야 한다.

해결의 실마리는 무엇일까? 나이가 들면서 생산성은 당연히 감소하지만, 실제 생산성의 감소 패턴은 세부 직종별로 다르게 나타난다는 점에 주목해야 한다. 즉 나이가 들수록 생산성이 빨리 감소하는 직종이 있는 반면, 나이가 들어도 생산성 감퇴가 그리 뚜렷하지 않은 직종도 있다. 이는 인간의 능력이 다차원적이고 직종별로 요구되는 기본 능력과 업무 스킬이 각각 다르기 때문이다.

일반적으로 신체적 능력은 20대에서 30대 초반에 정점을 찍은 후 급격히 쇠퇴한다. 그러나 정신적 능력은 상대적으로 천천히 감소하고 그 감소폭도 작은 편이다. 정신적 능력 중에서도 수리력, 분석력, 개념적 혁신력은 30대 중반에 비교적 일찍 정점에 도달한다. 반면 언어적 능력, 판단능력, 소통능력, 사무능력, 업무지식, 경험적 혁신력은 조금만 노력하면 50, 60대에도 크게 감퇴하지 않는다.

축구선수나 농구선수가 30대 초중반에 은퇴를 결심하는 것도 바로 이런 맥락에서다. 스포츠 분야는 육체적 능력을 많이 요구하므로 개개인의 성적 피크도 일찍 오고 성적의 저하속도도 무척 빠르다. 과학자, 기술자, 제조직 등도 고도의 수리력, 분석력, 개념적 혁신력이 필요하다는 업무 특성상 30대 후반에서 40대 초반에 생산성 피크를 경험하게 된다. 대기업 엔지니어들이 40대 초반만 되어도 미래에 대한 불안을 느끼는 것은 이 때문이다.

반면 관리자·사무원·서비스·교육·저술·컨설팅 직종 등에서는 생산성의 정점도 늦게 오고 나이가 들어도 생산성 감소가 그리 크지 않다. 이는 이들 직종에서 언어·판단·소통·사무·업무지식, 인적 네트워크와 경험적 혁신력이 중요하기 때문이다. 오히려 이들 분야에서는 30~40년에 걸쳐 꾸준히 자신의 능력을 계발해온 50~60대가 뛰어난 내공을 발휘해 더 좋은 실적을 내는 경우를 종종 볼 수 있다.

연령 증가에 따라 생산성이 저하되는 패턴이 직종에 따라 다르게 나타난다는 사실은 결국 고령인력이 청장년 못지않은 생산성을 낼 수 있는 업종이 따로 존재한다는 사실을 뜻한다. 다시 말해 관리자, 사무원, 서비스, 교육, 저술, 컨설팅처럼 정신적 능력 중 언어·판단·소통·사무 능력, 업무지식, 인적 네트워크와 경험적 혁신력이 중요한 업종에서는 고령자들도 청장년에 비견될 만한 성과를 충분히 낼 수 있다는 이야기다.

좀 더 일반화해보자면, 고령자들은 생산 및 창조와 관련된 직종, 즉 제조업과 지식기반 서비스업에서는 청장년에 비해 낮은 생산성을 보이겠지만, 일반관리 직종이나 단순서비스 업종에서는 청장년 못지않은 생산성을 낼 수 있다. 따라서 고령자 고용을 관리직이나 서비스 업종을 중심으로 확대한다면 고령자 고용의 비효율성 문제를 효과적으로 해결할 수 있다.

다양한 직종을, 청장년층이 더 높은 생산성을 발휘하는 직종과 고령자들이 청장년 못지않은 생산성을 내는 직종으로 구분할 수 있다는 사실은 개인들이 성공적인 이모작 인생을 구현할 가능성을 명시적으로 보여준다. 한 개인이 인생의 전반부에는 '가치창출'과 관련된 제조업이나 기술서비스 등의 직종을 일모작 직업으로 선택해 일하고, 일모작 직장에서 생산성이 차츰 떨어질 때쯤 고령자들도 상당한 성과를 낼 수 있는 관리나 서비스 직종으로 갈아타 인생 후반부에는 이모작 직업인생을 산다면 어떨까?

　결국 일생을 통해 직업생산성이 두 번의 피크를 경험하게 된다. 세계적인 자동차 회사 BMW의 헬무트 판케 회장의 사례만 봐도 '가치창출' 직종에서의 일모작과 관리·서비스 직종에서의 이모작이 가능함을 잘 알 수 있다. 그는 원래 물리학 박사 출신으로 젊어서는 핵물리학 연구원과 뮌헨 대학 물리학과 교수를 지냈다. 그리고 컨설팅 회사 맥킨지로 자리를 옮겼다가 다시 BMW의 연구개발 책임자로 이직해 마지막에는 BMW 그룹회장직까지 올랐다. 우리나라의 인기 연예인 강호동도 마찬가지다. 젊어서 그는 힘으로 씨름판을 제패했고, 나이 들어서는 끼로 예능 프로그램을 제패했다.

　이처럼 연령별 직업 적성의 변화에 근거한 이모작 인생은 현실적으로 얼마든지 가능하며, 이는 궁극적으로 개인의 행복도 이모작하는 방법이 될 것이다. 나아가 개인의 이모작 인생이 전 국민으로 확대된다면, 국민총생산도 이모작되어 국가경제 역시 획기적 발전을 이룰 것이다.　　　　　　　　　　　→ 관련 내용은 5장 참조

연령별 분업체계, 어떻게 작동 가능한가?

A 젊은 층은 '생산' 분야로, 고령층은 '지원' 분야로 보내라!

고령자들은 관리 및 서비스 직종을 중심으로 비교적 높은 생산성을 낼 수 있다. 따라서 이런 직종을 중심으로 고령자 고용이 확대된다면 국가 전반의 생산성이 증대되고 국민총생산 역시 증가할 것이다. 그러나 관리 및 서비스 직종에는 이미 많은 청장년층이 자리 잡고 있다. 또한 대도시 선호와 3D 업종 기피 경향 때문에 많은 젊은이가 지방의 제조업 공장보다는 대도시 내의 단순서비스 업종이나 기업의 관리 직종에서 일자리를 얻고자 한다.

그러므로 청년층을 제조업이나 기술서비스업으로 유인하려면 당연히 인센티브가 필요하다. 물론 잘못된 인센티브 제공은 일시적으로 경제적 비효율을 불러올 수 있지만, 이는 청년층이 제조업이나 기술서비스업으로 옮겨감에 따라 생산이 크게 증가하면서 충분히 상쇄될 것이다. 나아가 이런 가치창출 증가는 관리 및 서비스와 같은 가치이전 분야에서 새로운 고용을 연쇄적으로 유발해 결국 국민총생산의 획기적 증대로 이어지게 된다.

경제활동을 크게 '가치창출'과 '가치이전' 활동으로 나누어볼 때 국민총생산은 궁극적으로 가치창출 활동의 크기로 표현될 수 있다. 여기에서 '가치창출'이란 새로운 상품과 용역을 만들어, 경제활동의 기반이 되는 부가가치를 새로이 창출하는 활동을 뜻한다. '가치창출' 영역에 해당되는 산업의 예로는 유형(有形)의 제품을 만드는 제조업이나 무형(無形)의 지식과 콘텐츠를 만드는 기술기반 서비스업을 들 수 있다.

또한 '가치이전'이란 가치창출 활동을 직간접적으로 지원하는 활동이다. '가치이전'이라는 말을 쓴 이유는 스스로 새로운 가치를 창출하지는 못하지만 가치창출 활동이 더 많이 가능하도록 돕고 그러한 용역의 대가로 가치창출 부문에서 만들어진 가치의 일부를 이전해 가져가기 때문이다.[6] 가치이전 활동은 주로 생산지원서비스, 소비자서비스 또는 공공서비스의 형태로 나타난다. 즉 유통, 숙박, 식당, 운전 등 소비자 서비스업은 '가치이전' 영역에 해당하는 것이다. 컨설팅, 법률, 금융, 회계 등 생산지원 서비스 업종이나 행정, 복지, 교육 등 공공 서비스도 새로운 가치를 직접 창출하지는 않는다는 점에서 '가치이전' 영역에 속한다.

거시적으로 보자면 '가치이전' 영역은 모든 경제활동의 기반이 되는 '가치창출' 영역을 토대로 해야 비로소 성장할 수 있다. 이해를 돕기 위해 '단순경제(Robinson Crusoe Economy)'를 가정해보자. 자동차 공장, 식당, 은행, 정부기관이 각각 딱 하나씩만 있는 작은 섬나라가 있다면 어떨까?

---

[6] '가치창출' 활동이 주를 이루는 영역은 생산성 증대의 원천이 창의성과 혁신성에 있음을 감안한다면 이 영역은 창조적·혁신적 부문이라고 부를 수 있다. 한편 '가치이전' 활동이 주를 이루는 영역은 기업 및 국가 단위에서 창조적·혁신적 부문의 가치창출을 지원하고 생산성 향상이 쉽지 않다는 점에서 지원적·정태적 부문이라 부를 수 있겠다. 이 책에서는 그 용어를 사용했다(6장).

자동차 생산이 2배로 늘어나려면 자동차 공장의 고용도 2배 증가해야 한다. 이때 당연히 인근 식당의 매출도 2배로 늘어날 것이다. 또한 자동차를 2배 생산하려면 시설투자를 위해 은행의 대출도 2배로 늘어나야 하며, 결국 세금 수입도 2배로 늘게 되어 정부의 재정여력이 2배 커질 것이다. 자동차 생산이 늘어나야만 식당, 은행, 정부의 수입이 증가한다. 물론 자동차 공장의 생산이 2배로 늘어나는 데는 관련 서비스를 제공한 식당, 은행, 정부가 기여한 바도 분명 있었을 것이다. 그러나 이런 관계는 궁극적으로 실제 가치를 창출하는 제조업과 기술서비스업이 제대로 발전하지 않으면 식당이나 숙박 등 일반서비스업도, 금융이나 법률 등 생산자서비스업도, 나아가 복지·교육·치안 등 공공서비스업도 모두 제대로 기능할 수 없음을 잘 보여준다.

국가경제라는 큰 틀에서 볼 때도 마찬가지다. 제조업으로 대표되는 가치창출 기반이 탄탄해야 비로소 다양한 서비스업이 발전할 수 있다. 제조업 기반 없이 서비스업만 홀로 안정적이고 장기적으로 발전하기란 쉽지 않다. 이는 모래땅에서 금융과 관광 서비스의 신화를 창조했던 두바이의 기적이 2008년 금융위기 이후 문자 그대로 사상누각(沙上樓閣)으로 전락한 모습에서 분명하게 확인할 수 있다. 아이슬란드 또한 생산기반 없이 금융서비스업만 발전하다가 결국 2008년 국가부도 사태를 맞았다. 최근 미국과 유럽의 선진국들도 과도한 금융과 서비스업 팽창주의를 반성하고 다시금 제조업 부흥에 주력하고 있다.

이런 측면에서 관리 및 서비스 직종 등 '가치이전' 활동과 관련된 일자리의 확대는 결국 상품·용역의 개발과 제조 등 '가치창출' 활동이 얼마나 활발한가에 의해 결정된다고 볼 수 있다. 특히 현대는 글로벌

시장 시대이므로 우수 인력이 많이 투입되고 또한 이들이 많은 노력을 기울인다면, '가치창출' 영역은 개별 국가의 영토적·인구적 한계를 뛰어넘어 확장될 수 있다. 그리고 당연히 '가치창출' 영역의 글로벌 수출 성과가 커질수록 '가치이전' 영역의 일자리가 늘어날 것이다.

그러나 불행히도 향후 저출산·고령화와 함께 연구개발 및 제조 등 '가치창출' 활동에서 높은 생산성을 발휘할 수 있도록 교육되고 훈련된 젊은 층은 점차 줄어들 수밖에 없다. 젊은 사람들의 수 자체가 적어질 것이기 때문이다. 게다가 '이공계 기피 현상'으로 대변되듯, 요즘 젊은이들은 더 쉬운 공부와 더 편한 일자리, 즉 서비스 업종 같은 '가치이전' 영역의 취업을 선호한다. 이런 추세가 지속된다면 '가치창출' 활동은 점점 위축될 테고, 이와 함께 국가경제는 물론이고 국민복지도 축소될 수밖에 없다.

이런 악순환을 막으려면 연령별 비교우위에 근거한 인적자원의 국가적 재배치가 필요하다. 청장년층과 고령층 모두 각자에게 비교우위가 있는 분야를 찾아, 청장년층은 '가치창출' 활동을, 고령층은 '가치이전' 활동을 주로 맡는 연령별 분업이 이뤄지도록 하는 경제체계를 마련하자는 것이다.

연령별 분업은 어떻게 가능할까? 무엇보다 창조적·혁신적 업무에서 비교우위를 갖는 청장년층이 '가치창출' 영역의 직종에서 더 많이 일할 수 있게 해야 한다. 현재 많은 젊은이가 당장 편하고 손쉬운 일자리를 찾아 '가치이전' 영역으로 몰려가고 있다. 그러나 그 영역에서 '좋은' 일자리는 극히 한정적이기 때문에 상당수 젊은이는 유흥 및 음식 업종이나 편의점 아르바이트 등 불안정한 저임금 일자리를 맴돌고 있다.

그러므로 우리 사회가 가장 먼저 할 일은 '가치이전' 영역에서 방황하는 이들 청년층이 비록 힘은 들지만 안정적이고 숙련도와 경력의 증가에 따라 미래가 보장되는 '가치창출' 직종의 일자리로 옮겨가도록 만드는 것이다. 나아가 취업을 준비하는 학생, 이를테면 대학 졸업생들도 '가치이전' 직종의 불안정한 일자리에서 젊음을 낭비하지 않고 일찍부터 '가치창출' 직종으로 진출할 수 있도록 장을 열어주어야 한다. 즉 '가치창출' 영역에 해당하는 대학 및 학과 그리고 단기 훈련 과정을 국가 차원에서 적극 개발·지원하고, 젊은이들이 가치창출 업종의 중소 제조기업에 기꺼이 취업할 수 있도록 인센티브를 제공해야 할 것이다.

이런 다각적 노력을 통해 '가치창출' 활동이 활성화되면 흥미로운 일이 벌어진다. '가치창출' 활동을 지원하는 '가치이전' 활동과 관련된 일자리도 비례적으로 증가하게 되는 것이다. 그렇다면 젊은이들이 제조업과 기술서비스 업종으로 일자리를 옮기면서 비워졌거나 '가치창출' 활동의 활성화 덕분에 새로 만들어진 관리 및 서비스 업종의 새로운 일자리에선 누가 일할 것인가? 일할 능력과 의욕은 갖추었지만 일자리가 없어 경제적 어려움을 겪는 고령자들이 바로 여기서 일하도록 만들자는 것이다.

요컨대 이 책에서 주장하는 연령별 분업체계란, '청장년층을 가치창출 활동 관련 업종으로, 그리고 고령층을 가치이전 활동 관련 업종으로 분업화하는 것'이라 말할 수 있다. 연령별 분업체계의 가장 큰 장점은 청장년층과 고령층 모두가 이득을 보는 '고용 및 경제성장의 선순환 구조'가 만들어진다는 데 있다. 청장년층은 생산적인 '가치창출' 영역에서 일하며 당장은 몸이 힘들더라도 장기적으로는 기술과 현장 노하우를 축적해 안정되고 풍요로운 미래를 보장받는 양질의 직장을 얻게 된다. 그리고 이러한 기반 위에서 새로 만들어진 '가치이전' 영역의 서비스 관련 직종에서는 고령층이 일자리를 얻게 된다. 이것이 바로 이모작 직업이다. 고경력 고령층은 세일즈, 자문, 법률 등 고급 '지원' 영역에서 생애 후반부의 일자리를 구해 그 전에 자신들이 쌓은 경험과 노하우를 효과적으로 되살릴 수 있는 것이다. 또한 저경력 고령층도 교육훈련이 상대적으로 어렵지 않은 유통, 숙박, 식당, 운전 등 생활밀착형 '지원' 영역에서 일자리를 얻을 수 있을 것이다. 이렇게 되면 국가 전체적으로 일자리 수와 고용자 수가 크게 증가한다. 아울러 각 연령층이 제각기 생산성을 극대화할 수 있는 영역에서 일하므로, 더 많은 가치창출과 더 많은 가치이전이 가능해지고 국가경제가 비약적으로 성장하게 될 것이다.

 연령별 분업체계는 국가 차원의 바람직한 이모작 사회를 구현하도록 해주는 이론적 기반이다. 평균 기대수명이 80대 중반으로 크게 늘어나고 '100세 장수시대'까지 도래하는 지금, 인생 이모작은 여러 선택지 중 하나가 아니라 꼭 필요한 시대적 패러다임으로 자리 잡아갈 것이다. 실제로 젊어서는 청장년기의 적성에 맞는 '가치창출' 영역의 일모작 직업에서 인생의 전반기를 보내고, 나이 들어 노년기 적성에 부합하는 '가치이전' 영역으로 옮겨 그 이모작 직업에서 이전에 쌓은 노하우와 경험을 최대한 활용하며 인생 후반부를 보낼 수 있게 된다면, 개인의 생산성이 인생 전반에 걸쳐 극대화됨으로써 결국 개인의 생산과 복지가 2배 증가할 것이다. 국민 개개인의 인생 이모작 성과가 모이면 국가 전체의 총생산도 2배 증가할 것이다.

  문제는 다양한 제약 요건 탓에 개개인이 알아서 자신의 이모작 인생을 준비하기란 매우 어렵다는 점이다. 따라서 국가 차원에서 이런 이모작 인생, 이모작 경제를 가능하게 하는 이모작 사회체계를 형성해 개인들의 이모작 플랜을 적극 지원해야 할 것이다. 결국 고령화시대 국가 백년대계의 핵심은 이모작 사회 구현을 뒷받침하는 교육, 고용, 인센티브 등 법률과 제도를 창의적으로 수립하고 시행하는 일일 것이다. → 관련 내용은 6장 참조

Q8 이모작 고용체계를 만들면 어떤 경제적 효과를 기대할 수 있나?

A 고령화가 진전되어도 국가경제는 젊음과 활력을 유지할 수 있다

향후 저출산·고령화 추세가 계속되면 결국 경제활동인구가 부족해져 국가총생산 규모가 크게 감소할 것이다. 55세 이상 고령인구의 수가 청장년(25~54세) 인구보다 많아지는 2030년대 이후에는 결국 고령층 인력의 활용 여부가 국가경제의 성쇠를 좌우하는 핵심요인이 될 것이다.

이런 측면에서 연령별 분업에 의한 이모작 사회, 즉 청장년들을 비교우위가 있는 '가치창출' 영역(제조업, 기술서비스업 등)에 적극 유치하고, 청장년의 자리 이동에 따라 비워지거나 제조업의 고용창출 효과에 따라 새로 창출되는 '가치이전' 영역(단순생활서비스업, 사업지원서비스업, 공공서비스업 등)의 일자리에 고령층을 취업시키는 사회체계를 확립하면, 인구는 고령화되어도 국가경제는 젊음과 활력을 유지하며 지속적으로 성장할 수 있게 된다.

이런 연령별 분업체계의 경제적 효과를 측정하기 위해 우리는 보수적 가정하에 기존의 장기 경제전망 수치를 토대로 시뮬레이션을 시행해보았다.[7] 시뮬레이션 결과 현행 일모작 고용체계가 그대로 유지되면 인구 고령화와 생산가능인구의 감소 때문에 2050년의 실질생산량 단위는 2010년 대비 절반 수준으로 줄어드는 것으로 나타났다. 그러나 만일 이모작 고용체계를 확립한다면 총생산량은 일모작 고용상

태에 비해 2030년 98%, 2050년 109% 증가해 무려 2배나 되는 것으로 나타났다.

물론 모형 단순화에 따른 데이터 정확도 문제를 감안해 시뮬레이션 결과를 전면적으로 수용하기는 힘들다 해도, 이처럼 놀라운 증가 효과는 연령별 분업에 기초한 이모작 고용체계가 미래 고령사회에서 생산량을 극대화하며 지속가능한 성장을 이루게 할 훌륭한 대안이라는 점을 증명해준다.

심지어 현재 시점에서도 이모작 고용체계가 활성화되기만 한다면 현행과 같은 일모작 고용상태일 때보다 생산량을 66%나 증대시킬 수 있는 것으로 나타났다. 고령인력의 잠재력이 지금 이 순간에도 충분히 활용되고 있지 않다는 의미다. 또한 연령별 분업체계라는 발상의 전환을 현실에 제대로 구현할 경우 2000년대 들어 지속되어온 성장률 둔화 문제를 근본적으로 타개할 수 있음을 시사한다.

한편, 실질생산량의 시뮬레이션 결과를 금액으로 환산해보면, 연령별 분업과 이모작 체계가 제대로 이뤄질 경우 보수적으로 예측해도 총 GDP는 2030년경 2조 4,560억 달러를 달성해 세계 6위권 진입이 가능한 것으로 나타났다. 1인당 GDP 기준으로 현재 세계 20위 수준이던 것이 2030년에는 4위(5만 5,893달러)로, 2050년에는 2위(10만 6,759달러)까지 도달 가능하다는 추산이다. 이는 고령화라는 시대사적 패러다임

---

7 시뮬레이션에서는 통계청의 2006년 인구추계 자료를 활용했다. 2011년 인구추계는 2060년까지 예측기간을 연장하고 세부 예측을 보강한 것으로 2050년까지 추계 결과는 2006년 자료와 크게 다르지 않다. 또한 시뮬레이션에서 고령층은 55세 이상으로 정의했다. 이렇게 정의한 것은 고용시장에서 가장 활발한 활동을 하는 핵심생산가능인구의 연령 구분이 25~54세까지이고 한국의 고용 현실에서 55세 전후에 생애 주(主) 직장에서 퇴직하는 경우가 대부분이므로 이모작 인생 시작의 기점으로 55세가 큰 의미를 갖기 때문이다.

| 표 4 | 미래 청장년층(25~54세)과 고령층(55세~)의 규모 변화

(단위 : 만 명, %)

연도	2010	2020	2030	2040	2050
유소년층(0~24세)	1,442	1,167	961	839	705
청장년층(25~54세)	2,410	2,217	1,920	1,578	1,298
고령층(55세~)	1,035	1,548	1,982	2,218	2,231
계	4,887	4,933	4,863	4,634	4,234
청장년층 비율(%)	49	45	39	34	31
고령층 비율(%)	21	31	41	48	53

자료 통계청(2006), "장래인구추계 조사"

변화 속에서 연령별 분업에 의한 이모작 사회체계 형성이, 미래의 세계경제에서 한국이 명실공히 선진국의 일원으로 자리매김하기 위한 핵심 국가발전 전략의 한 기둥이 될 수 있음을 의미한다.

연령별 분업과 이모작 체계는 현재 우리나라에서 큰 이슈로 부각된 복지문제를 근본적으로 해결할 현실적 방안이 될 수 있다. 시뮬레이션 결과 이모작 체계 확립은 국가적 차원에서 고령자 부양부담을 획기적으로 감소시키는 동시에 취약계층에 대한 1인당 복지비용을 크게 증대시킬 수 있었다. 특히 국민연금, 퇴직연금, 개인연금, 일을 통한 고용소득이라는 4중 노후대책이 자연스럽게 마련되면서 고령자들의 노후보장과 삶의 질 개선이 뚜렷할 것으로 보인다.

연령별 분업과 이모작 체계는 '일을 통한 생산적 복지'라는 정책이념을 제시한다. 이는 '선택적 복지 대 보편적 복지'라는 소모적 논쟁 프레임을 극복하고 성장과 복지 문제를 동시에 해결하는 현실적 대안이 될 수 있다.

→ 관련 내용은 7장 참조

Q9 이모작 사회 건설을 위해
국가는 무엇을 해야 하는가?

A 연령별 분업을 구현하는 교육 및 고용 관련 정책을
추진해야 한다

　이때 국민들이 연령과 학력 측면에서 각각 다른 특성과 니즈를 지녔음을 감안해 각 집단에 알맞은 맞춤형 정책을 수립, 실행할 필요가 있다. 따라서 우리는 이모작 사회 건설을 위해 미래의 고용 및 교육 정책이 추구해야 할 방향성을 다음과 같이, 즉 인구집단을 일모작 고학력 집단, 일모작 저학력 집단, 이모작 저학력 집단, 이모작 고학력 집단 등 4가지로 나누어 제안하고자 한다.

　첫째, '일모작 고학력 집단'이란 주로 청년층 가운데 교육수준은 높지만 아직 직업세계에 입문하지 않았거나 직업경력을 많이 쌓지 않은 경우다. 생산성이 높고 창조적 업무에 능한 이들이 '가치창출' 활동 분야에 많이 취업하도록 유도하면, 그만큼 상품과 재화의 생산이 크게 확대될 것이다. 다만, 최근 청년들의 '이공계 및 제조업 기피' 성향을 감안할 때, 청년층의 가치창출 활동 취업확대를 위해 다양한 인센티브와 유인책이 필요할 것이다.

　교육 측면에서는 이학과 공학 등 가치창출 활동에 직결되는 대학(원)과 전공학과를 육성 및 강화하고, 산업 진화에 발맞추어 교육과정의 융합화·다양화·세분화를 지속적으로 추진해야 할 것이다. 또한 관련 학문을 전공하는 학생들에게 학비 및 연구비 지원이나 병역특례 같은

정책적 배려를 과감히 확대 제공하여, 이들 학과에 대한 지원이 줄어드는 현실적 문제를 타개하도록 노력해야 할 것이다.

둘째, '일모작-저학력 집단'이란 학력이나 직업기술의 부족 때문에 불안정한 취업상태에 놓여 있는 청년층을 말한다. 이들 중 상당수는 '가치이전' 활동, 특히 단순서비스업에서 아르바이트나 임시직 형태로 일한다. 이는 개인에게는 젊음의 낭비이자 국가적으로는 성장잠재력의 낭비다. 이런 측면에서 이들이 '가치이전' 영역에서 벗어나 연령별 적성에 더욱 잘 맞는 '가치창출' 영역으로 이동하도록 다양한 정책적 노력이 필요하다.

이를 위해 먼저 교육 측면에서 기술 육성 관련 교육시설을 확대하고 기술·기능계의 무상 교육과 단기 재교육 기회를 대폭 확대할 필요가 있다. 일찍부터 기술 관련 직업교육을 받을 수 있게 하여 젊음의 낭비를 막자는 것이다. 이런 기회의 확대를 통해 이들이 분야별 기능 명장 후보군으로 육성된다면 향후 20~30년간 산업계의 든든한 허리 역할을 담당할 것이다. 다만, 현장실무직 취업은 고된 업무, 낮은 초봉, 장기간의 숙련과정 필요 등 다양한 이유로 청년들이 취업을 기피한다. 따라서 이러한 현장실무직 취업자들에게 고금리 재형저축(財形貯蓄)이나 주택우선청약 기회를 부여하는 등 인센티브를 제공할 필요도 있을 것이다.

셋째, '이모작 고학력 집단'이란 교육수준도 높고 일모작 직장에서 오랜 기간에 걸쳐 전문적 직업경력을 쌓은 중장년층을 의미한다. 이들은 일모작 직업생활에서 경험과 경륜을 쌓았기에 인생 이모작에 성공할 가능성이 크다. 따라서 이들을 위한 이모작 재교육은 연령별 적성이 맞는 관리·서비스 부문에서 이모작 역량을 강화하는 데 초점을 맞출 필요가 있다. 또한 재취업 정책 역시 이들의 이모작 역량과 경험, 노하우를 사회 차원에서 효과적으로 활용하는 데 중점을 두어야 한다.

이를 위해 무엇보다도 현재 청년 교육에만 주력하는 대학(원)을 성인 재교육 기관으로 확대 개편해야 한다. 또한 주말 경영대학원이나 실용 외국어대학원, 대학 내의 이모작 전직·창업교육 활동 등 다양한 미래형 교육코스를 개발해야 할 것이다. 40대부터 이모작 역량을 체계적으로 계발할 수 있도록 사회 재교육 체계를 정비함과 동시에, 이들의 직업역량을 최대한 활용하는 이모작 재취업 정책도 마련되어야 할 것이다. 예를 들어 전문 관리인력을 필요로 하는 중소기업체의 일반 행정 및 관리직 분야에 재취업시킨다든가, 일모작 직업에서 익혔던 기술과 관련된 세일즈 및 영업 분야에 재고용될 수 있도록 지원해야 할 것이다. 또한 일모작 직업 경험을 토대로 창업 및 컨설팅 사업을 전문적으로 전개하는 데 장애가 되는 여러 가지 제약도 해소해줘야 한다. 아울러 적성이 맞는 사람들에게는 현장교육이나 사회교육 활동을 지원해 그간의 현장지식이나 인생철학이 사장되지 않고 사회적으로 전파되고 활용될 수 있게 배려해야 할 것이다.

넷째, '이모작 저학력 집단'이란 주로 중장년층 중 기술, 학력, 경력, 건강 등 다양한 문제 때문에 일모작 직장에서 전문적 경력을 충분히 쌓지 못하고 불안정한 직업생활을 영위하는 사람들을 말한다. 많은 경우 안정적 일자리를 구하지 못하고 어렵사리 생계를 꾸려가는 이들의 이모작 직업 재교육 및 재취업에서는 무엇보다 자립능력 확보에 초점을 맞추어야 할 것이다. 인생의 고난을 딛고 능동적 경제활동의 주체로 거듭날 수 있도록 배려해야 한다.

이러한 측면에서 이들에 대해서는 '가치이전' 영역, 특히 도소매 · 운수 · 숙박 · 음식 업종이나 사회복지, 시설관리, 사업지원 등 단순생활서비스업을 중심으로 취업이 확대되도록 해야 한다. 이 업종은 상대적으로 이모작 역량 배양을 위한 준비기간이 짧고 다양한 일자리 기회가 존재한다. 이를 위해 이모작 적응 교육훈련과 일반서비스업의 창업교육을 확대할 필요가 있다. 이모작 적응 교육훈련 체계는 이미 다양하게 존재하는 사회교육기관의 활동이나 프로그램을 중심으로 중장년 교육을 확대하는 형태로 비교적 빠르게 구축할 수 있으리라 보인다. 이때 구직 가능성을 높이고 단기간 교육으로도 즉각 실무에서 역량을 발휘할 수 있도록 가급적 고용 희망 직종과 연계한 실무 중심 교육을 전개해야 할 것이다. → 관련 내용은 8장 참조

Q10 이모작 인생, 재앙인가? 축복인가?
A 이모작 인생은 3가지 측면에서 커다란 축복이다!

요즘 들어서는 고령화나 인간수명 연장에 대해 불안감을 갖는 사람이 더 많다. 일모작 직장에서 은퇴하는 게 사회생활의 끝이라 생각한다면 100세 장수시대는 오히려 개인에게 재앙일 수 있다. 아무런 대비책 없이 50세 초중반에 은퇴해 90세, 어쩌면 100세까지 살아야 한다면, 생활비 부족으로 곤궁하고 비참한 말년이 되기 쉬울 것이다.

그러나 늘어난 기대수명을 활용해 이모작 인생을 시도한다면 '100세 장수시대'는 분명 축복일 수 있다. 이모작 인생의 수명주기는 '25-50-75'로 요약 가능하다. 즉 25세에서 50세까지 일모작 인생을 살고, 50세부터 75세까지 이모작 인생을 살며, 이후 진정한 은퇴기를 영위하자는 것이다. 이처럼 이모작 인생을 살면 50년에 걸쳐 자신과 사회를 위해 새로운 가치를 창출하며 바쁘고 보람찬 생활을 할 수 있다. 또한 더 오래 일하고 더 많이 번 만큼 말년에도 훨씬 풍족하고 행복한 삶을 누릴 수 있다.

사실 이모작 인생기(期)는 진정한 자아실현이 가능한 제2의 인생이다. 이유는 3가지다. 첫째, 이모작 인생기에야 비로소 진정으로 인간적인 삶을 살 수 있게 된다. 일모작 인생기에는 결혼 및 육아와 자녀교육, 부모 봉양 등 생물학적 번식과 부양부담에 치여 정신없이 세월을 보내는 경우가 많다. 많은 사람이 뛰어난 업무능력이 잠재되었음에도 불구하고 이런 부담 때문에 직장생활에서도 큰 성공을 거두지 못하곤 한다. 그러나 50대 이후 이모작 인생기에는 부모도 대부분 세상을 떠나고 자녀들도 장성해 이런 생물학적 의무로부터 자유로워진다. 그 상태에서 짧게는 20년, 길게는 40년이란 시간을 진정한 자아실현을 위해 온전히 사용할 수 있게 되는 것이다.

둘째, 일모작 인생기에 이미 많은 시행착오와 실패를 겪어봤으므로 이를 바탕으로 이모작 인생기에는 보다 성공적인 삶을 살 수 있다. 일모작 인생기에는 모든 것이 처음 있는 일이라 당연히 시행착오와 실패를 자주 경험하게 되고 이 과정을 통해 자신의 능력과 적성을 제대로 파악하게 되며 또 자신에게 알맞는 문제 해결법도 터득하게 된다. 따라서 일모작 인생기에 겪었던 수많은 시행착오와 실패는 이모작 인생기에서의 새 출발과 성공에 귀중한 자산이 될 수 있다. 이모작 인생기에도 선택의 갈림길이나 위기의 순간을 만나게 될 텐데 이때 일모작 인생기에 겪은 시행착오와 뼈아픈 실패를 되새긴다면 남은 삶은 축복으로 바뀔 것이다.

셋째, 일모작 인생기에 축적한 경험과 경륜은 이모작 인생기에 아마추어가 아닌 프로페셔널로 살도록 해줄 것이다. 우리가 일모작 인생기에 확보한 경험과 노하우 그리고 인적 네트워크는 이모작 인생기에 다른 직종을 택하더라도 일을 더 쉽게 배우고 성공하는 데 밑거름이 된다. 일모작 인생기에는 전문가가 되고자 상당히 많은 시간을 투자해야 했지만, 이모작 인생기에는 기존의 지식과 경험과 노하우를 활용하면 문제의 핵심을 쉽게 통찰하고 해결해나갈 수 있다. 만약 일모작 인생기에 쏟아 부은 노력을 이모작 인생기에도 똑같이 쏟아 붓는다면 전문가를 넘어 대가도 될 수 있다.

이모작 인생은 이처럼 일모작 인생보다 훨씬 성공적인 삶일 수 있고, 인생 제2의 황금기가 될 수도 있다. 그럼에도 불구하고 많은 사람이 이모작 인생을 시도하기를 두려워한다. 나이 들어 새로운 일을 시도한다는 게 너무나 힘들고 불안해서다. 그러니 국가와 기업이 나서야 한다. 더 많은 사람이 이모작 인생을 일구고자 시도하도록 개개인의 노력을 북돋고 제도적 지원을 제공해주어야 한다. 국가는 다양한 이모작 교육 및 고용체계를 만들고 인센티브를 제공함으로써 기업들이 고령친화적 고용문화를 만들어 이모작 고용을 확대하도록 법과 제도를 정비해나가야 할 것이다.

우리가 지금 고령화에 제대로 대응하지 못하면 일본의 전철을 밟을 수 있다. 혹은 일본보다 훨씬 더 힘든 "잃어버린 20년"의 수렁에 빠질 수도 있다. 반면 점점 그 숫자가 늘어나는 고령 인적자원을 효과적으로 활용할 수만 있다면 "인구의 고령화에도 불구하고 경제는 젊음을 유지하는" 미래세계의 선도국이 될 것이다. 이런 측면에서 연령별 분업과 인생 이모작 사회 건설은 산업화라는 기반 위에서 한국경제가 거둔 절반의 성공을 선진국 수준의 완전한 성공으로 도약시키는 묘책이 되리라 기대한다. 결국 연령별 분업 시행과 이모작 사회 건설은 '100세 장수시대'가 개인, 사회, 국가 모두에 재앙이 아니라 축복이 되는 길을 열어줄 것이다.

→ 관련 내용은 에필로그 참조

▌ prologue ▌

고령사회의 성장해법, '이모작 경제'에 있다

경제성장은 여전히 중요하다

2000년대 초반만 하더라도 경제성장은 전 국민이 공감하는 중요한 국가적 목표이자 가치였다. 그러나 최근에는 경제성장의 가치에 대해 의문을 제기하는 사람이 많아졌다. 예를 들어 어떤 사람들은 경제성장 과정에서 발생할 수 있는 자원과 에너지의 고갈이나 환경파괴를 걱정해서, 또 어떤 이들은 사회적 불평등이 심화될까 우려해서, 또 다른 사람들은 지나치게 경제성장만 강조하다가는 개개인의 삶의 질이 크게 훼손될지 모른다는 생각에서 경제성장에 대한 회의를 품는다.

 흥미로운 점은 경제성장에 대한 이런 회의론 자체가 경제발전 과정에서 자연스럽게 나타나는 성장통일 수 있다는 것이다. 경제성장에 대한 이 같은 비판적 시각은 우리보다 먼저 선진국 대열에 진입한 서구 국가들에서는 이미 20세기 후반부터 다양하게 제기된 바 있다. 우리나라도 1인당 국민소득 2만 달러로 중진국 수준을 벗어나 선진국 대열의 초입에 서게 되면서, 성장일변도의 기존 가치관으로부터 탈피해 새로운 가치관을 모색해보려는 시도가 자연스레 나타나고 있는 것이다. 그러나 현재 한국이 거둔 경제성장은 절반의 성공에 불과하다. 후발국 지위에서는 벗어났지만 선진국 지위를 확고하게 갖추지는 못했다. 자칫 중진국 지위로 후퇴할 수도 있다. 그러므로 우리나라는 아직도 경제성장이 중요하고, 당분간은 더욱더 중요해질 것으로 보인다.

사실 앞서 제기된 회의론들은 경제성장에 따른 부차적 부작용을 지나치게 확대해석한 것인지도 모른다. 그중 삶의 질 훼손에 대한 우려는 경제성장으로 물질적 풍요가 보편화되자 사람들의 관심이 과거 절대빈곤의 탈출에서 이제 인간다운 삶의 질 확보라는 좀 더 고차원적 이슈로 이동하면서 나타나는 현상이다. 현재 우리는 30~40년 전에는 상상하기 힘들던 풍요로움을 경험하고 있다. 예를 들어 연간 1인당 육류 소비량은 1970년 5.2kg에서 2010년에는 38.8kg으로 7배 넘게 증가했다. 또한 1970년 1.3만 대에 불과했던 자가용 승용차는 2010년 들어 1,794만 대로 1,380배 이상 늘어났다.[1] 이제 우리에겐 물질적 재화가 아니라 삶의 여유가 부족하다고 느끼는 시대가 도래한 것이다. 주어진 풍요를 즐기고 만끽할 여유가 부족해 삶의 질을 고민하게 되었다는 이야기다. 그러나 1960년대에 우리와 비슷한 경제력을 가졌

---

1 통계청(2008), "통계로 보는 대한민국 60년의 경제, 사회상 변화"

던 개발도상국들 대부분은 아직도 경제적으로 내핍한 상황이거나, 삶의 질 문제에 관심을 갖기 어려운 경제수준에 머무르고 있다. 어찌 보면 삶의 질 문제가 사회적으로 제기된다는 것 자체가 경제적 성공의 역설적 지표인 셈이다.

불평등 문제도 마찬가지다. 40년 전만 해도 절대적 불평등이 가장 큰 문제였다. 1965년 우리나라의 절대빈곤율(소득이 최저생계비 수준에 못 미치는 인구의 비율)은 40.9%에 달했다.[2] 그러나 경제발전에 힘입어 절대빈곤율은 1990년대 이후 10%대 이하로 감소했다. 현재 사회적으로 양극화 논의와 함께 강조되는 불평등은 절대적 불평등이 아니라 상대적 불평등에 가깝다. 즉 일반인과 부유층의 소득격차가 점차 커지는 가운데, 부유층과 자신의 삶을 비교하며 느끼는 상대적 박탈감의 문제인 것이다.

경제성장이 정체되면서 이 문제가 더욱 심각해지고 있다. 경제성장률이 높게 유지되면 경제에 활력이 넘쳐나면서 누구나 노력하면 오늘보다 나은 내일이 오리라는 희망을 갖게 된다. 그러나 경제가 정체하면 노력해도 성과를 얻지 못하는 사람들이 많아지게 되고 결국 상대적 박탈감이 더 커진다. 현재 우리 사회에 만연한 상대적 불평등 의식을 해소하려면 다시 한 번 경제성장의 불씨를 살려야 한다.

경제성장이 환경을 파괴하리라는 생각도, 1990년대 이후 제기된 환경 쿠즈네츠 곡선에 따르면 사실과 다르다. 환경 쿠즈네츠 곡선은 경

---

[2] 구인회(2004), "한국의 빈곤, 왜 감소하지 않는가?-1990년대 이후 빈곤 추이의 분석", 한국사회복지학회

제수준의 증가와 환경오염도 간의 관계가 역U자 모양을 보인다는 것이다. 즉 산업화로 후진국에서 중진국으로 발전하는 과정에서 환경파괴나 오염도는 점점 증가한다. 그러나 경제발전 수준이 좀 더 높은 단계로 진입하면 산업구조 변화, 기술의 진보, 환경 규제와 관련된 투자의 증가 등에 힘입어 환경오염도는 점점 감소하게 된다.

보몰(2008)에 따르면 미국의 경우 30년 전에 비해 재화의 생산이 현저히 증가했음에도 불구하고 대기와 물은 훨씬 깨끗해졌다. 우리나라에서도 2005년 이후 폐수, 폐기물, 각종 유해물질 등 환경파괴 요인 배출량은 점차 감소하는 추세다.[3] 특히 2000년 이후로는 환경친화적 기술이 활발히 개발되고 있다. 대체에너지나 환경 저부하 생산 등 친환경 기술의 발달로 앞으로는 더욱더 환경친화적 경제성장이 가능해질 것이다.

이처럼 경제성장은 여전히, 그리고 매우 중요하다. 경제가 성장해야만 사회가 풍요로워지고 삶의 질이 지속적으로 개선될 수 있다. 나아가 사회가 풍요로워질수록 성장의 부작용인 불평등 문제를 해결할 자원도 많아진다. 우리가 지금 분배 및 복지 문제까지 거론할 수 있게 된 것은 사실상 경제가 이만큼 성장한 덕분이다. 또한 경제가 발전할수록 산업화 과정에서 훼손된 생활환경을 제대로 복원할 여력이 커진다.

우리나라는 1950년대 한국전쟁의 참화 이후 한때 극빈국이었다. 그러나 전 국민이 합심해 피나는 노력을 한 끝에 현재는 국민소득 2만

---

[3] 환경부 환경통계 포털, "그래프로 보는 주요 통계"

달러대로 올라서 절반의 성공을 이루었다. 그러나 한국경제가 여기서 성장을 멈춘다면 국민소득 4만 달러대인 선진국과 비교할 때 역으로는 '절반의 실패'에 그치는 셈이다. 경제성장이 앞으로도 계속 중요할 수밖에 없는 이유다.

문제는 지난 10여 년을 거치며 성장의 장애물이 여러 가지로 등장하고 있다는 점이다. 이념 갈등, 기업가 정신 및 근로의식 저하 등 다양한 성장 장애물이 있지만 그중 가장 해결하기 어려운 것은 저출산·고령화 현상이다. 저출산·고령화는 인구의 구조적 변화로서 그 추세를 인위적으로 반전시키기가 매우 어렵다. 사실 저출산과 고령화가 미래 한국경제에 가장 심각한 위협으로 회자된 것이 어제오늘의 일은 아니다. 국가의 미래와 다음 세대의 행복을 걱정하는 지성인이라면 누구나 저출산과 고령화에 의한 인구구조 왜곡이 현재 우리 세대가 풀어나가야 할 최우선 과제임을 믿어 의심치 않을 것이다.

경제성장을 가로막는 신(新)맬서스 트랩

흥미로운 점은 인구가 경제성장에 독이 될 수도, 약이 될 수도 있다는 것이다. 불과 십수 년 전만 해도 산아제한을 통한 인구 증가 억제는 경제성장을 위한 최우선 과제 중 하나로 인식되곤 했다. 1970~1980년대 한국경제의 성공 비결을 소개할 때는 예외 없이 산아제한이 언급되어 왔다. 최근 중국의 경제발전도 '한 자녀 낳기'라는 과격한 산아제한 정책에 크게 힘입은 것으로 분석되고 있다. 이처럼 인구 증가가 경제성장을 가로막는 무거운 짐이던 시절이 있었지만, 이제는 반대로 인구 감소가 경제성장을 가로막는 시대가 된 것이다.

그렇다면 과연 인구는 어떤 경우에 경제성장의 동력이 되고, 또 어떤 경우에 경제성장을 방해하는 무거운 짐이 되는가? 이 의문은 의외로 간단히 풀 수 있다. 인구 한 명이 일생 동안 소비할 식량과 상품 그리고 서비스보다 더 많은 양의 가치를 생산할 수 있다면 인구는 분명 성장의 동력이다. 그러나 자신의 소비량을 충족할 만큼 가치를 생산할 수 없다면 인구는 당연히 경제성장을 가로막는 부담스런 짐일 것이다.

고전경제학을 대표하는 석학 맬서스는 《인구론(An Essay on the Principle of Population)》(1798)에서 토지가 한정되어 있을 때 산술급수적으로 증가하는 식량과 생필품의 생산으로는 기하급수적으로 증가하는 인구 소비를 충족시킬 수 없음을 지적한 바 있다. 이처럼 생활에 필수적인 재화의 생산량 증가가 인구 증가를 따라잡지 못해 생활수준이 한계상황을 벗어나지 못하고 경제성장이 정체되는 현상을 일반적으로 맬서스 트랩(Malthusian Trap)이라 부른다.[4]

과거 농업사회에서는 식량 및 생필품 증가가 인구 증가를 밑도는 현상이 전형적이었다. 이 때문에 인류는 수천 년간 굶어 죽을 지경에 허덕여왔고 경제는 답보상태를 벗어날 수 없었다. 이런 악순환으로부터 인류를 구출한 게 다름 아닌 '산업혁명'이다. 농축된 에너지인 화석연

---

[4] 맬서스의 사상을 후세 사람들이 원용해 맬서스 트랩이라는 말을 쓰고 있어, 논자마다 다양한 의미로 사용되는 용어다. 그레고리 클라크는 《맬서스, 산업혁명, 그리고 이해할 수 없는 신세계(A Farewell to Alms)》(2009, 한스미디어)에서 "기술발전에 따른 1인당 소득 증가를 인구 증가가 상쇄해버리는 것", "농업생산성 증가가 인구 증가를 유발해 결국 1인당 소득 증가가 불가능해지는 것"이라고 정의하고 있다.

료(석탄) 활용, 기계화된 제조업과 대량생산체제 확산이 개개인의 소비량보다 훨씬 많은 재화 생산을 가능케 했다. 산업화로 인한 잉여생산은 증가하는 인구를 부양하고 또 개개인의 소득 증가를 실현하기에 충분한 것이었다. 이처럼 산업혁명은 인류가 맬서스 트랩으로부터 탈출하는 결정적 계기를 마련해주었고, 이후 인류는 인구와 소득이 동시에 폭발적으로 증가하는 풍요를 누리게 되었다.

그러나 20세기 들어서도 농업 등 1차산업에 의존한 대다수 신흥개도국들에서는 여전히 맬서스 트랩이 작동했으며, 그것이 경제성장을 가로막았다. 경제 전반에서 생산보다 인구 증가가 더 급격히 이루어지면서 경제성장은 지체된 것이다. 이 때문에 두 세기에 걸쳐 진행된 선진국 산업화의 성과를 단기간에 따라잡으려 했던 한국과 중국 등 후발국들은 압축성장을 위한 인구정책으로 강력한 산아제한을 실시했다. 이는 그들이 유례없이 빠른 속도로 산업화에 성공하는 데 중요한 요인 중 하나가 되었다. 즉 인구 증가 억제를 통해 소비 증가를 효과적

| **그림 P-1** | 산업혁명과 맬서스 트랩

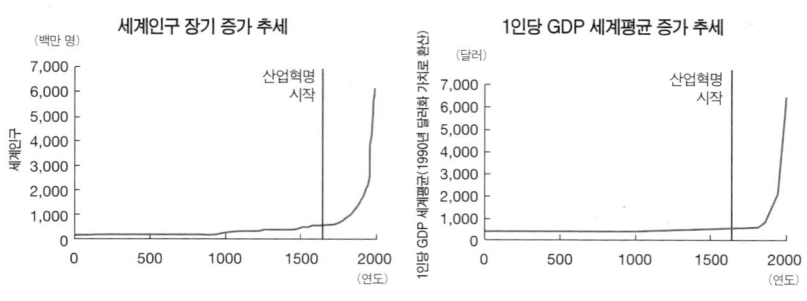

자료 Kremer, M.(1993) "population growth and technology change : One Million B.C to 1990"

으로 통제할 수 있었고, 이를 통해 생겨난 경제적 잉여를 자본으로 축적해 재투자함으로써 산업화에 박차를 가할 수 있었던 것이다.

 그럼 산업화가 이뤄진 나라에서는 경제성장이 더는 인구문제와 충돌하지 않은 채 지속될 수 있는 것인가? 그렇지는 않다. 21세기 들어 인구문제는 다시 한 번 경제성장의 심각한 장애물로 부각되고 있다. 성공적인 산업화와 경제적 풍요, 영양상태 개선, 의료혜택 확대 등 경제사회적 변화로 인해 전 세계적으로 저출산·고령화 현상이 나타나고 있기 때문이다. 최근의 저출산 경향은 머지않은 장래에 젊은 경제활동인구를 감소시켜 국가경제 전반에서 생산의 정체 또는 위축을 초래할 것이다. 한편 고령화는 개개인의 평생 소비량을 증가시켜 결국 사회 전체적 재화 소비량 증가를 유발할 것이다. 이처럼 저출산·고령화시대에는 생산을 담당하는 경제활동인구는 줄어들고, 부양대상인 고령층은 늘어나면서 심각한 인구불균형 문제가 나타난다. 이로 인해 사회 전체적으로 생산 감소와 소비 증가, 그리고 이에 따른 잉여 감소와 재투자 위축이 나타나면서, 산업사회 이후 계속 발전해오던 확대재생산 체제가 선순환 궤도를 이탈하고 경제성장이 정체되는 심각한 결과가 나타난다.

 이처럼 저출산·고령화 문제의 본질이 인구문제로 인한 재화의 생산과 소비 간 불균형과 이로 인한 성장정체 위기에 있음을 감안할 때, 향후 우리가 맞게 될 성장의 한계를 '신(新)맬서스 트랩'이라고 정의해도 큰 무리가 없을 것이다. 과거의 성장정체와 현재의 성장정체 모두 인구문제로 인한 '닮은꼴' 위기이기 때문이다. 즉 과거 농업사회의 맬서스 트랩은 '인구 증가'가 야기하는 식량의 생산과 소비 간 불균형, 이로 인한 경제성장의 정체를 의미했다. 현재 우리가 직면한 '신맬서스 트랩'은 수명 증가가 불러일으킨 경제 전반의 생산과 소비 간 불균형, 그리고 이로 인한 경제성장의 정체를 의미한다.

조만간 우리가 직면할 저출산·고령화의 신맬서스 트랩에서 탈출할 방법은 없는 것일까? 수천 년간 인류의 경제적 발전을 가로막던 맬서스 트랩에서 탈출한 것은 산업혁명에 따른 생산의 획기적 증대 덕분이었다. 이 역사적 사실은 우리에게 분명한 시사점을 던진다. 신맬서스 트랩을 효과적으로 극복하는 방법 역시 생산을 늘리거나 소비를 줄이는 데 있고 그 핵심은 인구 또는 고용 정책에 있다는 것이다.

물론 과거 산업화와 압축성장 시대에는 사회 전체적 소비를 절감하기 위해 산아제한으로 인구 증가를 억제했다. 그러나 고령화시대에 사회 전체적 소비를 줄이기 위해 살아 있는 인간의 수명까지 작위적

| 그림 P-2 | 맬서스 트랩과 신맬서스 트랩

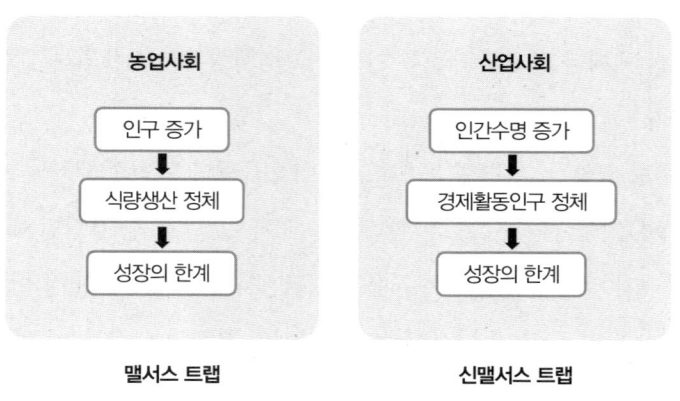

자료: 김태유(2011. 3), "고령화시대, 젊은 한국 창조 전략", 85회 한림과학기술포럼 발표 자료

으로 조절할 수는 없는 노릇이다. 결국 인구통제를 통한 소비 억제는 신맬서스 트랩을 해소할 대안으로서 적절하지 않다. 그렇다면 방법은 오직 하나, 고령자들에게 경제활동의 기회를 주어 생애기간 중의 생산을 늘리는 수밖에 없다. 이는 특히 저출산 문제 해결이 쉽지 않은 현재 한국의 상황에서 불가피한 대안일지도 모른다.

다행히 한국의 은퇴자들은 일할 의욕도 있고, 건강과 체력도 왕성하며, 조기퇴직에 따른 경제적 압박도 많이 받는다. 무엇보다도, 많은 은퇴자가 일을 통해 더 행복한 노년을 보낼 수 있다는 인식이 분명하다. 서구 선진국과 달리 한국의 고령자들은 일할 의욕, 일할 능력, 일할 필요라는 삼박자를 모두 갖추고 있으며, 바로 이 점이 고령시대를 맞이하는 한국에 커다란 축복이자 희망이다.

신맬서스 트랩을 넘어서려면 '재산업화'가 필요하다

신맬서스 트랩을 어떻게 극복할지에 대한 청사진을 과거 한국의 산업화 과정에서 찾아볼 수 있다. 산업화 과정에서 어떤 고용정책을 사용해 생산 확대를 도모했고 또 이를 통해 어떻게 맬서스 트랩을 성공적으로 탈출했는지 되짚어볼 필요가 있는 것이다. 한국의 산업화 과정상 고용정책과 경제발전에서 특징적이었던 부분은 다음과 같다.

첫째, 농어업 부문에 만연하던 잠재실업자나 한계노동력이 산업, 즉 제조업 부문으로 옮겨 갔다. 당시 경제의 주류를 이루던 농업과 어업 등 1차산업은 전근대적 생산기술에 의존해 있었기에 산업생산성이 점차 줄어 한계에 도달한 상황이었다. 이 때문에 잠재실업자나 한계노동력이 시골을 떠나도 농어업 생산은 크게 위축되지 않았다. 오히려 통일벼로 종자 개량이 이뤄진다거나 경운기, 화학비료, 농약 등 산업화된 농업 기법이 도입됨으로써 소폭이나마 한계노동력 이탈에 따른 생산량 감소를 상쇄하고도 남았다. 1970년과 1980년을 비교해보면, 농어업 인구는 1970년 1,560만 명에서 1980년 1,150만 명으로 26% 감소했는데도 불구하고, 농어업 총생산액은 1970년 1조 원에서 1980년 8조 원으로 오히려 8배나 늘어났다.

둘째, 당시 농가는 대가족 형태로 구성되었는데 오랫동안 농사를 지어온 장년 및 노년 세대는 고향에 남아 농업활동을 지속한 반면, 청소년 계층은 인근 공장에 대거 취업하면서 제조업 생산이 가속적으로 신장될 수 있었다. 청소년 계층의 취업은 주로 섬유나 신발 등 노동집약적 제조업에 집중되어 1970년대 경공업의 수출 증가를 뒷받침했다. 또한 이들이 벌어들인 근로소득은 기존 농가 가정의 가처분소득을 크게 넘어서는 것이었다. 사회 전체적인 소득 증가는 민간소비 활성화로 연결되었고, 이에 따라 서비스 등 내수산업도 점차 성장할 수 있었다. 이처럼 농어촌의 유휴 한계노동력과 생산성 높은 청소년층을 가속적으로 성장하는 제조업 분야로 적극 이동시킨 고용정책은 총생산과 총소비가 동반성장하는 확대재생산 체제의 선순환을 촉발하는 기폭제가 되었다.

셋째, 농촌의 청년 노동력을 도시의 공장 지역으로 적극 유인하기 위해 1970년대 이후 다양한 인센티브 정책이 추진되었다. 대표적 예로 근로청소년들의 배움의 길을 돕기 위한 산업체 부설학교와 야간 특별학급 운영, 흔히 재형저축이라 불리던 근로자재산형성저축(저소득 근

| **그림 P-3** | 한국의 산업화 과정과 향후 재산업화 과정

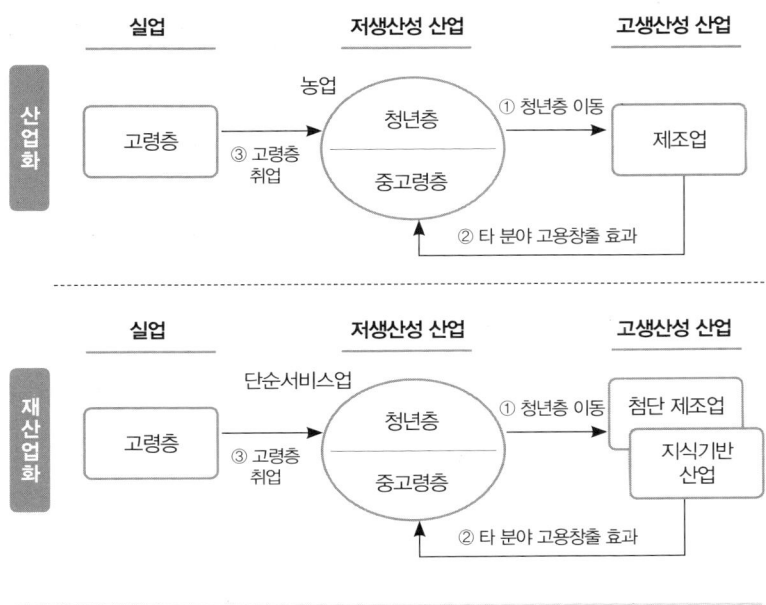

로자들에게 연 14~16% 고금리를 보장한 예금) 등을 들 수 있다.

향후 저출산·고령화로 인해 야기될 신맬서스 트랩을 선제적으로 극복하려면 무엇보다 생산 증대가 필요하다. 과거 산업화 성공의 교훈은 생산 증대를 위해 새로운 형태의 재산업화가 다시금 절실함을 일깨워준다. 그렇다면 저출산·고령화시대에 요구되는 '재산업화'란 어떤 것일까? 바로 '이모작 경제'에 의한 재산업화다.

근대화 시대의 산업화는 생산성이 높은 청년층을 생산이 정체된 농업에서 생산이 가속적으로 성장하는 제조업으로 이동시켜 평생직장을 마련해주었다는 측면에서 '일모작 산업화'라고 볼 수 있다. 반면 향후 평균수명이 90세 가까이까지 획기적으로 늘어날 고령화시대에 필요한 재산업화는 '이모작 재산업화'다. 이모작 재산업화란 생산성이 높은 청년층을 생산성 향상이 더딘 서비스 산업에서 생산성 향상이 빠른 제조업이나 첨단 지식기반 산업으로 이동시키고, 대신 서비스 산업에는 생산성이 상대적으로 낮은 은퇴 고령층을 투입하는 것이다.

재산업화의 첫걸음, 청년층을 '제조업'으로 보내라

제조업 생산직에 종사하려면 육체적으로 강한 근력이 필요하고 기술직은 새로운 기술에 적응하면서 창의력도 발휘할 줄 알아야 한다. 이 때문에 이들 직종의 종사자들이 고령화되면 기존의 생산성을 유지하기가 점점 힘겨워진다. 그러나 일반서비스 직종에는 고령자들도 얼마든지 잘 적응할 수 있다. 물론 업종이나 업무 내용에 따라 청장년 근로자보다 효율이 조금 떨어질 수는 있을 것이다. 하지만 대부분의 경우 고령자들은 성숙한 인격이나 오랜 사회경험 등을 활용해 서비스업에서 맡은바 임무를 청년 근로자보다 더 성실히 수행할 수 있다. 서비스업의 일자리에서는 고령자들이 이모작 취업을 하더라도 충분히 만족스러운 성과를 낼 수 있는 것이다.

물론 서비스업에서 청년 근로자를 고령 근로자로 대체하면서 생산성 감소가 소폭 일어날 수도 있다. 그러나 고령자는 청장년층보다 낮은 임금으로도 취업할 의사를 보일 것이다. 따라서 개별 기업체 단위에서 이런 비효율은 청장년층을 고용할 때와 동일한 예산범위에서 고령자를 조금 더 고용함으로써 해결할 수 있다. 또한 국가나 사회적 측면에서 볼 때 이런 비효율은, 서비스업에 종사하던 청년 근로자가 제조업으로 이동하면서 창출되는 생산성 향상의 성과와 제조업 생산 증가에 따른 서비스업의 연쇄적 생산확대 효과에 비하면 무시해도 좋을 정도의 미미한 수준이다. 결국 이모작 경제는 고령자 취업에 의한 약간의 비효율을 충분히 상쇄해줄뿐더러 오히려 국민총생산 규모를 획기적으로 증대시킬 것이다.

이모작 경제가 이 같은 효과를 가져오는 가장 근본적인 이유는, 과거 일반서비스업에 종사했거나 향후 취업하려는 청년 근로자를 제조업으로 취업시키면 가치창출의 기반이 되는 재화의 절대생산량 자체가 크게 늘어나서다. 제조업은 다른 부문의 고용을 창출하는 효과가 무척 크다.[5] 제조업 생산 증가에 힘입어 서비스업 일자리가 늘어나면 고령자들에게 추가 경제활동의 기회가 생긴다. 결국 제조업의 발전은 서비스업을 확장시키고 새로운 고용을 대거 창출하여 초고령시대가 되더라도 총생산과 총소비가 동반성장하는 확대재생산의 선순환을 지속할 수 있게 된다.

문제는 '가치이전' 업종에 취업했거나 향후 취업하려는 청년층을 '가치창출' 업종인 제조업이나 기술기반 서비스 업종으로 어떻게 유인할 것인가다. 제조업 일자리가 당장은 일이 고되어도 미래가 보장되는 안정적 일자리로서 청년들의 선호를 받으려면 다양한 인센티브가 제공되어야 한다. 요즘 제조업이나 기술 기반 서비스 업종에서 제

---

[5] 산업 연관 분석을 활용해 이런 효과의 크기를 살펴보면, 한국의 경우 제조업에 일자리가 10개 생기면 이를 지원하는 서비스업 부문에는 일자리가 대략 13개 생긴다.

대로 일하려면 우선 관련 학과를 전공해야 하고, 현재 해당 업종을 떠나 있는 사람들은 적어도 6개월에서 많게는 1~2년 정도 적응교육을 받아야 한다. 교육연수 기간 동안 부담해야 할 비용도 만만찮을 뿐 아니라 상당한 시간과 노력이 필요하기 때문에 자칫 이 기간 동안 생활고에 시달릴 수 있다.

따라서 정부, 교육기관, 산업체가 연계해 학생에게 교육기간 동안 교육비와 생활비 일부를 지급하는 산업근로장학생제도를 확대할 필요가 있다. 또한 현재 서비스업에 취업한 청년층이 제조업과 지식·기술 기반 산업으로 이직할 만한 능력과 소양을 갖추도록 야간이나 주말을 이용한 재교육제도를 적극 지원해야 할 것이다. 나아가 적은 월급이라도 꾸준히 모아 종잣돈을 만들 수 있도록 제조업 및 지식 기술 산업 종사자들을 대상으로 하는 근로자재산형성저축제도를 부활할 필요가 있다.[6] 한편 그동안 부동산 가격이 지나치게 오른 결과 현재 청년층은 내 집 마련의 꿈도 잃어버렸고 만성적 주거불안정에 시달리고 있다. 이런 측면에서 제조업 근로 청년층에 보금자리주택·임대주택의 우선청약권 또는 입주권을 부여하는 방법도 고려할 만하다.

이처럼 이모작 재산업화는 젊고 활기찬 청년층을 '가치창출' 활동에 주력하게 만들어 제조업 및 기술서비스 업종 중심으로 국가경제에 활력을 불어넣고, 은퇴한 고령자들에게는 '가치이전' 활동 중심의 일반 서비스 업종에서 노년기 일자리를 대거 마련해줌으로써 국민총생산

---

6 이자소득세 면제를 골간으로 한 근로자재형저축 부활이 논의되고 있다. 현재 논의 중인 제도는 모든 저소득층 근로자들을 대상으로 하나, 제조업 등 가치창출 업종으로 청년층의 취업을 유도하려면 업종 제한이 필요할 것이다.

을 획기적으로 늘리자는 것이다. 즉 청년층은 가치창출 활동, 고령자들은 가치이전 활동이라는 형태로 연령별 분업체계가 이루어지면서 인구는 고령화되어도 경제는 젊음과 활력을 유지하며 계속 성장하는 구조가 만들어질 수 있는 것이다.

신맬서스 트랩을 가장 효과적으로 돌파할 수 있는 묘책은 바로 이런 연령별 분업이다. 즉 수명 증가에 따라 늘어나는 소비와 정체되는 생산 간의 불균형이 해소되면서 신맬서스 트랩에서 벗어날 수 있는 것이다. 나아가 고령자의 경제활동은 경제활동인구가 증가한 수만큼 부양대상 인구수를 감소시킨다. 그리하여 한편으로는 국민총생산이 획기적으로 증가하고 다른 한편으로는 국민복지의 질(Quality) 또한 획기적으로 개선된다.

| **그림 P-4** | 이모작 경제의 효과

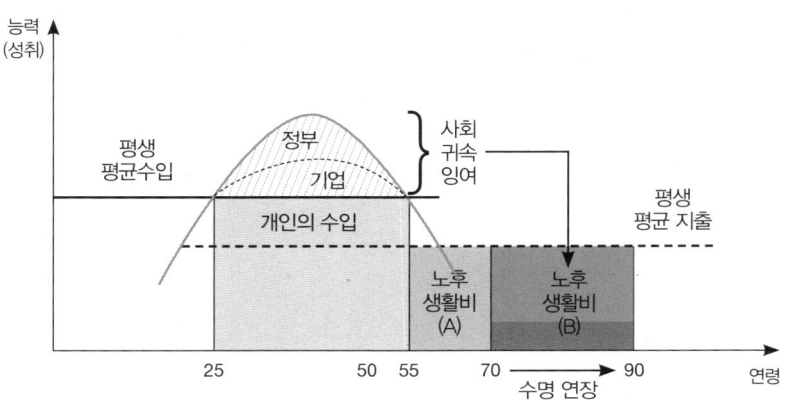

주 단순화를 위하여 임금 인상이나 인플레이션은 모형에 반영하지 않았음.

/ prologue · 고령사회의 성장해법, '이모작 경제'에 있다 /

연령별 분업은 결국 인생 이모작 사회를 건설하는 핵심 방법이다. 젊어서는 '가치창출' 활동을 하고 나이 들어서는 '가치이전' 활동을 하는 직업패턴이 일반화되는 세상이 열리는 것이다. 이를 통해 각 개인은 〈그림 P-4〉처럼 생애 전체에 걸쳐 자신의 가치창출을 극대화할 수 있다. 나아가 실업문제 해결, 빈부격차 해소, 고령자 복지 증진이라는 한국사회의 3대 난제를 한꺼번에 해결할 비책이 될 수 있다. 동시에 이는 국민소득이 선진국의 절반 수준인 2만 달러대에서 정체하며 점차 저성장의 늪으로 빠져드는 한국경제에 새로운 활력을 불어넣는 계기가 될 수 있다.

이런 의미에서 연령별 분업과 인생 이모작 사회의 건설은 근대화 시기에 한국경제가 거둔 절반의 성공을 선진국 수준의 완전한 성공으로 도약시키는 절호의 기회를 제공할 것이다. 다시 말해 개인·사회·국가 모두 '100세 장수시대'를 재앙이 아니라 축복으로 받아들이도록 반전의 계기를 마련해줄 것이다.

1장

'고령화' 쓰나미, 전 지구를 뒤흔들다!

Intro

───── 2000년대 들어 전 세계적으로 고령화가 빠르게 진전되고 있다. 일본과 유럽 등 주요 선진국에서 고령화는 이미 중대한 사회문제로 인식되고 있으며, 한국에서도 고령화가 베이비부머의 퇴직 물결과 함께 점점 뜨거운 사회적 이슈로 부상하고 있다. 이뿐만이 아니다. 인구대국 중국에서도 20세기 후반에 시행된 1가구 1자녀 운동의 여파로 고령화가 진행되고 있다.

이처럼 고령화는 선진국에 국한된 문제가 아니다. 과학기술 발달과 유례없는 물질적 풍요로 인해 인간수명이 획기적으로 늘어난 현대 인류문명의 불가피한 문제로서 고령화가 나타나고 있다. 게다가 고령화는 사회 내 생산가능인구 감소와 고령자들에 대한 부양부담 증가를 유발해 결국 경제의 성장잠재력을 크게 떨어뜨리는 장애물이 될 전망이다.

주지하다시피 한국도 이미 고령화시대로 접어들었다. 그런데도 앞으로 계속 지금까지의 고속성장 신화를 이어나갈 수 있을까? 고령사회라는 새로운 조건에 부합하고 경제성장의 효과를 가져다줄 또 다른 패러다임을 어떻게 수립할 수 있을까?

고령화시대에 살아남기 위한 차별적 해법을 찾아내려면 무엇보다 먼저 고령화 현상과 전망을 잘 살펴볼 필요가 있다. 이러한 측면에서

1장에서는 먼저 고령화가 일본과 유럽 등 전 세계적 차원에서 어떻게 진행되고 있는지를 검토해본다. 실제로 일본의 사례는 고령화가 국가경제에 감당하기 힘들 정도로 큰 부담을 지우고 있으며 제대로 대응하지 못하면 국가경제의 미래까지 암울하게 만들 수 있는 중차대한 요인임을 알려준다. 나아가 고령화는 단지 선진국만의 문제가 아니라는 것, 다시 말해 시기의 차이만 있을 뿐 모든 나라가 언젠가는 겪게 될 전 지구적인 문제라는 사실이 지적될 것이다.

고령화는 인류가 처음 겪어보는 사회·경제 차원의 거대한 패러다임 변화다. 따라서 고령화에 대처하지 못하고 과거의 정책이나 전략만 고수할 경우 국가경제는 활력을 잃고 침몰할 것이다. 그러나 위기는 언제나 기회를 동반한다. 만일 고령화시대에 걸맞은 새로운 사회경제 패러다임을 다른 국가보다 먼저 만들어내고 이를 실제로 구현해낸다면, 지구상의 모든 나라가 고령화되었을 때 우리나라는 오히려 우월한 국제경쟁력을 확보할 것이다.

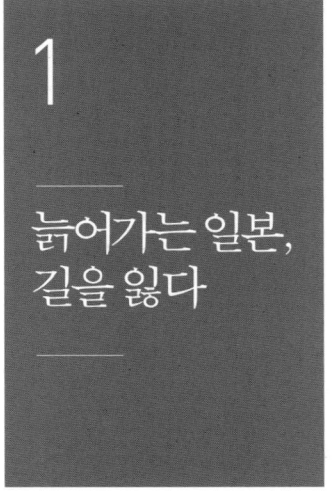

1
늙어가는 일본, 길을 잃다

흔히 일본경제를 한국경제의 거울이라고 말한다. 지난 수십 년을 뒤돌아보면 경제성장률, 산업구조 등 큰 흐름에서 한국경제가 일본경제를 15~20년 시차를 두고 따라가는 모습을 보였기 때문이다. 실제로 일본경제는 한국경제의 미래 전망에 좋은 참고서 노릇을 한다.

게다가 일본은 현재 세계에서 유례없는 노인대국이다.[7] 이미 1970년에 고령화사회로 접어들었고 1995년에는 고령사회에 진입했다. 그 10년 뒤인 2005년에는 65세 인구가 총인구의 20%를 넘어서며 세계 최초로 초고령사회로 진입했다.[8] 2011년 현재 일본의 65세 이상 고령자는 2,975만 명으로 전체 인구의 23.3%에 달한다. 국민 4명 중 1명이

---

[7] 일반적으로 총인구에서 65세 이상 인구의 비중이 7% 이상일 때 고령화사회(ageing society), 14% 이상일 때 고령사회(aged society), 20% 이상일 때 초고령사회(super-aged society)라 말한다.

[8] 일본에 이어 이탈리아가 2008년 초고령사회로 진입했다. 그리고 독일이 2010년 초고령사회 대열에 합류했다. 2009년 60세 이상 인구 비율 기준으로 고령화가 가장 진전된 10대 국가로는 일본(60세 이상 29.7%), 이탈리아(26.4%), 독일(25.7%), 스웨덴(24.7%), 불가리아(24.0%), 핀란드(24.0%), 그리스(24.0%), 포르투갈(23.3%), 크로아티아(23.1%), 벨기에(23.0%)를 들 수 있다.

노인으로, 세계에서 "가장 늙은 나라"가 되어버린 것이다. 일본에서 고령화의 진전은 수치로만 나타나는 게 아니다. 일본 어디서나 백발의 노인들을 쉽게 볼 수 있고, 고령자가 워낙 많다 보니 일하는 노인도 많은 편이다. 60대 샐러리맨 부장이나 70대 택시운전사가 흔하고, 심지어 호텔 벨보이나 패스트푸드 점원으로 일하는 고령자도 볼 수 있다.

노인들이 많아지다 보니 이제는 일본 정부에서도 65세 이상 일반 고령층보다 75세 이상 초고령층 관리 문제에 더 신경 쓸 정도다. 75세 이상 초고령층에게는 더 많은 사회적 도움이 필요한데다 이들 초고령층이 빠른 속도로 확대되고 있기 때문이다. 65~74세 고령층과 75세 이상 초고령층 간의 비중은 이미 2010년부터 비슷해지기 시작하여 2020년부터는 75세 이상 초고령층이 더 많아질 것으로 전망되는 상

| 그림 1-1 | 일본의 고령층 비중 추이

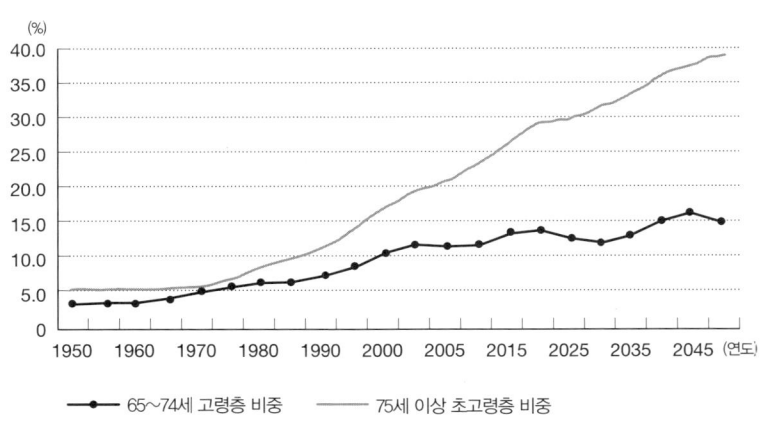

자료: "日本人口統計"(2008), 日本國立社會保障·人口問題研究所

황이다.

고령화 문제를 다룰 때 일본은 살아 있는 인류학 교과서와도 같다. 일본의 최근 모습을 보면 인구 고령화로 인해 사회·경제·정치·문화가 어떻게 변하는지를 쉽게 알 수 있어서 그렇다.[9] 초고령시대에 접어든 일본사회에서 특히 눈여겨볼 부분은 2000년대부터 겪기 시작한 초장기 복합불황 "잃어버린 20년"의 근본 원인이 고령화와 맞닿아 있다는 점이다.

잘 알려진 것처럼 일본에는 세계 최고로 근면하고 성실한 국민, 세계 최고의 기술력을 갖춘 쟁쟁한 기업, 그리고 수십 년간의 경제부흥으로 축적한 거대한 자본이 있다. 그럼에도 불구하고 일본은 1990년대 이래로 경기 침체에서 벗어나지 못하고 있다. 물론 경기 침체의 시작은 부동산발 버블 붕괴였다. 그러나 "잃어버린 20년"이 지속되는 중요한 원인 중 하나는 고령화에 따른 성장잠재력의 근본적 저하에서 찾을 수 있다. 버블 붕괴가 단기간에 일본경제의 기둥을 휘청거리게 만든 급성질환이었다면, 고령화는 장기간에 걸쳐 일본경제의 기반을 침식한 만성질환인 셈이다.

그러므로 우리는 고령화가 일본에서 경기 침체 장기화에 과연 어떤 영향을 미쳤는지, 미래의 일본경제에 얼마나 암울한 그림자를 드리웠는지 구체적으로 살펴볼 필요가 있다. 고령화 대란을 목전에 둔 우리가 일본의 전철을 밟지 않으려면 과연 무엇을 해야 할 것인가? 또한

---

[9] 2011년 발간된 《은퇴대국의 빈곤보고서》(전영수, 맛있는 책)는 특히 일본의 고령화사회에서 나타난 기묘한 변화들을 다채롭게 조명하고 있다. 성장사회, 청년사회에서의 상식이 고령사회, 축소사회에서는 들어맞지 않는다는 것이다.

무엇을 하지 말아야 할 것인가? 이 질문의 답을 찾기 위해 일본의 지난 20년을 우선 살펴보자.

"경제대국" 일본이 "부채대국"이 된 사연

1980년대에 세계경제에서 일본은 떠오르는 태양이었다. 일본 기업들은 세계 제일의 경쟁력을 자랑하며 전자, 자동차, 철강 등 다양한 산업에서 유럽과 미국 기업들을 앞질렀다. 이에 힘입어 경제 전체가 연 5~9% 고성장세를 유지했다. 또한 수출이 증가한 덕분에 풍부한 자금이 유입되어 주가와 부동산 가격이 가파르게 치솟았다. 일본은 고공 행진하는 주가와 부동산 가격에 의기양양해져, 제2차 세계대전 때 이루지 못한 미국 정복의 꿈을 경제 영역에서라도 이루겠다는 듯 미국의 자존심이던 록펠러센터를 사들였고, 유서 깊은 유니버설 영화사도 인수했다.

그러나 화무십일홍(花無十日紅)일까? 1990년대가 시작되면서 갑작스럽게 부동산과 주식 시장의 버블이 붕괴하며 복합불황이 몰아닥쳤다.[10] 1989년 12월 말 4만 포인트에 근접했던 니케이 주가지수는 불

---

10 일반적으로 불황기에는 금리를 낮추고 돈을 풀어 불황 탈출을 모색한다. 1985년 이래 엔고 불황을 타개하기 위해 일본 정부도 초저금리 정책을 시행했다. 문제는 1987년 엔고 불황을 탈출했음에도 불구하고 이후 2년 반 동안 계속 초저금리 정책을 지속했다는 점이다. 저렴한 금리에 금융기관과 개인들은 너도나도 돈을 빌려 부동산과 주식 투자에 올인했다. 1988년 일본 국토의 총평가액은 1,600조 엔으로 미국 국토의 총평가액(400조 엔)의 4배에 달했다. 일본 상장기업의 주가수익배율(PER)은 70배까지 치솟았다. 그리고 1989년부터 1990년까지 5차례에 걸쳐 정책금리 인상이 단행되면서 비극은 시작되었다. 대규모 차입으로 자산을 사들였던 금융기관과 개인들은 순식간에 대출금을 갚을 수 없는 상황에 직면했다. 매물에 매물이 쌓이는 악순환이 이어지고 급기야 버블이 터져버렸다.

과 3년 만인 1992년 반토막이 나버렸다. 그 후로도 하락은 계속되어, 2001년 니케이 지수는 1만 포인트의 심리적 방어선까지 뚫고 내려앉았다. 하늘 모르고 치솟던 부동산 가격도 1991년을 기점으로 무너졌다. 그리고 3년 뒤인 1994년에는 도쿄의 주택가격이 30% 하락했고, 오사카의 주택가격도 반토막이 났다. 부동산 가격 하락은 1990년대 내내 계속되었다. 10년이 지난 2000년 일본의 평균 지가는 1989년 4/4분기 대비 5분의 1 수준으로 떨어졌다.

이와 함께 일본의 경제성장률은 1980년대의 연평균 5% 수준에서 1990년대에는 연평균 1%대로 크게 추락했다. 1980년대의 영광은 한 순간의 꿈인 듯 과거 일이 되어버렸다. 극심한 내수 침체와 함께 기업 구조조정이 가속화되면서 종신고용의 신화도 깨져버렸다. 1990년 2% 수준이던 실업률이 지속적으로 상승해 2000년에는 5%대까지 치솟았다. 비정규직 고용이 확산되면서 '프리터족'이 사회문제로 떠오르기도 했다. 직업을 갖지 못한 채 아르바이트로 생계를 꾸려가는 무기력한 청년층이 늘고 있다는 이야기였다. 바로 이 무렵부터 일본인들은 1980년대의 영광을 그리워하며 1990년대를 "잃어버린 10년"이라 말하기 시작했다.

물론 2000년대 들어 경기가 반짝 회복되는 모습을 보이기도 했다. 복합불황 타개를 위해 일본 정부는 대규모의 경기부양 정책, 전 세계적으로 유례를 찾기 힘든 제로금리 정책, 시중의 통화공급을 크게 늘리는 양적 완화 정책 등 초강수를 두었다.[11] 실제로 기업들의 부실 문제가 차츰 정리되어 투자 재개, 고용 확대, 내수소비 활성화, 디지털 산업 중심의 수출 증가가 이루어지자 이에 힘입어 2004~2007년에는 연평균 2%대 실질성장률을 기록하는 등 경기가 회복되는 조짐도 보였다.

그러나 2008년 글로벌 금융위기가 갑작스레 전 세계를 강타하고, 단카이 세대[12]의 대량 퇴직 등으로 기초체력이 약해졌던 일본은 더욱 큰 타격을 받게 된다. 일본의 경제성장률은 2008년 -1.2%, 2009년 -6.3%로 다시 한 번 수직하락했다. 게다가 2011년 3월에는 동일본 대지진이 일어나 쓰나미 급습과 뒤이은 후쿠시마 원전 멜트 다운(melt down)의 여파로 일본경제는 수개월간 사실상 가동이 중단되었다.

10년 불황을 극복하기 위한 무리한 재정투자 확대와 고령화된 사회의 복지비용 증가로 후유증까지 앓아야 했다. 바로 국가부채 문제다. 일본의 국가부채는 2004년 이미 700조 엔을 돌파했고, 2012년에는 국가부채 1,000조 엔 시대로 접어들었다. 국가부채 1,000조 엔이라면, 우리 돈으로 1경 2,000조 원, 일본 국민 1인당 부채 1억 원에 해당하는 엄청난 액수다. 국가의 부채는 결국 정부의 세입보다 세출이 많기 때문에 발생한다. 세금수입이 적은 것은 경제위축으로 생산이 감소해서다. 고령화는 결국 생산, 즉 가치창출보다 소비지출이 더 많은 사회를 만들어낸다. 이처럼 고령화의 여파로 인해 경제대국 일본은 20년 만에 부채대국으로 변모했다. 1990년대에 생겨난 "잃어버린 10년"

---

11 일본 정부가 경기 부양을 위해 쏟아 부은 재정은 1992년부터 1995년까지 총 66조 엔, 1998년부터 1999년까지 총 61조 엔, 총 127조 엔에 달한다. 우리 돈으로 1,524조 원에 달하는 천문학적 금액이다. 주 내용은 감세와 대규모 공공 토목사업 확대였다.

12 단카이 세대란 제2차 세계대전 직후인 1947~1949년에 태어난 일본의 1차 베이비붐 세대를 말한다. 종전 직후 출생률이 급증한 결과 3년간 출생인구가 약 680만 명으로 일본 전체 인구의 5.4%에 해당하는 거대한 인구집단을 이루게 되었다.

| **그림 1-2** | 일본의 경제성장률 추이

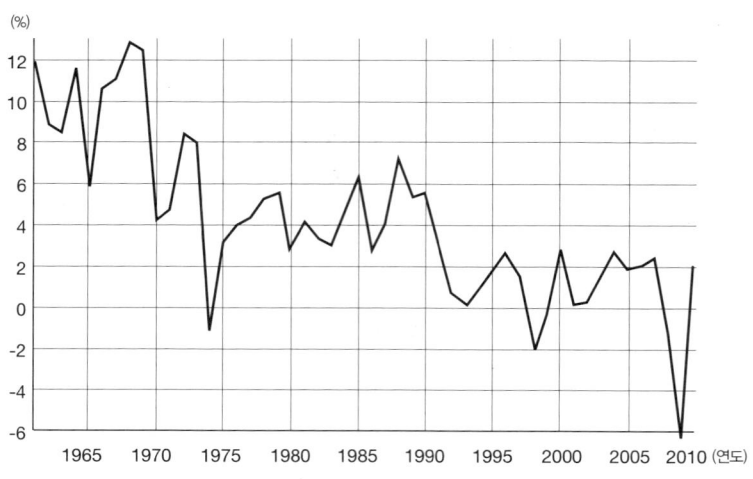

자료 data.worldbank.org

이라는 악몽은 2000년대 들어서도 해결되지 않아 지금도 "잃어버린 20년"의 고단한 시간이 이어지고 있다.

"부채대국"과 "잃어버린 20년"을 만든 진범은 고령화

그렇다면 고령화는 2000년대에 일본경제가 회복되지 못하도록 하는 데 어떤 악재로 작용했을까? 앞서 지적했듯이 1990년대의 "잃어버린 10년"은 버블 붕괴로 인한 자산가격의 폭락에서 시작되었다. 그러나 이것은 경기 침체를 촉발하는 방아쇠 역할을 했을 뿐이다. 경제의 펀더멘털만 튼튼하다면 금융충격은 3~5년 내에 회복되고 내수나 생산 경기도 되살아나게 마련인 것이다. 그러나 일본에서는 "잃어버린 20년"

이라 불릴 만큼 경기 침체가 장기화되었으니, 이는 보다 근본적인 원인이 있었다는 이야기다. 경제의 체질이 바뀐 것인데 그 내재적 이유를 인구구조의 근본적 변화, 즉 고령화에서 찾을 수 있다.

고령화는 붕괴된 자산가격의 회복을 불가능하게 만들었다. 고령화가 진전되면 인구도 줄고 빈 집도 늘어나 신규 주택 수요가 크게 감소한다. 부동산 수요가 줄어드니 부동산 가격이 유지되기 힘들다는 것은 뻔한 이치다. 이런 현상은 노인들이 많은 지방뿐 아니라 도쿄 근교 신도시들에서도 나타나고 있다. 센리(千里)와 다마(多摩)등 도쿄 인근의 베드타운(bed town)형 신도시(자족기능을 갖추지 못한 1,000ha 이상의 주거 중심 신도시)에서도 노인 비중의 빠른 증가와 함께 자산가격이 크게 떨어져버렸다.

경제 호황이던 1960~1980년대에 건설된 이들 신도시는 당시 경제 주역이던 단카이 세대에게 이른바 '뉴타운'으로 여겨지던 곳이다. 그러나 이제는 자연스럽게 황혼녘 지는 별들의 '올드타운'으로 퇴락해가고 있다. 산업기반이 없는 베드타운의 특성상 청년층은 일자리를 찾아 대도시로 떠나고, 도시가 노후화되면서 인구가 새롭게 유입되지 않기 때문이다. 1960~1970년대에 터전을 마련했던 고령층만 쓸쓸히 이 보금자리를 지키는 가운데, 예컨대 센리의 인구는 1975년 약 13만 명에서 2009년 9만 명으로 줄었다. 또한 센리의 65세 이상 고령자 비율은 1970년 2.8%에서 2009년 말에는 29.9%까지 치솟았다. 이는 전국 평균 23%를 훨씬 웃도는 수준이었다. 다마 신도시에서는 인구 감소 때문에 초등학교가 아예 폐교되거나 노인복지시설로 사용되는 실정이고, 집값은 20년 전에 비해 40% 수준까지 떨어졌다.[13]

어디 이뿐일까? 고령화는 저금리나 고용불안과도 맞물려 일본의 가계저축률이 저하되는 데 중대한 영향을 끼쳤다. 1980년대 초반만 해도 일본의 가계저축률은 20%대로, 선진국 중 최상위권이었다. 그러나 1990년 자산 버블 붕괴와 함께 저축률이 10%로 떨어졌고 2009년에는 사상 최저인 2.2%까지 추락했다. 예전에 일본 국민들은 개미처럼 검약하고 저축하는 것으로 유명했다. 그랬던 일본의 가계저축률이, 이제는 '베짱이 국민'으로 알려진 미국보다도 낮아진 것이다. 이유는 두 가지였다. 젊은 세대는 언제 취업할지 모르는 불안정한 생활 때문에 저축할 여력이 없고, 고령자들은 수입 자체가 부족하다. 다시 말해 고령자들은 그간 모아둔 저축을 야금야금 허물어 생활비로 쓰기 바쁘다.

일본에서는 세대주가 65세 이상이면서 직업 없는 가구를 '고령무직 세대'라 한다. 2005년 기준으로 고령자 세대 4가구 중 3가구가 고령무직 세대일 정도로 그 수는 상당히 많다. 이렇다 할 수입원이 없는 이들 고령무직 세대는 결국 저축을 헐어 생계비를 충당한다. 2010년 이들 고령무직 세대의 평균수입은 월 22.2만 엔(80%는 공적연금으로 조달)인데 반해 평균지출은 월 27.6만 엔이었다.[14] 월평균 5.4만 엔(우리 돈으로 약 65만 원)의 적자가 나는 셈이고, 결국 부족분은 저축을 인출해 쓰게 되는 것이다.

---

13 조선일보(2006. 11. 30), "일본 꿈의 신도시, 노인촌 전락했다"; 동아일보(2010. 5. 11), "일 신도시 쇠락을 통해 본 한국 신도시의 미래"
14 일본 재무성(2010. 8), "가계조사"

마지막으로 고령화는 현재 일본이 앓고 있는 지독한 내수침체에도 악영향을 끼쳤다. 2000년대 초만 해도 일본에서는 고령화로 인해 실버 시장이 크게 열릴 것이라는 장밋빛 기대가 팽배했다. 실제로 람보르기니, 페라리 등 고급 스포츠카를 몰고 다니는 실버 노인들이 한때 화제가 되기도 했다. 그러나 시간이 지날수록 실버 산업은 결코 블루오션이 아니라는 게 드러났다. 은퇴 이후 여유로운 소비생활을 즐길 만큼 부유한 고령자는 극소수에 불과했다.

심지어 어느 정도 재산이 있는 고령자들마저 쉽게 지갑을 열지 못하는 분위기가 되어가고 있다. 다름 아니라, 장수 위험 때문이다. '장수 위험(longevity risk)'이란 인간의 수명연장 추세에 따라 자신이 가진 생활비보다 오래 살게 될 위험을 말한다. 70세까지 살 것을 예상하고 60세에 은퇴해 10년간 호사스럽게 노후를 보냈는데, 막상 90세까지 살게 된다면 어떨까? 돈 없고 몸 아프고 돌봐줄 사람 없는 말년처럼 비참한 것은 없다. 이미 2010년 일본의 기대수명은 82.7세에 달한다. 60세에 은퇴하면 그동안 모은 돈으로 적어도 20년은 먹고살아야 한다는 뜻이다. 만일 노인 부부 중 한쪽이 크게 아프기라도 한다면 생활비는 금세 바닥이 날 터이다. 고령자들은 20년 넘는 시간 동안 어떤 일이 일어날지 모르니 만일에 대비해 소비지출을 가급적 줄이게 된다. 고령자 천국에서 내수소비가 제대로 이루어질 수 없는 이유가 여기 있다.

'인구 오너스' 시대를 맞은 일본의 어두운 미래

고령화는 이처럼 자산가격 하향 압력, 저축률 저하, 소비율 감소 등 다각적 측면에서 일본의 "잃어버린 10년"을 "잃어버린 20년"으로 연장시키는 핵심요인으로 작용했다. 더 심각한 문제는 고령화가 향후 일본 경제의 부활 가능성까지 어둡게 만들고 있다는 점이다. 고령화로 인해 "잃어버린 20년"이 "잃어버린 30년 혹은 40년"으로 연장될 가능성까지 있는 것이다.

고령화가 생산가능인구(15~64세) 감소를 유발해 국가 전체의 가치 창출 능력을 저하시키는 동시에, 부양대상 고령자들의 수적 증가를 가져와 의료, 개호(介護), 복지 등 국가 전체의 비생산적 지출을 증대시키기 때문이다. 일반 가정에서도 돈을 못 벌고 지출만 많으면 결국 가난해진다. 국가도 마찬가지다. 경제 전반의 생산은 늘지 않는데 비생산적 소비만 많아지면 경제성장이 둔화되고 곧 정체상태에 빠지게 된다.

실제로 일본에서는 생산가능인구 감소가 이미 1995년부터 시작되었다. 일본 기업들이 1990년대부터 기계화나 해외로 공장이전을 추진했던 것은 생산가능인구 감소로 인한 우수인력 부족 상황을 염두에 둔 까닭도 있다. 특히 2007년부터 단카이 세대 은퇴가 본격화되면서 산업현장에서는 현장 기술 및 노하우의 상실이 큰 문제로 부각되고 있다.

문제는 생산가능인구 감소가 앞으로 더욱 가속되리라는 것이다. 1995년 총인구 대비 70%에 달했던 생산가능인구 비중은 2010년

64%로 떨어졌고, 2020년에는 60%, 나아가 2050년에는 51%까지 낮아질 전망이다. 산업현장에서 가치창출에 기여할 수 있는 연령대의 사람은 국민 2명 중 1명에 불과하고, 나머지 1명은 부양대상이 된다는 이야기다. 나아가 한 가지 간과할 수 없는 사실은 생산가능인구 개념은 단순히 연령(15~64세)만으로 일할 능력의 유무를 판정한다는 점이다. 그러나 15~64세 인구 중에는 가사일을 하고 있거나 일할 의지가 없거나 사고 등으로 일을 할 수 없는 사람들도 많다. 이런 사람들을 제외하고 나면, 산업현장에서 실제로 일할 수 있는 인력은 3~4명 중 1명으로 줄어들게 된다. 기업으로서는 엄청난 구인난을 염려해야 하는 상황인 셈이다.

| **그림 1-3** | 일본 총인구 및 생산가능인구의 추이 및 전망

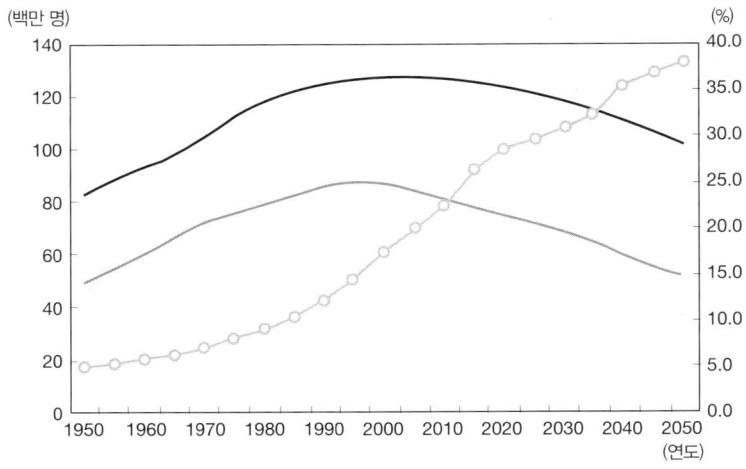

자료 UN(2008), "World Population Prospects : 2008 Revision"

게다가 일본은 고령화에 저출산까지 겹치면서 2005년부터 총인구 감소 시대로 접어들었다. 2007년 1.8만 명이던 인구 감소폭이 매년 증가해 2010년에는 12.3만 명으로 이제 연 10만 명을 넘어섰다. 매년 인구가 10만 명 감소하면, 10년마다 100만 명씩 인구가 줄어드는 것이다. 사람이 곧 국력이라 한다면 국력이 날로 쇠퇴한다는 뜻이다.

생산가능인구 감소는 다른 한편으로 유소년층(0~14세)과 고령층(65세 이상) 부양 인구가 늘어난다는 뜻이 된다. 사회의 부양부담을 살펴보기 위해 흔히 부양비(dependency ratio) 지표가 활용된다.[15] 〈그림 1-4〉처럼 일본의 인구 부양비는 1990년에 0.43으로 저점을 찍었고 이후 2010년 0.56이 되었으며 이후에도 빠른 증가세를 보여, 2020년 0.67,

| 그림 1-4 | 일본의 인구 부양비 추이 및 전망

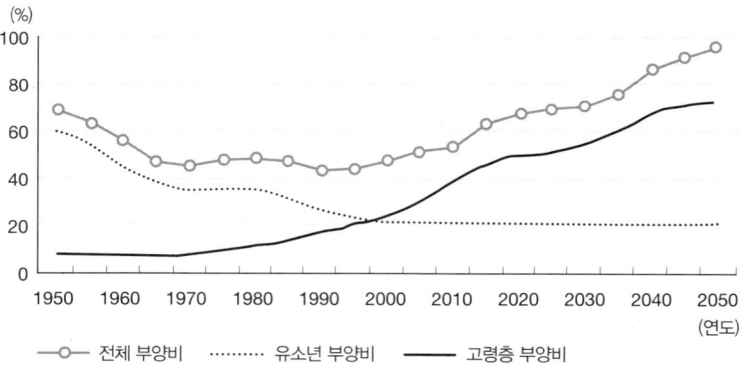

자료: UN(2008), "World Population Prospects : 2008 Revision"

---

15 부양비란 14세 이하 유소년층 인구와 65세 이상 고령층 인구의 합을 15~64세 생산가능인구의 수로 나눈 것이다. 즉 생산가능인구 1명이 부담하게 되는 인구학적 부양부담을 의미한다.

2030년 0.71, 그리고 2050년에는 0.96이 될 전망이다. 즉 1990년에는 생산가능인구 100명이 유소년층이나 고령층 43명을 부양하면 되었지만, 2030년에는 71명, 2050년에는 96명이나 부양해야 한다. 1인당 1명 부양 시대가 오는 셈이다.

이런 부양비율 증가에서 특히 문제는 유소년층보다 고령층 부양비가 더 빠르게 늘어나고 있다는 것이다. 유소년들과 달리 고령층은 연금, 의료, 간병·요양 등 부양에 많은 사회복지 서비스가 필요하다. 또한 이미 자식이 부모를 봉양하는 시대는 지났기 때문에 그 부양부담이 상당 부분 국가와 사회로 넘어간다. 유소년들에 대한 투자는 미래의 산업역군을 키워내는 일이므로 국가의 생산을 늘리는 데 충분히 기여한다고 볼 수 있다. 그러나 고령층에 대한 부양비 지출은 분명 중요한 일이기는 하지만 미래의 경제성장에 직접적으로 기여한다고 보기는 어렵다.

일본의 사회보장인구문제연구소에 따르면 일본의 사회보장비용은 직간접적 부분을 모두 포함해 2000년 86.5조 엔에서 2007년 99.9조 엔으로 연평균 2.2%씩 꾸준히 늘고 있다. 그중 고령층에 대한 사회보장비용은 2009년 68.6조 엔으로 이미 전체 사회보장비용의 68.7%를 차지했다. 68.6조 엔은 일본 GDP의 13.2%에 해당하며, 한국 GDP의 절반을 웃도는 엄청난 금액이다.

현장노동인구의 감소로 세수는 줄어드는데, 고령자 증가로 관련 사회복지지출이 기하급수적으로 증가한다면 국가재정은 어떻게 될까? 당연히 심각한 위기에 봉착한다. 그렇지 않아도 일본은 국가부채 1,000조 엔 시대를 맞고 있다. 국제결제은행(BIS)은 2011년 선진국들의 국가부채 전망을 내놓으면서 향후 급격한 고령화가 국가부채 급증의 주원인이 되리라 예측했다. 고령화가 매우 진전된 일본의 경우 국가부채가 2010년에는 GDP 대비 200%대이던 것이 2020년에는 GDP 대비 300%까지 확대되리라 예상했다.

　결론적으로, 일본의 미래를 암울하게 만드는 것은 인구 보너스(bonus) 시대에서 인구 오너스(onus) 시대로 전환되는 데 따른 충격이다. 즉 일본은 1990년대까지 인구 증가로 인해 우수한 산업인력이 늘어나고 내수소비가 진작되어 자연스럽게 경제가 빠르게 성장하는 등 인구 보너스의 달콤함을 누려왔다. 그러나 2000년대 들어 생산가능인구 감소와 고령층 증가에 따른 부양부담 증가로 경제발전이 정체의 늪에 빠지는 시대를 경험하게 되었다. 이런 전환 과정에서 여러 가지 시행착오와 천문학적 재정부담이 일본경제의 회복을 어렵게 만들고 있다. 어쩌면 향후 일본에 화산폭발이나 지진보다 더 무서운 위협은 경제적 지각변동을 가져올 고령화 문제일지 모른다.

인구 보너스와 인구 오너스

생산가능인구(15~64세)는 경제성장에 필수적인 존재다. 적절한 투자여력과 기술수준이 뒷받침된다면 생산가능인구의 증가는 노동력 증가와 높은 저축률을 가능하게 만들어 경제성장을 견인한다. 반면, 생산가능인구 비중의 감소는 노동력 감소와 함께 유소년층과 고령층 부양부담을 가중시켜 경제성장을 억제한다.

특히 동아시아 한·중·일 3국의 고도성장은 생산가능인구의 폭발적 증가라는 인구학적 배당에 힘입은 바 크다. 1950년대 후반에서 1970년대 초반까지 일본의 고도성장을 뒷받침했던 요인 중 하나는 바로 단카이 세대의 노동시장 유입이다. 일본 전체 인구의 5.4%에 해당하는 680만 명의 근면한 인력이 노동시장으로 한꺼번에 유입되면서 일본의 산업발전과 내수소비 증대를 뒷받침했던 것이다.

1970년대와 1980년대에 한국이 경험한 고도성장 또한 1955~1963년에 태어난 베이비붐 세대(약 712만 명으로 전체 인구의 14.6%에 해당)가 산업현장의 주역으로 일하면서 경제발전에 기여한 데 힘입은 바 크다. 중국의 최근 고성장 추세를 뒷받침하는 것도 1955~1975년의 20년간 폭발적으로 증가한 인력의 힘이다. 중국 인구는 1955년 6.0억 명에서 1975년 9.1억 명으로 20년간 3억 명이나 늘어났다.

이런 측면에서 전체 인구 중 유소년층과 고령층의 비중은 감소하고 생산가능인구의 비중이 커지면서 경제의 고성장이 가능한 상태를 인구학적 보너스(demographic bonus, 배당) 시대라 부른다. 반대로 생산가능인구 비중이 감소하고 유소년층과 고령층 등 부양대상 인구가 증가하는 시기는 인구학적 오너스(demographic onus, 부채·부담) 시대라고 말한다. 인구 오너스 시기에는 경제인구 감소, 부양부담 증가, 소비여력 감소 때문에 전통적인 방법으로는 경제성장을 도모하기가 힘들어진다.

인구학적 보너스 시대인지, 아니면 반대로 오너스 시대인지를 판단하는 기준으로는 여러 가지가 있지만, 가장 손쉽게 활용 가능한 지표는 '인구 부양비' 변화. 인구 부양비가 감소하는 기간이라면 보너스 시대, 증가하는 기간이라면 오너스 시대인 셈이다.

이 점은 〈그림 1-4〉에서도 확인할 수 있다. 일본의 인구 보너스 시기는 대략 1990년까지였다. 1990년에 저점을 찍은 인구 부양비는 이후 증가 추세로 돌아선다. 특히 이 시기에 버블이 붕괴되면서 상황은 더욱 악화되었다. 결국 제로성장 시대가 온 것이다. 이런 이유로 최근에는 한국이나 중국의 경우 인구 오너스 시대가 언제 시작될지에 대한 관심이 높아지고 있다. 현재의 인구 상황이 이어진다면 대략 2010년과 2015년 사이에 '인구 오너스' 시대가 열릴 가능성이 크다. 시간이 얼마 남지 않았다는 이야기다. 인구 오너스 시대에 한국이 일본처럼 침몰하지 않고 성장을 지속하려면 특단의 대책이 필요하다.

2
고령화, 일본만의 문제가 아니다

일본에서 인구의 고령화로 인해 경제의 노쇠화가 나타나고 있다는 사실은 고령화 문제에 직면한 다른 선진국들에도 결코 기분 좋은 소식은 아니다. UN인구통계국의 추정에 따르면 2010년 선진국 전반에서 65세 이상 고령자는 총인구의 15.9%에 달했다.[16] 일본뿐 아니라 이탈리아와 독일 역시 65세 이상 고령자 비중이 이미 20%를 넘어 초고령사회에 진입했다. 영국, 프랑스 등 유럽 32개국과 캐나다 등 미주 3개국도 65세 이상 인구 비중이 14%를 넘어 고령사회에 접어든 상태다. 세계 최강국인 미국 역시 65세 이상 인구의 비중이 13%로 고령사회의 문턱 언저리에 와 있는 실정이다.

고령화는 선진국이 되면 어쩔 수 없이 치러야 하는 '선진국병'인 것일까? 물론 지금은 그렇게 볼 수 있다. 그러나 출산율 저하와 기대수명 증가는 전 지구적 현상이다. 전쟁, 기아, 전염병 같은 특수 상황이

---

16 UN(2008), "World Population Prospect : 2008 Revision"

발생하지 않는 한 기대수명 증가와 출산율 저하는 지속될 것이고, 한층 강화될 가능성도 존재한다. 비록 현재는 고령화가 일본과 유럽을 비롯한 선진국 중심으로 나타나고 있지만 미래에는 선진국이나 개발도상국을 막론한 세계적인 공통 이슈로 떠오를 가능성이 크다. 지금은 청년층 인구가 늘고 있는 신흥국들도 결코 고령화의 덫에서 자유로울 수 없다는 이야기다. 그들 역시 언젠가는 노인이 될 테니까 말이다.

UN의 미래 인구 전망치를 다시 살펴보자. 2050년이 되면 선진국 전반에서 65세 이상 고령자 비중이 26.2%로 훌쩍 뛴다. 선진국들은 대체로 초고령사회를 형성하게 되는 셈이다. 개발도상국들 역시 65세 이상 인구 비중이 14.6%에 달하게 된다. 그 결과 전 세계에서 65세 이상 고령자 비중이 2010년의 5.3%에서 2050년에는 16.3%로 크게 증가할 전망이다. 한마디로, 고령사회가 전 세계의 일반적 상황이 되는 것이다.

UN의 예측에 따르면 2050년경 세계 194개 국가 중 72개국이 초고령사회, 44개국이 고령사회가 될 것으로 보인다. 이런 변화 양상은 2009년과 2050년의 국가별 고령자 비율 추계를 비교해 지도로 나타낸 〈그림 1-5〉에 잘 나타나 있다. 음영이 짙을수록 고령화가 심한 나라를 가리키지만, 앞으로 40년 뒤면 고령화가 선진국들만의 문제가 아니라 전 세계 대다수 나라의 두통거리가 될 것임을 보여준다.

1인당 GDP 4만 달러가 넘을 정도로 장기간에 걸쳐 충분히 경제성장을 이룬 상태에서 고령화 문제가 나타나는 선진국은 그나마 다행이다. 사회적 부양부담을 어느 정도 감당할 수 있을 만한 경제적 여력을

| **그림 1-5** | 2010년과 2050년의 세계 고령화 지도 비교

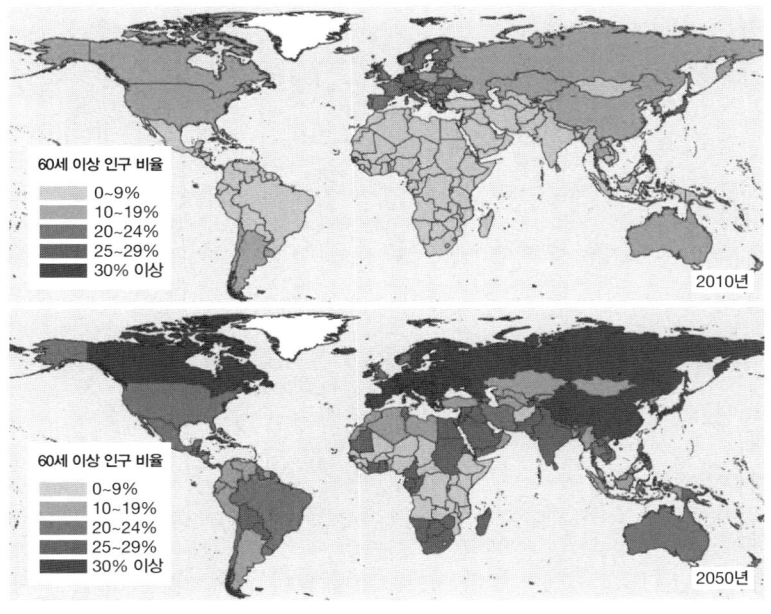

자료 UN(2009), "Population Ageing and Development 2009"
주 60세 이상 고령자 비율을 기준으로 도식화

갖추었을 터이기 때문이다. 문제는 1인당 GDP 2만 달러대 이하에서 고령화 위기를 맞는 한국 등 기타 후발 산업국이다. 선진국이 되기도 전에 맞은 고령화로 인해 경제 전반의 생산은 감소하고 사회적 부양 부담은 크게 늘어 경제는 정체하거나 추락하게 된다. 이처럼 경제가 충분히 성장하지도 못한 채 늙어버리는 현상이야말로 비유하건대 '경제 조로증'이 아닐까? 문제는 인구 고령화가 경제 조로증을 유발하는 직접적 원인이 될 수 있다는 사실이다.

늙어가는 선진국들, 깊어가는 근심

주지하다시피 고령화가 무서운 까닭은 그것이 인류 역사상 최초로 경험하는 현상으로, 사회·경제 전반의 패러다임을 뒤흔들 만한 엄청난 파괴력을 갖기 때문이다. 20세기까지만 해도 청년이 노인보다 많고 시간이 지날수록 인구가 증가하는 것이 당연한 상식이었다. 그러나 고령화의 파고가 전 세계를 덮치는 21세기에는 청년보다 노인이 더 많아지고 시간이 갈수록 인구가 감소하는 비상식적 상황이 나타나게 된다. 이런 인구학적 변화는 과연 사회에 어떤 충격을 줄까?

고령화로 인해 우선 연금과 의료비와 복지비용이 늘어나고, 그 결과 재정부담과 국가부채 폭증이 일어날 수 있다. 앞서 언급했던 것처럼 은퇴자 증가와 함께 노동력 부족과 사회활력 감소, 경제성장률 저하도 겪게 된다. IMF 추계에 따르면 생산가능인구가 1% 증가하면 1인당 실질GDP가 0.08%p 증가하는 반면, 고령자 인구가 1% 증가하면 실질GDP가 0.041%p 감소하는 것으로 나타났다.[17] 이뿐만이 아니다. 복지 증대를 원하는 고령자들과 복지부담 증가를 거부하는 청년층 간에 심각한 세대갈등이 불거져 사회문제로 비화할 수도 있다.

고령화 문제를 앞서 겪고 있는 선진국들에서는 이런 문제가 이미 현실로 나타나고 있다. 포르투갈, 이탈리아, 그리스, 스페인 등 남부 유럽 4개국은 2010년 대규모 재정적자 문제가 불거지면서 'PIGS'라는

---

[17] J. O. Martins(2005. 3), "The Impact on demand, factor market and growth of ageing", OECD Economic Working Paper, No. 420

불명예스런 명칭을 얻었다. 물론 재정위기를 야기한 직접적 원인은 글로벌 금융위기에 따른 경기 침체와 무리한 대규모 경기 부양책에 따른 재정부담 가중이다. 그러나 가만히 들여다보면 사건의 밑바닥에는 고령화 심화와 비생산적 복지비용의 무리한 증액이 있다. 4개국은 모두 의외로 고령화가 심각하게 진행된 고령사회다. 2010년 기준으로 65세 이상 고령층의 인구 비중은 포르투갈에서 17.9%, 이탈리아에서 20.4%, 그리스에서 18.3%, 스페인에서 17.2%에 달한다.

이들 4개국에서는 1980년대 이래로 고령화가 진전됨에 따라 복지지출을 점차 늘려왔다. 뚜렷한 성장 산업이 없는 상태에서 재정지출이 증대되자 당연히 나라살림은 취약해졌다. 예를 들어 이탈리아의 공공 사회복지지출은 2009년 4,225.4억 유로로 GDP의 27.8%에 달했으며(OECD SOCX DB 기준), 그리스의 경우 총임금 대비 고령연금 비율이 무려 95.1%로 OECD 국가 중 가장 높게 나타나고 있다. 이처럼 고령자 복지를 지속적으로 확대하다 보니 재정구조가 부실해졌고, 결국 글로벌 금융위기의 후폭풍을 감당하지 못한 것이다.

그렇다면 흔히 "복지천국"이라 불리는 핀란드, 스웨덴, 노르웨이 등 북유럽 국가들은 왜 괜찮을까? 이들 나라에서는 고령화가 그리 크게 진전되지 않은 것일까? 그건 아니다. 이들 북유럽 3개국에서도 고령화는 큰 문제로 인식되고 있다. 2010년 기준 65세 이상 노인의 비중이 핀란드 17.2%, 스웨덴 18.3%, 노르웨이 15.0%로 추정된다. 이처럼 북유럽 3개국도 고령화 비중이 높지만 PIGS 국가들과 달리 재정위기를 겪지 않은 이유는 무엇일까? 무분별한 복지확대 대신에 복지제도를 고령화시대의 패러다임에 맞게 선제적으로 조정하는 노력을 병행해왔기 때문이다.

예를 하나 들어보자면, 세 나라 모두 2000년대에 연금개혁을 단행했다. 스웨덴은 2001년, 핀란드는 2005년, 노르웨이는 2010년의 일이다. 고령자 증대에 따른 연금부담의 급증에 대비하기 위해서였다. 연금개혁의 골자는 공통적으로 기초연금 지급은 줄이고 소득비례연금의 비중을 늘리며, 퇴직연령을 늦추는 것이었다. 이런 개혁의 취지는 기초연금 감축을 통해 국가재정 부담을 가급적 줄이고, 소득비례연금을 확대해 개인의 노후를 스스로 준비하는 사회체계로 전환해가며, 일할 의욕이나 능력이 있는 고령층은 최대한 산업현장에서 활용하자는 것이었다.

특히 핀란드는 향후 10~20년간 급속히 진행될 인구 고령화 및 이에 따른 잠재적 성장률 저하, 복지부담 증가를 가장 큰 국가적 위기요인으로 인식해 대비책을 강구하는 중이다. 핀란드는 대표적 강소국이다. 2003년부터 2005년까지 WEF 평가 국가경쟁력 순위에서 3년 연속 1위를 하기도 했다. 그러한 핀란드도 피할 수 없는 고령화 상황에서 노동력 감소와 복지부담 완화를 도모하고자 고령층의 경제활동 참여를 강화하는 상황이다.

고령화시대에 대응할 사회 패러다임을 선제적으로 창출, 수행하고 있기에 북유럽 3국은 세계적 재정위기의 혼란 속에서도 안정을 구가할 수 있었다. 그런데 여기서 한 가지 주목해야 할 점은 고령자 복지 중심의 전통적 고령화 대비책을 지속적으로 시행해나가려면 상당한 경제력이 요구된다는 사실이다. 포르투갈(2만 1,505달러), 이탈리아(3만 3,917달러), 그리스(2만 6,600달러), 스페인(3만 542달러)은 2010년 기준으로 1인당 GDP가 2만~3만 달러대의 선진국임에도 불구하고 복지 확대로 인한 재정위기의 희생양이 되었다. 노르웨이(8만 4,538달러), 스웨덴(4만 8,936달러), 핀란드(4만 4,512달러) 등 그나마 1인당 GDP 4만 달러 이상의 고소득 선진국조차 기존 정책의 골격을 유지하되 복지혜택을 약간 조정해 가까스로 전통적 고령화 정책을 유지하고 있는 실정이다. 1인당 GDP 2만 달러대에 머무르는 한국이 복지 중심의 전통적 고령화 정책을 그대로 수입해 시행했다가는 자칫 위험할 수 있음을 보여주는 대목이다.

고령화가 진전되면 일자리와 복지부담을 둘러싼 세대 간 갈등이 사회문제로 비화될 수 있음을 앞서 언급했다. 이런 우려는 2010년 10월 프랑스에서 현실화되었다. 당시 프랑스 정부는 고령화에 따른 연금 지급액 증가로 재정적자가 심각해지자 이를 해결하기 위해 연금개혁을 추진했다. 골자는 은퇴정년을 현행 60세에서 62세로, 연금 수령 시기를 65세에서 67세로 상향 조정하자는 것이었다. 그러나 국민들은 격렬히 반발했다. 노동자들은 법 개정 이후 연금 수령액이 현재 은퇴자들보다 최대 20%나 줄어든다는 사실에 강하게 반발하며 파업을 벌였다. 또 젊은이들도 청년실업률 26%에 달하는 상황에서 정년 연장이 웬 말이냐며 시위에 동참했다. 시위는 한 달 넘게 지속되었고 프랑스 전국은 혼란의 도가니에 빠졌다. 이는 세심하게 준비되지 않은 고령자 취업 강화 정책은 자칫 강력한 사회적 반발에 직면할 수 있음을 보여준다.

한편 유럽 선진국들과 미국은 고령화 진전에 따른 노동력 부족 문제를 주로 이민유치를 통해 해결하려 하고 있다. 이민유치의 성과는 지역마다 크게 다르다. 먼저 미국에서는 이민정책에 따른 노동력 보충이 비교적 양호한 성과를 나타낸다. 많은 개도국 이민자들에게 아직까지 미국은 아메리칸 드림을 실현시킬 수 있는 기회의 나라로 인식되면서 남미권이나 아시아권에서 젊은 이민자들이 지속적으로 유입되고 있기 때문이다. 반면 유럽에서는 이민유치를 통해 젊은 피를 수혈받으려는 시도가 오히려 사회 불안요인으로 작용하고 있다. 즉 단기적으로는 이민자와의 사회적·문화적 갈등, 중기적으로는 자국민의 일자리 부족, 장기적으로는 이민자들에 대한 복지부담 가중 등의 문제를 낳을 수 있는 것이다. 이민유치 역시 고령화 문제의 근본 해결책은 아니라는 의미다. 단일민족이라는 특수성을 가진 한국에서는 아무래도 외국인노동자 수입이 썩 맞지 않는 방법일 수 있다.

BRICS의 고민, "채 부유해지기 전에 늙어버린다"

고령화는 결코 선진국병이 아니다. 세계경제의 새로운 축으로 자리매김하고 있는 BRICS 국가들에서도 고령화는 이미 성장의 잠재적 장애물로 인식되고 있다. 예를 들어 러시아는 2000년대 들어 정치적 안정을 되찾고 석유·가스·곡물 수출이 크게 늘어나면서 경제적으로도 부활하는 모습을 보이고 있지만, 러시아인들에게는 남모를 고민이 하나 있다. 바로 인구 감소 문제다.

이미 러시아는 1991년 1.5억 명을 정점으로 총인구 감소 시대에 접어들었다. 낙태 및 이혼 만성화에 따른 출산율 저하, 중년 남자들의 약물중독 및 자살률 증가, 열악한 보건환경, 결핵, AIDS 창궐에 따른 높은 사망률 등 다양한 원인이 있다. 이에 따라 러시아의 인구는 1990년대부터 매년 0.5%씩 감소해왔다.[18] 그런 탓에 러시아에서 인구 문제는 경제발전을 위협하는 제1의 국가이슈로 인식된다. 그도 그럴 것이 인구 감소 추세가 지속된다면 경제성장을 뒷받침할 만한 노동력을 확보할 수 없게 되어서다. 또한 소비 수요층 감소로 내수경제를 부흥시키기가 곤란해진다. 나아가 고령화로 인해 사회복지지출이 증대될 뿐만 아니라 안보취약성 문제까지 불거질 것이기 때문이다. 다행히 러시아 정부의 다각적 노력과 경기 회복에 힘입어 2005년 이후 인구 감소는 점차 둔화 추세를 보였고, 2009년 들어서는 15년 만에 처음으로 인구가 전년 대비 2.3만 명 늘어났다.

러시아보다 고령화 문제의 파급효과가 더욱 심각할 것으로 예상되는 나라는 다름 아닌 중국이다. 중국의 고령화 속도는 매우 빠르고 고령자 규모도 매우 거대하다. 1970년대부터 시작된 산아제한정책으로 출산율이 크게 감소했고, 소득수준 향상으로 평균수명마저 빠르게 늘어나고 있으며, 인구규모 자체가 워낙 크기 때문이다. 실제로 중국은 1970년대 초반만 해도 65세 이상 고령인구가 총인구의 4.3%에 불과했다. 그랬던 중국이 어느새 2001년 고령자 비율 7%를 돌파하며 고령화사회에 진입했다. 고령자 수는 2005년 말 전체 인구의 7.7%인 1억 명을 돌파했고, 매년 700만~800만 명씩 늘어나 2010년 현재 이미 1.3억 명에 달한다. 이런 추세가 계속된다면 중국은 2026년 고령사회(고령자 비중 14%)에 진입하고, 그 후 불과 10년 만인 2036년 초고

---

18 니혼게이자이신문사(2008), 《인구가 세계를 바꾼다》, 강신규 역, 가나북스

령사회(20%)에 도달하게 된다. 2040년 즈음에는 고령자 수가 4억 명 가량에 이를 전망이다.

이러한 고령화 추세는 그동안 인구 보너스를 누려온 중국의 경제성장에 큰 장애요인으로 작용할 가능성이 크다. 앞서 설명했듯이 인구 보너스란 경제발전에 유리한 인구연령 구조, 즉 인구규모상 생산가능인구(15~64세)의 비율이 높아 부양비가 낮고 경제발전에 박차를 가할 수 있는 상태를 말한다. 실제로 중국의 인구 보너스는 개혁개방 진행 시기와 맞물려 지난 20여 년간 중국의 경제발전에 크게 기여했다. 실증연구에 따르면, 중국의 경제성장에 대한 인구 보너스의 기여도는 대략 15~25%에 달한다.[19] 따지고 보면 지난 15년간 중국경제의 고성장과 산업화는 농촌에서 도시로 올라온 저임금 농민공 노동자들이 사실상 거의 무한정 공급되었기에 가능한 것이었다.

그러나 이젠 고령화 진전으로 인구 보너스가 점차 사라지고 있다. 학계에서는 중국도 대략 2010~2015년 사이에 인구 보너스 시대의 종말을 맞고 인구 오너스 시대가 시작되리라 예상한다. 중국의 지식인들 중에도 이 문제를 심각하게 생각하는 사람이 많아졌다. 그들은 중국의 고령화를 '웨이푸셴라오(未富先老)' 현상이라 부른다. 채 부유해지기 전에 늙어버린다는 뜻이다. 앞서 언급한 국가경제의 조로증 또는 소아병과 같은 의미라 볼 수 있다.

사실 2010년 중국이 일본을 제치고 세계 2위의 경제대국이 되었지

---

19 Cai Fang & Wang Dewen(2007. 1), "Demographic Transition and Economic Growth in China", 중국사회연구원

만, 총GDP 측면에서만 그럴 뿐이다. 중국의 1인당 GDP는 여전히 일본의 10분의 1 수준에 불과하다. 중국은 아직 경제가 충분히 발전하지도 않았고 사회보장체계도 제대로 갖추지 못했기 때문에 만약 이 상황에서 고령화시대의 도래를 맞게 된다면 선진국보다 훨씬 큰 타격을 입을 가능성이 크다. 그동안 '런커우훙리(人口紅利)', 즉 풍부한 노동력에 의한 경제성장을 구가해오던 중국이지만 불과 4년 후인 2015년에는 생산가능인구(15~64세) 감소 시대를 목도하게 된다. 중국은 이 난제를 어떻게 풀 수 있을까?

웨이푸셴라오

"채 부유해지기 전에 늙어버린다"라는 의미의 '웨이푸셴라오'는 중국 인민대학의 우창핑(邬滄萍) 교수가 1986년 《인구노화담론》이란 책에서 처음으로 언급한 개념이다. 이 책에서 우창핑 교수는 선진국의 고령화와 중국의 고령화가 매우 다른 양상을 보일 것임을 강조했다. 일반적으로 고령화는 산업화와 국민소득 수준이 매우 높아진 상태에서 발생하는 '부국(富國)의 인구병'이지만, 중국의 고령화는 산업화나 국민소득 수준이 충분치 못한 상태에서 발생한다는 점에서 차이를 보인다는 것이다. "가난한 나라가 '부국의 인구병'에 걸리는 만큼", 중국에 고령화는 더욱 치명적일 수 있음을 지적한 것이다. 이와 관련해 중국사회과학원은 "인구 및 노동문제 보고서"에서 중국이 50년 뒤 경제활동 인력이 부족한 가운데 수억 명의 고령자를 부양해야 하는 극단적 상황을 맞게 될 가능성을 우려했다. 과거 한 자녀 정책과 최근 자발적 출산율 저하의 여파로 향후 장성한 자식 하나가 부모 둘, 조부모 넷을 부양해야 하는 "4-2-1" 상황이 도래할 수 있다는 비관적 전망도 나오고 있다.

3

'고령화'는 '기후변화'보다 심각한 글로벌 이슈

향후 50년간 세계경제에 큰 영향을 미칠 글로벌 트렌드로는 어떤 것들이 있을까? 여러 가지가 있겠지만 가장 중요한 트렌드로는 글로벌화(특히 중국 등 신흥개도국의 부상), 기후변화, 고령화, 기술발전 등을 들 수 있다.

특히 '기후변화'는 최근 4~5년간 중요한 글로벌 의제로 자리 잡았다. 사람들의 다양한 활동으로 인해 대기 중 온실가스 농도가 급증하고 있으며 이를 방치하면 지구온난화와 자연재해가 나타나 전 세계가 막대한 피해를 입게 되므로 당장 대비책을 마련해야 한다는 것이다. 이런 주장은 2000년대 들어 과학계와 국제사회 그리고 시민사회에서 빠르게 공감대를 얻었고, 그리하여 현재는 전 세계적으로 기후변화 대응노력이 매우 활발히 전개되고 있다. 한국에서도 2008년 이래 녹색산업이 신성장동력으로 자리매김하는 등 기후변화에 대한 대응이 가속화되는 상황이다.

그러나 향후 50년 동안은 고령화가 기후변화보다 훨씬 중요한 글로벌 의제가 될 가능성이 크다. '고령화'는 무엇보다 3가지 측면, 즉 파국이 뚜렷이 보이고, 대응방안 마련이 쉽지 않으며, 국가별 성쇠를 좌우하는 문제라는 점에서 개별 국가 입장에서 '기후변화'보다 더 중요한 이슈일 수 있다. 이를 보다 세부적으로 살펴보자.

첫째, 기후변화는 향후 30~40년 후에야 그 여파가 본격적으로 나타나고 실제 파급효과가 어떨지는 정확히 알 수 없는 불확정적 이슈다. 반면 고령화는 이미 상당히 진행된 탓에 그 여파가 당장 나타나고 그 파국적 영향 또한 분명하게 예상되는 확정적 문제다. 또한 고령화는 부담해야 할 비용이 기후변화에 비해 훨씬 큰 편이다. 기후변화 문제를 완화하려면 대기 중 온실가스 농도를 안정화해야 하고, 여기에 드는 비용은 대략 매년 세계 GDP의 1% 정도로 추산된다. 물론 기후변화 문제를 방치할 경우 각종 기상이변에 따른 피해나 복구비용이 매년 세계 GDP의 5~20% 수준에 달할 것으로 예상된다.[20] 그러나 고령화 문제를 해결하는 데 드는 비용보다는 적다. 국가별로 비용부담의 편차가 크겠지만 평균적으로 볼 때 2050년경 선진국들의 경우 고령화에 따른 연금·의료·요양·실업 지원 등을 위해 GDP의 27%에 달하는 재정을 지출할 것으로 예상된다.[21] 기후변화보다 더 많은 대응비용이 요구되는 것이다. 그렇다면 고령화는 기후변화보다도 실질적이고 위협적인 문제일 수 있다.

둘째, 기후변화는 본질적으로 지구의 환경공학 문제이기 때문에 대응방안이 명확하다. 기후변화의 근본원인은 온실가스 증가이므로 노

20　N. Stern(2006. 10), "The Economics of Climate Change", UK Government
21　S&P(2010. 10), "Global Ageing : An Irreversible Truth"

력의 초점을 대기 중 온실가스 저감과 화석에너지 사용 감소에 맞추면 어느 정도 해결이 가능하다. 또한 공학적 문제의 특성상 해결 과정에서 투입 대비 결과 측정이 비교적 용이하다. 그러나 고령화 문제는 경제적·사회적·정치적 측면이 뒤얽힌 인구학적 문제다. 그 원인이 저출산과 기대수명 증가라는 것은 모두가 안다. 하지만 그것이 결국 인간의 행태 변화와 관련된 문제이기 때문에 대응책을 마련하기도 어렵고, 정책의 효율성을 측정하거나 비교하기도 쉽지 않다. 나아가 국가별로 처한 상황도 제각각이므로 일률적으로 적용 가능한 최적의 해법 같은 것은 존재하지 않는다. 고령화와 은퇴자 증가에 따른 산업인력 부족에 대한 대응만 하더라도 출산 지원, 여성인력 채용, 이민 확대, 고령자 활용 등 다양한 대안을 놓고 논쟁이 벌어지곤 한다.

셋째, 기후변화가 인류 전체의 존속에 관한 이슈라면, 고령화는 국가마다 그 성쇠가 다른 이슈다. 기후변화 대응은 어떻게 보면 전 지구적 차원의 공공재를 만들어내는 일이다. 이 때문에 각 국가는 그 취지에 공감하더라도 적극적으로 참여하는 데는 다소 주저하게 된다. 누군가 나보다 더 많이 비용을 부담해주기를 내심 바라기 때문이다. 그러나 고령화는 개별 국가 단위의 경쟁력에 관한 문제다. 따라서 모든 국가가 저마다 적절한 해법을 마련하느라 사활을 걸 수밖에 없다. 제대로 대처하지 못하면 국가경제가 곧 활력을 잃고 침몰할 수 있기 때문이다. 반대로 제대로 된 대응방안을 찾아내 일찍부터 준비한다면 국가경쟁력을 이전보다 더 신장시킬 수 있다. 다시 말해, 인류 역사상 최초로 나타나는 고령화시대에 걸맞은 새로운 사회경제 패러다임을 누구보다 먼저 구현해낸다면 20~30년 후 전 세계가 고령화되었을 때는 다른 국가들보다 훨씬 우월한 경쟁력을 확보할 수 있다는 이야기다.

그러나 고령화 역시 기후변화처럼 매우 느릿느릿 진행되기 때문에 간과되기 쉽다. 한국에서도 고령화 위험은 이미 2000년대 초반부터 반복적으로 보도되어왔다. 그런 탓에 이젠 '고령화 위험'이라는 것에 대해 내성이 생겨버린 느낌이다. "또 고령화 이야기냐?" 하는 시큰둥한 반응까지 보이는 경우도 있다. 심지어 어떤 사람들은 "고령화는 충분히 관리가 가능하므로 중요한 문제가 아니다"라고 말하면서, 최근 프랑스에서 극적으로 증가한 출산율을 그 사례로 들기도 한다. 그러나 프랑스처럼 자녀수에 따라 가족수당을 주면서 일과 가정을 양립시키는 저출산정책을 적용하기란 쉬운 일이 아니다.

나중에 살펴보겠지만, 고령화의 원인을 고려할 때 한국에서 고령화는 결코 쉽게 반전시킬 수 있는 가벼운 문제가 아니다. 또한 한국은 다양한 고령화 패턴 중 가장 곤란한 형태인 일본식 고령화 쇼크가 일어날 가능성이 커서 문제가 더더욱 심각하다. 그렇다면 한국에서 고령화는 구체적으로 어떻게 진행되고 또 어떤 문제를 야기할까? 다음 장에서 이를 세부적으로 살펴보자.

2장

고령화·저성장의
다음 희생양은 누구인가?

Intro

──── **2000년대 들어** 한국에서도 고령화가 빠르게 진전되고 있다. 이제 막 국민소득 2만 달러대로 올라선 한국에 고령화는 향후 경제성장에 가장 중대한 위협요인이다. 우리나라가 1950년 한국전쟁 이후 잿더미 상태에서 오늘날 수준의 예비 선진국가로 부상한 것은 우수한 인적자원의 지속적 증가에 힘입은 바 크다. 그러나 앞으로 불과 3년 뒤인 2015년 이후에는 경제활동가능인구가 감소하는 시대가 도래한다. 고령자 증가로 부양부담이 급격히 커지고 경제활동가능인구 감소로 일할 사람이 부족해지면 과거와 같은 성장세를 유지하기가 어렵다.

그렇다면 우리나라는 고령화가 구체적으로 얼마나 진전된 것일까? 앞으로 고령화는 어떤 양상으로 진전될까? 그리고 무엇보다도 고령화의 진전은 한국경제에 어떠한 악영향을 끼칠까? 결론부터 말하자면 한국의 고령화는 세계 최고 속도로 급격히 진행되고 있다. 따라서 짧으면 5년, 길어도 15년 이내에 고령화로 인한 사회적 지각변동이 나타날 가능성이 크다. 문제는 고령화로 인한 사회 패러다임 변화를 대비할 시간적 여유나 경제적 여력이 크게 부족하다는 점이다.

게다가 한국경제는 고령화로 인한 타격이 일본의 경우보다도 클 것으로 보인다. 이미 2000년대 들어 한국의 경제성장은 GDP 2만 달러

수준에서 정체되고 있다. 고령화에 잘못 대응할 경우, 경제 전반의 생산은 더욱 감소하고 사회적 부양부담만 갈수록 커져 경제가 심각한 조로증에 걸릴 터이고 자칫 선진국 문턱에서 다시 후퇴할 수도 있다.

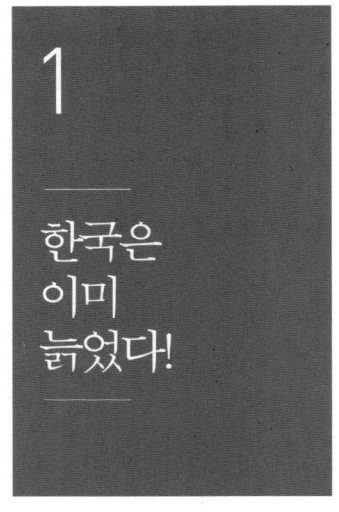
1
한국은 이미 늙었다!

2011년 현재 65세 이상 고령자가 총인구에서 차지하는 비율은 11%로 한국은 현재 고령화사회(고령자 비율 7% 이상)에서 고령사회(고령자 비율 14% 이상)로 나아가고 있다. 사회 일각에서는 고령자의 수가 아직 인구 10명당 1명에 불과하니 고령화는 그다지 큰 문제가 아니라고 말하기도 한다. 그러나 고령화는 생각보다 빠르게 진행되고 있다. 이미 지방자치단체 단위에서는 심각한 고령화로 이른바 '노인지역사회'가 된 곳도 많다.

 조만간 대도시도 지방도시처럼 고령화가 이루어질 것이며, 결국 국가 전체가 고령화사회의 심각성을 깨닫게 될 날이 멀지 않다. 그러므로 고령화가 심각하게 진전된 지역사회의 모습을 통해 앞으로 한국 전체가 겪을 상황을 미리 가늠해보고 대책을 강구해야 한다.

지방은 벌써 '초고령' 사회

현재 대한민국 시·군 지자체 중 가장 늙은 곳, 즉 고령자가 가장 많은 곳은 어디일까? 장수마을로 소문난 전북 순창을 지목하는 사람도 있을 것이다. 물론 전북 순창의 고령자 비율도 2010년 기준 28.4%로 높은 편에 속하지만, 전국 75개 시, 86개 군에서 28위에 불과하다. 전국 시와 군 중 고령자 비율이 가장 높은 세 곳으로는 전남 고흥군, 경북 군위군, 경북 의성군을 들 수 있다. 이 세 지역의 2010년 고령자 비율은 각각 32.0%, 31.8%, 31.7%에 달했다. 주민 3명 중 1명이 65세 이상인 초고령 지역사회인 셈이다.

특히 고흥군의 예동마을은 노인들만 모여 사는 곳으로 유명하다. 주민 37명 중 35명이 65세 이상이고, 주민들의 평균연령은 76세에 달한다. 대다수 주민이 꼬부랑 할아버지 할머니인 만큼, 휴대폰은 없어도 지팡이는 필수인 마을이다. 이곳의 사연은 2005년 〈노인들만 사는 마을〉, 그리고 2011년에는 〈노인들만 사는 마을 8년의 기록〉이라는 다큐멘터리로 MBC에서 보도된 바 있다.

그렇다면 초고령사회로 변한 지역에서는 어떤 일이 일어날까? 이는 앞으로 한국 전체가 겪을 상황을 예상하는 데 중요한 가늠자가 될 수 있다. 고흥군의 현재 모습을 한번 살펴보자. 고흥군의 2010년 말 인구는 7.4만 명으로 과거 10년간 30% 감소했으나 고령인구는 오히려 같은 기간 동안 20% 이상 증가해 2.3만 명에 달한다. 젊은이들은 일자리와 윤택한 생활환경을 찾아 도시로 가고, 노인들만 정든 고향에 남아 오래된 둥지를 지키는 탓이다. 지역사회에서 아이들을 찾아보기가 힘들어져, 결국 초등학생 수는 10년 전의 5분의 1로, 유치원 원아 수는 절반으로 줄었다. 그 결과 초등학교 8곳이 폐교되고, 그중 두 군데는 노인요양원으로 간판을 바꿔 달았다. 일본 신도시 다마에서 일어난 일이 한국에서도 일어나고 있는 것이다.

　힘 좋고 일 잘하는 청장년층이 줄어들자 농촌 풍경도 알게 모르게 바뀌고 있다. 예를 들어 농약치기를 제때 못해 농사를 망치는 일이 많아졌다. 농약치기는 농사일 중 손이 가장 많이 가는 일인데, 농촌에 어르신들만 있어 일손이 크게 부족해진 탓이다. 잔치나 장례 세태도 변하고 있다. 집 마당에 솥 걸고 돼지 잡는 잔치나 열댓 명이 상여를 드는 장례 풍경도 이젠 완전히 옛말이 되어버렸다. 요즘은 칠순잔치도 읍내 뷔페에서 하고, 운구도 그냥 자동차로 옮긴다. 잔치나 장례를 전통 방식으로 치르려면 일손이 많이 필요한데, 지금은 마을에 노인밖에 없는 상황인지라 힘쓸 사람을 도통 구할 수 없어서다.

　문제는 이것만이 아니다. 청장년층이 감소하고 고령자가 늘어나니 자연히 지역경제도 활력을 잃었다. 예를 들어 고흥군에서 10년 전 5,500여 개에 달하던 사업체 중 1,000개가 그사이 문을 닫았다. 한편 배우자와 사별하고 홀로 사는 독거노인이 점점 늘어 현재 6,500가구에 이른다. 사업체 감소로 지방세원은 점차 주는데 고령자 복지 수요는 날로 늘면서 고흥군의 지방재정이 어려워졌다. 실제로 2010년 고흥군의 지방세 수입은 151억 원에 그쳤고, 재정자립도는 8.1%로 전국 꼴찌였다. 고흥군만큼 고령화가 빠르게 진전된 경북의 군위군이나 의성군도 재정자립도는 2010년 각각 10.1%, 10.5%로 최하위권에 머물렀다. 참고로 2010년 전국의 재정자립도 평균은 52.2%였다.

　고령화가 더 진전될 10년 후와 20년 후에 고흥군은 어떤 모습일까? 앞으로 나타날 다양한 문제점 중 가장 우려되는 것은 농업과 지역경제의 붕괴다. 그렇지 않아도 현재 농업인구는 크게 줄었고 농사일은 대부분 50~60대가 하고 있다. 현재 60세인 고령자는 10년 후 70세, 현재 70세인 고령자는 10년 후 80세가 된다. 체력소모가 심한 농사일을 하기에는 힘든 연령이다. 농사를 짓지 못해 놀리는 땅이 많아질 터이고 농업생산량은 크게 줄어들 것이다. 아울러 마을이 가구수 20호 미만으로 과소화되고, 그마저도 거동이 불편한 초고령자들이 인구의 대다수를 차지하게 된다. 결국 지역경제는 자생력을 잃고 정부보조로 연명해가는 거대한 '보조금경제'로 변모할 것이다.

이런 모습이 단지 고흥군이나 군위군 그리고 의성군만의 특수한 현상에 불과할까? 그렇지 않다. 시·군 단위에서 경북 의성과 군위, 전남 고흥, 경남 합천과 남해 등 고령자 비율이 30%를 넘어선 곳은 7곳이 넘는다. 나아가, 전국 161개 시·군 중 67곳은 고령자 비율 20%를 넘어서 초고령 지역사회로 돌입했다. 기초자치단체의 40%가 이미 초고령사회라는 이야기다.

어디 이뿐일까? 조금 더 시야를 확장해 도 단위로 살펴보면, 농어촌 지역이 많은 전라남도, 전라북도, 충청남도, 경상북도, 강원도는 고령자 비율 14%를 넘어서 고령 지역사회가 되었다. 특히 전라남도는 2011년 지자체 중 처음으로 초고령사회에 진입했다. 또한 현재 고령사회 상태인 전북, 강원, 경북 등도 2020년이면 초고령사회에 진입하게 된다. 만일 젊은 층이 일자리를 찾아 대도시로 떠나는 현상이 계속해서 강화된다면 지자체들이 초고령사회로 진입하는 시기는 더욱 앞당겨질 수도 있다.

물론 대도시 지역의 고령자 비율은 지방이나 전국 평균보다 낮은 편이다. 2011년 현재 서울은 9.8%, 인천은 9.0%, 울산은 7.3% 등 대도시 지역의 고령자 비율은 전국 평균 11.3%보다 낮다. 그러나 2020년이 되면 대부분의 대도시 지역이 고령자 비율 14%에 근접하면서 고령 지역사회로 변모한다. 특히 부산은 2020년경 고령자 비율 19%로 다른 대도시보다 훨씬 빨리 초고령사회에 근접할 전망이다. 서울에서도 고령자들 수가 2000년대 들어 연평균 5만 명 이상 빠르게 늘어나, 2010년 말 고령자 100만 명 시대에 돌입했다. 2019년에는 고령인구 비율 14.1%로 고령사회에 접어들고, 다시 8년 뒤인 2027년에는 초고령사회에 진입할 전망이다.

이처럼 고흥군이 먼저 겪은 고령화는 우리나라의 다른 지역사회에서도 서서히 나타나고 있는 모습이다. 앞으로 10년만 지나면 중소도시에서 보게 될 모습이고, 20년이 지나면 대도시 지역, 나아가 한국 전체에서 나타날 모습인 것이다.

| 그림 2-1 | 지방자치단체별 고령화 현황 및 전망

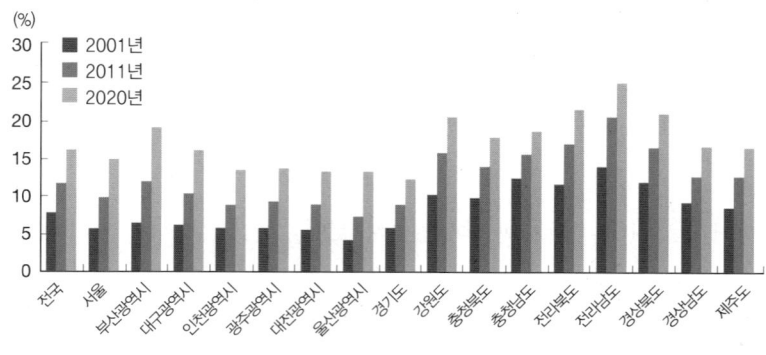

자료 통계청

고령자 1,000만 명 시대가 곧 온다

이렇듯 고령화는 지자체 단위에서 심각한 현안으로 대두되고 있다. 한국 전체를 놓고 보더라도 2010년대 들어 이른바 '58년 개띠'로 대표되는 베이비붐 세대의 대량 퇴직이 본격화되면서 점차 큰 사회적 문제로 비화되고 있다. 이런 고령화는 향후 한국의 사회·경제에 다양한 변화를 가져올 전망이다.

고령화는 한국경제의 성장잠재력을 저해할 가장 중대한 위협요인이 될 수 있으므로 깊이 들여다보지 않을 수 없다. 현재 한국은 세계에서 가장 빠른 속도로 고령화가 진행되고 있고, 고령화의 사회경제적 부담이 국가경제에 충격을 줄 가능성이 크기에 그렇다. 더 큰 문제는 거기에 대비할 시간이 많지 않다는 점이다.

우선, 한국의 고령화 속도를 보면 가히 세계 최고 수준이다. 1990년만 하더라도 한국에서 65세 이상 고령자는 총인구의 5.1%에 불과했다. 그러나 10년 뒤인 2000년에는 7%를 돌파하며 고령화사회로 진입했고, 2010년에는 고령자 비율이 11%에 도달하는 등 고령화 속도가 점점 빨라지고 있다. 이처럼 고령화가 빠르게 진행되는 나라는 세계적으로도 많지 않다. 고령화가 가속되는 것은 저출산 추세 심화와 의료기술 진보에 따른 수명 증가 덕분이다. 한국의 합계출산율(가임여성 1명이 평생 낳을 수 있는 자녀 수)은 2000년대 들어 크게 저하되어 1.1~1.2명 수준에 불과하다. 또한 2000년대 들어 삶의 질 개선과 보건의료 기술의 진보에 힘입어 한국인의 기대수명은 2000년 76.0세에서 매년 0.3~0.5년씩 증가하여 2010년 79.4세까지 늘어난 상태다.

이런 추세가 계속된다면 한국은 고령화사회로 접어든 지 불과 18년 만인 2018년에 고령인구 비중 14.3%로 고령사회에 진입하게 된다. 또한 2026년경이면 고령자 비중 20%를 넘어서며 초고령사회에 진입하고 2050년에는 그 비율이 무려 38.2%까지 증가한다. 전국적으로 인구 3명 중 1명이 노인인 시대가 도래하는 것이다. 지역에 따라서는 인구 2명 중 1명이 노인인 경우도 심심찮게 나타날 것이다. 65세 이상 고령자 수도 절대적으로 많아진다. 즉 고령자 수는 2010년 535.7만 명에서 2018년 707.5만 명으로 증가하며, 2026년에는 1,021.8만 명으로 고령자 1,000만 명 시대를 맞게 된다.[22]

한국의 고령화 속도는 〈표 2-1〉에서 알 수 있듯이 전 세계적으로 유래가 없을 정도로 빠른 편이다. 프랑스, 독일, 영국, 이탈리아 등 선진국들은 고령화사회 진입 후 초고령사회에 진입하는 데 80~150년이 걸렸다. 이웃 일본은 36년이 걸렸고 중국은 35년이 걸릴 것으로 예상된다. 그러나 한국은 고령화사회에 진입한 지 불과 26년 만에 초고령사회가 열릴 전망이다. 고령화 속도가 빠른 만큼, 고령화가 야기할 사회경제적 패러다임 변화에 제대로 대응하지 못한다면 한국은 앞서 살펴본 일본보다도 심각한 위협에 직면할 수 있다.

---

22 "고령자 통계", 통계청, 각 호. 한편 일각에서는 고령화 속도가 훨씬 빠르게 진전될 것이라는 예측도 나오고 있다. 고려대 통계학과 박유성 교수팀이 2010년 1월 발표한 "성별, 사망원인별, 연령별로 조정한 인구 예측" 보고서에 따르면 한국이 고령사회에 도달하는 것은 공식 예측보다 1년 빠른 2017년이며, 초고령사회 진입은 2년 빠른 2024년에 이루어질 수 있다. 이 예측이 기존 인구추계와 다른 점은 사망패턴의 동태적 변화 추세와 의학기술의 발전 변수를 추가했다는 것이다. 65세 이상 고령자도 2020년경 정부 예측을 61만 명 상회하여 831만 명이 될 수 있는 것으로 예측되었다.

| 표 2-1 | 인구구조 고령화 추이의 국제 비교

국가	고령자 비율 도달 연도			소요 연수(년)	
	7% (고령화 사회)	14% (고령사회)	20% (초고령사회)	7%→14%	14%→20%
한국	2000	2018	2026	18	8
일본	1970	1994	2006	24	12
프랑스	1864	1979	2018	115	39
독일	1932	1972	2009	40	37
영국	1929	1976	2021	47	45
이탈리아	1927	1988	2006	61	20
미국	1942	2015	2036	73	21

자료 통계청(2011. 9), "장래인구추계 결과 2011"

| 그림 2-2 | 향후 한국의 인구구조 변화 추계

(단위 : 만 명)

	2010년	2020년	2030년	2040년	2050년
인구 피라미드					
총인구	4,941	5,144	5,216	5,109	4,812
생산가능 인구 (15~64세)	3,598	3,656	3,289	2,887	2,535
노인인구 (65세~)	643	1,004	1,558	2,149	2,519
일모작 재직 연령대 인구 (25~54세)	2,431	2,286	2,004	1,696	1,466

자료 통계청(2011. 12), "장래인구추계 : 2010~2060"

둘째, 고령화의 사회경제적 부담이 국가경제에 큰 충격을 줄 가능성이 매우 크다. 고령화 추세가 심화되면 한국의 인구구조는 〈그림 2-2〉처럼 현재 항아리형 구조에서 역삼각형 구조로 점차 바뀐다. 이런 인구구조의 변화는 청장년층의 고령층 부양부담이 커질 것임을 암시한다. 실제로 고령자 부양부담(=65세 이상 인구/15~64세 인구×100)은 2010년 18.0에서 2020년 27.0, 2030년 47.0, 그리고 2050년에는 99.0까지 가파르게 증가할 전망이다. 2010년에는 생산가능인구 100명이 고령자 18.0명의 부양부담만 짊어지면 되었지만, 2050년에는 그 부담이 99.0명분으로 5배 이상 늘어난다는 것이다.

마지막으로, 문제를 더욱 심각하게 만드는 것은 고령화에 대응할 시간적 여유가 매우 부족하다는 사실이다. 고령화로 인한 사회적 지각변동은 우리나라에서도 이미 지역적으로 시작된 상태다. 나아가 국가 전체적으로도 충격파가 본격적으로 도달하기까지 겨우 10여 년밖에 남지 않았다.

특히 2010년에는 1955~1963년에 태어난 1차 베이비부머들이 55~60세 정년을 맞아 공식적인 은퇴를 시작했다. 1차 베이비부머들의 수는 현재 712만 명(총인구의 14.6%)에 달한다. 이들의 은퇴는 고령화시대 개막을 알리는 신호탄이다. 우리나라는 인구 분포의 불균형이 다른 나라에 비해 매우 심한 편이다. 1955년과 1974년 사이에 태어난 1차 베이비부머와 그 후속세대들은 약 1,600만 명으로 총인구의 34.3%에 해당한다. 이들은 2010년대와 2020년대에 걸쳐 자의반 타의반 은퇴를 하게 된다. 앞으로 20여 년 사이에 총인구의 30% 이상이 사회현장에서 물러난다는 뜻이다.

이처럼 많은 인구가 은퇴해 경제현장에서 물러나는 가운데, 2018년 고령사회, 2026년 초고령사회가 도래하면 사회경제적 패러다임은 지금과는 판이한 형태로 변하게 될 것이다. 가급적 빨리 이런 고령화 패러다임에 대응할 방법을 준비해야 할 필요성이 커지는 이유다.

2

고령화의 충격, 저성장의 늪!

향후 한국사회에서는 고령화로 인해 다양한 사회경제적 변화가 일어날 것이다. 대표적 변화로는 첫째, 고령화로 인해 성장잠재력 기반과 경제활력이 약화될 수 있다. 둘째, 저축과 투자가 감소하면서 경제성장률이 저하될 수 있다. 셋째, 사회적 부양비용이 늘어나면서 공공부채(debt)와 재정적자(deficit)가 증가할 수 있다. 넷째, 내수가 위축되고 자산가격이 하락하면서 디플레이션(deflation) 현상과 가계의 부(wealth) 감소 문제가 나타날 수 있다.

특히 우려되는 점은 이런 변화들이 중첩됨으로써 장기적 성장정체 또는 경제위축의 늪에 빠지는 것이다. 최악의 시나리오는 '고령화→경제활동 및 내수위축→고용 악화→청장년층 생활기반 악화→저출산 심화→고령화 심화'라는 악순환을 거쳐 결국 일본식 장기 불황의 고통 속에 빠지는 경우다. 만일 이런 미래가 전개된다면, 시간이 갈수록 한국의 경제규모는 축소될 것이다. 향후 고령화로 인해 한국에서 어떤 문제 상황이 야기될 수 있는지 차근차근 살펴보자.

성장잠재력 떨어뜨리는 고령화의 위협

고령화가 진전되면 당연히 생산가능인구가 감소한다. 〈그림 2-3〉처럼 노동시장을 지탱하는 허리 역할을 하는 25~49세 연령대의 핵심 생산가능인구 또는 재직가능인구는 이미 2008년에 2,075만 명을 기점으로 감소세로 돌아섰다. 현재의 추세대로라면 생산가능인구 역시 2016년 3,704만 명으로 정점에 도달한 뒤 계속 감소할 전망이다. 또한 2030년 이후에는 출산율 저하로 인해 총인구 감소 시대에 돌입하게 된다.

고령화가 진전되어 생산가능인구와 총인구가 감소하면 경제 전반의 성장잠재력은 크게 낮아질 수밖에 없다. 고령화에 따른 GDP 잠재성장률의 하락 가능성에 대해서는 이미 상당히 많은 연구가 이루어졌

| 그림 2-3 | 총인구·생산가능인구·핵심생산가능인구 전망

자료 통계청(2011), "장래인구추계 조사"

| 표 2-2 | GDP 잠재성장률 추이[23]

(단위 : %)

연도	2010~2019	2020~2029	2030~2039	2040~2049
박형수, 류덕현 (조세연, 2006)	4.22	2.90	1.56	0.93
한진희 외 (KDI, 2007)	4.00	2.70	1.80	1.40
장인성 (국회예산처, 2010)	3.42	2.00	1.23	0.83

다. 물론 세부적 잠재성장률의 하락 폭이나 속도에 대해서는 약간씩 이견이 있을 수 있다. 그러나 연구자들이 한결같이 경고하는 바는, 고령화가 향후 한국의 경제성장률 저하에 매우 큰 영향을 미치며 현재 추세를 방치하면 심각한 문제가 나타난다는 것이다. 그중 대표적 연구결과를 〈표 2-2〉로 정리했다.

특히 국회예산처에서 2010년 말에 발간한 장기 경제 전망에 따르면 불과 10년 뒤인 2020년대부터 고령화로 인해 잠재성장률이 2%대로 떨어지는 현상이 본격화될 수 있다.[24] 이런 예측은 기존 예상보다 훨씬 비관적이지만, 최근 추이를 감안하면 결코 무리한 예측이 아니다.

---

23 박형수·류덕현(2006. 12), "한국의 장기재정 모형", 조세연구원 ; 한진희 외(2007. 10), "고령화사회의 장기 거시경제변수 전망", KDI ; 장인성(2010. 12), "고령화가 생산성 및 경제성장에 미치는 영향", 국회예산처

24 기존 연구에서는 고령화의 영향으로 주로 생산가능인구 감소만을 고려했다. 여기서는 그뿐만 아니라 고령화에 따른 취업인구의 생산성 하락까지 고려해 결론을 도출해냈다. 취업연령의 평균연령 상승으로 인해 생산성 하락과 잠재성장률 저하가 우려되는 만큼 중장년층에 대한 평생학습체계의 틀을 강화할 필요가 있다는 것이다.

즉 고령자들의 사망률 감소 및 기대수명 증가로 고령화 추세가 예상보다 빨리 진전된다는 점, 이미 2000년대 후반 들어 대내외적 경제여건이 악화되었고, 그에 따라 잠재성장률이 4.0%대 초반에서 3.0%대 후반으로 내려앉은 점, 현재 우리나라가 차세대 성장동력을 찾지 못하고 지식기반 경제 및 고령화사회에 부응하는 사회경제체제를 제대로 이루지 못한 점 등을 감안하면 잠재성장률이 2%대로 추락하는 비극은 의외로 빨리 일어날 수 있다.

한편 수출형 제조업종에서는 경력 많은 기술자들의 은퇴에 따른 노하우 상실과 생산성 저하가 향후 큰 문제가 될 소지가 크다. 이런 문제가 발생한다는 것은 한국경제를 이끄는 주력 업종인 자동차, 조선, 철강 등에서 예상치 못한 심각한 사태가 벌어질 수 있다는 의미다. 현재 이들 업종의 생산현장에서 주축 노동력이 40~50대로 빠르게 고령화되고 있다. 제조업은 고되고 힘든 3D업종이라는 인식 때문에 청년들이 생산현장으로 오려 하지 않아, 10~30년 전에 취업한 인력이 계속 생산현장을 지키고 있는 까닭이다. 예를 들어 현대자동차 근로자들의 평균연령을 보면, 2003년에는 38세에 불과했지만 그로부터 고작 7년이 지난 2010년에는 만 43세로 늘어났다. 현대중공업의 현장근로자 평균연령도 2010년 47세에 달했다.

2010년 이래 베이비붐 세대의 정년퇴직이 본격화되면서 이들 업종에서의 고경력 인력의 산업현장 이탈이 늘어나고 있다. 현대중공업의 정년퇴직자는 그동안 연 600명 선에서 2011년 1,000명을 넘긴 것으로 추산된다. 현대중공업 근로자의 평균연령을 고려하면 그러한 정년퇴직자가 2014년에는 1,200여 명으로, 2016년에는 1,500여 명으로 향후 더 빠르게 증가할 전망이다. 이들의 퇴직과 함께 축적된 기술력과 경험이 그대로 사라지는 것이다. 또 청년들이 3D업종이라는 이유로 계속 취업을 기피한다면 현장 제조직에는 심각한 공백이 발생하게 된다.

물론 '해외인력을 수입해 제조업 현장의 일손 부족을 해결할 수 있지 않을까?' 하고 생각할 수도 있다. 그러나 한국인의 근면과 성실성 그리고 손재주를 따라올 해외인력이 과연 얼마나 되겠는가. 게다가 말조차 통하지 않으니 작업효율은 현저히 떨어질 수밖에 없다. 한국 기업들이 조선과 자동차 산업에서 2000년대 들어 세계 톱클래스로 우뚝 올라선 데는 우수한 숙련기술자들이 뒷받침된 덕분이 크다. 미래에 이들 숙련기술자가 대거 퇴직한다면 노동생산성도 크게 감소할 것이다. 그 뒤를 잇는 숙련된 기술자들이 존재하지 않는다면 과연 그 분야에서 국제경쟁력을 지속적으로 유지할 수 있을지 미지수다.

고령화로 저축과 투자가 감소한다

고령화가 진전됨에 따라 저축률이 감소하리라는 예상은 이미 오래전부터 해왔다. 경제학의 생애주기 가설(life-cycle hypothesis)에 따르면 개인들은 미래의 삶을 예상하며 현재의 소비수준을 결정한다. 즉 은퇴 전에는 노후생활을 대비해 소득을 아껴 저축하지만, 은퇴 후 벌이가 없어지면 그동안 모은 자금을 조금씩 헐어 소비하게 된다.

또한 고령화시대에는 심각한 투자위축 문제도 나타날 수 있다. 일차적으로 저축이 감소하면서 투자재원 자체가 부족해지는 까닭이다. 나아가 고령화시대에는 생산가능인구 감소로 노동력이 부족해져 인건비 상승이 나타난다. 기업들은 결국 저렴하고 젊은 인력을 찾아 해외로 떠나게 된다. 이 경우 국내 생산시설의 해외이전 현상으로 국내투자가 점차 감소하게 된다.[25]

이뿐만이 아니다. 고령화시대에는 자원투입의 효율성 저하 문제도 나타날 가능성이 크다. 즉 한정된 투자재원을 배분해야 하는 탓에 경제적 효율성보다 사회적·정치적 요구를 중시하는 경향이 강화될 수 있다. 그런 분위기에서 앞으로는 개호, 요양, 헬스케어 등 고령화시대에 강조되는 사회복지 및 삶의 질 부문에 대한 투자가 늘어날 것이다. 이는 보다 생산성 높고 국가 가치창출에 직접적으로 기여하는 제조, 건설, 소프트웨어 등 생산적 부문에 대한 투자를 크게 위축시킬 수 있다. 저축률 감소 및 투자의욕 상실에 따른 민간투자 감소와 사회 전체적 자원 배분의 왜곡은 경제성장률의 추가 하락을 가져오게 된다.

이는 고령화가 일찍 시작된 선진국에서는 만연한 현상이다. 1990년대 일본 기업들의 해외 공장이전은 고령화에 따른 선제적 대비책이기도 했다. 나아가 세계통화기금(IMF)이 1960~2000년의 40년간 전 세계 115개국을 대상으로 분석한 데이터에 따르면 15~64세 생산가능인구가 증가할 때 저축과 투자도 모두 증가했다. 그러나 65세 이상 인구의 비중이 1%p 증가하면 GDP 대비 저축 및 투자 비율이 평균적으로 각각 0.35%p, 0.14%p 저하되는 것으로 나타났다. 경상수지와 재정수지 역시 65세 이상 인구가 늘어나면 크게 악화되는 것으로

---

25 엄동욱(2005), "고령화·저성장 시대의 기업 인적자원 관리 방안", 삼성경제연구소

| 표 2-3 | 인구구조 변화가 거시경제에 미치는 영향[26]

(단위 : %)

	저축/GDP	투자/GDP	경상수지/GDP	재정수지/GDP
15~64세 인구 비중	0.72	0.31	0.05	0.06
65세 이상 인구 비중	-0.35	-0.14	-0.25	-0.46

주 1960~2000년 중 115개국 기준, 해당 연령층 인구 비중 1%p 증가 시 파급효과

나타났다.

고령화에 따른 저축률 하락은 향후 한국에서 특히 심각할 가능성이 있다. 한국에서 가계저축률(가처분소득 대비 저축의 비중)은 고성장을 구가하던 1988년에 24.7%로 사상 최고치를 기록한 후 1990년대만 하더라도 20% 내외의 높은 수준을 유지했다. 그러나 외환위기 이후 급락하여 고용 악화와 저금리, 가계대출 증가 등 다양한 악재가 겹치면서 가계저축률이 2009년에는 3.2%까지 떨어졌다. 2011년에도 가계저축률은 3.1%에 머무르며 회복 기미를 보이지 않고 있다. 이는 OECD 평균치인 6.8%보다 매우 낮은 수준으로, 일본(3.2%)이나 영국(-3.6%) 등과 함께 하위를 차지하고 있다.

물론 일본에서도 1990년부터 고령화 이슈가 대두되면서 가계저축률 하락 현상이 발생했다. 그러나 우리나라의 가계저축률 문제가 더 심각한데, 왜냐하면 고령화 문제가 아직 본격화되지도 않았고 GDP도 일본의 절반 수준에 불과한 상태에서 그런 일을 맞닥뜨리고 있기 때문이다. 만일 이 상태에서 가계대출이 앞으로도 계속 증가하고 고

---

26 IMF〔윤창준(2007), "유로지역 고령화의 대책과 정책대응", 한국은행에서 재인용〕

| 그림 2-4 | 한국·일본·영국의 장기 가계저축률 추이

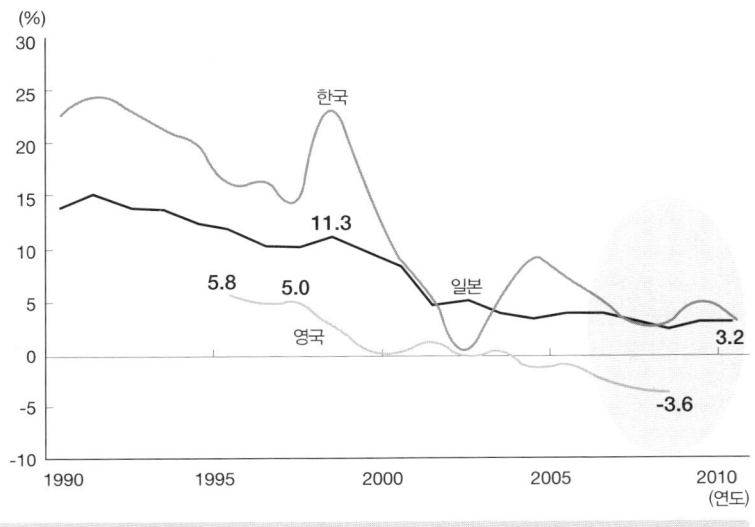

자료 신원섭·이원기(2010. 12), "가계저축률 하락과 정책과제", 한국은행

령화 또한 지속적으로 진전된다면, 미래에는 가계저축률 마이너스 시대를 맞을 수도 있다. 젊은이들은 돈이 없어 저축을 할 수 없고, 중년층은 대출이자 갚느라 저축을 할 수 없으며, 노인들은 저축한 돈을 인출해 생활비에 보태야 하는 상황을 생각해보라. 개별 가구가 아끼고 저축하며 미래에 대한 희망을 키워가지는 못할망정 저축한 돈을 까먹거나 대출로 생계를 유지하며 미래에 대한 불안으로 떠는 시대가 올 수 있는 것이다.

물론 "요즘처럼 글로벌 금융이 활성화되어 있고 해외 금리가 싼 상황에서 국내 저축률 하락이 무슨 문제가 되겠느냐"는 반문도 나올 수 있다. 그러나 중장기적 트렌드 변화를 감안하면 가계저축률 저하는 의외로 위험한 상황을 불러일으킬 수 있다. 2010년 12월 세계트렌드 분석·전망 기관인 맥킨지 글로벌 인스티튜트는, 지난 30년간 이어져온 "저렴한 자본의 시대"가 저물고 향후 세계경제는 자본과잉이 아닌 자본부족의 상황에 놓일 것이라는 전망을 내놓은 바 있다. 신흥개도국들의 대규모 인프라 투자 증가, 중국의 내수부양책 실시, 고령화에 따른 저축률 감소 등으로 인해 자금수요 증가, 자금공급 부족이라는 상황이 도래하고 국제적인 저금리 상황이 종결될 수도 있다는 것이다.

 이런 전망이 중장기에 현실화된다면 저축률이 최하 수준으로 떨어져 내부 자본축적이 곤란해진 한국은 상당한 타격을 입을 수 있다. 이 경우 기업들은 성장기회가 있더라도 국내 자금조달이 힘들어 투자를 유보하거나, 해외에서 비싼 금리나 환율 위험을 부담하며 차입을 해야 하는 처지에 빠질 수 있다.[27] 이처럼 저축률 하락과 투자 저조가 동시에 진행되면 경제성장이 불가능해져 결국 일본처럼 만성적 저성장 기조가 고착화될 위험성이 커진다.

사회적 부담과 정부 재정적자를 늘리는 고령화

고령화 진전에 따른 사회적 복지비용 증가는 연금과 의료보험 고갈 가능성과 관련해 최근 가장 큰 관심을 받는 문제다. 고령화가 진전되면 연금 및 의료보험 수급자는 늘어나는데, 납부자는 오히려 줄어들면서 이와 연관된 공적기금의 고갈 위험이 불거지게 된다. 스웨덴, 핀란드,

---

27 R. Dobbs et al.(2010. 12), "Farewell to Cheap Capital?", Mckinsey Global Institute

노르웨이 등 북유럽 복지국가들이 2000년대 들어 연금개혁을 단행한 것도 이런 위험에 선제적으로 대응하자는 차원이었다. 국내에서도 2000년대 중반에 '국민연금 2035년 적자 전환, 2047년 완전 고갈' 시나리오가 제기되면서 논란이 된 바 있다. 이후 2008년 국민연금법 개정을 통해 연금고갈 시점을 원래 예상보다 14년쯤 뒤인 2061년으로 지연시키려는 노력이 이루어졌지만 미봉책에 불과하다. 고갈 가능성이 여전한 상태에서 그 시기만 뒤로 미룬 것이기 때문이다.

그렇다면 현재 고령화와 관련한 국가의 재정지출은 얼마나 될까? 집계방식에 따라 다를 수 있겠지만 여기서는 일단 고령화와 직접적 관련성이 확인되는 것들만 살펴보자. 2011년 보건복지부 예산만 보더라도 정부의 국민연금기금 추렴분이 10.9조 원, 건강보험 국고 지원분이 4.6조 원, 기초생활보장 지출이 7.5조 원, 노인 부문 지원 지출이 3.7조 원 등 고령자와 직접적으로 관련된 재정지출이 26.7조 원에 달한다.[28] 여기에 각 부처 및 지방자치단체에서 다양하게 추진 중인 고령화 관련 사업예산을 합할 경우 30조 원이 훨쩍 넘어간다.[29] 현재만 하더라도 어림잡아 국가예산 309조 원의 10% 정도가 고령화 관련 재정지출로 소요되는 셈이다.

우리나라는 2010년 535.7만 명이던 65세 이상 고령자가 2018년 707.5만 명, 2026년에는 1021.8만 명으로 증가할 것으로 예측되며,

---

28 보건복지부(2010. 11), "2011년도 보건복지부 소관 예산 및 기금 운용계획(안) 개요"
29 노동부의 노인고용 지원, 교육과학부의 평생교육체계 관련 지원, 국토해양부의 고령자 배려 교통체계, 보금자리주택 마련, 문화관광부의 노인 여가활동 인프라 개발 등

2020년대 중반이면 고령자 1,000만 명 시대를 맞게 된다. 이처럼 미래에 고령인구가 크게 증가하면 연금, 의료, 복지 등 고령자에 대한 사회적 부담과 정부의 재정부담도 커진다. 단순계산으로도 고령자가 2배 이상 늘어나면 고령자 관련 예산이 2배 이상 늘어나야 한다. 문제는 예측치보다도 더 늘어날 가능성이다. 현재 고령자 복지는 매우 기초적인 수준이라 날이 갈수록 복지혜택의 폭과 대상은 확대될 것이기 때문이다.

정부지출이 과연 얼마나 늘어나게 될까? 2010년 10월 국제신용평가사 스탠더드&푸어스(S&P)에서 발간한 "글로벌 고령화 보고서"를 보자. 여기서는 한국의 고령화 관련 정부지출이 2010년 GDP 대비 5.8% 수준에서 2030년에는 10.8%, 2050년에는 17.2%까지 늘어날 것으로 예상했다.[30] 물론 고령화 정도가 심한 일본(2050년 26.7%), 핀란드(2050년 28.8%), 노르웨이(2050년 29.1%) 등에 비하면 결코 높은 편이 아니다. 그러나 중요한 점은 향후 우리나라가 재정안정성을 유지하는 과정에서 고령화가 상당한 부담을 안길 것이라는 점을 이 보고서가 다시 한 번 확인시킨다는 사실이다.

더군다나 고령자 복지지출이 늘어나는 만큼 정부부채도 빠르게 증가할 가능성이 크다. 세금은 잘 걷히지 않고 당장 써야 할 돈은 많다면 결국 국채 발행에 의존하게 된다. S&P 예측에 따르면, 한국의 순일반정부부채(일반정부부채에서 채무상환에 쓰일 수 있는 금융유동자산 액수를 제외한 금액)는 2010년 GDP 대비 18.0%에서 2040년 48.0%로 증

---

[30] S&P(2010. 10), "Global Ageing : An Irreversible Truth"

| 표 2-4 | 한국의 고령화 관련 정부 지출 전망

(단위 : GDP 대비 %)

연도	2010(추산)	2050(예측)
고령화 관련 총지출	5.8%	17.2%
순일반정부부채	18.0%	137.2%
정부 재정수지	-0.5%	-14.5%
GDP 실질성장률	5.0%	0.5%

자료 S&P(2010)

가하고, 2050년에는 137.2%로 훌쩍 뛰어오르게 된다. 137.2%의 부채비율이라면 현재 재정위기를 겪는 일부 유럽 국가보다도 많은 것이다. 2010년 현재 스페인의 순일반정부부채는 GDP 대비 55.3%이며, 아일랜드는 100.2%, 이탈리아는 114.6%, 그리스는 122.2% 수준이다. 정부부채 증가는 이자부담 급증으로 이어질 터이고, 결국 재정수지 균형을 맞추기도 어렵게 된다. S&P는 한국의 일반정부재정수지가 2010년 GDP 대비 0.5%의 소폭 적자에서 2050년 14.5% 적자로 크게 늘어날 것으로 전망했다.

돈을 쓸 때 투자와 단순소비성 지출은 분명히 구분할 필요가 있다. 미래에 더 큰 부를 창출하기 위해 지금 돈을 쓴다면 그것은 투자다. 당장의 목마름을 해결하기 위해 일회성으로 사라지는 부분에 돈을 쓴다면 이는 단순소비성 지출일 것이다. 정부재정은 국민의 세금에 기초한 만큼, 가급적 국가경제의 발전과 미래의 국부 창출에 크게 기여하는 생산적 분야에 많이 투자되는 것이 바람직하다. 그러나 고령화가 진전되면 앞서 본 것처럼 국가재원의 상당 부분은 노인병 치료나

고령층 지원 등 복지적이지만 생산적이지는 못한 부분에 지출되어야 한다.[31]

예를 들어 국가 R&D는 한국의 미래 먹거리를 창출할 중요한 생산적 투자지만, 2010년의 경우 GDP 대비 3.4% 수준에 머물렀다. 만일 고령화 관련 지출을 3.5%p만이라도 아낀다면 국가 R&D 투자를 2배로 늘릴 수 있다.

한편, 고령화 비용 증가와 관련해 또 한 가지 우려되는 부분은 계층 간과 세대 간에 사회갈등을 유발할 가능성이다. 현재의 고령자 복지 패러다임이 앞으로 지배적인 시대정신이 되고, 이와 함께 고령자 부양비용이 기하급수적으로 늘어나면, 결국 그 부담은 누가 질까? 바로 일하는 젊은 세대가 지게 된다. 생계유지도 버거운 젊은 세대가 고령자 부양이라는 사회적 부담까지 추가로 지게 되면, 이들은 그 무게에 짓눌려 일할 의욕마저 상실할지 모른다. 젊은 세대의 부담 증가는 자칫 세대 간 갈등 촉발이라는 무서운 사회적 부작용을 초래할 가능성도 있다. 일찍이 카네기재단 연구원 데이비드 로스코프는 고령화가 진전된 미래사회의 핵심적인 갈등구도는 '세대 간 충돌'이 될 것이라고 전망한 바 있다[32]. 2010년 11월 한 달 내내 계속된 프랑스의 파업과 시위가 결코 남의 일만은 아닌 것이다.

이런 사회적 갈등을 피하려면 현재의 고령자 복지 패러다임에서 벗

---

31 S&P(2010)의 예측에서도 고령화 관련 지출이 2010년 GDP 대비 5.8% 수준에서 2050년에는 17.2% 까지 늘어나는 데는 같은 기간 동안 연금지출이 GDP 대비 0.6%에서 4.4%로 급증하고, 건강보험도 4.0%에서 9.2%로, 장기요양급여도 0.6%에서 3.1%로 크게 늘어난 영향이 크다.
32 Rothkopf, D.(2004. 2), "The Coming Battle of the Ages", *Washington Post*

어나 고령인력을 활용할 생산적 패러다임 창출이 절실하다. 사실 고령자 복지 패러다임은 이미 100~200년 동안 충분히 부를 축적해놓은 선진국 문화의 유산이다. 기껏해야 50년 동안 허리띠 졸라매며 선진국을 추격해온, 아직도 갈 길이 먼 우리나라에는 잘 어울리지 않는 관점일 수 있다. 그런 차원에서 우리도 더는 고령자를 복지대상으로만 볼 게 아니라, 제대로 활용되지 못한 소중한 인력자원으로 보아야 한다. 그래야만 고령화의 덫에서 탈출할 수 있고 우리 실정에 맞는 차별적 대안을 마련할 수 있다.

고령화와 디플레이션

고령화가 사회경제에 미치는 또 하나의 악영향은 경기 침체와 자산 가격 하락이 동시에 일어나는 디플레이션 위협을 가중시킬 수 있다는 것이다. 이는 이미 2000년대 일본에서 현실화되어 지금도 일본경제를 무겁게 짓누르고 있다. 한국에서도 2010년부터 본격화된 베이비붐 세대의 은퇴가 향후 10~20년 내에 국내의 주식·부동산 시장에 지각변동을 일으킬 요인으로 지적되고 있다.

 돈이 부족한 고령자들은 대개 생활비 충당을 위해 주식과 부동산을 처분하게 된다. 현재 한국에서 60세 이상 고령자들의 주소득원은 자산소득(9.9%)이나 자녀·친지 지원(56.6%)이며, 공적연금은 0.3%에 불과하다. 일본과 미국에서 공적연금이 고령자 소득에서 차지하는 비중이 각각 57.4%, 55.8%라는 점을 감안하면, 한국 고령자들은 소득구조가 매우 취약한 셈이다. 최근에는 자녀들도 먹고살기가 빠듯해져 부모님 용돈을 꼬박꼬박 챙기는 가구가 점점 줄고 있다. 상황이 이렇다 보니 앞으로 베이비붐 세대들은 그동안 모아둔 자산을 처분해 노후생활비를 마련해야 할 소지가 크다.

특히 심각한 타격이 우려되는 부문은 부동산이다.[33] 일본에서도 고령화는 부동산 경기 침체에 영향을 미쳤다. 은퇴할 경우 생활비 마련뿐 아니라 부채부담을 덜기 위해 보유한 부동산을 처분하거나 큰 집을 팔고 작은 집으로 이사 가는 경우가 늘어나서다. 최근에는 고령자 고독사로 인해 버려지는 집이 크게 늘면서 연간 약 20만 채씩 빈 집이 생겨나 부동산 시장에 악재로 작용하고 있다. 20만 채라면 우리나라 분당에 있는 주택 수(약 11만 채)의 2배에 해당한다.

우리나라에서도 베이비붐 세대의 자산이 대부분 부동산에 집중되어 있다. 고령화로 자산가격 하락이 일어난다면 일본이 겪은 것 이상의 부동산 대란이 발생할 가능성이 농후한 셈이다. 2006년 기준으로 50~59세 가구주의 가계자산 중 금융자산 비중은 17.6%인 반면 부동산 비중은 79.8%로 다른 나라들에 비해 크게 높은 수준이다. 미국이나 일본은 고령층 가계들의 실물자산 비중이 각각 39.1%와 55.4%밖에 안 된다.

한국에서는 아직 퇴직연금이 도입 단계에 있어 연금만으로 은퇴 이후 소득을 대체하기는 역부족인 상태다. 더욱이 최근 4~5년간 가구별 부채 비율이 높아진 상태고, 대개 임금소득으로 부채를 상환하는

---

33 이철용·윤상하(2006), "베이비붐 세대의 은퇴가 주식 및 부동산 시장에 미칠 영향", LG경제연구원, 37쪽

경우가 많다.[34] 여기에 부동산 시장 침체까지 더해진다면 고령 은퇴자들은 재정적으로 심각한 위기에 봉착하지 않을 수 없다.

고령화, 어떻게 대응할 것인가?

사회 일각에서는 향후 한국에서 고령화가 야기할 사회적·경제적 파장이 일본처럼 심각하지는 않을 것이라고 보는 사람들도 있다. 또한 고령화의 위협이 크긴 하지만, 선진국들처럼 얼마든지 관리가능하다고 보는 사람들도 있다. 그러나 이는 근거없는 낙관론일 수 있다. 상황을 다각적으로 검토한다면 향후 고령화가 한국에 입힐 타격은 일본보다 더 클 가능성이 농후하다. 무엇보다 고령화시대로의 패러다임 변화를 준비할 시간이 많지 않다. 고령화는 빠르면 5년, 길어도 15년 내에 현실화된다. 제대로 준비하지 않을 경우 그 충격은 개인, 사회, 국가 전반에 걸쳐 감내하기 힘든 정도가 될 수 있다. 게다가 고령화시대를 관리하는 데 필요한 천문학적 비용을 마련할 만한 여력도 충분치 않다.

어디 그뿐인가. 한국은 향후 남북통일이라는 중대하고도 불확실한 미래를 준비해야 한다. 통일 시에 우리가 부담해야 할 비용은 계산방식에 따라 최소 500억 달러(약 60조 원, Wolf and Akramov, 2005)에서 최대 5조 달러(약 6,000조 원, Peter Beck, 2010)로 큰 편차를 보인다.[35] 이처럼 큰 차이를 보이는 것은 통일로 인한 사회경제적 충격의 불확실

---

34 삼성경제연구소(2007), "소비자태도조사", 7~10쪽
35 신동진(2011. 8), "통일비용에 대한 기존 연구 검토", 국회예산정책처

성이 그만큼 크다는 반증이다. 국가 차원에서 아직 수입도 충분하지 않고 빚은 점점 늘어만 가는데, 미래에 돈 쓸 곳은 많아지니 심각한 문제가 아닐 수 없다.

몇 년 전부터 신년 초면 마치 덕담처럼 골드만삭스의 2050년 한국 세계 2위 달성론이 소개되곤 한다.[36] 골드만삭스는 미래에 BRICs만큼 강력한 영향력이 있는 경제로 성장할 잠재력을 갖춘 나라로 11개국가(N-11 : the Next Eleven)를 선정했고, 이 중 한국의 성장잠재력은 특히 높다고 평가했다. 이들의 예측에 따르면 2050년 한국의 경제규모는 총GDP 3조 6,840억 달러로 세계 13위, 한국의 1인당 실질GDP는 2025년 5만 1,932달러로 세계 3위, 2050년에는 8만 1,462 달러로 세계 2위를 달성할 것으로 보인다.

기분 좋은 이야기다. 그러나 현재 한국의 상황을 냉정하게 고찰해보면 이는 장밋빛 환상에 지나지 않을 수 있다. 현재 한국이 직면한 고령화 추세와 이에 따른 성장잠재력 약화 가능성, 저축 및 투자 감소, 사회적 부양비용 증가, 디플레이션 가능성 등 미래에 나타날 다양한 암초를 생각해보라. 골드만삭스의 예측은 지나치게 낙관적이다. 조만간 고령화에 대한 적절한 대책을 제대로 마련하지 않는 한 2050년에 한국은 세계 2위는커녕 20위 아래로 추락할 수도 있다.

현재 우리나라에서는 저출산 극복, 고령친화적 사회 마련, 여성·이민 노동자를 통한 생산인력 확충 등 고령화에 초점을 맞춘 정책방향이 마련되고 있다. 이런 정책방향은 이미 선진국에서도 시도된 것이

---

36 Jim O'Neill(2005. 12), "How Solid are the BRICs", Goldman Sachs

지만 큰 성과를 거둔 사례는 많지 않다. 한국의 정책담당자들도 정책 성공을 위해 열심히 노력하고 있지만, 노력한 만큼 성과를 내기 힘든 구조에 갇혀 있다. 가치창출보다는 복지 쪽에 무게가 실려 있고, 그나마도 복지증대를 위한 재원 마련이 쉽지 않은 상태라 정책표류의 가능성이 큰 것이다.

여러 번 강조했듯이 우리나라는 고령화 속도가 매우 빠르고 아직 국가의 부를 충분히 축적하지 못한 상태에서 고령화시대를 맞아야 하는 특수한 상황에 처했다. 따라서 선진국의 정책경험을 참고하되 한국적 특수성에 부합하는 대응책을 창조적으로 모색할 필요가 있다. 이런 측면에서 한국적 고령화 대책은 단순히 고령자 복지의 확충이 아니라 고령화로 인한 국가 가치창출력의 감소를 어떻게 극복할까에 초점이 맞추어져야 한다.

고령화사회는 축소지향 사회인가?

2000년대 중반 고령화와 관련해 일본과 국내에서 큰 반향을 일으킨 책 중 하나가 일본의 경제학자 마쓰다니 아키히코가 쓴 《고령화·저출산 시대의 경제공식》이었다. 책의 요지는 저출산·고령화가 심화되는 나라라면 무슨 수를 쓰더라도 노동인구의 감소와 총GDP 하락을 막을 수 없다는 것이었다. 그러면서도 이 책은 나름대로 고령화시대의 희망을 제시한다. 즉 인구 및 총GDP 감소 시대의 도래를 운명으로 받아들이되, 이를 "부자 나라, 가난한 국민"의 딜레마를 해결할 기회로 삼자는 것이다. 인구 감소 시대의 패러다임에 맞추어 확대지향에서 축소지향으로 발상을 전환하고 투자 주도에서 소비 주도로 경제체질을 바꾸면서 각 개인이 보다 높은 삶의 질을 구가할 수 있도록 만들자는 논리였다.

그러나 우리의 관점에서 볼 때 아키히코의 축소지향형 고령사회 건설론은 고령화시대에 대한 여러 대안 중 하나일 뿐으로, 다음 두 가지 문제 때문에 한국 상황에는 부적절할 것으로 판단된다.

첫째, 현실의 정책적 차원에서 이는 세계 최고 수준의 경제발전을 달성한 나라만이 취할 수 있는 현실 안주 정책이다. 아키히코의 논의는 쉽게 말하자면, 오랜 기간 고생해서 충분한 재산을 모은 부자가 이제는 나이 들었으니 돈은 더 벌지 않고 인생을 즐기고 싶다고 말하는 것과 유사하다. 그러나 한국의 상황은 오히려 이제 막 기업체에서 중간간부가 되었으나 아직 대출금도 갚아야 하고 자녀교육비로 들어갈 돈도 많아 더 벌어야 하는 상황에 처한 중산층에 가깝다. 이제 겨우 선진국 문턱에 접어든 한국에는 맞지 않다는 이야기다. 돈 걱정 없이 살 수 있는 부자 나라가 되려면 앞으로도 계속 가치창출을 강화할 수 있는 고령화 정책방안이 필요한 것이다.

둘째, 경제학적 차원에서도 문제가 있다. 아키히코의 축소지향형 사회모델은 기본적으로 정태적인 내수중심형 일국(一國) 모형이다. 그러나 현실은 끊임없는 혁신이 일어나고 세계 각국이 치열하게 각축전을 벌이는 글로벌 경제다. 우리가 가치창출 능력을 높이지 않는다면 중국 및 신흥국에 금세 추월당하고 만다. 만일 투자를 게을리하고 소비에 안주한다면 향후 우리는 산업기반을 잃어 미국처럼 대부분의 소비재를 수입해 사용해야 하는 위험한 지경에 처하게 된다. 반면 우리가 가치창출 능력을 지속적으로 높여간다면 더욱 넓어진 세계시장에 우수한 제품과 서비스를 수출하고 이를 통해 국가경제를 발전시킬 수 있다.

이런 측면에서 한국에 필요한 것은 축소지향형 고령화 정책이 아니라 확대지향형 고령화 정책이다. 고령화시대에도 고유한 가치창출 능력을 유지하고, 또 확대시킬 수 있는 방안을 모색해야 하는 이유다.

3장

한국의 고령화 정책, 무엇이 문제인가?

Intro

───── 앞에서 우리는 저출산·고령화가 향후 한국의 사회 및 경제에 얼마나 큰 영향을 미칠지 상세히 살펴보았다. 사실 저출산·고령화라는 거대한 사회경제 패러다임 변화의 심각성에 대해 우리 정부도 2000년대 초반 일찌감치 인식하고 발 빠르게 대응해왔다. 각계각층의 의견을 수렴하여 2005년 9월에는 향후 대응방향의 골간을 담은 저출산·고령사회기본법을 제정하기도 했다. 또 2006년 6월에는 더욱 구체화된 실행정책을 담은 '새로마지 플랜 2010'을 발표했다. 그리고 5년 뒤인 2010년 9월에는 여기서 진일보한 제2차 저출산·고령화기본계획(새로마지 플랜 2015)도 마련했다. 특히 2차 새로마지 플랜에서는 "출산율의 점진적 회복기반을 구축하고 고령사회 대응체계를 확립한다"는 목표하에, 77조 원에 달하는 예산을 출산율 제고와 고령화 대응에 사용하겠다고 밝혔다.

이처럼 정부는 저출산·고령화에 많은 관심을 기울이고 있으며, 정책담당자들 역시 문제 해결을 위해 치열하게 노력하고 있다. 그러나 안타깝게도 현재의 저출산·고령화 정책은 좋은 성과를 거두기가 어려워 보인다. 근본 문제부터 제대로 파악하지 못하고 있기 때문이다.

저출산·고령화가 야기할 가장 큰 문제는 국가 가치창출 능력의 저하다. 그러나 현재 우리 정부의 대응정책은 복지확대에 맞추어져 있다. 더군다나 재원을 어떻게 마련할지 그 방법도 불분명하다. 그렇기 때문에 설령 정책목표대로 유아들과 고령자에게 이상적인 복지사회가 만들어진다 하더라도, 국가경제가 성장잠재력을 다시 회복하기에는 역부족일 것이다. 또한 정책의 무게중심이 고령화에 대한 직접적 대응보다는 저출산, 그것도 주로 육아비용 보전 등의 방법론에 실려 있다는 점도 문제다. 저출산은 이제 세계적 추세로, 출산율 반등이란 결코 쉽지 않은 일이기 때문이다. 게다가 육아비용 보전은 효율성 문제와 형평성 문제를 동시에 야기할 가능성이 크다.

　3장에서는 현재의 저출산·고령화 대책을 대표하는 출산율 증진 정책, 여성 및 외국인 노동력 활용 정책, 고령자 복지 및 재취업 정책 등이 향후 발생할 문제들을 해결하는 데 과연 적절한지 살펴본다. 아울러 고령화 문제는 본질적으로 복지문제가 아니라 경제문제라는 점을 재확인하고, 향후 고령화 정책의 초점을 국가 가치창출 능력 제고에 맞추어야 함을 다시 한 번 강조하고자 한다. 물론 필자가 복지확대에 반대하는 것은 결코 아니다. 중요한 것은 복지의 방향성이다. 시혜적 복지가 아니라 생산적 복지로 고령자 복지의 형태가 바뀌어야 한다는 이야기다. 즉 각종 사회복지 혜택을 하사하듯 제공하는 것이 아니라 일할 의지, 일할 필요, 일할 능력이 있는 고령자들이 적절한 일자리를 확보할 수 있고, 이를 통해 경제발전에 기여할 수 있도록 일을 통한 복지로 방향을 바꾸자는 것이다. 또한 이때 고령층의 일자리 마련이 청년층의 일자리 빼앗기로 귀결되지 않도록 전체 복지 및 고용 시스템 차원의 혁신이 필요하다는 것이다.

1
저출산 대책, 쏟아부은 돈만큼 효과 있을까?

현재 한국의 정책이 고령화가 아니라 저출산 쪽에 기울어 있다는 사실은 예산 지출규모에서도 확연히 드러난다. 2006년부터 2010년까지 저출산 및 고령화 1차 대책을 시행하는 데 총 42.2조 원이 투입되었다. 이 중 46.7%에 해당하는 19.7조 원이 저출산 분야에 집행되었고, 고령화 분야에는 이보다 적은 15.8조 원이 사용되었다.

2011년부터 5년간 시행되는 2차 대책에서도 역시 저출산 대응이 강조되고 있다. 2차 대책의 총예산은 75.8조 원으로 1차 예산보다 80% 늘어났다. 이 중 저출산 대응에는 1차 대책 때의 2배에 해당하는 39.7조 원 예산이 배정되었으나, 고령화에는 이보다 11.4조 원 적은 28.3조 원이 할당되었다. 저출산 대책과 고령화 대책의 예산규모 차이가 점점 벌어지는 것은 저출산 대책이 그만큼 중시되고 있음을 반영한다.

물론 이처럼 정책적으로 고령화보다 저출산 해결 쪽이 강조되는 데는 나름의 사정이 있다. 무엇보다 한국의 저출산 추세가 보통 심각한 게 아니어서다. 흔히 합계출산율 2.1명을 대체출산율(replacement

| 표 3-1 | 저출산·고령화 대책 예산지출 현황 및 계획

(단위 : 조 원, %)

	1차 (2006~2010년)	2차 (2011~2015년)	증감
저출산	19.7조 원(46.7%)	39.7조 원(52.4%)	101%
고령화	15.8조 원(37.4%)	28.3조 원(37.3%)	79%
고령친화 산업 육성	6.7조 원(15.9%)	7.8조 원(10.3%)	16%
총 투자규모	42.2조 원	75.8조 원	80%

birth rate)이라 말한다. 여기서 합계출산율은 여성 1명이 가임기간(15~49세) 동안 출산하는 평균 자녀수를 의미한다. 즉 인구가 현 수준으로 유지되려면 엄마 1명당 적어도 아이 2.1명은 낳아야 한다는 뜻이다. 합계출산율이 2.1명 이하로 떨어지면 장기적으로 인구 감소를 피할 수 없다. 그러나 최근 5년간 한국의 합계출산율은 1.1~1.2명대에 불과하며, 이는 OECD 최하위 수준이다.

고령화 대책보다 저출산 대책이 더욱 강조되는 또 다른 이유는 저출산 대응의 경제적 효과가 고령화 대응보다 더 크다고 생각하는 통념 때문이다. 이런 관점에 따르면 저출산 정책은 과일나무 묘목에 대한 투자로, 고령화 정책은 과일나무 고목 투자로 비유된다. 이미 생산 한계점을 지난 과일나무 고목에 비료를 아무리 많이 주어도 과일 산출은 크게 늘지 않는다고 보는 것이다. 고령화 대응에 투자를 많이 하더라도 경제적 효과는 크지 않지만, 과수 묘목을 많이 만들고 비료를 많이 주어 잘 키운다면 미래에 더 많은 과일을 수확할 수 있다는 입장이다. 부연하자면, 출산을 장려해 아이를 많이 낳게 하고 이들을 우수한 인

| **그림 3-1** | 한국의 신생아 및 출산율 추이

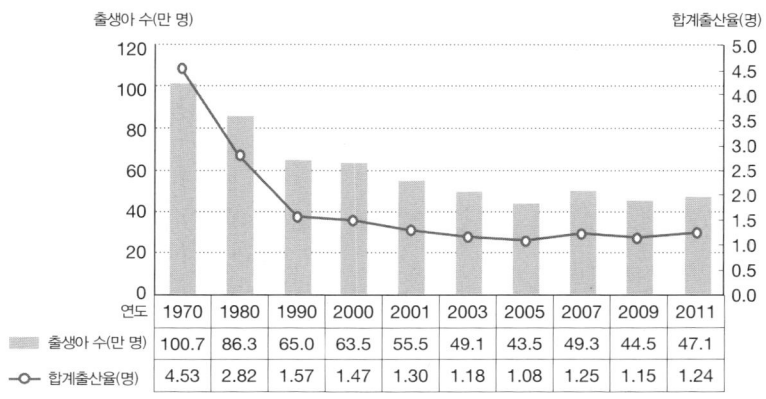

자료: 통계청, "출생통계" 각 연호, www.kosis.kr

재로 육성하면, 미래에 필요한 양질의 경제활동인구를 확대할 수 있고 이를 통해 미래 가치창출을 늘릴 수 있다는 논리다.

이런 논리는 일견 그럴듯해 보인다. 그러나 현실에서 저출산 대책이 제대로 효과를 거두기는 의외로 쉽지 않다. 2006년부터 2010년까지 1차 대책 기간 5년 동안 출산율을 제고하기 위해 19.7조 원이나 쏟아 부었지만, 출산율과 신생아 수는 그리 크게 늘지 않았다.

출산율은 〈그림 3-1〉처럼 1970년대 이래 계속 감소해 2000년 1.47명으로 떨어졌고, 2000년대에는 더욱 감소해 출산율 제고 정책이 시행된 2006년 이후에도 여전히 1.1~1.2명 선에 머물고 있다. 신생아 숫자도 2006년 이후 역시 44.5만 명~49.3만 명 수준에 불과하다. 해마다 100만 명을 낳던 1970년대와 비교하면, 2000년대의 신생아 수는

40만 명에 고착된 듯하다. 실로 우려되는 수준이다.

그러나 저출산 대책이 큰 효과를 거두지 못하는 이유는 우리나라의 정책에 문제가 있어서가 아니다. 현대사회에서 출산율 올리기란 결코 쉬운 일이 아니다. 대부분의 유럽 국가도 출산 지원에 매년 GDP의 2.5~3% 예산을 쏟아 붓지만, 출산율은 여전히 2.0명 이하에서 맴돈다. 2009년 기준으로 OECD 국가 중 현재의 인구수준을 유지할 수 있는 2.1명 이상의 합계출산율을 보이는 나라는 이스라엘(2.96명), 아이슬란드(2.22명), 뉴질랜드(2.14명), 터키(2.12명) 네 나라뿐이다.[37] 저출산 추세의 반전에 성공했다고 크게 주목받는 프랑스나 스웨덴에서도 합계출산율은 각각 1.99명, 1.94명으로 아직 2.1명 수준에 도달하지 못한다.

가까운 일본도 이미 1995년부터 15년간 출산율 증대를 위해 국가 차원에서 5년 단위의 '엔젤플랜', '신(新)엔젤플랜', '신신(新新)엔젤플랜'을 계속 추진해왔다. 그럼에도 합계출산율은 여전히 1.3명 수준을 벗어나지 못하고 있다. 심지어 요즘 젊은이들 사이에서는 결혼기피 풍조까지 생겨나면서 출산율 제고가 점점 더 어려워지고 있다. 이에 따라 일본에서는 출산율 증진을 위한 정부 차원의 결혼장려까지 이루어지는 상황이다. 한국, 일본과 같은 유교문화권에 위치하면서 20세기

---

[37] OECD(2011), "Society at a Glance 2011". 사실 두 나라의 저출산 극복 사례가 세계적으로 주목받는 이유는 역설적으로 보자면 저출산 타개에 성공한 나라가 그만큼 많지 않아서다. 미국이나 호주에서도 출산율 증가 추세가 나타나고는 있지만, 여기에는 저출산 대책 자체보다 이민 가구의 증가가 더 큰 작용을 한 것으로 평가된다. 히스패닉이나 아시아계 사람들은 종교적·문화적 이유로 피임을 기피하고 자녀를 많이 낳는 특성이 있다.

들어 급속한 경제발전을 이룩한 싱가포르, 대만, 홍콩의 경우도 크게 다르지 않다. 1990년대 이후 지속적으로 저출산 대책을 추진해왔지만 효과는 불투명하다.

기존의 저출산 대책, 효과가 낮은 이유

통념과 다르게 저출산 대책의 실제 효과가 작은 이유는 무엇일까? 결론부터 말하자면 21세기에 접어들면서, 첫째 출산과 양육의 개념이 근본적으로 변화했고, 둘째 출산과 육아의 경제적 비용이 크게 증가했으며, 셋째 혼인 건수 자체도 감소하고, 넷째 만혼 증가로 둘째나 셋째를 갖는 가정이 줄었기 때문이다.

현대사회로 접어들면서 자녀의 출산과 양육의 개념은 양적 추구에서 질적 추구로 바뀌었다. 즉 많이 낳는 것이 미덕이 아니라 적게 낳아 잘 키우는 것이 미덕인 사회가 되었다. 농업사회와 산업화사회에서 인류는 출산과 양육의 양적 확대를 추구했다. 이 시기에는 힘닿는 데까지 자녀를 많이 낳는 것이 경제적으로 유리했다. 자녀가 가정의 중요한 노동력이자 노후대책이었기 때문이다. 또한 의료기술 부족으로 아동사망률이 높았던 탓에 보험 차원에서도 자녀를 많이 출산하는 경향이 있었다. 우리나라만 해도 산업화사회로 이행하던 1960년대에는 합계출산율이 6명에 달했다. 산업화 이전에 출산율이 높았던 현상은 서구에서도 마찬가지였다. 19세기 유럽과 미국에서도 일반적으로 자녀수는 5~6명 이상이었다.

그렇다면 왜 20세기 후반에 전 세계적으로 가계 자녀수가 1~2명 수준으로 격감했을까? 경제학적 관점에서 보자면 가정에서 자녀를 낳아 키웠을 때 얻는 이익이 크게 감소했기 때문이라고 해석할 수 있다. 무엇보다 가계의 경제활동에 자녀들이 기여하는 바가 줄었다. 일본이나 이탈리아처럼 가업전통이 뿌리 깊은 곳을 제외하면, 현대사회에서 자녀들이 가업을 돕거나 잇는 경우는 드물다. 반면 핵가족화와 교육수준의 전반적 상승 때문에 아동의 양육 및 교육에 들어가는 노력과 비용은 크게 증가했다.

게다가 한국은 생존경쟁이 치열한 나라다. 자녀들이 생존경쟁에서 뒤처지지 않게 하려면 상당한 교육투자가 필요하므로 자녀양육비가 폭증했다. 2011년 보건사회연구원 조사에 따르면 자녀 1명당 대학 졸업까지 드는 양육비가 총 2.6억 원에 달하는 것으로 추산되었다.[38] 단순계산을 해보자면, 자녀가 둘일 때 5.2억 원, 자녀가 셋일 때 7.8억 원이 든다.[39] 자녀 셋은 부의 상징이라는 말이 결코 과언이 아닌 셈이다.

나아가 여성의 사회참여 증가에 따라 출산의 기회비용도 크게 상승했다. 대가족제도 아래서는 집안사람들이 돌아가며 아이를 돌보았기 때문에, 엄마가 느끼는 육아부담은 의외로 작았다. 그러나 핵가족이 일반화된 요즘, 육아부담은 남편의 분담에도 불구하고 거의 대부분 엄마에게 지워진다. 사정이 이러하니 아이를 낳으면 육아를 위

---

[38] 김승권(2011. 1), "한국인의 자녀양육 책임한계와 양육비 지출 실태", 보건사회연구원
[39] 이는 선진국의 경우도 마찬가지다. 미국의 경우 자녀 1명을 17세까지 키우는 데 드는 비용은 중산층 기준으로 22만 달러(우리 돈 2.6억 원 해당)에 달한다(USDA, "Expenditures on Children by Families 2009").

해 상당 기간 휴직을 해야 한다. 1~2년 뒤 복직을 해도 육아와 업무를 병행하기가 적잖이 어렵다. 애가 두셋으로 늘어나면 문제는 더욱 복잡해진다.

결국 여자 나이 30대 후반에 접어들면 육아문제로 인해 맞벌이를 포기하고 전업주부의 길을 걷는 경우가 많아진다. 이 경우 연 3,000만~5,000만 원의 임금소득을 포기해야 한다. 맞벌이가 외벌이 상태가 되면서 상당한 경제적 긴축을 감수해야 하는 것이다. 그러므로 "일단 낳고 보자"는 것은 옛말이고 다만 "적게 낳아 잘 키우자"가 현대 가정생활의 당연한 귀결이 되어버렸다.

이런 상황에서 "출산·양육 비용을 지원해줄 테니 아이를 낳으라"는 식의 저출산 대책은 현대인들이 자녀 출산 후 경험하는 경제 상황을 간과하는 것이다. 아이 1명당 20대까지 키우는 데 예상되는 육아비용이 총 2억~3억 원에 달하고, 육아를 위해 직장을 그만두면 연 3,000만~5,000만 원의 기회비용이 발생하는 현실에서, 몇 백만 원의 출산·양육 비용을 지원해준다고 해서 덜컥 애를 가질 사람이 몇이나 되겠는가? 앞의 묘목 비유를 다시 들자면, 묘목을 키우는 데 너무 많은 부담이 들어가서 아예 묘목 자체를 안 만드는 시대가 되어버렸는데 말이다.

출산율 반전을 어렵게 하는 요인은 출산 및 양육의 개념 변화, 출산의 경제적 비용 증가만이 아니다. 청년층의 결혼기피 풍조, 만혼 증가는 앞으로 출산율 반전을 더욱 어렵게 만들 것이다.

먼저 청년층의 결혼기피 현상은 혼인 건수에서 여실히 드러난다. 한국의 혼인 건수는 2008년 경제위기 이후 점차 감소해 2009년 31만 건으로 바닥을 치고 2011년 32.9만 건으로 소폭 회복되었다. 회복이 되었다고는 해도 근 20년 내에 혼인 건수가 가장 많았던 1996년의 43만 건에 비하면 10만 건이나 적은 수치다. 물론 결혼적령기 남녀 인구가 줄어든 탓도 있지만, 결혼기피의 가장 큰 원인은 고용불안과 결혼비용 증가다. '88만 원 세대'가 흔한 세상에서 전셋값은 2억~3억 원에 달한다. 결혼비용도 크게 올라 결혼비용 1억 원 시대가 되었다.[40] 젊은 이들이 결혼에 엄두를 내지 못하는 세상이 된 것이다. 결혼하는 사람이 적은데 출산율이 높을 리 만무하다.

만혼(晚婚) 증가도 앞으로 출산율 저하에 큰 영향을 미칠 전망이다.[41] 한국의 초혼연령은 1990년대 말 외환위기 이후 점점 늦어져 2011년에는 남성 31.9세, 여성 29.1세에 이르렀다. 1990년에 초혼연령이 남성 27.8세, 여성 24.8세였던 점을 감안하면 만혼이 심해졌다고 볼 수 있다. 특히 여성들 중 30대에 결혼한 사람은 11.6만 명으로 전체의 35%에 달한다. 문제는 결혼시기가 늦어지면 첫 출산연령도 늦어지고, 아이도 하나만 가지려는 경향이 심해진다는 점이다. 2010년에는 초산(初産) 연령이 30.1세로 30세의 벽을 돌파했다. 첫아이를 늦게 가지면, 고령출산의 위험성과 미래 자녀양육에 따른 경제적 부담 때문에 대개 추가 출산은 기피하게 마련이다.[42]

---

40 여성가족부의 2010년 "제2차 가족실태조사"에 따르면 결혼비용은 평균적으로 남자는 8,078만 원, 여자는 2,936만 원이 소요되는 것으로 나타났다. 신혼부부 한 커플당 결혼비용이 1억여 원에 육박하는 셈이다.

41 최경수(2008), "출산율 하락의 경제적 요인에 대한 실증적 분석", KDI에서는 실제로 기혼여성의 합계 출산율은 크게 하락하지 않았고, 미혼여성의 증가와 혼인연령 상승에 따른 첫 출산시기 지연이 출산율 하락에 큰 영향을 미쳤다고 지적한다.

결국 출산과 양육 개념의 근본적 변화, 출산·육아의 경제적 비용 폭증, 혼인 건수 감소와 만혼 증가로 인해 합계출산율이 다시 2명대로 올라서기란 매우 힘들 것 같다. 출산율 저하는 단순히 개인의 문제가 아니라 사회 시스템과 관련되는 문제이기 때문에 현재처럼 출산 및 육아 비용 지원 중심의 저출산 대책만으로 출산율의 극적 증가를 기대하기란 힘들다.

저출산 대책은 이 외에도 다양한 문제점을 안고 있다. 가장 대표적인 것은 출산 및 양육 비용 지원의 효율성과 형평성 문제다. 먼저 효율성 측면을 살펴보자면, 고령화와 은퇴자 증가에 따른 생산력 감소는 3~4년 후 당장 일어날 일이다. 그러나 신생아가 성장해 생산현장에서 일하려면 최소 16년, 현실적으로는 20~30년 후에나 가능하다. 즉 출산 및 양육 비용 지원은 사회복지 차원에서는 괜찮은 정책일지 모르지만, 고령화로 인해 조만간 나타날 생산가능인구 감소를 해결하는 데는 경제적 효율성이 낮은 대안이라 볼 수 있다.

나아가 출산 및 양육 비용 지원은 심각한 형평성 논란을 야기할 수 있다. 2차 새로마지 플랜에 따라 향후 5년간 투입되는 저출산 대책의 예산은 40조 원에 달하고, 이를 1년 단위로 환산하면 매년 약 8조 원이 투입된다. 이를 시혜적 복지 개념에서 수혜 대상자들에게 배분한

---

42 첫아이를 30세에 낳고 3~4년 키우다가 둘째를 가지려면 이미 30대 중반이다. 여성 나이 35세부터는 고령출산의 위험요인이 크게 증가하는 고위험 임산부로 인식된다. 또한 30대 중반 둘째를 무사히 출산했더라도 새로운 문제에 직면하게 된다. 즉 그 아이가 20세가 되었을 때 가장은 50대 중반으로 은퇴를 목전에 두게 된다. 자녀의 대학 진학, 결혼 준비 등으로 목돈이 가장 필요할 때 수입이 크게 줄어들게 되는 셈이다. 둘째를 갖는 것이 육체적으로나 재정적으로나 큰 부담을 주는 피곤한 일이 되어버리는 상황이니, 둘째와 셋째 아이를 기피하는 부부가 점점 늘어날 수밖에 없다.

다고 해보자. 수혜 대상자로는 일차적으로 10세 이하 아동 약 450만 명, 산부인과, 어린이집, 초등학교 등 매우 다양한 집단이 포함된다. 결국 수혜 대상자들 간에 더 많은 복지혜택을 얻어내기 위한 경쟁과 부정이 발생할 터이고, 이를 막기 위해 복지 당국은 복잡한 대상선정 기준을 만들어낸다. 결국 이 때문에 복지혜택에서 소외되는 사람들은 정부를 비판하게 되고, 반면 일부에서는 여전히 법망의 허점을 악용해 과도한 혜택을 받아가는 사람들이 생겨나게 된다. 거액의 예산을 쏟아 붓고도 정부가 욕을 먹거나 소외계층의 불만을 해소하기 위해 복지 혜택을 끝없이 확대해야 하는 악순환에 빠질 수 있다.

 물론 현재의 출산율이 인구 감소 시대를 더욱 앞당길 정도로 심각하게 낮은 수준인 만큼, 출산율 제고 노력은 지속되어야 할 것이다. 다만 현재의 저출산 상황이 사회 시스템 측면의 문제임을 고려한다면, 단순히 개별 가구에 대한 양육비용 지원보다는, 좀 더 일찍 부담 없이 결혼해 아이를 낳아 키우기 좋은 사회구조를 만들려는 노력이 선행되어야만 할 것이다. 저출산 관련 정책예산을 무턱대고 늘리기보다는 교육비와 집값을 잡는 것이 출산율 증대에는 더 효과적일 수 있다는 이야기다. 나아가, 저출산 대책이 국가 경제활동인구 부족 문제를 해결하는 데 상당한 한계를 보이고 정책추진 시점과 효과발생 시점 간에 상당한 시차가 있다는 점을 감안할 때, 노동력 확보와 관련해 저출산 대책 이외에 또 다른 형태의 정책은 없을지 고민해야 할 것이다.

2 여성과 외국인노동자 활용의 딜레마

앞서 살펴본 것처럼 출산율 제고정책은 생산가능인구 감소 문제를 해결하는 데 단지 장기적으로만 도움을 줄 수 있다. 반면에 여성 및 외국인노동자 활용정책은 생산가능인구 감소 문제를 해결하는 데 비교적 즉각적 효과를 미칠 수 있다. 유럽이나 미국 같은 선진국에서도 여성 및 외국인노동자를 경제활동인구 보충에 활용했는데 긍정적 성과를 거두고 있다. 물론 한국은 좀 다르다. 사회문화나 정책환경이 선진국과는 차이가 있으므로 그러한 정책 역시 조심스럽게 사용해야 한다.

무엇보다 동아시아 유교문화권의 특성상 가부장 문화가 여전히 상존해 있어 여성의 사회적 진출이 늘어나더라도 가정 내 여성의 역할 부담은 크게 줄어들지 않을 수 있다. 즉 워킹우먼들이 회사생활과 육아 및 가사생활의 이중부담을 짊어지게 되면 출산율이 더욱 감소하거나 정체되는 사회적 부작용이 나타날 수 있다. 또한 우리보다 훨씬 잘 살고 삶의 질도 높은 선진국들이 신흥국의 노동력을 적극적으로 유치하고 있기 때문에 한국은 사회경제적 조건이라는 측면에서 고급 외국인 노동력 유치에 불리한 상황이다. 이 때문에 신흥국의 인력 중 우수한 인재들은 소득수준이나 삶의 질이 더 나은 선진국으로 가고, 상대적으로 단순인력들만 한국행을 택할 가능성이 크다. 이를테면 중국에서는 엔지니어링 관련 학위자가 2010년 약 260만 명에 달했는데, 이들 중 한국으로 오는 인력은 극소수였고 대부분 중국 내에서 취업하거나 미국 혹은 일본에서 취업기회를 찾는다. 여성 및 외국인노동자 활용정책을 무리하게 수행했다가는 자칫 의외의 부작용을 야기할 수 있으니 정책적 보완책이 신중히 병행되어야 한다.

페미니스트 패러독스, 여성의 사회참여와 출산율

21세기는 양성평등의 시대다. 또한 오늘날의 사회는 지식사회이자 서비스사회로 발전을 거듭하면서 힘 대신 머리를 써야 하는 일이 늘고 있고, 더불어 대인 커뮤니케이션이 중요한 일도 많아지는 추세다. 여성 취업이 늘어나야 하고 늘어날 수밖에 없는 구조라는 의미다. 그럼에도 불구하고 2010년 한국 여성의 경제활동참여율은 49.4%로 남성의 73.2%에 비해 크게 뒤져 있다. OECD 회원국 여성들의 평균 참여율 61.3%보다도 12%p 이상 낮은 수준이다. 이런 측면에서 여성 취업 지원은 생산가능인구 감소 대응만이 아니라 여성의 사회적 권익 신장을 위해서도 당연히 나아가야 할 방향이다.

　다만 한국의 사회문화적 특수성 때문에 여성고용 증진책에는 세심한 보완이 필요하다. 서구는 우리와 달리 양성평등 문화가 일찍부터 발달했고, 여성들도 삶의 여유를 마음껏 즐긴다. 그러나 한국은 과중한 노동시간과 동아시아적 가치라는 특수성 때문에 여성고용 증진책이 또 한편에서는 출산율 감소라는 부작용을 낳고 있다.

여성고용 확대는 분명 생산가능인구 감소 대책으로서 유용한데, 과연 출산율 증대에는 어떤 영향을 미칠까? 한쪽에서는 여성고용 확대가 출산율 증대에도 도움이 된다고 말한다. 여성고용 증진이 가계의 소득 안정에 기여해 여성의 추가 출산을 가능케 하고, 결국 사회 전체적으로 출산율을 증진시킬 수 있다는 것이다. 사실 이런 논리는 미국이나 서부·북부 유럽에서는 잘 들어맞았다. 그러나 세계 모든 지역에 다 들어맞지는 않는다.

이를테면 남부 유럽이나 동아시아에서는 여성고용이 증진되면서 오히려 출산율이 감소하는 모순적 상황이 발생했다. 프랑스의 인구학자 쉐네가 주창한 페미니스트 패러독스(Feminist Paradox) 개념은 이 점을 잘 묘사하고 있다. 페미니스트 패러독스란 경제성장을 이룩한 선진국에서는 양성평등 수준이 높을수록 출산율도 높게 나타나지만, 반대로 개발도상국에서는 양성평등 수준이 낮을수록 출산율이 높게 나타나는 모순적 현상을 말한다. 이런 경향 때문에 성평등 수준과 출산율은 U자형 관계를 보이게 된다.

이런 관점에서 본다면 막 개도국 상태를 벗어나 선진국에 들어선 한국에서는 여성의 사회참여 확대로 오히려 출산율이 낮아질 수 있는 것이다. 양성평등 문화의 기반이 취약한 결과, 취업 여성에게 육아와 일이라는 이중부담이 지워질 가능성이 커서다. 취업 여성이 이중부담에 직면하면 결국 출산을 기피하게 된다. 실제로 한국에서는 많은 취업 여성이 과중한 업무부담과 직업커리어 계발 필요성 때문에 출산을

| **그림 3-2** | 각 국가들의 성평등 수준과 합계출산율

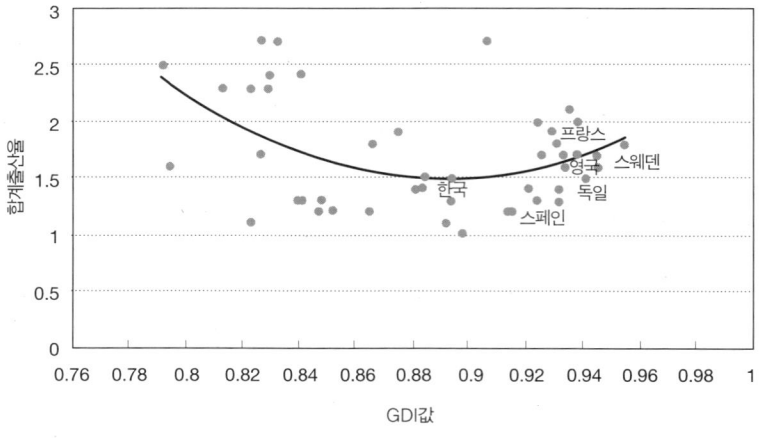

자료 Chesnais(1996), "Fertility, family and social policy in contemporary western Europe"
주 GDI 값은 기대수명, 문자해독률, 교육수준, 소득수준 간의 성별 차이를 자료로 하고 있어 기초적 수준의 성평등 정도를 보여줌.

미루는 일을 자주 목격할 수 있다. 따라서 이런 일을 방지하기 위한 세심한 정책조정이 필요할 것으로 보인다.

외국인노동자 활용에도 부작용은 있다

노동력에 관한 한 현재 우리나라는 수출국이 아니라 수입국이다. 1993년 외국인산업연수생제도 도입과 함께 외국인노동자가 유입되기 시작하여 1997년에는 38만 명에 달했다. 이후 그 수가 차츰 증가해 2008년에는 50만 명을 돌파했고, 2010년에는 55.6만 명에 이르렀다. 물론 외국인노동자 유입책은 부족한 노동력을 단기간에 빨리 보충할 수 있다는

| **그림 3-3** | 연도별 외국인노동자 현황

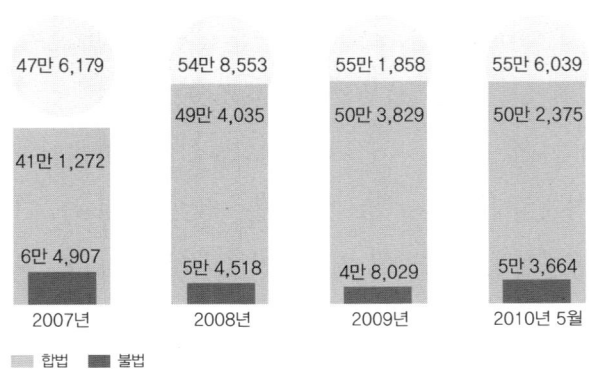

자료 서울신문(2010. 7. 13), "숫자로 본 외국인 근로자"

장점을 지닌다. 요즘처럼 3D업종 기피풍조가 만연한 상황에서는 외국인노동자가 중소기업에 중요한 일손이 되고 있는 것도 사실이다.

그러나 장점이 있으면 단점도 있다. 외국인노동자 유입책에는 그늘진 구석이 의외로 많이 도사리고 있다. 무엇보다 외국인 증가에 따른 사회적·문화적 갈등이 어느 나라에서나 골칫거리다. 2005년 프랑스에서 발생한 인종분쟁이 대표적 사례다. 2000년대 들어 유럽에서는 일반시민을 대상으로 한 이슬람 과격파의 무작위 테러가 많아지면서 중동 및 북아프리카 출신 아랍계 청년들에 대한 경계의 시선이 따갑다.

한국에서도 국내 거주 외국인 100만 명 시대를 맞아 사회 캠페인의 일환으로 '다문화'와 '공존'이 회자되고 있으나, 그렇다고 해서 외국인 불법체류자의 범죄 증가라는 어두운 그림자가 없는 것은 아니다.

실제로 경찰청 발표에 따르면 국내에서 검거된 외국인 범죄자 수는 2001년 4,328명에서 2009년 2만 3,344명으로 빠르게 증가하는 추세다. 안산 시화·반월 공단지역 등지에서는 일부 외국인노동자들의 강간·마약·폭력 행위에 관한 흉흉한 소문이 돌기도 한다.

한편 지역사회에서는 부가가치의 해외유출 문제로 속앓이를 하고 있다. 지자체들이 공장 유치에 앞장서는 이유는 취업자 증가와 지역사회 발전 때문이다. 공장이 새로 생기면 취업자가 늘고, 이들이 받은 임금을 지역사회에서 소비하면서 지역경제가 발전한다는 논리다. 그러나 대다수의 외국인노동자들은 받은 임금을 알뜰히 모아 고향에 있는 가족에게 송금한다. 사정이 이렇다 보니 외국인노동자들이 많이 일하는 공단지역의 경우 공장을 새로 유치해도 지역경제 진작효과가 이전만 못하다. 심지어 일부 주민들은 공장 유치에 대해 불편한 심기를 드러내기도 한다. 기업주는 지자체로부터 세금혜택을 받으며 공장을 지으니 좋겠지만, 지역주민들 생각에는 지역발전 없이 공해 시설만 떠안는다는 것이다.

많은 학자가 외국인노동자 수입은 인구문제를 근본적으로 해결하지 못하고 단지 지연시키는 데 그치는 미봉책이라 평가한다. 월레스(Wallace, 1999)나 비르크(Birg, 2005) 같은 인구학자는 외국인노동자 수입이 당장의 노동력 부족을 메울 수는 있지만, 고령화로 인한 장기적 인구문제의 해결책은 되기 어렵다고 주장했다.[43] 가장 중요한 이유는 외국인노동자 수입이 내국인 일자리에 대해 구축현상(crowding out effect) 부작용을 야기해서다. 제조업 분야로 수입된 외국인노동자들은 임금을 낮은 수준에서 고착화하는 역할을 한다. 이에 따라 그렇지 않아도 3D업종 기피현상으로 공장 취업을 싫어하는 내국인 노동력이 더더욱 제조업 분야로는 가지 않게 된다는 것이다. 바로 이런 맥락에서 일본의 경제학자 마쓰다니 아키히코(2005)는 "현재의 외국인 노동자는 후세의 부담"이라고 말한 바 있다. 외국인노동자를 수입하면 일시적으로 경제활동인구가 늘겠지만 그들이 들어오지 않는 순간부터 곧바로 더 급격한 노동인구 감소 현상이 나타난다는 것이다.

한편 외국인노동자 유치와 관련해 가장 큰 딜레마는 한국의 비매력도 문제다. 즉 다양한 사회문화적 여건상 고급 지식직종 인력보다는 저급 단순생산직 인력이 주로 한국을 찾는 경향이 강하다. 삶의 질 측면에서 외국인 인력이 살기에 여러모로 불편할뿐더러, GDP 수준이 낮아 지불 가능한 임금수준도 낮기 때문이다. 예를 들어 이공계 대학 졸업 학사의 연봉을 비교해보면 2006년 기준으로 미국은 약 3만 9,500달러인데, 한국은 평균 2,663만 원(2만 2,200달러에 해당)으로 미국의 56% 정도에 불과하다.[44] 당연한 이야기겠지만, 외국인노동자들에게 문호를 개방한다고 해서 고급 인력이 자발적으로 한국에 오는 것은 결코 아니다. 이는 이제 막 선진국 문턱을 밟은 한국의 고유한 문제로서, 이런 측면에서 볼 때 선진국의 이민정책이나 외국인노동자 유치정책을 그대로 받아들여서는 안 된다.

그런데 고급 인력의 유치를 위해 다양한 인센티브를 제공할 수도 없

---

43 김기호(2005)의 연구에서도 이 점은 잘 드러난다. 2050년까지 해외 노동인력 유입 시 성장률 추이를 시뮬레이션해본 결과, 국내 취업자 대비 3%를 유입하든, 5%를 유입하든 성장률 증대 효과는 미미한 것으로 나타났다. (김기호(2008), "인구고령화가 경제성장에 미치는 영향", 한국은행)

44 NSF(2011), "S&E Indicator 2010" ; 교육과학기술부(2011), "과학기술인력통계 2010"

는 것이. 이럴 경우 내국인 고급 인력 역차별이라는 사회문제를 야기할 수 있어서다. 이는 이미 외국인 교수 임용이나 금융권 및 산업계의 외국인 전문가 유치 과정에서 조금씩 불거지고 있는 문제다.

한편 외국인노동자들의 역선택 문제도 주목할 필요가 있다. 한국에 온 외국인노동자들 중 역량 있는 사람들은 대부분 돈을 모아 본국으로 돌아간다. 반면 그들에 비해 능력이 부족해 실질적 도움을 주지 못하는 사람들은 한국에 불법 체류하며 문제를 야기할 수 있다는 것이다.

3
고령자 정책, 제대로 가고 있나?

2000년대 이후 정부는 고령친화적 사회를 구현한다는 기치 아래 고령자 복지정책에도 많은 노력을 기울여왔다. '고령사회 삶의 질 제고'를 목표로 현재 추진 중인 고령자 복지정책은 크게 연금체계 확립, 의료·요양체계 수립, 고령친화 부문 산업화로 요약할 수 있다.

먼저 연금체계 확립은 고령자들이 은퇴 후에도 경제적으로 안정된 노후생활을 영위할 수 있도록, 기존의 국민연금만이 아니라 퇴직연금, 개인연금까지 보완해 은퇴 후 3중 소득체계를 마련하는 것이다. 국민연금은 국가에 의해 보장되는 공적 체계이고, 퇴직연금은 고용주 기업과 피고용주 개인의 불입으로 마련되는 사적 체계이며, 개인연금은 국민 각자의 선택에 의해 마련되는 사적 체계다.

한편 의료·요양체계 수립의 핵심은 의료보험과 장기요양보험에 있다. 즉 의료보험을 통해 건강한 노후생활을 기본적으로 지원하고, 2007년 4월부터 장기요양보험을 신설하여 치매나 중풍 등 노인성 질환의 장기 간병 및 요양 문제에 대한 노인 당사자 및 가족의 부담을 덜

어주려 하고 있다. 최근에는 의료·요양 서비스의 내용과 수급계층의 범위를 확대하는 데 초점을 맞추고 있다. 의료·요양 서비스의 수혜대상을 저소득층 위주에서 일반 노인 전체로 확대해 보편적 노인복지 서비스를 제공하자는 취지다.

나아가 고령친화 산업을 형성해 민관 협력체계를 마련하는 동시에 고령화를 새로운 성장동력 창출의 계기로 활용하겠다는 목표를 제시하고 있다.[45] 고령화로 인해 불가피하게 정부재정 지출이 발생하더라도, 가급적 고령화시대에 걸맞은 산업을 새로이 창출하고 육성하는 형태로 그것을 활용하자는 의미가 담긴 것이다. 최근의 요양병원 활성화가 그 대표적 사례라 볼 수 있다.

진퇴양난에 빠진 고령자 복지정책

천문학적 비용이 들어가는 고령자 복지정책

문제는 고령자 복지정책을 시행하는 데 천문학적 재정지출이 필요하다는 점이다. 예를 들어 일본은 고령층에 대한 사회보장비용이 2007년 47.0조 엔(우리 돈으로 564조 원)에 달했다. 이는 전체 사회보장비용의 47.6%에 해당하며 그 비중 또한 점차 증가하는 추세다.[46] EU

---

[45] 뒤에서 다시 살펴보겠지만, 고령화를 새로운 성장동력으로 활용한다는 것은 이치에 맞지 않는 말이다. 고령친화 산업을 육성한다고 해서 고령화 자체가 야기할 국가경제 전반의 성장잠재력 저하가 반전되지는 않기 때문이다. 고령화를 새로운 성장동력 마련의 계기로 삼는다는 것은 복지방향을 합리적이고 경제적인 형태로 가져간다는 주장의 수사학적 표현 정도로 이해하면 될 것이다.

[46] "The Cost of Social Security in Japan FY 2008", 日本國立社會保障·人口問題硏究所(2009)의 Appendix: Estimation of Japan's Social Expenditure by OECD standards

15개국 역시 연금·의료·요양·실업·교육 등 5대 고령화 관련 공적 지출 규모가 이미 2004년 GDP 대비 23.4%에 달했다.[47]

일본이나 서구 국가들이 이처럼 거대한 재정부담을 감당할 수 있었던 것은 한마디로 그들이 부자 나라였기 때문이다. 소득수준이 4만 달러 이상으로 매우 높고, 수백 년에 걸쳐 부를 축적해놓은 상태여서 천문학적 비용부담에도 불구하고 고령자 복지정책을 의욕적으로 추진할 수 있는 것이다. 그러나 한국은 1950년 한국전쟁의 참화를 딛고 일어선 지 불과 60년, 이제 막 국민소득 2만 달러 시대에 접어든 상태다. 과연 한국이 향후 고령자 복지정책에 따른 부담을 감당할 수 있을까?

한국조세연구원(2009)의 연구결과에 따르면 연금·의료·요양·노동·교육 등 5대 항목의 고령화 관련 지출은 2004년 GDP 대비 8.5% 이던 것이 2050년에는 22.4%까지 증가할 전망이다. 보수적으로 추정해도 EU 수준까지 부담이 증가하게 되는 것이다.

이미 2000년대 후반 이래 한국의 국가살림은 건전성을 잃어가고 있다. 특히 2008년 글로벌 금융위기 이후 경기 부양을 위해 재정지출을 확대한 결과 3년 연속 재정적자 상태다. 이에 따라 국가부채도 급증하고 있다. 한국의 국가부채는 2001년 121.8조 원에서 2010년 말 GDP의 34.2% 수준인 394.4조 원까지 늘어났다. 여기에 고령자 복지까지 확대되면 향후 재정 악화는 더 심각해질 가능성이 크다. 고령

---

47 European Commission Economic and Financial Affairs Department(2006. 1), "The impact of ageing on public expenditure: projections for the EU25 Member States on pensions, health care, longterm care, education and unemployment transfers(2004-2050)"

자 복지의 비용문제에 대한 우려가 각계각층에서 제기되는 이유가 이 것이다.

고령화로 인한 재정 악화는 우리보다 훨씬 잘사는 선진국에서 이미 현실로 나타나고 있다. 1장에서 살펴보았듯이 사회복지지출의 방만한 증가는 2010년 유럽의 PIGS(포르투갈, 이탈리아, 그리스, 스페인) 국가 부도 위기가 야기된 원인 중 하나였다. 일본 또한 2011년 사상 최초로 국가채무가 GDP의 2배를 넘어섰다. 일본의 경우 채무를 줄이려면 재정 흑자가 필수적이지만, 복지지출이 전체 예산의 30%를 초과하면서 재정건전화가 쉽지 않은 상황이다. 빚을 내 노인을 부양하다가 나라살림이 거덜 나는 형국인 셈이다.

한국은 지금 당장의 연금문제만으로도 위기의식을 느끼는 상황이지만, 시간이 흐르고 75세 이상 초고령층이 늘어나면 점차 고령층 의료비나 요양비 문제도 큰 고민거리가 될 것이다. 나이가 들수록 의료비나 요양비 부담은 증가한다.[48] 서구에서도 보건의료 비용은 사회복지 관련 지출 중 가장 큰 부담요인이다. 실제로 OECD 선진국에서 65세 이상 고령층의 의료비용은 전체 사회복지비용의 34~47%에 해당한다. 이뿐만이 아니다. 최근 시작된 장기요양보험도 수급자 급증으로 향후 나라살림에 큰 부담을 줄 소지가 있다. 이미 시행 10년차를 맞은 일본의 개호보험 사례가 이런 위험성을 잘 보여준다. 일본의 개호보험 운영에는 2000년 3.8조 엔이 투입되었으나 2010년 현재 7.9조 엔

---

[48] 2008년 현재 15~64세의 1인당 연간 진료비는 64.8만 원인 데 반해, 65세 이상은 231.6만 원으로 나타났다(통계청).

으로 2배 가까이 늘었다. 초고령자가 지속적으로 증가하고 있으므로 2025년에는 그 운영비용이 무려 20조 엔에 육박할 전망이다.[49]

과도한 복지는 자활을 가로막을 수도 있다

현행 고령자 복지정책의 또 다른 문제점은 현 제도가 고령자들의 취업이나 자립을 저해하는 방향으로 작용할 수도 있다는 사실이다. 연금제도를 예로 들어보자. 현재의 노후보장체계는 국민연금·퇴직연금·개인연금의 3층식 구조다. 하지만 현재 퇴직을 맞았거나 곧 퇴직할 예정인 베이비부머들 중 이런 노후보장체계를 제대로 갖춘 사람은 많지 않다.

최근 서울대 노화고령사회연구소가 1955~1963년생 4,668명을 대상으로 진행한 "한국 베이비부머 연구" 결과를 보면 은퇴자금을 차질 없이 마련했다는 응답자는 22.1%에 불과했다. 반면 은퇴자금 준비가 상당히 미흡하다는 응답자는 29.7%, 아직 시작도 못했다는 응답자가 15.2%에 달했다.[50] 이 연구에서 노후를 대비한 월평균 저축액은 고작 17.2만 원에 불과한 것으로 나타났다. 또한 퇴직이 보통 55세부터 시작되는 특성상 퇴직금을 연금화하는 대신 당장의 생활비나 사업자금으로 소진해버리는 경우가 많다.

결국 베이비붐 세대는 은퇴 후 노후생활 자금의 상당 부분을 국민연금에 의존할 수밖에 없는 상태에 놓인 것이다. 그러나 국민연금은 기

---

49 KB금융지주연구소(2012. 5), "일본 주요 기관의 고령화 대응 현황"
50 서울대 노화고령연구소(2011. 3), "한국 베이비부머 연구", 메트라이프 생명

초생활을 보장하기 위한 목적이 강하므로 실제 생활비에는 크게 못 미치는 금액을 지급한다. 결국 다른 소득이 없다면 노후생활이 크게 불안정해질 수 있다. 더욱이 국민연금은 노후소득 발생 시 연금 지급액이 감액되는 구조로 설계되었다. 즉 현행 규정상 국민연금 수급자가 월 180만 원 이상의 소득(= 총급여 − 근로소득공제액, 또는 사업소득 − 필요경비)을 벌었을 경우 국민연금을 감액해서 지급받으며, 감액 폭은 나이에 따라 달라진다. 65세 이상이라면 소득금액과 무관하게 전액을 지급받지만 60세라면 50%, 61세는 40%, 62세는 30%로 국민연금을 감액해 지급받는 것이다. 다시 말해 현재의 국민연금제도는 일하는 고령층의 취업 인센티브를 오히려 감소시킬 수 있다.[51] 실제로 2010년 12월 60~64세 연금수급자 104만 명 중 연금을 감액받은 사람은 무려 31.8만 명에 달한다.[52] 나이 들어 자녀들에게 손 벌리지 않으려고 열심히 일했는데 오히려 연금이 깎이는 상황에 놓이는 사람들의 비중이 32%나 된다는 이야기다. 이러한 제도가 기초생활수급자 지원제도와 맞물리면서 고령자들의 근로의욕을 꺾을 수 있다. 힘들여 일하느니 그냥 쉬면서 연금과 기초생활 지원이나 받자는 도덕적 해이를 불러오지 않겠는가.

---

51 2012년 9월 국무회의를 통과한 국민연금법 개정안에서는 이러한 문제가 부분적으로 시정되었다. 개정안에 따르면 현재 60~64세 연금 수급권자의 소득이 전체 가입자의 월평균소득(현재 189만원)보다 많으면 초과소득에 따라 감액률이 높아진다. 감액률은 100만원 단위 5개 구간으로 나누어 구간에 따라 5%씩 감액률을 올리는 방식으로 계산된다. 예를 들어 월소득이 300만원인 사람은 6만 1천원을 떼고 나머지 연금을 지급받는다(초과소득이 111만원(300만원−189만원)이므로 감액금액은 100만원× 5%+11만원×10%=6만 1천원).

52 국민연금공단(2011. 3), "2010. 12월, 월별 통계자료−3. 연금급여관리"

'일하는 고령복지'가 되어야 한다

결론적으로 현재의 고령자 복지정책은 재정구조를 악화시킬 뿐 아니라 고령자들의 근로의욕을 저하시킨다는 문제점까지 안고 있다. 게다가 시혜적 관점의 복지정책은 한번 강화하면 되돌리기 힘들다. 고령화 문제를 복지 관점에서 접근할 경우 재정 악화를 무릅쓰고 혜택을 확대하든지, 아니면 재정건전성 확보를 위해 혜택을 줄인 탓에 민심을 잃는 진퇴양난의 길을 갈 수밖에 없다. 상황이 더 악화되기 전에 '국가의 일', 즉 정부가 국민과 국가의 발전을 위해 무엇을 할 것인가에 대한 철저한 재검토가 필요하다.

이런 측면에서 최근 유럽 국가들을 중심으로 확산되고 있는 4중 보장체계 개념에 주목해보자. 이는 기존의 국민연금-퇴직연금-개인연금의 3층 구조에서 한 걸음 더 나아가 '일거리 제공'까지 노후보장체계에 포함시키자는 주장이다. 즉 퇴직자에게 경험과 능력을 살리되 신체적 능력에 맞는 '고령친화적 일거리'를 제공해 소득도 보충하고 건강도 지키면서 보람찬 인생을 유지하도록 만들자는 것이다. 일을 하면 소득이 생기고 근로활동을 통해 오히려 건강도 유지된다. 나아가 일을 통해 "내가 아직 쓸모 있는 사람이구나" 하는 자존감과 "내가 사회에 기여한다"는 보람도 느낄 수 있다.

어쩌면 이런 '고령친화적 일거리' 제공은 기대수명이 더욱 늘어난 21세기의 노후보장에서 가장 핵심적인 부분일 수 있다. 물리적 수명의 연장을 경제적 수명의 연장으로 바꿔주는 개념이기 때문이다. 그간 '고령자 복지국가'를 추구해왔던 일본이 최근 정책방향을 '일하는 고령복지' 개념으로 전환하고 있는 데 주목해야 한다.

생산가능인구 감소 문제를 해결할 지름길

향후 고령화 정책의 방향은 최소 생활수준 유지나 취미와 여가 활동을 영위할 수 있도록 고령자들에게 금전적 지원을 제공하는 시혜적 복지 개념이 아니라 생산적 복지 개념에 입각한 형태로 변화할 필요가 있다. 즉 일할 능력과 의지와 필요가 있는 고령자들에게 일할 수 있는 환경을 조성해주고 또 일하는 고령자들에게 더 많은 지원이 이루어지는 사회체계를 만들 필요가 있다는 것이다.

이렇게 되면 고령자들은 은퇴 후 여생을 허송세월하며 소진하는 것이 아니라 일을 통해 사회에 기여하고 개인적으로도 안정된 생활을 영위할 수 있게 된다. 일하는 고령자가 많아지면 국가 차원에서도 고령화로 인한 생산가능인구 감소 문제를 생각보다 쉽게 해결할 수 있다. 반전시키기 힘든 저출산 문제에 재정 투입을 크게 늘리지 않고, 여성 및 외국인노동자의 무리한 활용으로 인한 부작용도 최소화하면서 생산가능인구 감소 문제에 유연하게 대처할 수 있다는 의미다. 고령자들의 직능숙련도나 전문성이 매우 높고, 저출산 추세의 지속으로 생산가능인구 확보가 쉽지 않은 한국의 특수성을 감안한다면 이는 매우 중요한 정책방향이 될 수 있다.

고령자 재취업 정책, 구색 맞추기에 그쳐선 안 된다

그렇다면 과연 현재 우리나라의 고령자 재취업 정책은 제대로 이루어지고 있을까? 결론부터 말하자면 기준고용률제도, 정년연장 권고, 취업알선 지원, 직업훈련 실시, 고령자 우선고용직종 선정, 고용촉진

장려금 등 정책 프로그램으로서 최소한의 구색은 잘 갖추고 있다. 하지만 정책 프로그램의 실제 운용에서 고령자들의 잠재력이 제대로 활용되는 것 같지는 않다. 한국의 고령자들은 일할 필요, 일할 능력, 일할 의지의 삼박자를 모두 갖추고 있는데도 말이다.

먼저 기준고용률제도를 기준으로 한번 살펴보자. 기준고용률제도란 300명 이상 기업을 대상으로 고령자를 일정 비율 이상 상시 고용하도록 한 제도다. 이때 기준고용률은 업종에 따라 다르다. 제조업은 전체 상시 근로자의 2%, 운수업과 부동산 및 임대업은 6%, 기타 업종은 3%다. 문제는 이 기준이 실효성도 없고 강제력도 없다는 점이다. 300명 중 3%면 약 10명에 불과하다. 사업장의 경비원, 미화원, 잡역부만으로도 이 기준은 쉽게 달성된다. 실제로 300명 이상 사업장의 고령자 고용률 평균은 3.4%로 이미 현행 기준 고용률인 3%를 넘어서고 있다. 기준고용률제도가 큰 실효성이 없음을 보여주는 대목이다. 게다가 기준 미달 사업장에 대한 벌칙이나 강제수단도 미비해 제도 자체가 유명무실해질 가능성도 배제할 수 없다.

한편 정부는 고령자 고용촉진 차원에서 정년연장도 권장하고 있다. 물론 고령자고용촉진법에서는 기업의 정년에 대해 "정년을 정할 경우 60세 이상이 되도록 노력"하라고 규정하고 있다. 그러나 이것이 강제적 규정이 아닌 권고적 조항이라는 데 함정이 있다. 즉 공무원은 60세 정년이 정해졌지만 일반 사기업체의 정년은 아직 법적으로 정확히 정해지지 않은 것이다. 사기업체에서는 노사 합의에 따라 정년제를 도입하지 않을 수 있고, 만일 도입한다면 정년 나이를 임의로 정할 수 있다. 이 때문에 외환위기 이후 사기업체에서 정년제도는 사실상 유명무실해졌다. 일반 사기업체를 대상으로 실시한 조사결과에 따르면 평균 정년연령은 57.2세 무렵이다. 하지만 실제로는 53세 전후에 정년이 이뤄지고 있으며, 상시 구조조정이나 명예퇴직 등 다양한 형태로 40대 후반에 퇴직하는 경우도 많다.

  2011년 들어 정부의 노사정위원회에서 고령화 및 베이비붐 세대의 대량 퇴직 위험을 감안해 근로자 60세 정년 법제화를 추진했다. 이 로드맵에 따르면 늦어도 2014년까지 법제화하고, 2017년과 2019년 사이에 실제 시행에 들어갈 계획이다. 그러나 고령자 정년연장 문제는 생각보다 난항을 겪을 소지가 있다. 임금 증가나 사업장 경직화 문제를 걱정하는 재계의 강력한 반발이 예상되기 때문이다. 게다가 고령자 정년연장 문제는 근본적으로 양날의 칼이다. 고령자 정년연장은 고령화라는 시대 패러다임에는 맞지만 또 한편 청년실업을 유발할 수 있다. 사회경제적으로 더 큰 문제를 야기할 우려가 없지 않은 것이다.

  그렇다면 고령자 정년 문제에 대해서도 색다른 각도로 접근할 필요가 있다. 무리하게 법제화나 정년연장을 시도해 청년세대의 역차별 문제를 야기하지 말고, 청년 취업을 침해하지 않으면서 고령자 취업을 증대할 창의적 방안을 찾아야 한다는 것이다.

  고령자 취업알선 지원체계도 외형적으로는 잘 갖추어져 있다. 실직한 고령자라면 누구나 언제든지 노동부 고용지원센터와 전국 47개의 고령자인재은행, 경총에서 운영하는 고급인력정보센터 등 취업알선 기관을 활용할 수 있다. 세부적으로 살펴보자면, 고령자의 직업지도와 취업알선에 필요한 전문인력 및 시설을 갖춘 비영리법인이나 공익단체가 고령자인재은행으로 지정되어 운영 중이다. 여기서는 고령자에 대한 구인 및 구직 등록, 직업지도와 취업알선, 직업상담과 정년퇴직자 재취업 상담을 실시한다. 또한 고령자인재은행과 별도로 경총에 고급인력정보센터가 개설되어, 퇴직한 고급 경력인력에 대해 취업알선과 상담·자문을 해준다.

문제는 역시 실직 고령자들의 수준과 제공되는 일자리 간의 미스매칭이다. 무엇보다 일모작 직장에서 쌓은 경험과 실력을 제대로 평가해줄 일자리를 찾기가 힘들다. 게다가 한국사회는 체면을 중시하는지라 고경력 고령자의 경우 주위의 따가운 시선을 의식해 일자리를 고르는 경향이 있다. 대기업에서 상무를 한 사람에게 경비직이나 주차장관리직을 제안한다면 상당한 자괴감을 느낄 것이다.

실직 고령자들이 눈높이를 낮추더라도 문제는 남는다. 재취업한 일자리에서 오래 버티기가 힘들어서다. 실제로 고령자 취업알선 체계를 통해 취업한 후 1년 이상 근속한 사람의 비율은 10~20% 정도로 매우 낮다. 표면적 이유는 기업체와의 근로조건 조율 부족, 젊은 세대와의 불화, 예상외의 노동강도 등 다양하다. 고령자들이 재취업 일자리에서 오래 버티지 못하는 보다 근본적인 이유는 아직까지 고령자들의 역량 특성에 맞는 일자리 개발이 제대로 이루어지지 않은 탓이 크다고 판단된다. 즉 고령자들의 경우 청년층에 비해 신체적 능력은 낮지만 경험이나 지식에서 발현되는 능력은 더 높다. 즉 기업체 입장에서 인력의 쓸모가 제각기 다름에도 불구하고 청년층과 동일한 기준에서 취업을 유도하다 보니 취업 후 잡음이 끊이지 않는 것이다.

직업훈련도 겉보기에는 활발히 이루어지는 듯 보인다. 현재 고령자들을 위해 한국산업인력공단 주관하에 한국노인복지회 등 126개 재취업훈련기관이 지정, 운영되고 있다. 여기서 교육훈련을 실시하는 직종은 고령자 적합 직종 중에서도 건물관리원이나 주차관리인 등 수요가 많은 직종이다. 각 기관에서는 직종별로 작업수행능력 훈련을 실시하고 직업생활의 기본소양교육과 작업장 안전수칙 등 산재예방 및 안전관리 요령을 훈련한다.

  문제는 현행 고령자 직업훈련이 고령자들이 10~20년 동안 진정한 이모작 인생을 영위할 수 있도록 새로운 직업역량을 키우는 데 초점을 맞추고 있지 않다는 점이다. 오히려 현행 직업훈련은 급박하게 구직활동에 나선 고령자들을 당장 수요가 많은 단순서비스 직종에 즉시 투입하기 위한 단기 적응훈련에 초점이 맞추어져 있다. 게다가 경비나 주차관리인 등 고령층에 제공되는 직종이 썩 매력적이지 않고 그나마 적당한 일자리도 많지 않아 단기 적응훈련을 마친 고령자들의 실제 취업률도 저조한 실정이다.

  또한 교육훈련이 가능한 기관에서는 고령자 재취업 훈련을 형식적으로만 시행하거나 아예 기피하는 경우도 많다. 지정된 훈련기관의 성과는 훈련생의 취업률로 평가받는다. 그런데 재취업 훈련 대상자들은 고령자 외에도 20~30대 실직자, 가사노동 여성 등 다양하다. 훈련기관 입장에서 고령자들은 학습열이나 태도, 존대 문제 등으로 교육 자체가 결코 쉬운 일이 아니다. 이 때문에 훈련기관에서는 청년층이나 여성을 대상으로 하는 훈련에 주력하고, 힘만 들 뿐 성과가 좋지 않은 고령자 재취업 훈련은 형식적으로 하는 척만 할 뿐이다.

  결과적으로 고령자들은 취업상의 보이지 않는 불이익뿐만 아니라 제대로 된 훈련조차 받지 못하는 이중의 어려움을 겪고 있다.

고령자는 '단순 소일거리'로 충분하다?

고령자 취업확대를 위한 또 다른 방안으로 정부는 고령자에게 적합한 직종을 선정해 해당 기관과 업체에 고령자 우선채용을 권고하고 있다. 현재 우선고용 직종으로 선정된 직종은 공공부문 70개, 민간부문 90개에 달한다. 고령자 우선고용 직종으로 지정되면 무엇이 달라질까? 관련 법규에는 "국가 및 지방자치단체, 정부투자기관, 정부출연기관의 장은 고령자 적합 직종에서 신규채용을 실시할 경우 의무적으로 고령자를 우선 채용하여야 하며 채용현황을 매년 노동부장관에게 제출하여야 한다"고 명시되어 있다. 요컨대 정부기관 및 공기업에서 직원을 채용할 때의 가이드라인인 것이다.

문제는 이런 가이드라인의 구속력이 매우 약하다는 점이다. 정부기관 및 공기업에서 해당 직종의 고령자 채용이 부진해도 큰 페널티가 가해지지 않는다. 단지 고령자 우선고용 의무 이행을 강조하는 공문서 한 통을 받을 뿐이다. 또한 고령자우선고용직종제도는 정작 고용의 상당 부분을 담당하는 사기업체에는 적용되지 않는다. 사기업체의 고용문화에 영향을 줄 수 없다면 고령자 우선고용 직종 규정은 유명무실한 셈이다.

고령자 우선고용 직종의 지정이 고령자 취업알선과 유기적으로 연계되지 못하는 점도 문제다. 물론 어떤 직종을 지정하느냐 자체와 관련된 문제점은 많이 개선되었다. 2002년 도입 당시만 해도 주로 단순노무 직종에 치우치던 것이, 최근에는 고급 수준의 전문·기술 직종까지 포

| 표 3-2 | 고령자 우선고용 직종 현황

분야	공공부문 고령자 우선고용 직종	민간부문 고령자 우선고용 직종
기술·기능	공학기술자문가, 전기시설관리인, 냉장기수리조작원, 운전원, 보일러조작원, 건물보수원(6개 직종)	공학기술자문가, 가전제품수리원, 전기시설관리인, 재단사, 재봉사, 의복 및 관련 제품수선원, 운전원, 전통건물건축원, 도배원, 배관공, 미장공, 생산관리기술자, 품질관리기술자, 주택관리사, 기계설비 및 설비관리원, 냉장기수리조작원, 리프트조작원, 보일러조작원, 건물보수원(19개 직종)
경영·사무	인사노무관리자, 경영컨설턴트, 법률 및 세무회계 관련 자문가, 채권추심원, 사무보조원, 컴퓨터자료입력원, 우편물접수 및 발송원, 설문조사원, 교통량조사원, 지가조사원(10개 직종)	인사노무관리자, 경영컨설턴트, 창업지원컨설턴트, 법률 및 세무회계 관련 자문가, ISO인증심사원, 채권추심원, 해외영업원, 무역사무원, 부동산대리인, 분양 및 임대사무원, 배차사무원, 사무보조원, 설문조사원, 영업관리사무원, 기술영업원, 일반영업원(16개 직종)
교육·문화	사회교육강사, 기숙사사감, 도서정리원, 문화재보존원(4개 직종)	사회교육강사, 기숙사사감, 사서, 기록관리사, 문화재보존원, 번역가(6개 직종)
의료·복지	사회복지보조요원, 상담사, 시설보육사(3개 직종)	간병인, 산후조리종사원, 사회복지보조요원, 상담사, 시설보육사(5개 직종)
서비스·판매	데스크안내원, 시설 및 견학안내원, 화랑 및 박물관 안내원, 관광안내원, 주차안내원, 접수예약사무원, 민원상담원, 매표·검표원, 주차요금정산원, 통행료정산원, 주차보조원, 조리사, 구내매점원(13개 직종)	데스크안내원, 시설 및 견학안내원, 화랑 및 박물관안내원, 관광안내원, 주차안내원, 질서유지원, 계산대수납원, 접수예약사무원, 매표·검표원, 주차요금정산원, 통행료정산원, 장례지도사, 결혼상담원, 주차보조원, 홀서빙원, 조리사, 텔레마케터, 구내매점원, 매장감시원(19개 직종)
농림·어업	농림어업관련자문가, 조경관리원, 식물재배원(3개 직종)	농림어업관련전문가, 조경관리원, 식물재배원(3개 직종)
단순노무	경비원, 공원관리인, 주차장관리인, 건물관리인, 운동장관리인, 묘지관리인, 식물원관리인, 쓰레기매립장관리인, 문화재관리인, 배수지관리인, 건널목관리인, 환경미화원, 노건정리인, 재활용품분류원, 소독·방역원, 계기검침원, 안전점검원, 수금원, 화물접수원, 물품보관 및 정리원, 교통정리원, 주정차위반단속원, 버스전용차선단속원, 포장원, 상표부착원, 제품단순검사원, 산림보호원, 수렵감시원, 조류보호구역감시원, 하천감시원, 안전순찰감시원(31개 직종)	음식료품가공원, 창고관리원, 검수원, 경비원, 교구관리인, 공원관리인, 주차장관리인, 건물관리인, 가정도우미, 세차원, 환경미화원, 배달원, 계기검침원, 안전점검원, 수금원, 화물접수원, 물품보관 및 정리원, 전단지배포 및 벽보원, 주유원 및 가스충전원, 포장원, 상표부착원, 제품단순조립원(22개 직종)

자료 노동부(2006), "고령자 우선고용 직종 고시"

| 표 3-3 | 고령 취업자들의 직종별 구성비

(단위: 천 명, %)

산업	전체 연령	65세 이상		
		전체	남성	여성
행정관리	574	26(1.9)	25(3.3)	1(0.2)
전문직	1,839	17(1.3)	13(1.7)	4(0.7)
기술직	2,363	24(1.8)	21(2.8)	3(0.5)
사무직	3,269	23(1.7)	20(2.7)	3(0.5)
서비스직	2,962	79(5.8)	21(2.8)	58(9.6)
판매직	2,663	132(9.8)	63(8.4)	69(11.4)
농림어업	1,708	671(49.7)	367(49.1)	304(50.3)
기능원	2,436	45(3.3)	31(4.1)	14(2.3)
장치·기계조립원	2,563	42(3.1)	41(5.5)	1(0.2)
단순노무직	2,479	293(21.7)	145(19.4)	148(24.5)
계	22,856	1,351(100.0)	747(100.0)	604(100.0)

자료 통계청(2006), 《한국통계연감》 [곽태열(2008), "고령친화적 일자리 창출방안"에서 재인용]
주 65세 이상 전체 비율은 전체 연령 대비 비율

괄하는 형태로 개선되었다. 그러나 우선고용 직종이 따로, 고령자 취업 알선이 따로 운영되기 때문에, 현재도 여전히 단순 소득보전형 일자리나 복지 혹은 취미 수준의 직종만 추천되는 문제가 발생한다.

고령자의 경험과 능력을 살릴 일자리 개발이 중요하다

이처럼 정부도 고령자 재취업과 관련된 다양한 정책을 선보이고 있다. 그러나 앞서 살펴보았듯이 정책체계가 상당히 훌륭해도 실제 운

용은 형식에 치우치거나, 고령자들의 실제 바람과 무관하게 실행되고 있어 문제다. 이는 궁극적으로 고령층이라는 방대한 인적자원 계층이 가진 잠재력을 제대로 활용하지 못하는 한계를 남긴다. 예를 들어 고령자들에 대한 재취업 알선이 주로 단순 소득보전이나 복지 혹은 취미 수준의 일자리로 국한되면서, 고령자들의 과거 경험 및 노하우는 대개 사장되고 만다. 과거 수십 년간 개인 차원에서 축적되어온 암묵지라는 사회적 자본이 사라지는 것이다.

4
다시, 문제는 국가의 가치창출 능력!

정리하자면, 현재 우리나라의 고령화 대책은 저출산 대책보다 우선순위에서 밀린다. 그러나 저출산 문제는 현대사회에 특징적인 세계적 추세로서 인위적 반전이 쉽지 않다. 게다가 그 특성상 당장 현실화될 생산가능인구 감소 문제를 해결하기에 적절하지 않다. 여성 및 외국인노동력 활용은 생산가능인구 감소에 즉각적으로 대응할 수 있는 방안이지만 이 또한 한국의 노동과 문화, 사회환경의 특수성 탓에 의외로 큰 부작용을 야기할 수 있다.

고령화 문제의 본질에 주목하라

현재 고령화 정책은 크게 고령자 복지와 재취업 그리고 고령친화산업 육성의 세 축으로 전개되고 있다. 이 중 고령자 복지는 우리의 경제수준에서 제대로 된 서비스를 제공하려면 상당한 사회적 비용을 부담해야 한다. 설령 선진국 수준의 서비스가 제공된다 해도 수혜대상의 형평성 논란에 시달릴 수 있다. 또한 고령자 재취업 정책은 방향도 타당하고 틀도 비교적 잘 갖추어졌으나, 세부 실행 측면에서 복지 혹은 취미 차원의 재취업 알선에 머물러 있어 경제발전에 별 도움을 주지 못한다.

이미 1장과 2장에서 살펴본 것처럼 고령화는 국가의 미래 흥망을 좌우할 중대한 경제적 패러다임 변화다. 무엇보다도 생산가능인구의 양과 질 측면에서 국가의 미래 가치창출 능력을 심각하게 떨어뜨릴 소지가 있다. 복지도 돈이 있어야 누릴 수 있다. 국가가 가치창출 능력을 잃어버리면 복지는 꿈도 꿀 수 없다. 그렇다면 결국 고령화 대책의 초점은 "어떻게 하면 고령화사회에서도 국가 가치창출 능력을 유지, 확대시킬 것인가", 즉 경제적 측면에 맞추어질 필요가 있다. 고령화시대에 걸맞은 새로운 성장 패러다임을 창출하는 것이 그 무엇보다 중요하다는 이야기다.

고령화가 전 세계적으로 보편화되고, 현재 일본처럼 기존의 경제시책이 제대로 작동하지 못하면, 결국 제대로 된 고령화시대 성장 패러다임을 보유한 나라가 유리한 위치에 설 수 있게 된다. 고령화시대를 대비할 새로운 성장 패러다임이 바로 지금 제시되어야 할 이유다.

생산가능인구 감소가 1차적 위협

다시 강조하지만, 고령화가 진전되면 15~64세의 경제활동가능인구, 보다 현실적으로 따져보자면 25~54세의 일모작 재직 연령대 인구가 점점 줄어들 것이다. 아무리 좋은 장비와 기술이 있어도 결국 사람이 움직여야 일이 된다. 일할 사람이 줄어들면 산업생산활동은 큰 타격을 입게 되고, 국가의 가치창출 능력도 저하될 수밖에 없다.

또한 일할 사람이 줄어들고 부양할 사람이 늘어나면 개인만이 아니라 사회 전체가 감당해야 할 부양부담도 크게 증가한다. 이에 따라 저축률은 감소하고, 사회적 지출이 적정 수준 이상이 되면서 생산적 부문에 대한 투자는 점점 더 어려워진다. 이 또한 국가 가치창출 능력 확대를 가로막는 요인으로 작용할 것이다.

일할 사람들의 감소는 곧 돈을 벌고 소비하며 세금을 내는 사람들의 감소를 의미한다. 사회 전체적으로 소비여력이 악화되고 납세능력이 감소함으로써 내수소비는 위축되고 정부재정은 악화일로를 걷게 된다. 고령화로 인한 내수시장 위축과 정부투자 감소는 국가 전체의 가치창출 능력을 더욱 저하시킨다.

이처럼 고령화는 다양한 경로를 통해 미래 경제의 잠재성장률 하락을 유발하는 핵심요인으로 작용할 가능성이 크다. 이 점에 대해 이미 많은 국제기구에서도 우려를 표명했다. 2001년 OECD 전망에 따르면, 국가별로 약간의 편차는 있겠지만 21세기 중반까지 고령화는 선진국들의 실질GDP 성장률을 매년 약 0.25~0.75%p씩 감소시킬 것으로 예상했다. IMF(2004)는 노인인구가 1% 증가할 때마다 1인당 실질GDP가 0.041%p 감소하는 효과가 나타날 것이라고 분석한 바 있다. 고령화가 국가 가치창출 능력 및 경제성장률에 미치는 부정적 영향은 "잃어버린 20년"을 겪은 일본 사례를 통해 여실히 확인되었다.

고령화가 국가 가치창출 능력 및 잠재성장률에 어떤 부정적 영향을 끼칠 것인가에 대해서는 이미 다양한 연구가 이루어졌다. 박형수와 류덕현(2006)은 장기재정 모형의 구축 과정에서 고령화 및 기타 요

| 표 3-4 | 일본의 인구 및 GDP 성장률 추이

(단위 : 천 명, %)

연도	1990	2000	2005	2009
피부양인구 (0~24세, 56세 이상)	70,574	72,719	75,787	76,738
경제활동인구 (25세~55세)	52,617	53,987	51,662	50,418
부양비율 (피부양인구·경제활동인구)	1.34명	1.35명	1.47명	1.52명
GDP성장률	5.21%	2.68%	1.92%	-5.12%

자료 UN Population Division & OECD

인들의 여파로 잠재성장률이 2010년대 평균 4.22%에서 2040년대 0.93%로 하락할 것이라 예측한 바 있다. 또한 한진희 등(2007)은 실질GDP 성장률이 2010년대 4.0%에서 2040년대 1.4%로 크게 낮아지고, 2050년대에는 1.2%까지 낮아질 것이라 예측한 바 있다. 연구자마다 약간씩 편차는 있지만 향후 고령화가 진전된 상황에서 한국의 가치창출능력이 크게 저하될 것이라는 점에서는 의견이 일치하는 셈이다.

취업인구의 생산성 저하가 2차적 위협

고령화는 생산가능인구의 양적 감소만이 아니라 질적 구조 변화라는 측면에서도 국가 가치창출 능력에 심각한 위협이 될 수 있다. 즉 사회 전반의 고령화는 자연스럽게 취업인구의 고령화를 야기하고, 이것이 다시 취업인구의 생산성을 저하시키는 기제로 작용한다.

실제로 최근 20여 년간 한국에서는 취업자 연령구조의 고령화가 매우 빠르게 진행되고 있다. 〈그림 3-4〉를 보면, 1990년대에는 20대와 30대 취업자 집단이 가장 많았고 취업자 연령구조 분포는 상대적으로 완만하게 우하향하는 모습을 보였다. 그러나 2010년에는 30대와 40대 취업자가 가장 많고, 이후의 연령층에서는 취업자 수가 급격히 하락하는 추세를 보인다. 이는 한국에서 취업인구의 연령구조가 빠르게 고령화되고 있으며, 고령 취업자의 취업조건이 악화되고 있음을 암시한다. 또한 취업인구의 생산성은 2010년 현재 최대의 정점기에 도달한 것으로 판단된다.

이런 측면에서 기술투자를 통한 생산성 증대는 고령화시대의 생산성 감소 경향에 대응하는 좋은 방안이 될 수 있다. 생산성 증대란 첨단 생산기술을 활용해 한 사람이 1시간당 산출할 수 있는 생산량을 더욱 늘리는 것을 말한다. 생산성을 빠르게 향상시킬수록 노동력 정체

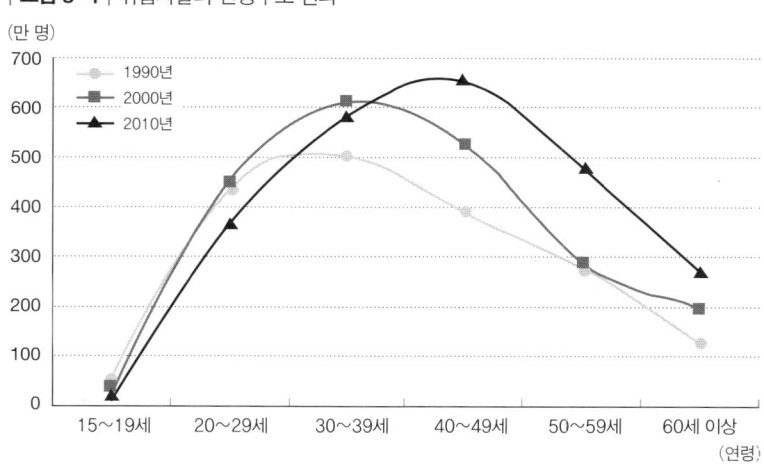

| 그림 3-4 | 취업자들의 연령구조 변화

자료: 통계청, "경제활동 인구조사", 각 연도 자료

/ 3장·한국의 고령화 정책, 무엇이 문제인가? /   **185**

나 감소로 인한 충격을 효과적으로 흡수하면서 국가의 가치창출 능력을 유지시킬 수 있다는 의미다.

생산성 증대는 사실 고령화 때문이 아니더라도 경제 전체가 지속적으로 추구해야 할 목표다. 생산성 증대의 가장 확실한 방법은 기술투자를 통한 혁신이다. 그러나 문제는 이미 상당히 많은 산업에서 생산성이 극대화된 상태라는 사실이다. 따라서 기술투자를 통한 생산성 증대는 의외로 과거처럼 높은 투입 대비 효율을 내기 힘든 상황까지 와 버렸다.

나아가 기술투자의 초점이 신산업 창출이나 산업구조 고도화라는 거시적 측면이 아닌, 개별 기업 단위에서 신기계 도입을 통한 성력화(省力化), 즉 인력합리화에 치중될 경우 심각한 부작용이 야기될 수 있다. 개별 기업 단위의 생산성은 높아지겠지만, 경제 전체적으로는 '고용 없는 성장' 문제를 악화할 소지가 있어서다. 이는 1990년대 후반 이래 한국의 경제 상황에서 이미 경험적으로 드러난 바 있다. 1993년과 2003년 사이 제조업의 산업생산량은 2배 가까이 증가한 반면 고용인력은 오히려 20% 정도 감소했다.

한국경제의 미래, 열쇠는 고령자가 쥐고 있다

출산율 제고, 여성 및 외국인 노동력 활용, 고령자 복지 및 재취업 강화, 기술투자를 통한 생산성 증대 등 기존의 정책방향 모두가 제각기 중요하고 나름의 의미를 갖는다. 그러나 한국적 지형에서 다양한 부작용을 야기할 수 있고, 고령화시대의 경제성장 정체를 막을 근본 대책이 아니라는 한계를 갖는다.

그렇다면 고령화 진전으로 인한 한국경제의 몰락은 어쩔 수 없는 일일까? 한국경제의 미래는 완전히 절망적인 것일까? 그렇지 않다. 우리에게는 아직 희망이 있다. 그 희망은 바로 역설적이지만 한국의 '고령자'에게서 찾을 수 있다. 한국의 고령자들이 일에 대한 강한 열정과 의욕을 가졌다는 게 우리가 기대할 수 있는 마지막 희망이다. 고령화란 쉽게 역전시킬 수 없는 시대적 트렌드이기 때문에, 이를 주어진 조건으로 상정하고 새로운 발전방향을 모색하는 게 고령층을 경제인력으로 활용하는 현실적 방안이 될 수 있다.

그들이 희망이다, 그들을 잡아라

고령자가 아무리 많아져도 일에 대한 열정과 의욕을 가진 고령자가 많은 나라는 의외로 드물다. 2010년 프랑스 정부는 정년연령을 60세에서 62세로 늦추고 사회보장 혜택을 받을 수 있는 나이를 65세에서 67세로 조정하는 방안을 추진했다. 그러나 프랑스의 고령자들은 이런 정년연장 정책에 강력히 반발했다. 빨리 퇴직해 연금을 받으며 인생을 즐겨야 하는데 정부가 이를 방해한다고 생각한 것이다. 여기에 정년연장이 청년실업률을 가중시킬 것을 우려한 청년층의 반발이 맞물리면서, 프랑스는 거대한 소요에 휘말렸다.

하지만 한국의 고령자는 좀 다르다. 현재 한국의 50~60대는 세계 어디서도 그 유례를 찾을 수 없는 산업전사들이다. 1970~1990년대에 그들은 야근을 밥 먹듯 하고 주말까지 반납하며 불가능에 도전해 오늘의 한국을 만들어냈다. 힘든 일을 두려워하지 않으며 많은 경험을 쌓았고 일에 대한 소명의식도 남다르다. 한국직업능력개발원이 "고령자 능력개발을 위한 제2의 인생설계 지원프로그램 연구"에서 실시한 설문조사에 따르면, 고령자들은 대체로 직장생활과 일에 대한 의욕과 자부심이 여전히 강하다는 것을 알 수 있다.

이런 모습은 연봉이 높은 직장만 선호하고 일이 고된 3D직종을 피해 직장을 옮기는 요즘 20대의 세태와는 딴판이다. 어떤 일이든 그 일 자체에 관한 한 현재의 고령자들은 젊은이 못지않은 경쟁력이 있는 셈이다. 이른바 '헝그리' 정신이 있다. 서강대의 신호창 교수가 20대부터 60대까지 600명을 대상으로 2006년 9월과 10월 두 달 동안 실시한 "국민인식조사"에 따르면 50대는 주체성, 근로의욕, 자기관리 등에서 다른 어떤 연령층보다 높은 열의를 지닌 것으로 나타났다. 게다가 현재 고령자들이 무에서 유를 창조해내며 얻은 경험과 노하우는 그냥 사장시키기는 너무 아까운 사회적 자본이다.

일에 대한 고령자들의 열정과 의욕이 바로 한국의 희망이라는 점을 감안하면, 고령화시대 생산가능인구 감소의 대응책은 의외로 가까운 데서 찾을 수 있다. 즉 고령자들의 경험과 경륜, 의욕과 열정을 최대한 활용하자는 것이다. 단순히 고령자들이 최소 생활수준을 유지하도록 지원하는 개념을 넘어, 일할 능력과 의지 그리고 필요를 가진 고령자들이 일할 수 있는 환경을 조성하고 또 일하는 고령자들에게 더 많은 지원이 돌아가는 사회체계를 만들자는 이야기다.

고령자들의 숙련도나 전문성이 매우 높고 생산가능인구 확보가 쉽지 않은 한국적 특수성을 감안할 때 이는 중요한 정책방향이 될 수 있다. 가진 것이라고는 인력자원뿐인 한국이 고령화라는 피할 수 없는 거대한 글로벌 트렌드의 진전 과정에서 취할 수 있는 최선의 대책일 수 있다. 고령화시대에 한국이 가치창출 능력을 유지, 확대하고 고령자 복지 천국을 지향하는 서구 선진국들과 차별화하며 지속가능한 성장을 달성하는 유일한 길일지도 모른다.

그러나 '일하는 건강한 고령자사회'를 건설한다는 것은 의외로 힘든 일이다. 무엇보다 현재 사회적으로 청년층 실업이 큰 이슈다. 고령층의 일자리 확대로 인해 같은 일자리를 놓고 고령층과 청년층이 싸우는 형국이 되어서는 안 된다. 게다가 인간은 나이 들면서 생산성이 점차 저하된다. 상대적으로 생산성이 낮은 고령층의 취업확대가 경제 전반의 생산성을 떨어뜨리는 결과를 낳아서도 안 된다.

이런 딜레마를 극복하면서 고령화시대에 지속가능한 고용구조를 만드는 일은 기존 패러다임으로는 불가능하다. 따라서 필자는 기존의 '활동적 고령화'를 넘어서는 '능동적 고령화'를, 현재의 '기능별 분업체계'와 대비되는 '사회 차원의 연령별 분업체계'를 대안으로 제시하고자 한다.

활동적 고령화란 이미 고령기에 접어든 사람들이 활동적으로 생활할 수 있는 사회체계를 만들자는 것이다. 그러나 사전에 아무런 준비 없이 고령기에 접어들면 개별 고령자들이 생산적 의미의 활동을 실현하기가 쉽지 않으므로, 이젠 능동적 고령화를 추구할 필요가 있다. 능동적 고령화란 고령기에 접어들기 전 고령기의 생산적 활동이 가능하도록 청장년기부터 능동적으로 미리 준비시키는 사회체계를 만들자는 것이다.

또한 연령별 분업체계란 사회 차원에서 연령별로 강점을 보이는 직무 및 산업 영역에서 일할 수 있도록 연령을 기준으로 형성된 사회적 분업체계를 말한다. 이 체계가 현실화된다면 청장년층은 그들의 육체적·지적 강점이 극대화될 수 있는 일모작 영역에서 일하고, 그동안 쌓은 경험·지식·테크닉을 바탕으로 육체적 노동강도가 비교적 낮은 이모작 영역에서 은퇴 후 제2의 직업인생을 펼쳐갈 수 있게 된다. 이는 현재까지 전 세계적으로 한번도 시도되거나 구현된 적이 없는 새로운 형태의 사회체계로, 이를 현실화하려면 국가정책을 기반으로 기업과 국민 모두의 의식적 노력이 필요하다.

4장

'고령 복지사회'에서 '일하는 건강한 고령사회'로

Intro

───── '100세 장수시대'라는 말이 회자되는 시대다. 기대수명 증가와 의료기술 발전으로 상당수 노인이 90세를 넘어 100세 즈음까지 살게 될 날이 얼마 남지 않았다는 것이다. 100세까지 산다니! 무병장수를 꿈꾸는 인간의 속성상 누구라도 좋아할 일인 듯 보인다. 그러나 이런 장수시대의 도래는 사회 전체의 관점에서 보면 청년은 적고 노인은 많은 고령자사회가 성립한다는 의미다. 즉 사회 패러다임 자체가 크게 변하는 것이다.

100세 장수시대가 현실화될 경우 특히 큰 변화에 직면할 부문은 직업세계다. 전통적인 20-60-80 패러다임에 기초한 전통적 인생설계는 난감한 상황에 봉착할 가능성이 크다. 게다가 사회경제의 패러다임이 산업사회에서 지식기반사회로 넘어오면서 일상생활과 직업현장의 변화속도는 유례없이 빨라지고 있다. 20~30대에 쌓은 지식이나 직업역량만으로는 고유의 경쟁력을 장기간 유지할 수 없고, 따라서 어떤 형태로든 직업생활 중 재교육을 받아야 하는 시대가 된 것이다. 향후의 개인적 인생설계는 물론 사회제도까지 100세 사회와 지식기반사회라는 2가지 거대한 변화에 부응해야 하는 것이다. 즉 "평생 동안 끊임없이 배우고, 가능한 한 오랫동안 건강하게 일하는" 체제로 사회가 진화해야 한다.

100세 시대에는 '노년기의 행복'이 뜻밖에도 일과 활동에 의해 결정될 가능성이 높다. 은퇴 후 쉬면서 인생을 즐기는 것도 좋지만 만일 20~30년 동안 계속 쉬기만 한다면 그것이 도리어 고역일 수 있다. 노년기에도 적절히 일하고 사회적으로 활동할 때 경제적 여유를 찾을 수 있고 자기 자신에 대한 자존감을 가질 수 있으며, 일과 활동을 통해 사회에 기여할뿐더러 건강도 유지할 수 있다. 국가 차원에서도 전통적 개념의 생산가능인구 감소에 대응해 일할 필요, 일할 능력, 일할 의지의 삼박자를 갖춘 노인의 증가를 적절히 활용하는 것이 중요해진다. 나이가 들었지만 아직 활력 넘치고 젊은 마음을 가진 고령층이 일을 통해 사회에 기여하고 삶의 보람을 찾을 수 있는 체계를 만들어야 그 사회가 건강해지고 지속가능해질 수 있다는 것이다.

앞서 언급했듯이, 서구 선진국과 달리 우리나라에는 일할 의사를 갖춘 고령층이 많고, 이는 한국이 고령화시대에 가질 수 있는 유일한 희망이자 아직 제대로 활용하지 못한 대규모 자원이다. 고령자들에게 잠재된 거대한 생산적 에너지를 잘 활용한다면 고령화로 인한 생산과 소비의 불균형에 따른 경제의 성장정체에서 벗어나 새로운 활로를 모색할 수 있다.

그래서 필자는 고령화시대에 한국이 나아갈 방향을 '고령자 복지사회'가 아니라 '일하는 건강한 고령사회'로 변경해야 한다고 생각한다. '일하는 건강한 고령사회'가 한국의 새로운 지향점이 되어야 하는 이유를 밝히기 위해 4장에서는, 먼저 100세 장수시대와 지식기반사회의 도래라는 거대한 패러다임 변화를 살핀다. 그런 다음, 일할 능력·필요·의지를 갖춘 한국 고령자들의 실태를 점검한다. 마지막으로, 새로운 시대적 패러다임 변화 속에서 한국의 능력 있는 고령자 자원을 효과적으로 활용할 해법으로서 '능동적 고령화' 개념을 보다 구체적으로 제시한다.

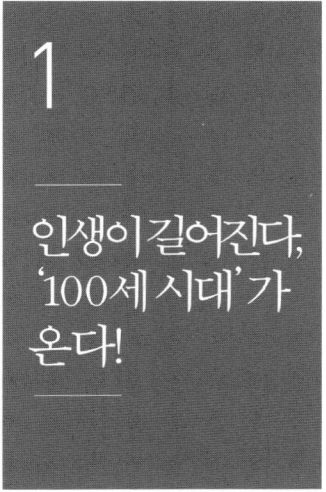

1
인생이 길어진다, '100세 시대'가 온다!

20세기에는 '노년=은퇴'라는 등식이 당연히 성립했다. 즉 20대에 사회에 진출해 30대에 기틀을 마련하고 40대와 50대까지 평생직업이라고 생각한 일을 열심히 해서 성공을 거둔 후 60대에 은퇴해 그 뒤로는 쉬면서 여생을 즐기는 것이 일반적인 모습이었다. 이 때문에 젊어서 열심히 일하고 나이 들어 노년을 즐기려는 국민들을 위해 국가가 해야 할 우선과제는 최선의 고령자 복지체계를 만드는 것이라 여겨졌다. 실제로 우리보다 먼저 고령화시대를 맞았던 선진국들에서 고령자 복지체계는 대부분 이런 통념에 입각해 설계되고 운영되어왔다.

그러나 21세기로 넘어가면서 '고령=은퇴'나 '고령자=복지대상'이라는 통념이 더는 들어맞지 않고 있다. 이런 변화를 야기하는 다양한 요인 중 특히 중요한 것으로는 기대수명의 획기적 연장과 이에 따른 100세 장수시대의 도래 가능성을 들 수 있다.

성큼 다가온 100세 장수시대

지금으로부터 100여 년 전인 1900년, 인간의 기대수명은 겨우 50세였다. 당시 선진국이던 영국, 프랑스, 미국에서도 평균 기대수명은 각각 48.2세, 47.4세, 50.8세에 불과했다. 그러나 인간의 기대수명은 20세기에 괄목할 만큼 신장했다. 2000년의 평균 기대수명은 영국이 78.3세, 프랑스가 79.4세, 미국이 77.3세로 대략 80세에 가까워졌다. 100년 만에 인간의 평균 기대수명이 대략 30년 늘어난 것이다.[53] 이런 기대수명 증가는 한국에서도 비슷한 양상으로 나타났다. 1960년 한국인의 기대수명은 51세로 당시 OECD 평균 67세보다 16년이나 낮았다. 그러던 것이 2008년에는 79.9세로 OECD 평균(79.4세)을 오히려 웃돌았다.[54]

인간의 평균 기대수명이 크게 늘어난 까닭은 다양하며, 시기에 따라서도 조금씩 달라진다. 20세기 초반에는 사회·경제적 발전에 따라 의식주 환경이 개선되고, 상하수도 보급 등 도시 보건위생이 강화되며, 전염병이나 기근 같은 대량재해가 감소한 영향이 컸다. 또한 영유아기나 청소년기 사망의 대폭 감소도 평균 기대수명 증가에 크게 기여했다. 한편 20세기 중반 이후에는 대규모 전쟁이 없어지고 경제발전에 따라 생활수준과 영양상태가 크게 개선된 점, 보건의료기술의 진보에 따라 많은 질병이 극복되고 사망위험이 완화된 점 등이 인간의 수명

---

53 Massimo Livi-Bacci(2009), 《세계인구의 역사》, 송병건·허은경 역, 해남
54 OECD Health Data 2010-Korea 편

연장에 크게 기여했다. 기대수명이 40세 이하로 매우 낮았던 과거에도 물론 70~80세까지 장수한 사람이 있기는 했지만 극소수였다. 오늘날처럼 대다수가 높은 확률로 80세 이상 장수를 누리게 된 것은 인류 역사상 처음이라 해도 과언이 아니다.

흥미로운 점은 1980년대 이후 장수와 관련된 과학지식이 대중에 널리 알려지고 보건의료기술이 빠르게 발전하면서, 기대수명에 관한 과거의 이론 몇 가지가 완전히 깨져버렸다는 것이다. 이를테면 1970년대 인류의 평균수명이 65세를 넘어설 즈음, 미국의 보건학자 프라이스가 '인류 수명 85세 한계론'을 주장했다. 나이를 먹으면 장기 기능이 손상되고 이는 회복이 불가능하므로, 인간의 수명에는 분명한 한계가 있다는 이야기였다. 그러나 의학의 발전으로 장기 이식이나 인공 장기·관절·혈관 사용이 이루어지면서 장기의 기능저하가 얼마든지 보완될 수 있는 세상이 열렸다. 현재 전 세계에서 가장 장수하는 인구집단은 일본인 여성인데, 이들의 평균수명은 86.4세로 85세의 한계를 넘어섰다.

인간의 수명은 지금도 계속 연장되고 있다. 이 때문에 과거의 기대수명 예측은 종종 번복된다. 실제로 지난 2000년 통계청은 "한국인의 기대수명이 2010년 78.8세, 2020년 80.7세, 2030년 81.5세로 늘어날 것"이라고 예측했다. 하지만 5년 뒤인 2005년의 예측에서는 2010년 79.6세, 2020년 81.5세, 2030년 83.1세에 달할 것으로 상향 조정되었다. 그리고 2008년 출생아의 기대수명은 80.5년으로 2010~2020년에 돌파한다던 '80세의 벽'을 이미 돌파해버렸다. 전문가들의 예측보다도 더 빨리 인간수명이 연장되고 있는 것이다.

2010년 말 영국 정부는 전 인구의 약 17%인 1,000만 명쯤이 100세 이상을 살게 될 것이라는 놀라운 추계치를 발표한 바 있다.[55] 물론 현재 영국 인구 중 100세 생일을 맞는 인구는 매년 1만 명 정도다. 이는 전체 인구 6,100만 명의 0.02%에 불과하지만, 젊을수록 기대수명이 빠르게 늘어나 현재 34세인 인구집단에서는 50만 명 정도가 100세에 도달할 수 있다고 한다. 이 발표는 100세 장수시대의 개막을 알리는 신호탄으로서 전 세계에 신선한 충격을 불러일으킨 바 있다.

　한편 고려대 박유성 교수팀이 의학 발달을 감안해 기대수명을 새로 계산해본 결과, 한국에서도 100세 장수시대의 개막은 의외로 멀지 않은 듯하다. 즉 현재 생존한 1954년생(현재 56세) 남성 10명 중 4명(39.6%)은 98세까지 살 수 있을 것으로 예측되었다. 동갑 여성들 가운데 98세까지 생존할 비율은 약간 더 높게(46.2%) 나타났다. 의술 발전과 개인들의 충실한 건강관리에 힘입어 현재 50대의 40%가 100세 즈음까지 살게 된다는 이야기다. 사실 요즘에도 60세는 젊은 축에 속한다. 적어도 70세는 되어야 노인 대접을 받는다. 뿐만 아니라 80세, 90세 노인도 눈에 띄게 많아졌다.[56] 100세 시대가 우리 세대에서 현실화될 공산이 매우 커지고 있다.

55　Massimo Livi-Bacci(2009), 《세계 인구의 역사》, 송병건·허은경 역, 해남

56　2011년 4월 기준 100대 노인은 1.2만 명에 불과하지만, 90대 노인은 11.4만 명, 80대 노인은 87.1만 명에 달한다. 80대 이상은 총 99.6만 명으로 60세 이상 고령층의 12.6%를 차지한다. 물론 100대 노인의 수는 현재까지는 적은 편이다. 그러나 2008년 4월에 100대 노인이 2,240명에 불과했다는 점을 감안하면, 100대 노인의 숫자는 빠르게 늘고 있는 것이다. 최근 추세상 대략적으로 매년 80대는 5만 명씩, 90대는 1만 명씩 늘어나고 있다.

100세 '쇼크'시대가 될 수도 있다

불로장생은 아닐지라도 수명이 100세까지 늘어나면 누구나 대단히 기분 좋은 일로 생각할 수 있다. 100세 장수시대가 오면 인생에서 두세 번씩 결혼하는 일이 보편화될 테니 이에 대비해 체력관리를 열심히 해야 한다고 성급한 조언을 하는 미래학자도 있다.

한편, 100세 장수는 무서운 일일 수 있다. 60세에 은퇴하고 나면 그 후 40년을 무엇하며 살아갈 것인가? 과연 40년을 버틸 재산은 있는가? 혹시라도 건강이 나빠져 갖은 잔병에 시달리며 골골한다면 100세 장수가 과연 행복일까? 100세까지 살면 누가 나를 봉양할까? 60세, 70세가 된 자녀들에게 민폐만 끼치다 가는 것은 아닐까? 이처럼 현실에 존재하는 다양한 문제에 관해 확실한 대비책을 세운 사람은 많지 않을 것이다. 직설적으로 말해, 기대수명의 지속적 증가와 100세 시대 도래는 향후 개인의 인생계획이나 국가의 고령사회 정책 자체를 심각하게 뒤틀어버릴 가능성을 내포한다.

현재 한국 국민들의 생애플랜과 사회 전반의 시스템은 '80세 시대'의 패러다임에 머물러 있다. 개인들은 대략 80세까지 살 것이라는 가정하에 인생을 '20-60-80'의 형태로 구분하고 생애플랜을 마련해놓고 있다. 즉 20대에 얻은 지식과 기술로 30~40년 일하다가 60대에 퇴직해 80대까지 20년 정도 인생을 즐기는 모델을 세우고 있는 것이다. 또한 교육, 취업, 정년, 연금, 복지, 보건 등 다양한 국가사회제도도 대부분 '60세 은퇴와 80세 사망'을 전제로 설계되어 있다.

그러나 상당수의 개인이 정말로 100세까지 살게 된다면 어떨까? 아니, 좀 더 현실적으로 따져 90세까지 살게 된다면 어떨까? 대다수는 80세 이후 적어도 10년, 길면 20년에 걸쳐 미처 대비하지 못한 노년을 맞게 되는 셈이다. 보험업계에서는 이를 '장수 위험'이라 표현한다. 즉 자신의 보유자산으로 충당할 수 없을 만큼 오래 사는 일은 그 자체로 큰 위험이라는 것이다. 60세에 은퇴해 80세까지 생활비로 가진 돈을 다 소진하고 자녀의 보조, 사회단체의 지원, 국가의 연금에 의존해 10~20년을 더 살아가야 한다고 생각해보자. 게다가 아프기까지 하면? 늘그막 인생이 정말 막막해진다.

국가 차원에서도 100세 시대의 도래는 자칫 '100세 쇼크'가 될 수 있다. 100세 시대가 열리면 젊은 연금 납부자가 부족해져 국민연금이 당초 예측보다 훨씬 빨리 파탄 날 것이다. 지금도 60~70대 연령층은 해마다 대략 20만 명씩 늘어나고 있다. 그만큼 연금을 타는 사람도 많아진다는 의미다. 게다가 60세 이상 고령층, 특히 80세 이상 초고령층이 많아지면 보건의료나 노인복지 부문의 비용이 기하급수적으로 증가한다. 실제로 건강보험상 노인의료비는 2003년 4.37조 원(전체의 21.3%에 해당)에서 2009년 12.0조 원(전체의 30.5%에 해당)으로, 불과 6년 만에 2.7배나 늘어났다. 100세 시대가 오면 현재의 보건복지체계가 그 자체로 국가재정 파탄의 중요한 방아쇠로 작용할 수 있는 셈이다.

물론 일각에서는 '100세 시대 도래론'이 의료기술의 발전이나 인간 수명의 연장 가능성을 지나치게 낙관한 것이라는 비판도 나온다. 생물학적 수명한계라는 게 분명 있기 때문이다. 또한 100세 시대가 온다 하더라도 이는 과거에 비해 더 많은 사람이 100세 즈음까지 산다는 것이지, 모든 사람이 100세까지 산다는 이야기는 아니다. 그러나 백번 양보해 100세 시대 도래론이 너무나 과장되었다 해도, 그것이 현재의 '20-60-80' 패러다임이 유효함을 뜻하지도 않는다. 기대수명이 80세를 넘어선 현재 상황에서도 '20-60-80' 패러다임은 개인의 인생과 국가의 복지제도 설계에서 더는 올바른 기준점이 될 수 없다.

2009년 인구 예측을 기준으로 한국인 중 50세는 32.6년, 60세는 23.8년의 기대여명을 갖는다. 평균적으로 50세는 83세까지, 60세는 84세까지 살 수 있다는 것이다. 문제는 고학력화와 조기퇴직 압박이라는 한국의 특수한 조건이다. 고학력화로 인해 대학을 졸업하고 사회에 진출하는 시기는 대개 25세 이후다. 공무원은 그나마 60세 정년을 보장받지만, 사기업에서는 조기퇴직 압박이 심해 일반 직장인의 경우 대부분 55세 이전에 직장을 떠난다.

이 때문에 한국의 청장년층 대다수는 '20-60-80'의 이상적인 인생설계 대신 '25-55-85'라는 특이한 인생주기에 직면하게 된다. 일반 사기업체에 다니는 사람이라면 25세 정도에 대학을 졸업하고 55세 정도에 퇴직하여 85세 즈음까지 사는 인생패턴을 따르게 된다는 것이다. 젊어서 30년 동안 번 돈으로 나이 들어 30년을 버텨야 하는 셈이다. '20-60-80'의 인생주기를 사는 것, 즉 40년 벌어 20년을 버티기도 쉽지 않은 일인데, 하물며 '25-55-85'의 인생주기, 즉 30년 벌어 30년 버티기는 오죽할까.

게다가 대졸 군필 남성은 '27-50-85'의 인생주기를 산다. 대략 26~28세에 첫 직장을 잡는 것인데, 요즘에는 대학원 진학이나 해외연수 때문에 첫 취업이 좀 더 늦어지는 경우도 많다. 반면 사기업에서 부장 직함으로 50세를 넘기기란 쉽지 않다. 임원 승진을 하지 못하면 50세 이전에 자발적 퇴직이나 명예퇴직 같은 다양한 사유로 퇴사하게 된다. 이 경우 23년 벌어 35년을 버텨야 하는 암담한 상황에 놓이게 된다.

결국 "20대까지 배운 지식으로 50대까지 일하고 60대 이후에 퇴직해 80세까지 인생을 즐긴다"라는 현재의 20-60-80의 인생설계나 사회제도는 점점 그 유효성을 잃어가고 있다. 100세 장수시대에 맞추어, 또는 현실적으로 '평균수명 85세 시대'의 관점에 맞추어 인생설계나 사회제도를 새롭게 구상할 필요성이 커지고 있는 것이다. 즉 향후 100세 장수시대에는 개인의 인생설계나 사회 전반의 체계가 일모작 개념에서 다모작 개념으로 바뀔 필요가 있다. 또한 사회 진입 준비, 직업생활, 은퇴 이후를 명확히 시기적으로 구분할 게 아니라 계속 반복, 교차되는 개념으로 바꿔 생각할 필요가 있다. 즉 "평생 동안 끊임없이 배우고 가급적 오랫동안 건강하게 일하는" 것으로 사회 전반의 체계가 재구축되어야 한다. 결국 100세 시대가 재앙인가, 축복인가 하는 문제는 우리 개개인과 국가가 얼마나 현명하게 준비하고 현재의 체계를 긍정적으로 변화시키느냐에 달렸다고 볼 수 있다.

인간의 한계수명은?

2001년 초 노화 연구 전문가인 아이다호 대학의 스티븐 어스태드 교수와 인구문제 전문가인 일리노이 대학의 스튜어트 올샨스키 교수는 인간의 한계수명을 놓고 재미있는 내기를 했다. 어스태드는 2150년이 되면 150세까지 사는 사람이 나온다는 쪽에, 올샨스키는 130세를 넘길 수 없다는 쪽에 걸었다. 이들은 150달러씩을 신탁예금에 넣고 매년 일정액을 계속 불입해 2150년까지 상금 5억 달러를 만들어 이기는 쪽 자손에게 물려주기로 했다.

이 내기에서 알 수 있듯 인간수명에 대한 논의는 대략 130세 정도가 한계라는 주장과 그 이상 살 수 있다는 주장으로 양분된다. 그렇다면 하필 왜 130세가 한계수명으로 지목될까? 노화는 25세가량부터 시작된다. 하지만 인간이 절주·절식, 운동, 금연 등 건강한 생활방식을 통해 장수하고자 노력한다면 생물학적 관점에서 최대 130세까지는 살 수 있으리라 본다. 실제로 인류 역사상 가장 장수했던 프랑스의 잔 칼망(Calmant, 1875~1997) 할머니도 122세까지 살았다.

2

미래는 평생학습시대!

역사적으로 인류사회는 수렵사회로부터 농업사회, 산업사회를 거쳐 20세기 후반부터 지식기반사회로 발전해왔다. 지식기반사회란 잘 알려진 것처럼 정보와 지식의 생산·유통·활용이 급격히 증대되고, 정치·경제·사회·문화 전반에 걸쳐 정보와 지식의 가치가 크게 높아지는 사회다. 또한 지식기반사회는 가치창출의 원천이 토지와 기계설비 등 유형적 자산으로부터 정보·지식·경험·창의성 등 무형적 자산으로 빠르게 이동하는 사회이기도 하다.

그렇다면 지식기반사회는 어떤 특징이 있을까? 무엇보다 '지식정보의 순간적 확산'이 특징적이다. 디지털, 네트워크, 모바일, 유비쿼터스를 기반 삼아 건설된 21세기 지식기반사회에서는 지식과 정보가 빛의 속도로 이동한다. 지구 반대편에서 일어난 재해 소식도 연예인의 가십도 일단 인터넷에만 올라오면 순식간에 전 세계로 퍼진다.

이 때문에 현대 지식기반사회에서는 '변화의 가속화' 현상이 나타난다. 새로운 정보와 지식이 계속 생기고 전 지구로 금세 전파되면서 사람들의 태도와 욕구 또한 점점 빠르게 변화한다. 정치·경제·문화의 양식이나 일상적 생활방식을 따라잡기에도 숨이 찰 정도다. 요즘에는 스마트폰으로 트위터 등 SNS를 하지 않으면 왠지 시대에 뒤떨어진 사람처럼 보인다. 그러나 4~5년 전의 모습을 한번 떠올려보라. 갤럭시나 아이폰 혹은 트위터 같은 것을 아는 사람이 과연 몇이나 있었는가?

결국 지식기반사회에서는 '창조적 파괴가 일상화'된다. 기술혁신이 급진전되고 시장수요가 계속 변해 치열한 경쟁이 전개되면서 과거의 것은 끊임없이 부정되고 파괴된다. 그리고 그 파괴의 잿더미로부터 새로운 것이 활발하게 창조되면서 공백을 메운다. 이를테면 지난 40여 년 사이에 주판은 계산기로, 계산기는 컴퓨터로, 데스크톱 컴퓨터는 노트북으로, 노트북은 스마트폰으로 대체되었다. 교육현장에서도 유사한 변화가 일어나, 칠판과 분필은 OHP 슬라이드로, 슬라이드는 PC 기반의 파워포인트 프레젠테이션으로 바뀌었으며, 최근에는 전자칠판과 증강현실형 프로젝터로 교체되고 있다. 이처럼 빠른 변화는 결국 과거의 정보, 지식, 경험에 안주하는 사람들을 낙오자로 만든다.

지식기반사회에선 직업세계부터 달라진다

21세기 이래 나타난 지식기반사회의 특징인 '변화의 가속화'와 '창조적 파괴의 일상화'는 직업세계에서 극명하게 드러난다. 무엇보다 직업 자체가 없어지거나 새로 생기는 경우가 빈번해졌다. 한국고용

정보원에서는 정기적으로 《한국직업사전》이라는 자료를 발간한다. 1969년만 해도 여기 기록된 직업의 수는 3,260개였다. 40년이 지난 2009년에 등재된 직업 수는 1만 2,360개로 3.8배가량 늘었다. 이 과정에서 게임음악가, 웹프로듀서, 정보보호컨설턴트 등 10년 전엔 상상조차 못한 새로운 직종이 더 많이 나타나고 있다. 한편 굴뚝청소부, 타자수, 곡마단원 등 과거 직업 중 상당수는 이미 사라졌고 또 사라져 간다. 한국의 경제 주간지 《매경이코노미》에서 작성한 "시대별 인기 직업의 변천"은 직업생태계에 일어난 변화를 아주 잘 보여준다. 예컨대 1960년대에 가장 인기 있는 직업 중 하나이던 다방 DJ는 빛바랜 추억이 되어버렸다.

| 표 4-1 | 시대별 인기 직업의 변천사

1950년대	1960년대	1970년대	1980년대	1990년대	2000년대
군 장교	택시운전사	트로트가수	증권금융인	프로그래머	공인회계사
의사	자동차엔지니어	건설기술자	반도체엔지니어	벤처기업가	국제회의 전문가
영화배우	다방 DJ	무역업종사자	야구선수	웹마스터	커플매니저
권투선수	은행원	화공엔지니어	탤런트	펀드매니저	사회복지사
타이피스트	교사	기계엔지니어	드라마프로듀서	외환딜러	IT컨설턴트
의상디자이너	전자제품기술자	비행기조종사	광고기획자	가수	인테리어 디자이너
서커스단원	가발기술자	대기업직원	카피라이터	연예인 코디네이터	한의사
공무원	섬유엔지니어	노무사	선박엔지니어	경영컨설턴트	호텔지배인
전화교환원	버스안내양	항공여승무원	통역사	M&A전문가	프로게이머
전차운전사	방송업계 종사자	전당포업자	외교관	공무원	생명공학연구원

자료 《매경이코노미》(2011. 1. 29), "커버스토리 : 10년 후 유망 직업"

어디 이뿐일까? 동일 직업 내에서도 요구되는 지식이나 역량의 집합이 양적으로 크게 증가하거나 질적으로 크게 변하고 있다. 이런 현상은 첨단 업종에서 두드러진다. 금융공학 분야를 예로 들어보자. 존 헐 교수가 쓴 《옵션, 선물, 기타 파생상품(Option, Futures, and other Derivatives)》은 금융공학의 교과서 중 하나다. 1997년 출간된 이 책의 3판은 572쪽이었다. 10년이 지나 2008년에 출간된 8판은 822쪽으로 분량이 40%나 늘어났다. 이는 10년 동안 금융 파생상품 분야에서 새로운 이론과 실무관행이 그만큼 많이 생겨났음을 간접적으로 시사한다. 10년 전 배운 지식으로 현업에서 전문성과 경쟁력을 유지하기란 그만큼 힘든 일이 되고 있는 셈이다.

자동차정비처럼 100년 넘는 역사를 가진 업종에서도 비슷한 변화가 일어나고 있다. 1990년대 이래 빠르게 진행 중인 자동차의 전자화 때문이다. 계기판부터 유리창 와이퍼까지 과거의 기계식 장비가 전자장비로 바뀌고 있다. 이제 자동차정비를 직업으로 삼으려면 기계에 관한 지식만이 아니라 전기 및 전자 관련 지식까지 갖추어야 하는 시대인 것이다. 이미 자동차정비소에서는 렌치나 게이지 대신 스캐너와 테스터 기기를 들고 작업하는 모습을 많이 볼 수 있다.

평생학습이 '평생현역'을 만든다

사정이 이렇다 보니 직업재교육은 점점 선택이 아닌 필수가 되어가고 있다. 한 직종에서 오래 일하고 있더라도 업무수행에 필요한 직업기술이 계속 달라지고 또 많아져서다. 과거 산업사회에서는 얼마나 우수한 정규교육을 받았는지가 중요했다. 그러나 21세기 지식기반사회에서는 학력과 학벌이 예전처럼 '생존보증서'가 되어주지 못한다. 2008년 기준으로 25~34세 연령대에서 대졸자 비율은 58%에 달한다. 최근 고등학교 3학년 졸업생들의 대학진학률은 90%대에 육박한다. 나아가 이른바 'SKY'라 불리는 서울대, 고려대, 연세대에서는 매년 1.2만 명의 졸업생이 배출된다. 비슷한 학력과 학벌을 가진 사람은 차고 넘치는 세상이 되어버린 것이다.

게다가 현업 실무에 필요한 기술은 정규 교육과정보다도 빨리 변한다. 따라서 학교 공부는 기본일 따름이고, 개인의 생존성을 확보하려면 평생토록 이어지는 자기계발이 더없이 중요하다. 업무과정 중 매번 새롭게 요구되는 지식과 기술을 그때그때 효과적으로 습득해 주어진 과제를 처리해내고, 자신의 문제 해결 역량을 높이기 위해 끊임없는 노력을 기울이는지가 직업인의 생존을 결정한다는 것이다. 2000년대 들어 한국사회에서도 샐러던트(saladent), 즉 낮에 일하고 밤에 공부하는 회사원 학생이 점점 늘어나고 있는 것은 이런 시대변화를 잘 보여준다.

나아가 지식기반사회에서는 새로운 지식과 기술을 활용하고 만들어낼 만한 역량을 갖추었느냐가 개인의 가치를 좌우한다. 필요한 역량의 수준은 업종에 따라 편차가 크고 시간이 흐를수록 이 편차는 점점 더 커진다. 미용실을 생각해보자. 과거 미용실은 대표적인 '생계형 창업' 업종이었다. 머리카락을 자르고 다듬는 이발 혹은 미용 기술만 있으면 누구든 미용실이나 이발소를 열어 장사를 잘 할 수 있었다. 그러나 요즘에는 두피케어와 관련된 판단 및 조언 능력까지 갖추지 않으면 성공하기 어렵다. 업종이 포화된 상태에서 고부가가치 서비스인 두피케어가 고수익과 차별화를 기할 열쇠가 되기 때문이다. 보험설계사도 마찬가지다. 자신이 판매하는 보험상품에 대한 이해는 기본이고, 덧붙여 고객의 자산관리 현황을 점검하고 조언하며 자산 포트폴리오를 짜줄 수 있는 능력까지 갖추어야 성공할 수 있는 시대다.

이런 측면에서 직업재교육은 비단 직장생활을 막 시작한 20~30대에게만 요구되는 게 절대 아니다. 오히려 인생 중반기에 접어든 40대에게 더더욱 중요하다. 다니던 직장에서 승진을 준비하거나 이직이나 업종 전환을 통해 돌파구를 마련해야 하기 때문이다. 나아가 일모작 직업에서 은퇴한 뒤 이모작 직업으로 또 한 번의 직장생활에 뛰어들고자 하는 50대에게도 직업재교육은 무척 중요할 것이다.

실제로 50대에 은행지점장으로 은퇴한 사람들 중에는 의외로 많은 사람이 제대로 된 후속 직장을 찾지 못한 채 조용히 직업전선에서 물러나는 경우가 많다. 제조업체에 재무이사로 재취업하더라도 은행에서 안면 있는 동기나 후배 등을 통해 대출을 끌어오는 일만 하다가 자괴감에 그만두는 경우도 많다. 이런 40~50대의 재취업 실패에는 다양한 이유와 곡절이 있을 것이다. 그러나 아마도 과거의 졸업장, 경력, 경험에 안주하다가 새로운 시대, 새로운 직업환경에 걸맞은 역량을 퇴직 전에 미처 만들지 못한 탓이 가장 클 것이다. 은행의 근속년수나 경험은 은행권에서나 통하지, 비은행권 직장에서는 별로 높이 평가되는 자격조건이 아니다.

'평생학습'이라는 말이 시대적 화두가 된 이유가 여기 있다. '변화'와 '창조적 파괴'가 일상이 되어버린 지식정보사회에서 시대에 뒤처지지 않고, 남다른 경쟁력을 가지려면 평생학습을 통해 꾸준히 자기계발을 해야만 한다. 나아가 평생학습을 해야만 100세 장수시대에 크게 늘어난 경제활동 가능 기간 동안 제 역할을 다하며 직업전선에 남아 있을 수 있다. 경영학자 피터 드러커의 말처럼 '평생현역'의 비결은 평생학습의 습관을 가졌느냐에 달렸다.

3
노년기, 새로운 행복의 조건

기대수명의 지속적 연장에 따른 100세 시대의 도래 가능성과 지식기반사회 개막에 따른 직업세계의 변화에 따라 하나 더 생각해볼 문제는 '노년기 행복의 조건'이다. 과거에는 60대에 은퇴해 남은 20여 년을 가족이나 뜻 맞는 친구들과 함께 즐기는 것을 이상적인 노년생활로 여겼다. 그동안 바쁜 일상사에 밀려 제대로 해보지 못한 취미생활, 종교활동, 운동·여행 등으로 남은 시간을 뜻 깊게 보내는 것이야말로 누구나 꿈꾸는 노년의 삶이었다. 이런 노년기는 새로운 인생의 시작이라기보다 휴식, 충전, 안식의 의미가 강했다. 그러나 100세 시대가 현실화된다면 남은 인생이 너무 길다. 인생을 즐길 만큼 돈이 넉넉하지도 않다. 변해버린 세상에서는 노년기를 어떻게 보내는 것이 현명할까?

그들은 어떻게 80대에 성공했을까?

미국 낭만파 시인인 헨리 워즈워스 롱펠로(1807~1882)가 쓴 〈노인 예찬〉에는 이런 구절이 나온다. "늙는다는 것이 결코 젊은이들보다 기회를 덜 가지는 것을 의미하지는 않는다. 단지 다른 옷으로 갈아입었을 뿐이다. 저녁의 황혼 빛이 사라지면 하늘은 낮에 볼 수 없었던 별들로 가득 찬다." 실제로 롱펠로는 노년에도 좋은 시를 쓰고 후학을 가르치는 등 활기찬 활동을 한 것으로 유명하다. 하루는 그의 친구가 동년배보다 활력 넘치는 비결을 물었더니 이런 대답이 돌아왔다고 한다. "정원에 서 있는 나무를 보게나. 이제는 늙은 나무네. 그러나 여전히 꽃을 피우고 열매도 맺는다네. 그것이 가능한 건 저 나무가 매일 조금이라도 계속 성장하고 있기 때문이야. 나 역시 그렇다네."

롱펠로처럼 고령의 나이에도 현역처럼 생각하고 일하며 노익장을 과시하는 사람들의 모습은 향후 100세 시대에 우리가 어떻게 노년기를 보내면 좋을지에 대한 답이 되어준다. 예를 들어 현대 경영학의 창시자인 미국의 피터 드러커는 96세로 타개할 때까지 왕성한 저작활동을 했다. 그 나이에도 현역을 유지한 비결은 3년 단위로 새로운 분야의 공부에 도전했기 때문이라고 한다. 일례로 80대의 드러커를 인터뷰한 TV 프로그램에서는 "요즘 무슨 공부를 하고 계십니까?" 하는 질문에 "고대 잉카의 벽화를 공부하고 있다"고 대답해 뭇사람을 놀라게 한 바 있다.

어디 이뿐일까?《워싱턴포스트》가 운영하는 웹진 슬레이트(Slate)에서는 매년 "미국을 움직이는 80대 이상 80명(80 over 80)"을 뽑아 발표한다. 2010년 발표 내용을 살펴보면, 노익장을 과시하며 현역에서 뛰는 사람이 의외로 많이 포함되었다. 예를 들어 블루스 기타리스트이자 가수인 B. B. 킹(84)은 80세 이후에도 그래미상을 두 번이나 수상했고, 여전히 한 해에 100회 이상 무대에 선다. 헨리 키신저(86) 전 국무장관이나 노벨경제학상 수상자이자 MIT 석좌교수인 폴 사무엘슨(94)도 활발한 강연활동을 계속하고 있다. 세계에서 가장 영향력 있는 투자자로 군림하는 워런 버핏(80)과 조지 소로스(80)는 오히려 젊은 축에 속해 2010년에야 이 명단에 포함되었다.

한국에도 70, 80대에 여전히 현역인 사람이 적지 않다. 시트콤 〈거침없이 하이킥〉에 출연하는 등 활발한 연기활동을 펼치는 이순재 씨는 77세다. 한국 영화계의 살아 있는 전설로 얼마 전 101번째 작품 〈달빛 길어올리기〉를 선보인 임권택 감독도 76세다. 신격호 롯데그룹 회장은 87세의 고령에도 불구하고 한국과 일본을 오가며 경영을 직접 챙긴다. 백낙환 인제학원 이사장 역시 82세인데, 날마다 냉수마찰로 하루를 시작하고 5개의 백병원과 김해의 인제대학교를 오가며 업무를 본다. 이처럼 노익장을 과시하는 사람들을 보면 신체적 나이란 정말로 숫자에 불과하지 않은가 새삼 확인하게 된다.

노년에도 현역을 유지하는 것은 그들 대부분이 자기 분야에서 전문성을 끊임없이 추구해온 사람들이기 때문이다. 그렇다면 50, 60대에 제2의 인생을 새로 시작해 성공하는 것은 불가능한 일일까? 그렇지 않다. 50, 60대에 새로운 분야에 도전해 성공한 사람도 많다.

1990년대 후반 혜성같이 등장한 소리꾼 장사익의 인생역정을 보자. 그는 상업고등학교를 졸업해 보험회사, 가구점, 카센터 등 10여 군데 직장을 전전하다가 45세 나이에 모든 것을 버리고 음악의 길로 뛰어든다. 그리하여 1994년 전주대사습놀이 장원을 하고 이후 국악적 창법에 기초해 한국적 정서를 가장 잘 표현하는 소리꾼으로 인정받았다. 카랑카랑한 목소리로 듣는 이의 가슴속을 후벼파듯 부르는 〈찔레

꽃〉이나 〈봄비〉 같은 노래는 듣다 보면 소름이 돋을 지경이다. 아이돌 그룹이 득세하고 30대면 은퇴의 길을 걷는 게 보통인 대중음악계에서 50대 늦은 나이로 자신만의 새로운 이모작 인생을 성공시킨 것이다.

일본의 유명 만화가 야나세 다카시(92)도 마찬가지다. 다카시는 자기 얼굴 살을 떼어 사람들에게 나눠주는 만화 캐릭터 '호빵맨'으로 유명해진 인물이다. 그러나 그가 호빵맨 캐릭터를 만들어 히트를 친 것은 62세 때의 일이다. 그 전까지는 보통의 직장인, 시나리오 작가, 제약회사 직원, 무대예술 작업자, 동화작가 등을 하며 지냈으며 큰 성공을 거두지 못했다. 그러다 늦깎이 만화가로 데뷔해 큰 성공을 이루었다.

어디 이들뿐일까? 유명한 치킨 체인인 켄터키 프라이드 치킨(KFC)을 만든 할렌 샌더스도 65세 이전까지는 고생만 실컷 했다. 1890년에 태어난 그는 철도소방원, 보험외판원, 타이어판매상 등 온갖 직업을 전전했다. 장사도 해보았으나 그의 나이 39세 때 하필 대공황이 닥쳐 전 재산을 날렸고, 결국 40대에 켄터키 주의 조그만 주유소에 점원으로 취직했다. 이 주유소를 들른 사람들에게 간식거리로 치킨을 제공하다가 이 아이디어가 큰 인기를 얻으면서 주유소 건너편에 큰 식당을 냈다. 하지만 그의 나이 65세가 되었을 때, 주유소 쪽을 굳이 지나지 않아도 되도록 새로운 도로가 생기는 바람에 식당에 손님이 끊겨 파산하고 연금생활자로 전락했다. 아마 보통 사람 같으면 시름에 빠져 신세한탄으로 여생을 보내겠지만 그는 그러지 않았다. 오히려 고물 트럭에 치킨 조리기를 싣고는 자신의 조리법에 투자할 사람을 찾아 세일즈 여행을 떠났다. 1009번의 거절 끝에 자신의 꿈을 믿어주는 사람을 만났고 결국 KFC를 차릴 수 있었다. 이것이 이후 전 세계 수만 개 지점을 연 KFC의 시초다. 지금도 KFC에 가면 하얀 정장에 지팡이를 짚고 선 할아버지 동상이나 사진을 만날 수 있는데, 바로 할렌 샌더스다.

세계적인 햄버거 체인 맥도날드를 만든 레이 크록도 처음부터 햄버거 가게를 했던 것은 아니다. 원래 밀크셰이크를 만드는 멀티믹서기 세일즈를 하다가 나이 53세에 맥도날드 햄버거 가게를 만나게 되었고, 이를 프랜차이즈하는 사업에 뛰어들었던 것이다. 신문사 기자였던 이안 플레밍은 불세출의 스파이 소설인 '007 시리즈'를 집필하면서 소설가로 전향했는데 이 역시 그의 나이 51세 때의 일이다. 공사판을 전전하던 대만계 일본인 안도 모모후쿠가 1958년 인스턴트식품의 대명사인 라면을 세계 최초로 개발한 것도 그의 나이 48세 때의 일이며, 컵라면을 개발해 명실상부한 라면왕이 된 것은 71세 때의 일이다.

이처럼 다양한 이모작 인생 성공기는 은퇴 후의 방향 전환을 고민하는 이들에게 좋은 선례가 되어준다. 사실 어떤 사람이 젊어서부터 종사했던 일모작 직종을 60, 70대에도 계속할 수 있다면, 그것은 이미 40, 50대 때 그만큼 크게 성공한 덕분일 가능성이 크다. 그러나 대부분의 사람들은 일모작 직종에서 열심히 노력해도 기대한 만큼 성공을 거두지 못하고 은퇴하게 된다. 장사익, 야나세 다카시, 할렌 샌더스처럼 말이다. 그럼 사람들은 대개 그 은퇴를 직업인생의 끝이라고 생각한다. 하지만 기존의 통념과 달리 그동안 쌓아온 시행착오와 연륜을 바탕으로 새로운 분야에 도전해 과거보다 더 큰 직업적 성공을 거둘 수도 있는 것이다.

쉬면 녹슨다

50대 중반 은퇴해 아무것도 하지 않고 집에서 쉬면서 시간을 보내기에는 남은 30~40년이 너무도 길다. 실제로 비슷한 시기에 은퇴한 고령자들을 5~6년 뒤에 비교 분석해보면 흥미로운 차이를 발견할 수 있다. 은퇴 후 지나치게 오래 집에서 휴식을 취한 경우 금세 늙는다. 그러나 적당히 일하고 활동한 사람은 건강상태도 좋고 여전히 현역처럼 보인다.

왜 이런 차이가 생길까? 이유는 여러 가지다. 은퇴 후 할 일 없이 쉬었던 사람을 생각해보자. 은퇴 전에 꿈꾸던 취미활동도 1~2년 계속 하다 보면 싫증이 나게 마련이다. 생활반경이 좁아지면서 정서적으로 무기력해진다. 힘들게 쌓았던 경험이나 능력도 일없이 쉬다 보면 어느새 퇴보한다. 사회나 가정에서 적절한 역할을 찾지 못하니 자신에 대한 실망감이 커지고 가족과의 관계도 불편해진다. "쉬면 녹슨다(If I rest, I rust)"라는 서양 속담이 그냥 나온 게 아닌 것이다.

반면에 적당한 일과 활동은 다양한 측면에서 노년기 행복의 원천이 될 수 있다. 무엇보다 경제적 문제를 해결하는 데 일정 부분 도움을 준다. 은퇴가 두려운 가장 큰 이유가 무엇인가. 바로 소득이 사라지기 때문이다. 더욱이 한국의 연금보장은 아직 충분치 못하고, 현재의 50~60대는 은퇴 준비를 충분히 하지 못했다. 정신없이 일만 했는데 어느덧 은퇴시기를 맞은 사람이 대부분이다. 만일 아직 자녀가 품안에 있는 경우라면 경제적 부담은 더 커진다. 노년에 접어들어 새로 얻은 일자리에서 창출되는 수입은 전문성과 경력을 충분히 보상받았던 과거 일모작 직업에 비하면야 훨씬 적겠지만, 그나마 정기적으로 들어오는 것이므로 무척 요긴하다.

노년기의 일과 활동은 자긍심을 준다. 아직 내가 현역이고 쓸모 있는 존재라는 자부심이 내 삶에 활력을 불어넣는 것이다. 이 자긍심은 가족관계와 사회관계 등 삶의 다각적 측면에서 긍정적 마인드를 유지하게 해준다. 그리하여 노년기에 의외로 심각한 문제가 되곤 하는 심리적 소외감을 극복할 수 있게 해준다. 그래선지 일하는 노인은 비록 수입은 많지 않아도 아예 일을 하지 않는 노인보다 생활만족도가 높다. 실제로 고령의 택시기사들 중에는 일은 힘들어도 적당히 자기 시간을 가질 수 있고 적은 수입으로나마 아직은 가장 노릇을 할 수 있어 자신의 직업에 만족하는 경우가 많다. 김소향과 이신숙(2009)이 노인 일자리 사업에 참여한 고령층을 상대로 한 조사에서도 일자리 사업 참여 여부가 자아존중감에 대해서는 32%, 생활만족도에 대해서는 48%라는 비교적 큰 설명력을 갖는 것으로 나타났다.[57]

나아가 일과 활동은 노년기 건강에도 큰 도움이 된다. 일반적으로 노년기 건강과 장수의 비결로 규칙적인 생활습관, 적절한 운동과 활동, 원만한 가족관계, 음주나 흡연 없는 건강한 식습관 등이 거론된다. 노년기에 직장을 다니며 일하면 규칙적인 생활습관을 유지할 수 있고, 식사도 제때 하게 된다. 집에 머물지 않고 밖에 나가 있다 보니 가족들 사이에서 빚어지는 스트레스도 비교적 덜 받게 된다. 아울러 일을 해야 하니 음주와 흡연도 덜하게 된다. 여러모로 건강한 노년생활이

---

57 김소향·이신숙(2009. 2), "노인의 자아존중감과 생활만족도에 관한 연구", 《한국노년학》

가능해지는 것이다.

2006년 보건복지부가 주관한 고령자의 사회적 일자리 사업 참여효과에 대한 연구에서도 유사한 결론이 도출되었다. 설문자 1.8만 명 중 노인 일자리 사업 참여 후 신체건강이 오히려 좋아졌다는 응답이 무려 68%에 달했다. 반면 건강이 나빠졌다는 응답은 1.4%에 불과했다. 또한 의료시설 이용빈도도 참여 후 "줄었다"는 응답이 19%로 나타나 늘었다는 응답(4%)보다 훨씬 많았다.

이처럼 일과 활동은 현대의 고령층이 직면한 4고(苦) 문제, 즉 빈곤, 역할 상실, 소외감, 질병 문제를 해결하는 데 매우 중요한 것일 수 있다. 최근 선진국들이 국민연금, 퇴직연금, 개인연금의 3중 노후보장체계에 고령자 일자리를 추가해 4중 노후보장체계 개념을 강조하는 것도 이런 이유에서다.

어떤 직업인이 가장 오래 살까?

원광대 보건복지학부 김종인 교수팀은 국내 주요 직업군의 평균수명을 비교 분석한 결과 종교인(평균수명 80세)이 가장 오래 살고, 언론인(72세), 체육인(69세), 연예인(65세)이 가장 단명하는 것으로 나타났다. 1963년부터 2010년까지 48년간 언론에 난 3,215명의 부음기사와 통계청의 사망통계 자료 등을 토대로 국내 11개 직업군에 대해 평균수명을 분석한 결과다. 주목할 점은 연구팀이 밝히는 종교인의 장수 이유다. 첫째, 신체적으로 규칙적인 활동과 정신수양의 기회를 지속적으로 갖는다. 둘째, 정신적으로 가족관계로 인한 스트레스가 적고 과욕이 없다. 셋째, 사회적으로 절식, 금연, 금주를 실천한다. 넷째, 환경적으로 환경오염이 적은 곳에서 생활한다.

이런 분석은 거꾸로 생각해본다면 왜 연예인의 평균수명이 짧은지도 잘 설명해준다. 첫째, 방송국이나 밤무대, 기타 단체들에서 섭외가 들어오는 대로 움직이다 보니 불규칙한 생활을 하기 일쑤다. 둘째, 아무래도 자유분방한 직종이다 보니 외박이나 외도 등에 따른 가족 불화가 잦다. 셋째, 금연이나 금주와는 거리가 먼 생활을 하게 된다. 이런 분석은 장수 및 노년기 건강과 관련된 여러 연구결과와도 일치한다. 장수와 노년 건강을 위해 지켜야 할 덕목이 무엇인지를 다시 한 번 일깨우는 연구결과라 할 수 있겠다.

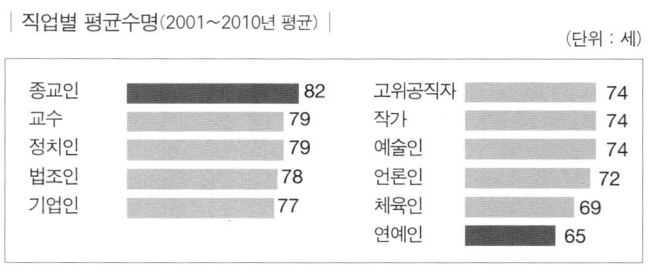

직업별 평균수명(2001~2010년 평균)		(단위 : 세)
종교인	82	
교수	79	
정치인	79	
법조인	78	
기업인	77	
고위공직자	74	
작가	74	
예술인	74	
언론인	72	
체육인	69	
연예인	65	

삼박자 갖춘 고령자들을 활용하라

미국과 유럽 등 서구 선진국의 노인들은 은퇴를 개인적 휴식의 시간으로 생각하는 경향이 강하다. 미국이나 유럽은 일찍 산업화되어 많은 국부를 축적했기 때문에, 이들 나라 국민들은 1960~1970년대부터 일찌감치 삶의 질을 추구하는 생활을 해왔다. 그리고 그 연장선상에서, 잘 구축된 노인복지체계를 활용할 수 있었다. 좀 더 빨리 은퇴해 여생에서는 개인적 행복을 추구하며 즐기려 했던 것이다. 문제는 서구 선진국 고령자들의 이런 행태가 노인복지체계를 강화함으로써 결국 국가재정을 심각하게 위협하는 요인으로 작용했다는 점이다.

하지만 현재 우리나라의 고령층은 그들과 매우 다르다. 앞서 언급했듯 한국의 고령층은 일할 필요, 일할 능력, 일할 의지의 삼박자를 잘 갖추고 있다. 이는 우리나라의 노인복지체계가 워낙 미비하고 개인 차원의 은퇴 대비 역시 잘 갖춰져 있지 않은 탓이기도 하겠지만, 보다 근본적으로는 현재의 고령층이 한국전쟁 이후 '한강의 기적'을 이루어낸 산업전사들로서 강력한 직업의식과 근로의식을 갖고 있기 때문일 터이다. 그러므로 한국은 서구와는 다른 생산적 고령화사회 체계를 형성해낼 수 있으리라 믿는다.

일할 필요가 강하다

무엇보다 현재 한국의 고령자들은 경제적 여건상 일을 할 수밖에 없는 상황이다. 공무원 법정 정년은 60세, 교사 정년은 62세이지만 현실적으로 정년까지 근속하는 경우는 많지 않다. 공직 쪽은 그나마 사정이 나은 편이다. 일반 사기업체의 경우 평균 퇴직 연령이 52.3세에 불과할 만큼 요즘엔 조기은퇴가 일반적이다. 한국노동연구원이 한국노동패널조사 자료를 분석한 결과에 따르면, 한국 직장인의 경우 '주(主) 직장'에서 은퇴하는 연령은 남성 51세, 여성 49.9세로 나타났다.

게다가 현재 한국에서는 은퇴 후 노후생활을 재정적으로 제대로 준비하지 못한 고령자가 무척 많다. 50대 대다수는 젊어서 내 집 마련,

자녀양육, 부모봉양 등을 우선해왔다. 마지막 목돈도 자녀 두셋을 결혼시키고 나면 상당 부분 소진되고 만다. 이 때문에 2009년 통계청 조사에 따르면 65세 이상 노인의 61%는 "노후 준비가 되어 있지 않은" 것으로 나타났다. 2008년 투자은행인 HSBC에서 15개국 고령자를 대상으로 설문조사한 "은퇴의 미래 IV" 보고서에서도 노후를 제대로 준비하지 못했다고 느끼는 응답자의 비율이 한국 98%로 조사대상국 중 가장 높게 나왔다.

김부족 씨의 노후 위기

노후 준비를 제대로 못한 사람들에게 장수는 축복이 아니라 재앙이다. 노후 대비에 상당한 자금이 필요한데도 현재 50대 이상 중 상당수는 제대로 노후 준비를 하지 못했다. 아래 그림은 물가상승률을 연 3.5%, 노후자금의 운용수익률을 5.0%로 가정할 때 준비한 노후자금으로 얼마나 버틸지를 계산한 결과다. 예상보다 물가상승률이 높다면, 또는 운용수익률이 낮아진다면, 이보다 더 짧아질 수도 있다. 이 계산에 따르면 60세부터 20년 정도를 더 산다고 했을 때, 적어도 3~5억 원 정도는 준비해놓아야 할 것 같다. 물론 이런 노후자금 소요 계산방식에는 약간의 논란이 있을 수 있다. 즉 은퇴 후에는 식구가 줄고 대외활동이 감소하면서 생활비 자체가 크게 낮아진다. 또한 국민연금 지원도 받기 때문에 제시된 것처럼 많은 노후자금을 개인적으로 준비할 필요가 없다는 것이다. 그러나 고령기에는 갑작스러운 변고나 건강 악화로 목돈이 들어가는 일이 많음을 감안하면, 생활비 자체의 감소에도 불구하고 제시된 노후자금 규모가 결코 지나치게 많은 것은 아니라고 판단된다.

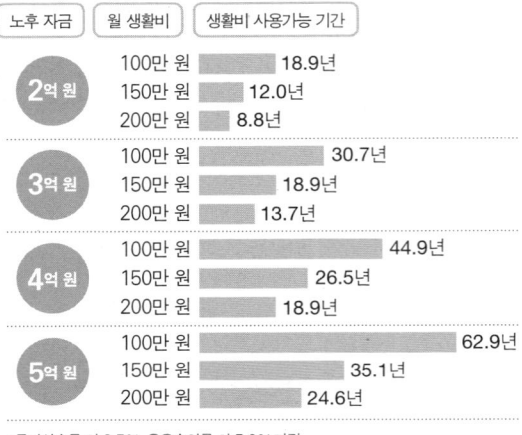

| 노후자금으로 얼마나 버틸 수 있나? |

자료: 조선일보(2011. 1. 4), "100세 쇼크, 축복인가 재앙인가: (2) 장수 리스크 시작됐다"

　　게다가 선진국과 달리 한국은 공적연금제도가 뒤늦게 시행되었고 연금 지급액도 많지 않다. 고령층 소득 중 공적 이전이 차지하는 비중은 15.7%로 OECD 국가 중 두 번째로 낮다. 따라서 선진국처럼 연금만으로 노후보장을 받기는 힘든 상황이다. 더구나 일모작 주 업종으로부터의 은퇴시기와 연금 지급시기 간에 5~10년의 갭이 존재한다. 50대 보릿고개라는 말이 나오는 이유가 여기 있다. 게다가 핵가족화와 청장년층 생활비 증가의 여파로 60대 이후에는 자녀의 지원도 점점 더 기대하기 힘들어지고 있다.

실제로 2009년 65세 이상 고령자들의 생활비 조달방법을 보면, 자녀나 친척의 지원에 기대는 경우가 전체의 37.6%, 정부와 사회단체의 지원에 의존하는 경우가 10.5%, 본인이나 배우자가 부담하는 경우가 51.9%에 달했다. 본인과 배우자가 생활비를 조달하는 사람들 중 자산이나 예금 등 그동안 축적한 부에 의존하는 사람들은 23.0%에 불과했다. 연금과 퇴직금에 의존하는 경우도 27.3% 수준에 불과했다.

사정이 이렇다 보니 한국의 65세 이상 고령자들의 2010년 경제활동 참여율은 29.4%로 OECD 국가 내에서 아이슬란드(36.2%)에 이어 두 번째로 높다. 고령자들이 일을 많이 한다고 알려진 일본(21.8%)보

| 표 4-2 | 고령자들의 생활비 조달방식

(단위 : %)

		전체	65~69세	70~79세	80세 이상
본인 및 배우자 부담		51.9	67.9	48.0	23.8
	근로·사업 소득	49.7	58.0	44.2	27.8
	재산 소득	15.9	14.0	17.6	18.0
	연금, 퇴직금	27.3	22.0	30.1	46.2
	예금	7.1	6.0	8.1	7.9
	소계	100	100	100	100
자녀 또는 친척 지원		37.6	25.5	40.4	59.5
정부 및 사회단체		10.4	6.6	11.5	16.7
계		100	100	100	100

자료 통계청(2010), "고령자 통계"

다도 훨씬 높은 수준이다.[58] 이는 역설적으로 경제사정상 일을 해야만 하는 어려운 처지에 놓인 고령자들이 많다는 의미다.

더구나 한국의 노인인구 빈곤율은 매우 높다. 2009년 고령층 빈곤율은 45.1%에 달했다.[59] 고령자 중 가구소득이 전체 가구소득 중간값의 절반(연 1,332만 원)에도 못 미치는 경우가 45%나 된다는 것이다. 이는 불행히도 OECD 평균(13.3%)의 3배가 넘는 수준으로 OECD 국가 중 최고다. 물론 빈곤한 노인가구 중에는 나이가 들어 기력이 쇠하거나 몸이 불편해 일을 못하는 경우도 많을 것이다. 문제는 일을 해도 소득이 변변찮은 경우다. 고령자가 나이 때문에 보수가 적은 일자리밖에 얻을 수 없고 이로 인해 빈곤의 늪에 빠지는 것은 방관하면 안 되는 중요한 문제다. 즉 일할 의지가 있는 고령자들의 자활이 가능하도록 양질의 일자리 기회를 제공하려는 노력이 절실하다.

일할 능력도 충분하다

현재 한국의 60~70대는 1970년대 이후의 산업개발현장에서 많은 경험을 쌓았고, 고된 일을 두려워하지 않는다. 일에 대한 책임감이 강하고 근무태도도 우수하다. 일에 대해 젊은이 못지않은 경쟁력이 있다. 무엇보다도 이들이 가진 경험과 노하우는 그냥 사장시키기에는 너무 아까운 사회적 자산이다.

고령자들에게 한 가지 약점이 있다면 건강문제일 것이다. 그러나

---

58 stats.oecd.org
59 OECD(2009, 8), "Pension at a Glance 2009"

요즘 60~70대는 과거 세대에 비해 건강상태도 좋은 편이다. 소득수준이 올라가고, 건강과 삶의 질에 대한 관심이 높아지면서 좋은 식습관과 운동을 통해 평소 꾸준히 건강관리를 해온 사람이 많은 덕분이다.[60] 생활수준 개선, 의료기술 발전 등으로 노령자들의 건강은 전례 없이 좋아졌으며, 이런 추세는 앞으로도 계속될 것이다. 도쿄노인의학연구소에 따르면 1977년에 70세였던 사람의 건강과 체력 수준은 2007년에는 87세에 해당한다고 추정되었다. 즉 30년 전에 비해 건강수명 측면에서 최근의 고령자들이 17세나 젊어진 셈이다. 실제로 현재 60~70대 중에는 30년 전의 40~50대에 비견할 만한 체력과 건강을 지닌 사람이 적지 않다.

들자 하니, 요즘 환갑잔치를 하는 집안이 부쩍 줄었다 한다. 환갑을 맞은 당사자가 실제 나이는 60세라도 건강나이로는 40대라 아직 팔팔한데 웬 환갑잔치냐며 손사래를 치기 때문이다. 기대수명도 크게 늘어나 요즘은 환갑 때 가족끼리 해외여행을 가고, 대신 진갑(70세)이 되어서야 잔치를 여는 경우가 많다. 물론 고령자들 대부분이 당뇨나 고혈압 등 한두 가지 성인병은 앓고 있다. 그러나 신체적 활동능력이 크게 뒤떨어지지는 않는다. 연세대 오희철 교수가 2010년 베이비부머 2,171명을 기준으로 실시한 연구조사에 따르면, 생활에 불편함을 느끼는 사람들의 비율은 47~55세에서는 14.3%, 56세 이상에서는 16.3%에 불과했다. 노인의 기준을 60세가 아니라 70세로 다시 잡

---

60 다국적 건강식품 회사인 허벌라이프에서는 2009년 50대가 20대보다 더 건강하다는 놀라운 연구결과를 발표한 바 있다. 50대가 20대보다 운동도 더 많이 하고 소식(小食)하며 건강에 해로운 정크푸드를 덜 먹는 등 의식적으로 건강관리를 하기 때문이라는 것이다.

아야 한다는 이야기가 그래서 나오는 것이다.

무엇보다 일할 의지가 높다!

일할 필요나 일할 능력이 있다 해도 자발적으로 일할 의지가 없다면 고령자들에게 일자리를 찾아주기란 어렵다. 다행히도 한국의 고령자들은 일할 의지도 매우 높은 수준이다. 회사에서 정년을 맞은 고령자들 중에는 아직 젊고 팔팔한데 왜 벌써 은퇴해야 하느냐며 아쉬워하는 사람이 많다. 실제로 통계청의 고령자 통계 중 고령자 취업 의사에 관한 조사결과를 보면 근로희망 비율은 4년 연속 57% 이상으로 높게

| 표 4-3 | 고령자들의 근로희망 비율과 희망하는 이유

(단위: %)

	근로희망 비율	희망의 이유					
		일하는 즐거움	생활비 보전	사회 기여	건강 유지	무료함 해소	기타
2007년	57.5	34.1	56.3	1.7	2.8	4.9	0.2
2008년	57.1	34.7	54.6	1.9	3.1	5.4	0.2
2009년	57.6	33.6	56.6	1.9	2.6	5.0	0.2
2010년	60.1	33.5	56.8	2.4	2.2	4.9	0.3
2010년 기준							
남성	73.8	37.1	53.2	3.4	2.3	3.8	0.1
여성	48.3	28.8	61.5	1.0	2.0	6.3	0.5
55~64세	73.9	33.5	58.1	2.9	1.7	3.5	0.3
65~79세	44.5	33.5	54.3	1.3	3.1	7.5	0.3

자료 통계청, "고령자 통계 2007~2010"

나타난다. 특히 55~64세의 근로희망 비율은 2010년 73.9%로 매우 높다. 준고령자 4명 중 3명은 일하고 싶어하는 것이다.

이처럼 많은 고령자가 일하기를 원하는 이유는 무엇일까? 생활비 보전(56.8%)과 일하는 즐거움(33.5%) 때문이라고 응답한 비율이 매우 높았다. 경제적 필요와 자기실현 욕구 때문에 일하려는 고령층이 많다는 이야기다. 일할 의사가 매우 높다는 것은 국제 설문조사에서도 다시 한 번 확인된다. 앞서 인용했던 HSBC 조사에서도 고령화 문제에 대한 국가의 여러 대응방향 중 "은퇴시기 연장과 더 오래 일할 수 있도록 지원"을 택한 응답자의 비율이 52%로 15개 조사 국가 중 가장 높게 나왔다.

어쩌면 은퇴 후 노후생활이란 과거 산업화시대의 유물인지 모른다. 다시 말해 100세 장수시대와 지식기반사회에서는 '휴식을 위한 은퇴'가 더는 적절하지 않은 것일 수 있다. 일본과 미국 등 선진국에서도 일하는 고령자는 빠른 증가세를 보이고 있다. 앞으로 한국에서도 점점 더 많은 고령자가 다양한 이유로 일을 원하게 될 것이다.

4

고령화의 덫, 그러나 활로는 있다

100세 시대의 개막으로 개인만이 아니라 국가 차원에서도 새로운 고령화 패러다임이 요구되는 시점이다. 특히 과거 '20-60-80'의 패러다임에서 만들어진 고령 복지사회 개념은 100세 시대가 도래하면 여러 문제를 야기할 수 있다. 무엇보다 국가재정의 심각한 고갈 문제를 야기할 수 있다. 또한 일할 필요·능력·의지가 충만한 고령층이 사회의 복지지원만 기대하는 무기력한 존재로 전락할 수 있다.

게다가 고령자 복지비용의 확대는 국민연금·사회보험·세금의 징수확대로 이어진다. 고령자 복지를 위해 다음 세대들의 어깨를 무겁게 한다면 '젊은이들은 살 수 없는 나라'가 되어버린다. 젊은이들이 근로의욕을 갖지 못하면 한국은 선진국 문턱에서 다시 걸려 넘어질 수 있다.

그동안 고령 근로자 활용은 출산율 제고 대책보다 우선순위에서 밀렸던 게 사실이다. 그러나 100세 시대의 도래라는 새로운 환경 변화를 감안할 때 일할 필요, 일할 능력, 일할 의지가 있는 고령자들을 경제활동으로 적절히 유도하는 것이 다른 대안들보다 여러모로 나은 결과를 가져올 수 있다.

고령자 활용은 무엇보다도 생산가능인구 감소에 대해 가장 즉각적이며 비용효율적인 대안이 될 수 있다. 저출산 대책은 투자비용 대비 성과창출의 효율성이 낮고, 정책시차가 지나치게 크다. 즉 출산·육아 지원을 많이 해도 실상 출산율은 크게 높아지지 않고, 설령 개선되더라도 신생아들이 생산가능인구로 자라나려면 적어도 15년은 걸린다. 나아가 여성의 사회적 활용은 양성평등 시대에 당연히 가야 할 방향이지만, 동아시아 유교문화권의 특수성 때문에 크고 작은 부작용이 야기될 수 있다.

이에 반해 고령자들은 비교적 기간이 짧은 직업재교육을 통해 경제현장 어디에나 투입될 수 있고 비용효율성도 높다. 고령자들은 과거 일모작 직장에서 노하우와 경험을 많이 쌓았다. 또한 고령자들은 자녀양육의 부담이 덜하고 소비성향이 낮기 때문에 많은 임금을 요구하지도 않는다. 그러므로 기업은 상대적으로 적은 교육훈련 비용 투입과 임금 지불로도 양질의 고령자 노동력을 활용할 수 있다.

고령자들을 재취업시키면 국가 차원에서도 의료복지 부담을 낮추고 연금을 통제하는 효과를 어느 정도 볼 수 있다. 앞서 언급한 것처럼 사회적 일자리 사업에 참여한 상당수 고령자는 건강 개선과 의료시설 이용 감소를 경험했다. 의료비용 절감 가능성을 엿볼 수 있는 대목이다. 아울러 복지비용 중 고령층의 단순여가 지원 용도로 마련된 자금을 일자리 창출 쪽으로 전환한다면 생산적 복지 개념을 구현할 수 있게 된다. 나아가 연금제도 또한 현재의 단순소득 지원 개념에서 선진국에서 활용 중인 고령근로 증진 개념으로 전환한다면, 국가의 연금부담도 줄이면서 고령층 개개인의 실질소득은 오히려 늘릴 수 있다.

이뿐만이 아니다. 사회 전체의 인적자원 활용 측면에서도 고령자 재취업확대는 상당한 의미를 갖는다. 지식기반사회에서 일반적인 지식은 인터넷 등의 공간을 통해 누구에게나 금세 퍼져나간다. 이런 환경에서는 기업역량의 차별성이 글이나 말로 표현되기 어려운 지식, 즉 암묵지로부터 얻어질 것이다. 고령자들의 재취업확대는 퇴직자들이 산업현장, 사회 각계각층에서 쌓아온 업무지식과 노하우 등 정말 중요한 암묵지를 전수하고 활용할 수 있게 해준다. 일본의 모노즈쿠리 운동은 이런 필요성을 잘 보여주며,[61] 일본에서 최근 활발하게 나타나고 있는 은퇴자 창업활동 역시 그 가능성을 잘 보여준다.

고령자의 생산적 활용은 사회적 합의를 비교적 쉽게 이끌어내는 데 도움이 된다는 장점도 있다. 생산가능인구의 감소와 의료복지, 연금비용의 효과적 절감, 기업경쟁력 강화라는 다양한 문제를 동시에 해결할 수 있기 때문이다. 선진국에서도 최근 활동적 고령화 개념이 고령화의 새로운 대안으로 부각되고 있다.

---

61 모노즈쿠리(もの造り)란 '혼신의 힘을 쏟아 최고의 제품 만들기'라는 뜻을 지닌 말로, 일본사회의 장인정신을 가리킨다. 2000년대 후반 일본의 장기불황 극복과정에서 강조된 '모노즈쿠리 운동'은 일본 특유의 현장기술력을 강화해 고품질 제품을 제조함으로써 후발개도국들의 추격을 뿌리치고 세계 최고의 제조업 강국 지위를 유지해가자는 취지다.

활동적 고령화(Active Ageing) 정책

활동적 고령화 정책은 2000년대 들어 본격 논의되기 시작했다. 물론 맥락이나 논자에 따라 의미는 약간씩 다르게 쓰였다. 예를 들어 국제기구 중 가장 먼저 활동적 고령화를 공식 의제로 채택한 국제보건기구(WHO)에서는 "건강, 참여, 안전에 대한 기회를 최적화해 고령화에 따른 삶의 질을 향상시키기 위한 과정"(2002)이라고 활동적 고령화를 정의한다. 고령자가 보다 활동적으로 삶을 영위하도록 만드는 제반 과정으로 보되, 고령층의 건강과 안전 측면에 초점을 맞추는 것이다. 한편 OECD에서는 활동적 고령화를 "나이를 먹어가면서도 사회와 경제에서 생산적 삶을 영위할 수 있도록 만드는 것"으로 정의하며, 인적자원 개발에서 향후 추구해야 할 목표로 해석하기도 했다.[62]

또한 EU에서는 활동적 고령화를 "고령사회에서 보다 나은 고령화를 가능하게 만드는 일관된 전략"으로 정의하며, 생활양식 전반이 고령화시대에 걸맞게 변화해야 함을 강조한다. 인류는 이전보다 더 오래, 더 풍부한 자원을 갖고, 더 나은 건강상태로 살 수 있게 되었다. 그러므로 이런 변화에 부응하여 더욱 건강한 라이프스타일을 채택하고, 더 오래 일하고 더 늦게 은퇴하며, 은퇴 후에도 활동적일 수 있도록 만들어야 한다는 것이다. 이 과정에서 특히 EU는 고령자들의 사회적 참여 과정에서 자율권과 자기결정권의 보존을 강조하기도 한다.

---

62 Hutchison et al.(2006, 9), "A Review of the Literature on Active Ageing", University of Canberra

이처럼 활동적 고령화에 대해 최근 다양한 접근이 이루어지고 있다. 이런 논의에 바탕을 두고 활동적 고령화를 정의해보자면, "지금까지 사회의존적 존재로 여겨지던 노년층을 경제·사회·건강 측면에서 보다 활동적인 존재로 만들려는 다각적 정책방향"이라고 말할 수 있다. 즉 나이가 들어도 경제활동 능력을 지속적으로 유지하고 개발하며, 사회적으로 자율권 및 자기결정권을 보존하고, 개인적으로는 신체적·정신적 건강을 유지하여, 고령자들의 삶의 질을 향상시키려는 정책방향이 바로 활동적 고령화인 것이다.

이처럼 다양한 목표를 동시에 달성하는 것이 가능할까? 그 해답은 '일'에 있다. 고령자들의 경제활동 역량을 증진시키고, 취업활동을 지원하여, 고령자들이 현역으로 오래 일할 수 있게 만들면 이 모든 목표가 달성될 수 있다. 이런 맥락에서 활동적 고령화는 고령자의 일자리 창출 및 취업기회 확대와 동일한 의미로도 곧잘 이용된다.

활동적 고령화가 100세 장수시대와 지식기반사회에서 중요한 의미를 갖는 까닭은 고령화로 인한 생산가능인구 감소, 연금 및 복지비용 부담 경감, 축적된 사회 인적자원 활용 등 다양한 사회적 이슈를 동시에 해결할 잠재력이 있어서다. 유럽과 미국 등 주요 선진국에서 활동적 고령화가 점차 고령화 정책의 주축으로 자리매김하는 것도 그런 이유다. 일본에서도 2000년대 중반 이래 고령자 일자리 마련을 강조하는 방향으로 정책을 수정하는 등 활동적 고령화의 중요성은 점점 더 강조되고 있다.

활동적 고령화 정책을 제대로 실행하려면 사회 전반에서 패러다임 변화가 요구된다. 보건복지, 연금, 교육, 노동 등 다양한 정책적 변화가 필요한 것이다. 그중 특히 직업활동과 관련해서는 크게 3가지 방향으로 구분해 활동적 고령화 정책의 내용을 살펴볼 수 있다.

첫째, 정년연장이다. 기대수명의 획기적 연장과 고령자들의 활동성 증대에 발맞추어 정년한계를 크게 연장해 일할 수 있는 고령층의 취업기간을 대폭 늘리자는 것이다. 선진국에서는 이미 정년연장이 활발히 논의되고 있다. 일본은 2004년에 정년을 60세에서 65세로 연장했는데, 최근에 다시 70세로 연장하려 하고 있다. EU도 2010년 들어 회원국들에게 정년연장을 권고한 바 있다. 그러나 여기서 분명히 밝혀두자면, 필자는 일모작 직장에서의 정년연장에는 반대하는 입장이다. 고령층 정년이 연장될 경우 청년층의 취업기회 감소와 이로 인한 사회적 갈등이 나타날 수 있을 뿐 아니라, 직업효율 저하 문제 때문에 사회 전반의 생산성을 떨어뜨리는 결과를 낳을 것이기 때문이다. 바로 이것이 새로운 고령화 패러다임이 활동적 고령화에 그쳐서는 안 된다고 보는 이유다. 이 문제는 뒤에서 보다 자세히 설명한다.

둘째, 활동적 고령화는 고령층에 대한 적극적인 취업지원과 직업역량 계발의 기회 제공을 강조한다. 무엇보다 고령층의 신체적·지적 특성과 독특한 니즈에 걸맞은 적절한 일자리를 알선해 고령층이 자발적으로 노동시장에 다시 나올 수 있도록 만들자는 것이다. 또한 취업을 희망하는 고령자들에게 새로운 시대와 새로운 직종에 적합하도록 직업역량을 업그레이드하는 재교육 기회를 다양하게 제공하자는 것이다. 일본의 실버인재센터 사업, 미국의 고령자 지역사회서비스 채용 프로그램 등 선진국에서는 이미 고령자 취업지원과 재교육 프로그램이 다양하게 운영 중이다. 한국에서도 2000년대 들어서는 고령층 취업 및 재교육 지원정책이 점진적으로 시행되었다. 그러나 현재 고령자들을 위한 일자리는 대부분 복지적 측면과 일회적 성격이 강해 사회 전반의 가치창출 증대에는 큰 도움이 안 된다. 단순한 고령층 일자리 확대에서 한걸음 더 나아가 이를 통해 경제 전체의 생산성 증대와 가치창출 확대를 도모할 수 있는 방안을 모색하는 정책으로서 차별성을 지녀야 할 것이다.

셋째, 고령층 고용 기업에 대한 인센티브 제공이다. 아무리 고령층이 일할 의욕을 갖고 새로운 직업역량을 만들어 취업전선에 나선다 해도, 기업에서 고령자 채용을 늘리지 않는다면 이런 노력은 허사로 돌아가고 만다. 따라서 노동 수요자인 기업들의 고령층 채용을 진작하기 위한 정책이 매우 중요하다. 가능한 정책수단으로는 세제혜택, 고령자 임금의 일부 보전을 들 수 있다. 그러나 활동적 고령화 정책을 시행 중인 여러 나라는 의외로 고령층 노동수요 진작을 위한 인센티브 제공에 적극적이지 않다. 노동시장의 연령 형평성 문제라든지, 노동시장 지원에 대한 WTO체제의 제약, 기업 측의 도덕적 해이에 대한 대응 곤란 등 여러 가지 이유에서다. 고령층 고용에 대한 지나친 인센티브는 청장년층 세대 고용에 대한 역차별 문제를 초래할 수도 있다.

활동적 고령화에서 능동적 고령화로

활동적 고령화는 국가 가치창출 능력의 보존과 확대, 고령화시대의 국가 복지부담 감소, 고령자 개개인의 경제적 능력 유지와 삶의 만족도 증대 등 여러 측면에서 유용할 수 있다. 이런 활동적 고령화 개념만 받아들이더라도 고령사회 정책은 훨씬 나아질 수 있다. 다만 활동적 고령화 개념을 도입하더라도 보다 근원적인 문제, 즉 고령화에 따른 국가 가치창출 능력 저하라는 문제는 완전히 해결되지 않는다. 또한 활동적 고령화에서 추구하는 정년연장, 고령층 취업지원, 고령층 채용 기업 인센티브 제공 등 세부적인 정책내용은 현실에서 다양한 문제점을 낳을 수 있다. 따라서 고령화시대의 패러다임으로서 활동적 고령화의 의미를 일정 부분 수용하되 구체적 방법론을 구상할 때는 이를 뛰어넘는 발상의 전환이 필요하다고 본다. 활동적 고령화의 세부 정책방향이 지닌 문제점을 좀 더 상세히 살펴보자.

정년연장의 문제점

정년연장은 기업체의 생산성 악화를 유발할 수 있다. 우선 동일 직종, 동일 회사에서 오래 근무하다 보면 매너리즘에 빠질 우려가 크다. 직무생산성은 나이가 들수록 감소하는데 연공급제 아래서는 오히려 오래 근무할수록 더 많은 연봉을 받기 때문이다. 동일한 일을 하는데 근속년수가 많다는 이유만으로 더 많은 임금을 지급한다면 기업의 노동생산성은 악화될 수밖에 없다. 기업들이 정년연장에 반대하는 이유가 여기 있다.

고령화된 조직의 또 다른 문제점은 의사결정 속도 저하, 환경변화에 대한 대응 경직이다. 특히 디지털화와 글로벌화에 기초한 지식정보시대가 도래하면서 고령화된 조직의 환경변화 대응 경직 문제는 더 큰 이슈가 될 것이다. 요즘의 젊은 세대가 태어날 때부터 디지털 환경에 익숙한 디지털 네이티브(digital native)라면, 50대 이상 장년층과 고령층은 아날로그 환경에서 태어나 디지털 환경으로 이주해 온 디지털 이민자(digital imigrant)들이다. 삶의 패러다임 자체가 급속히 바뀌고 있고, 그 변화를 신세대 디지털 네이티브들이 주도해가는 상황에서 고령자들은 환경변화에 적응하지 못할 소지가 매우 크다. 이런 상황에서 아날로그적 고령자들이 의사결정체계의 주도권을 쥔 조직이라면 외부환경 변화에 제대로 대응하지 못할 것이다. 실제로 일본에서는 2000년대 일본 기업의 경쟁력 저하 원인으로 연공급제도와 조직 고령화를 지목하기도 한다.

이와 함께 정년연장은 사회적으로도 심각한 세대갈등 문제를 유발할 수 있다. 이런 우려는 2010년 프랑스의 청년파업 사태에서 여실히 드러났다. 한국에서도 청년실업은 심각한 문제다. 청년(15~29세) 실업률은 2010년 2월 10%를 넘긴 바 있으며, 2011년에도 7~8% 수준을 유지하고 있다. 게다가 이는 어디까지나 공식 통계다. 삼성경제연구소에서는 2010년 상반기 청년층의 체감실업률이 23%에 달하는 것으로 추정했다.[63]

정년을 연장하면 인사적체로 인해 기업들의 청년층 고용이 더욱 줄게 될 터이고 청년층의 취업문은 더욱 좁아지게 된다. 일본의 프리터, 이탈리아의 1,000유로 세대(Generazione Mille Euro)처럼 정규직 일자리를 얻지 못하고 저임금 단기직을 전전하는 청년층이 늘어나는 것은 심각한 사회불안 요소다. '일자리'는 곧 미래에 대한 희망이다. 청년들이 미래에 대한 희망을 얻지 못하는 사회는 결코 지속가능하지 않다.

---

[63] 손민중(2010. 7), "청년실업의 경제적 파장과 근본 대책", 삼성경제연구소

고령층 취업지원 및 기업에 대한 인센티브 제공의 문제점

고령층의 취업지원과 재교육 강화라는 정책방향성은 분명 타당하다. 그러나 실행과정에서 다양한 어려움이 야기될 수 있다. 먼저 고령층 취업지원 정책에서는 제공되는 일자리의 질이 문제가 될 수 있다. 취업실적 증대를 위해 공공 및 복지 분야에서 사회적 일자리가 마구 급조된다면, 자칫 예산낭비가 되기 쉽고 사회적 가치창출에도 별로 기여하지 못할 것이다.

또한 이런 사회적 일자리들은 대개 오래 지속되지 못하므로, 참여 고령층의 고용안정성을 보장할 수도 없다. 고령친화적 일자리로는 주로 경비원이나 주차관리인 등 단순노무직이나 서비스직이 많다. 별다른 기술을 요구하지 않는 이런 일자리는 당장 생계를 해결해야 하는 저경력 고령층에게는 적합하겠지만, 고경력 고령층의 경험과 전문성을 제대로 활용하는 데는 적절치 못하다.

한편 고령층 직업재교육은 분명 필요한 정책이지만 문제는 교육을 받는 시점과 기간이다. 재교육이 퇴직 또는 실직 이후에 시작된다면 너무 늦다. 이때 재교육이 실시된다면 그때그때 구할 수 있는 일자리에 적합한 단기 직능교육만 가능할 뿐, 적어도 10년은 영위할 인생 이모작 직업에 필요한 제2의 직업역량을 체계적으로 개발하기에는 역부족일 가능성이 크다. 인생 이모작의 기반이 될 제2의 직업역량은 퇴직이나 실직 이후가 아니라 퇴직 4~5년 전부터 개발될 필요가 있다. 또한 이를 체계적으로 지원하기 위한 사회 전반의 고령층 직업재교육 시스템도 퇴직 이전으로 초점을 맞추어 마련할 필요가 있다.

또한 고령층 고용 기업에 대한 인센티브 제공은 절대적으로 필요한 일이기는 하지만, 부작용이 나타날 수 있어 주의를 요한다. 일부 기업의 모럴헤저드가 정책 실무진의 실적주의와 맞물려 고용비율을 맞추기 위한 유령 취업이나, 직함만 만들어주고 허드렛일만 시키는 경우가 나타날 수 있어서다. 이런 부작용 문제를 사전 예방하기 위한 현명한 제도 설계 및 보완이 필요하다.

활동적 고령화를 더욱 진화시켜야 한다

우리가 고령층의 취업확대를 통해 고령화 문제를 해결하려는 것은 선진국의 활동적 고령화 개념보다 진일보한 발상의 전환이다. 활동적 고령화의 진화 방향에 대한 핵심적 생각은 연령별 비교우위에 근거한 국가 차원의 연령대별 분업체계 마련이다. 단순히 고령자 취업에 인센티브를 주어 고령자들에게 그때그때 제공되는 허드렛일을 시키는 데서 벗어나, 고령자들이 이모작 인생을 영위할 일자리를 제공받을 수 있도록 고용 및 학습 체계를 구조적 측면에서 완전히 전환하자는 것이다.

여기서 연령별 비교우위란 인간의 직업적성은 결코 고정되어 있지 않고 젊어서 잘할 수 있는 일과 나이 들어 잘할 수 있는 일이 각기 다르다는 의미다. 다시 말해 연령별로 생산성 측면에서 분명한 비교우위가 존재한다는 것이다. 젊어서는 힘쓰는 일을 더 잘할 수 있겠지만, 나이 들어서는 힘쓰는 일보다 경험과 노하우를 살리거나 다른 사람들과의 의사소통이 중요한 일에서 더 높은 생산성을 발휘할 것이다.

여담 삼아 유명한 연예인 강호동에 대해 이야기해보자. 그는 여러 번 천하장사 자리를 차지하는 등 씨름선수로 최전성기를 누리던 1993년

24세의 나이로 연예계에 뛰어들었다. 그리고 현재 최고 주가의 MC 및 방송인으로서 인기를 누리고 있다. 강호동은 이모작 인생의 장으로 체력과 젊음이 중요한 씨름판 대신 대인능력, 종합적 언어력, 쇼맨십 등이 중요한 연예계를 선택했다. 처음에는 큰 호응을 얻지 못했지만, 날이 갈수록 관록과 노련미가 붙으면서 이제는 방송 3사를 넘나드는 일급 연예인이 되었다. 이처럼 강호동은 연령별 비교우위에 근거해 젊어서 잘할 수 있는 일로부터 나이 들어 잘할 수 있는 일로 적절한 시기에 전업하는 것이 인생 전반에서 성공을 지속시키는 탁월한 선택이 될 수 있음을 잘 보여준다.

이처럼 연령대별 비교우위 체계를 활용하면 개인 차원에서 좀 더 효과적인 이모작 인생이 가능해진다. 즉 젊어서는 청년층이 더 잘할 수 있는 일을 일모작 직종으로 삼아 일하고 나이 들어서는 고령층이 비교적 잘할 수 있는 이모작 직종을 선택해 평생의 직업생활을 영위해 나간다면, 인생 전체의 생산성을 극대화할 수 있다. 개인들 사이에서 연령별 비교우위에 의한 인생 이모작이 보편화되면 국가 차원에서도 생산성은 극대화될 수 있다.

개인들도 인생 이모작의 필요성이나 효과는 잘 알지만, 인생 이모작을 구체적으로 준비하기가 여간 어렵지 않다는 점이 문제다. 이는 무엇보다도 현재의 고용시장이 일모작 패러다임에 의해 운용되고 있어서다. 즉 현행 구조에서는 새로운 이모작 직종을 찾는 데 지나치게 많은 탐색비용과 개인적 노력이 든다. 이 때문에 일모작 업종에서 은퇴하면 사실상 직업생활이 끝이라는 생각을 갖게 되고, 기존 일모작 직장에서 가급적 오래 버티고자 노력하게 된다. 그러다 보니 일모작 직장에서 이모작 인생을 준비하기란 사실상 불가능하다.

바로 이것이 국가 차원에서 인생 이모작 개념에 입각해 고령층과 청장년층이 연령대별 분업을 하는 고용구조와 이를 뒷받침하는 평생교육구조를 만들어내야 하는 이유다. 연령대별 분업이란 청장년층이 잘할 수 있는 일에 청장년이 모이고, 노년층이 잘할 수 있는 일에 노년층이 모일 수 있도록 국가 차원의 분업체계를 만드는 것이다. 현재는 연령대별 비교우위에 대한 고려 없이 시장에 청장년층과 고령층의 취업을 그냥 내맡기다 보니 일자리를 둘러싼 각 그룹의 충돌 및 생산성 저하 현상이 나타난다. 이런 문제는 특히 서비스 업종에서 두드러진다.

만일 연령대별 분업체계 및 재교육 구조가 국가적으로 확립된다면, 개인들은 일모작 직장에서 퇴직하기 전에 선제적이고 능동적으로 은퇴 이후, 즉 제2의 직업을 준비할 수 있을 것이다. 또한 이런 인생패턴이 일반화된다면, 고령사회에서도 지속적으로 국가 가치창출을 극대화할 수 있을 것이다.

이 새로운 고용 시스템은 활동적 고령화가 진화한 형태라 볼 수 있다. 연령별 비교우위에 근거한 국가 차원의 연령별 분업 및 재교육 체계 창출을 위한 노력은, 활동적 고령화 개념을 넘어선 능동적 고령화(pro-active ageing) 또는 생산적 고령화(productive ageing)라 부를 수 있다. 이러한 정책이 실현된다면 고령화시대에 가치창출을 최대화할 수 있는 고용 및 산업 구조를 국가가 선제적이고 능동적으로 만들어내고, 개인들도 퇴직 이전에 능동적으로 은퇴 이후 제2의 삶을 준비할 수 있게 될 것이다.

그렇다면 생산적 고령화는 활동적 고령화와 구체적으로 무엇이 다를까? ①주 직장에서의 현행 정년연령 유지 또는 단축, ②중장년 때부터 제2의 직업재교육 시작, ③청년층의 일자리 마련을 우선적으로 고려한다는 측면에서 활동적 고령화와 근본적으로 다르다.

첫째, 생산적 고령화 개념에 따르면 일모작 직장에서 현행 정년은 유지되거나 오히려 단축되어야 한다. 일할 의사가 있을 경우 연령에 구애받지 않고 얼마든지 일할 수 있다는 것이 결코 기존 일모작 직장에서 기득권을 유지, 연장할 수 있다는 의미는 아니다. 새로운 이모작 역량의 육성은 가급적 50대 초반, 빠르게는 40대 중반부터 체계적으로 이루어져야 한다. 따라서 제대로 이모작 인생을 보급하려면 현행 직장의 정년연령이나 이보다 더 이른 연령대에 퇴직이 일어나야 한다. 즉 일모작 직업에서 고령으로 인한 생산성 저하는 사실 정년연령 훨씬 전부터 나타난다. 따라서 이런 고령 생산성 저하 문제가 심각해지기 전에 일모작 직장에서 자리를 접고 일어나는 것이 개인적 명예 측면에서도 좋을 뿐만 아니라 기업 및 사회 전반의 효율성 증대, 나아가 청년층 고용에도 도움이 될 것이다.

둘째, 이모작 인생을 위한 직업역량 재교육은 현재 직장에서 퇴직하기 4~5년 전, 빠르면 10년 전부터 시작된다. 기존의 경험과 전문성을 최대한 살리며, 새로운 직종에 필요한 역량을 확보할 수 있도록 하기 위해서다. 특히 이는 직업역량 변화가 빠른 지식기반사회에서 필수적이다. 이모작 인생을 사전에 체계적으로 대비해야만 퇴직자가 새로운 이모작 직종에 제대로 적응할 수 있기 때문이다. 일모작 직업을 위한 준비는 대학 과정을 통해 짧게는 2년(전문대), 길게는 6년(대학 학·석사) 동안 풀타임 교육으로 이루어진다. 그러나 이모작 직업을 위한 체계적 교육은 직장을 다니는 과정에서 파트타임 형태로 이루어질 수밖에 없다. 따라서 이는 적어도 정년 4~5년 전부터, 빠르면 10년 전부터 장기적 관점에서 수행되어야 할 일이다.

셋째, 생산적 고령화는 고령자 일자리보다 청년층 일자리를 먼저 고려한다. 후술하겠지만 일반적으로 청장년층은 고령자에 비해 신체능력상 절대우위를 갖고 생산성도 비교적 높다. 따라서 청년층이 제대로 된 일자리를 가질 수 있어야 국가 차원의 생산성도 극대화된다. 특히 2000년대 들어 '고용 없는 성장'이 지속되면서 청년층이 제대로 된 일자리를 구하지 못하고 88만 원 세대, 비정규직 세대로 전락하고 있다. 이런 체제는 기업에는 좋을지 모르지만 개별 국민, 나아가 국가 전체로 봐서는 결코 지속가능한 모델이라 말할 수 없다.

연령별 분업체계 구현을 통해 청년층이 제대로 생산성을 발휘할 수 있는 분야에 먼저 취업할 수 있도록 하고, 그런 다음 청년층이 채우고 난 나머지 일자리나 청년층보다는 낮지만 그래도 고령층이 일정 수준 생산성을 낼 수 있는 분야에 고령층을 취업시키는 형태로 가야 할 것이다. 특히 제조업과 기술서비스업 등 가치창출 분야에 청년층이 더 많이 취업할 경우, 가치창출 분야의 고용유발 승수효과에 의해 일반 서비스업에도 새로운 일자리가 많이 생길 수 있다.

생산적 고령화 정책을 제대로 발전시킨다면, 개개인은 100세 장수 시대를 맞아 성공적인 이모작 인생을 영위하게 될 것이다. 이는 고령자 개개인의 경제력 제고, 책임감과 자긍심과 건강 증진에도 긍정적으로 기여해 활동적이고 풍요로운 노년생활을 보내도록 해줄 것이다. 이와 함께 국가 차원에서도 생산가능인구 감소 문제와 의료복지, 연금비용의 효과적 절감, 산업 및 기업 경쟁력 강화라는 다양한 문제의 동시 해결을 도모할 수 있게 된다. 요컨대 사람은 늙어도 국가와 사회는 젊은 활력을 유지할 수 있는, 지속가능한 고령사회가 만들어지는 것이다.

5장

직업적성에 맞춰 이모작 직업으로 갈아타기

Intro

─── 지금까지 '일하는 고령자사회' 건설만이 미래 고령화시대에 성장을 지속시킬 패러다임이라는 점을 살펴보았다. 이와 함께 우리나라 고령자들이야말로 일할 의지, 일할 필요, 일할 능력의 삼박자를 잘 갖추고 있다는 점도 확인했다. 그러나 손뼉도 마주쳐야 소리가 나는 법이다. 일할 의지가 충만한 고령자가 아무리 많아도 정작 기업들이 고령자 고용에 소극적이라면 일하는 고령자 사회 건설은 불가능하다. 최근 한국고용정보원의 조사에 따르면 한국 기업들 10곳 중 7곳은 고령인력 채용을 기피하는 것으로 나타났다. 또한 고령자 고용에 친화적인 업무관행을 도입한 곳은 10% 미만이다. 이처럼 한국 기업들은 의외로 고령자 고용에 적극적이지 않은 모습이다.

 기업들은 왜 고령층 고용을 꺼리는 것일까? 겉으로 내세우는 이유는 고령자들에 대한 지시 곤란, 건강 문제에 따른 빈번한 결근, 주의력 부족으로 인한 사고 위험, 낮은 동기부여, 보수적인 생각, 학습부진 등 다양하다. 그러나 속내를 들여다보면, 고령인력 고용을 회피하는 현실적이고 근본적인 이유는 따로 있다. 고령인력 고용은 '고비용·저효율'이라고 생각하기 때문이다. 나이가 많아지면 보통은 생산성이 떨어진다. 그러나 한국의 임금제도는 연공서열 탓에 동일한 일을 하더라도 고령자에게 더 많은 임금을 주는 것이 일반적이다. 이는 기업의 생산성 향상에 부정적 영향을 줄 가능성이 크다. 이런 생각 때문에 기업들이 고령자 고용 확대를 주저하는 것이다.

그들이 내세우는 이런 이유가 과연 정당한 것일까? 최근 인사관리 경제학 분야에서 활발히 이루어지는 연구의 결과는 고령자 고용과 관련한 여러 이유가 단지 편견에 불과함을 잘 보여준다. 고령자들은 경험과 노하우가 많아 매끄러운 일처리 솜씨를 보여주며, 조직에 대한 충성도도 높고, 요즘에는 체력도 큰 문제가 되지 않는다. 나아가 청장년층과 동등한 성과를 보이거나 오히려 더 나은 결과를 나타내는 직종도 상당히 많다.

그러나 문제는 고령자 고용이 고비용이면서 저효율을 보일 때다. 현재 고용환경에서 불가피하게 나타날 수밖에 없는 이 문제를 해결하지 않는 한 기업들로부터 고령자 고용 확대를 견인하기 어렵다. 이는 기존의 고용계약 구조에서는 해결하기 힘들고, 발상의 전환을 통해 새로운 고용구조를 형성해야 비로소 해결할 수 있다. 즉 고령 근로자들의 생산성 대비 고비용성 문제는 임금체계의 점진적 전환과 사회적 합의 및 양보를 통해, 저효율성 문제는 뒤에서 다시 자세히 살펴볼 인생 이모작의 일정한 방향성을 잘 활용할 때 비로소 해결할 수 있다.

즉 고령자들이 청장년층과 동등하거나 오히려 좋은 성과를 낼 수 있는 이모작 적합직종에 고령자들이 많이 배치될 때 사회적 생산성이 증가하게 되고, 이를 통해 고령자 고용의 저효율성 문제도 비로소 해결될 것이다.

먼저 고령인력 고용의 고비용성 문제를 어떻게 해결할지 생각해보자. 고령인력이 고비용인 것은 우리나라가 전통적으로 나이나 근속년수에 따라 더 많은 임금을 지불하는 연공급 혹은 호봉제 임금체계를 취하고 있기 때문이다. 따라서 임금체계를 합리적으로 전환하면 고령인력의 고비용 문제가 해소될 수 있다. 예를 들어 동일 직무에 대해 동일한 임금을 주는 직무급제, 동일한 능력에 동일한 보상을 하는 직능급제, 성과수준에 따라 보상수준을 결정하는 성과급제도 아래에서는 나이와 무관하게, 각자의 능력만큼, 일한 만큼, 성과를 낸 만큼 보상을 지급하면 되기 때문이다.

사회적 차원에서 고령자에 대한 임금체계를 연공급이 아니라 직무급 형태로 재합의를 끌어낸다면 고령인력 고용이 고비용 문제를 유발하지는 않을 것이다. 사실 1990년대 외환위기 이후 우리나라에서도 연공급제나 호봉제가 약화되고 대신에 능력·직무·성과에 대한 보상인 직능급·직무급·성과급 제도가 점차 확산, 정착되고 있다.

지속가능한 고령자사회와 그 필요조건으로 고령자들이 차별받지 않고 취업하는 사회를 만들려면 임금제 패러다임의 합리적 변화에 대한 논의가 사회 전반에 걸쳐 이루어져야 하고 실질적으로도 변경되어야 한다.

이 점은 무엇보다 취업을 원하는 고령자 본인들이 충분히 합의하고 양보해야 할 부분이다. 현재 많은 고령자가 재취업 실패를 겪는 이유는 무엇인가. 취업 희망 고령자와 고용 희망 기업 간에 임금수준에 대한 눈높이 차이가 크기 때문이다. 취업 희망 고령자는 이전 일모작 직장보다 비슷하거나 약간 낮은 수준의 임금을 기대한다. 그러나 그만큼의 임금을 지불하려는 기업은 많지 않다. 결국 재취업 일자리를 알아보던 고령자는 크게 실망해 다른 일자리를 알아보거나 채용 직전에 취업을 거부하는 일이 왕왕 발생한다.[64]

그러나 객관적으로 볼 때, 나이가 많거나 과거 많은 연봉을 받았다고 해서, 새로운 이모작 직장에서 그만큼의 연봉을 요구하는 것은 온

---

64 이런 현상이 유독 우리나라에서 두드러지게 나타나는 또 다른 이유는 연봉수준을 사회적 지위와 연결 지어 생각하는 경향이 강해서다. 즉 이모작 직장에서 받는 연봉이 이전 일모작 직장 때보다 적다면, 그만큼 자신의 사회적 지위가 낮아졌거나 사회적 체면이 구겨졌다고 생각하는 것이다. 이는 재취업 기피 또는 새 이모작 직장에서의 동기부여 저하로 이어진다.

당치 않다. 무엇보다 임금은 생산성이나 성과에 비례해야 하는 것인데, 전직을 할 때는 초기 적응 문제로 인해 아무래도 생산성은 높지 않기 때문이다. 또한 향후 연봉피크제가 확산된다면 원래 직장에 눌러앉아 있어도 연봉은 점차 감소할 것이다. 이런 상황에서 이전 직장의 삭감 전 연봉수준을 새로운 직장에서도 요구하는 것은 과욕일 수 있다. 더욱이 청년실업이나 88만 원 세대가 사회문제가 되는 상황에서, 고령자가 귀한 취업기회를 얻었다면 임금 욕심은 잠시 접어두는 것이 바람직하지 않을까.

이렇게 고령자 고용의 고비용성 문제는 임금체계의 전환 및 사회적·개인적 합의를 통해 해결할 수 있다. 그러나 고령자들의 저효율과 저생산성 문제는 사회적 합의로 해결할 수 있는 문제가 아니다. 나이가 들수록 생산성이 감소하는 현상은 자연의 법칙에 가까운 것이기 때문이다. 만약 사회적 합의에 따라 효율성이 높은 청장년층 대신 효율성이 낮은 고령자들을 취업시킨다면 국가경제 전체에서 심각한 생산성 저하 문제가 나타날 것이다.

그렇다면 고령자들의 생산성 저하 문제를 어떻게 해결할 수 있을까? 어떻게 하면 자연의 법칙상 생산성 열위인 고령자들의 취업을 확대시키면서도 국가경제 차원에서는 생산성을 유지하거나 제고할 수 있을까? 두 마리 토끼를 한꺼번에 잡는 정책적 묘수를 얻으려면, 연령 증가에 따른 생산성 저하라는 자연의 법칙을 좀 더 세부적으로 들여다 볼 필요가 있다.

1
연령별 생산성 저하, 분야마다 다르다

　나이가 들면 생산성이 떨어지는 것은 상식적으로도 또 경험적으로도 타당하다. 나이가 들면 기력이 쇠하듯 업무 관련 생산성도 자연스레 저하된다. 그러나 세부적으로 살펴보면 연령과 생산성의 관계는 의외로 흥미로운 데가 많다.

　첫째, 엄밀히 말하자면 생산성은 나이가 들면서 선형으로 감소하는 것이 아니라 증가하다가 감소한다. 나이(X축)와 생산성(Y축)의 관계를 그래프로 그려보면 단순 우하향하는 것이 아니라 역U자 형태를 보인다는 이야기다. 둘째, 생산성의 정점 시기나, 연령 증가에 따른 생산성 증가·감소의 속도는 직종마다 다르다. 나이가 들면서 생산성이 빠르게 큰 폭으로 감소하는 직종이 있는 반면, 나이가 들어도 생산성이 크게 변하지 않거나 느리게 감소하는 직종도 있다. 셋째, 연령집단(cohort) 간의 생산성 편차보다 연령집단 내 개인 간의 생산성 편차가 더 크다. 60대라고 해서 다 같은 60대가 아니며, 개개인의 노력 여하에 따라서는 40대나 50대보다 높은 생산성을 보이기도 한다.

종합하자면 생산성은 점점 증가하다가 나이가 들면 감소하지만, 그 감소 추이는 현재 연령대와 직종 특성에 따라 달라지며, 개인별로 큰 편차를 보일 수 있다. 즉 어떤 직종에서는 나이가 30세라도 생산성이 감소하나, 다른 직종에서는 나이가 50세라도 생산성이 유지될 수 있다. 개인이 적절한 자기계발 노력을 기울인다면 생산성 저하를 효과적으로 지연시킬 수도 있다. 좀 더 자세히 살펴보자.

역U자 형태로 변화하는 직업생산성

직업세계에 막 뛰어들자마자 두각을 나타내는 사람은 많지 않다. 지식도 경험도 충분하지 않으니 초창기 개인의 직업생산성은 평균적으

| 그림 5-1 | 연령별 생산성 변화 패턴

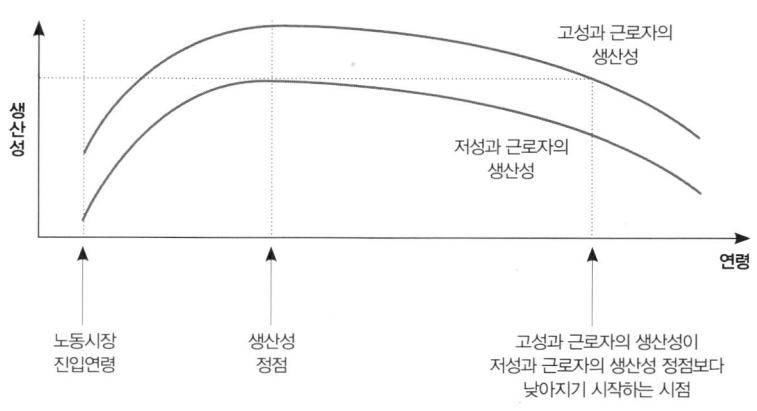

자료: Vegard Skirbekk(2008), "Age and Productivity Potential: A New Approach Based on Ability Levels and Industry-Wide Task Demand", *Population and Developmant Review*, Vol. 34, pp. 191~207

로 낮게 마련이다. 군대에서 신병이었을 때나 직장에서 신입사원이었을 때를 떠올려보라. 학교 다닐 때 아무리 똑똑하고 좋은 성적을 거둔 사람이라도 새로운 역량을 요구하는 낯선 환경에 놓이면, 초기 적응 문제로 인해 좋은 성과를 내기가 힘들다. 그러나 새로운 환경에서 경험과 지식을 꾸준히 쌓아나가면, 시간이 경과함에 따라 개인의 생산성도 점점 증가한다.

그러나 생산성이 영원히 증가하기만 하는 것은 아니다. 개인별 차이는 있겠지만, 직업세계에 투신한 후 일정 시간이 흐르고 인생 중후반의 어느 무렵이 되면 업무생산성이 정점에 도달한다. 그 이후에는 아무리 노력을 들여도 생산성이 예전처럼 쉽게 증가하지 않는다. 게다가 나이가 들면서 신체적·지적 능력도 함께 저하되어 개인의 업무생산성은 더욱더 감소하고, 시간이 흐를수록 저하속도도 빨라진다. 결국 인생에서 직업생산성 증감은 역U자 형태를 취하게 된다.

그렇다면 인생 중후반 이후 직업생산성이 저하되는 근본 이유는 무엇일까? 여러 요인이 작용하겠지만, 가장 중요한 것으로는 직무수행 기초능력 저하를 들 수 있다. 예를 들어 Avolio & Waldman(1994)은 미국 근로자 2만 명을 조사한 연구에서 나이 들수록 여러 직무수행 기초능력이 감퇴한다는 사실을 확인했다. 여기서는 인간의 직무수행 기초능력을 크게 9가지로 구분했다. 손가락운동능력(finger dexterity), 형상지각능력(form perception), 손운동능력(manual dexterity), 신체운동능력(motor coordination), 공간인지능력(spatial aptitude), 수리능력(numerical aptitude), 사무지각능력(clerical perception)이 그것이다. 이 9가지 능력이 모두 연령 증가에 따라 감소한다는 것이다. 이들은 그러한 연구결과를 바탕으로 직무수행 기초능력이 중시되는 직종일수록 연령 증가에 따른 직무성과 저하가 크게 나타난다고 결론지었다.

연령 증가에 따라 직업생산성이 감소하는 원인은 이 외에도 다양하다. M. G. Rhodes(2004)나 Verhaeghen et al.(2003)은 나이 든 직원들이 젊은 직원들에 비해 복잡한 업무에 대처하는 멀티태스킹 능력이 떨어지므로 생산성이 감소한다고 주장했다. 나이 든 사람들이 젊은 사람들보다 인식력이나 기억력 측면에서 열세를 보이므로 복잡한 업무를 하기 어려워진다는 점을 강조한 학자들도 있다(La Voie & Light, 1994; Spencer & Raz, 1995; Verhaeghen, Marcoen, & Goosens, 1993).

최근에는 나이 든 사람들의 약점으로 동기부여 측면도 많이 지적되고 있다. Ebner et al.(2005)은 나이가 들면서 직무에 대한 동기부여가 약해지며, 특히 내적 동기부여 방식 측면에서 청년과 고령층이 다를 수 있다고 지적했다. 예를 들어 사람들은 싫은 일을 해야 할 때 다양한 방식으로 스스로에게 동기부여한다. 이때 젊은 사람들은 많은 경우 이득(gain) 추구를 중심으로 동기부여한다(예컨대 "올해부터 건강과 체력 증진을 위해 운동을 하겠다"). 반면 나이 든 사람은 손실(loss) 방지 쪽으로 동기부여를 하는 경향을 보인다(예컨대 "현재의 건강을 잃지 않기 위해 운동을 하겠다"). 둘 중 어느 쪽이 더 나은 성과를 가져올지는 자명하다.

그렇다면 과연 인생에서 생산성의 정점은 언제일까? 오스트리아의 인구학자 Skirbekk(2003; 2008)은 광범위한 기존 연구문헌들을 메타분석했다. 그 결과 일반적인 직업세계에서는 대략 40대 중반에 업무역량이 최고 수준에 도달하고 50세를 넘어가면 점차 저하되는 것으로 나타났다. Sturman(2003) 역시 115개 실증연구에 대해 메타분석을 한 결과, 연령-생산성이 역U자 형태를 보이며 대략 50세부터 연령이 생산성에 부정적 영향을 미치게 된다고 결론 내렸다. 즉 40대까지는 업무생산성이 향상되지만, 50대를 넘어서면 대체적으로 하락한다는 이야기다. 이는 우리가 경험적으로 알고 있는 상식과도 일치하며, 또 현재 고용제도나 임금제도의 기본 전제와도 맞닿아 있다.

직종에 따른 연령별 생산성의 변화패턴

흥미로운 점은 업무생산성이 정점에 오르는 시기나 정점 이후의 저하속도가 직종이나 직업에 따라 크게 달라질 수 있다는 것이다. 예를 들어 첨단지식 습득능력이 중요한 직종 혹은 학문 분야에서 직업능력의 정점은 일반 직업세계보다 좀 더 일찍 나타난다. 실제로 이공계 연구직 사이에서는 '30대 피크'론이 심심찮게 제기된다. 이공계가 직업생활에서 최고 생산성을 발휘하는 시기는 30대이며, 40대만 되어도 생산성이 급격히 떨어져 퇴물 취급을 받게 된다는 것이다. 연구개발 업무의 경우 수리능력이나 창의적 문제해결력이 중요한데 이런 능력은 연령이 많아질수록 급격히 감소할뿐더러 기술 패러다임이 너무도 빨리 변하기 때문에 대학을 졸업한 지 10~20년이 지나면 보유한 기술이 구식이 되어버린다는 것이다.

반면 연륜이 중요한 직종이나 학문 분야에서는 직무생산성의 정점이 상대적으로 늦게 나타난다. 문학이나 철학 등 인문계 분야에서는 50, 60대에도 활발한 저술활동을 벌이거나 우수한 성과를 내는 사람들을 간혹 찾아볼 수 있다.[65] 인간과 사회에 대한 깊은 통찰력은 사실 오랜 시간에 걸친 경험과 사유, 타인과의 소통, 지속적인 학습을 통해서만 비로소 얻어질 수 있고, 사고력과 글쓰기 능력은 개인의 노력 여하에 따라 나이와 무관하게 유지, 발전될 수 있기 때문이다. 이처럼 직종과 분야별로 연령별 생산성이 달라질 수 있다는 점이 고령화 시대에 고용 및 임금 제도가 새로운 방향으로 발전할 수 있는 중요한 단초가 된다.

연령별 생산성 패턴이 직종이나 분야에 따라 다르게 나타날 수 있다는 사실은 이미 많은 연구에서 확인된 바 있다. 먼저 학계를 중심으로 직업생산성이 연령별, 분야별로 어떻게 달라지는지 살펴본 Kyvik(1990)의 연구결과를 살펴보자. 노르웨이의 여러 대학에 재직 중인 교수들을 대상으로 학문 분야별(인문과학, 사회과학, 자연과학 등)로 연령과 생산성(논문이나 저서 출간 횟수)을 측정하고 비교한 것인데, 연구생산성 정점이 학문 분야별로 각기 다르게 나타났다.

먼저 사회과학 분야에서는 연구생산성(논문 발간 횟수로 측정)의 정점이 45~49세 정도로 나타난 반면, 자연과학에서 연구생산성의 정점은 35세 미만으로 매우 일찍 나타났다. 이는 지식의 진보가 빠르고 수리적 능력이 중요한 분야에서 생산성 피크가 매우 빨리 오고 정점 이후 생산성은 급격히 감소한다는 점을 다시 한 번 확인시킨다. 한편 인문학 분야에서는 생산성 피크가 50~54세에 나타났고, 의학 분야에서는 45~49세와 55~59세 두 번에 걸쳐 나타났다. 인문학에서는 인간과 사회에 관한 통찰과 경륜이 중요하다. 의학에서는 오랜 기간 축

---

65 국내 문학계에서도 황석영(68), 최인호(66), 박범신(65) 등 60대 작가들의 집필 활동은 여전히 활발하다. 이외수(65), 무라카미 하루키(61) 등은 20대 청년층에게도 큰 인기를 얻고 있다. 2010년 '정의론'으로 한국에서 엄청난 주목을 받은 하버드대 교수 마이클 샌델도 《정의란 무엇인가》를 54세에 썼다.

| 표 5-1 | 분야별·연령별 생산성 추이

(단위 : 편, 평균 논문 수 기준)

연령	인문학	사회과학	자연과학	의학
35세 미만	3.4	5.3	3.5	3.6
35~39세	4.7	6.1	3.6	4
40~44세	4.9	5.4	3.4	4.8
45~49세	5.4	6.4	2.9	6.6
50~54세	5.6	6.2	2.3	6
55~59세	3.3	5.8	1.9	6.6
60세 이상	4.4	5.3	1.6	3.6
평균	4.7	5.9	3.9	5.2

자료 Svein Kyvik(1990), *Age and scientific productivity; Differences between fields of learning*, Higher Education, p. 48 요약 발췌

적한 임상경험이 무엇보다 중요하다. 또한 두 분야 모두 지식 발전이 비교적 점진적으로 일어난다. 이 때문에 종사자들의 생산성 피크가 다른 분야보다 상대적으로 늦게 나타난다고 볼 수 있다.

이런 연구결과를 다른 관점에서 생각해볼 수도 있다. 즉 학문분과별로 논문 발간이 가장 많았던 연령대의 논문 발간 횟수를 100%로 상정하고, 이에 대해 각 연령대별 논문 발간 횟수를 상대적 백분율로 나타내면 어떻게 될까? 〈그림 5-2〉는 이런 상대값들에 대해 추세선을 그린 결과다. 사회과학이나 자연과학에서는 연령 증가에 따라 그 상대적 비율의 추세선이 우하향한다. 이는 생산성이 최고 정점에 오른 뒤로는 시간이 흐를수록 성과가 지속 감소함을 뜻한다. 반면 인문학에서는 추세선 신뢰도가 비교적 낮기는 해도 연령 증가에 따라 생산성

| **그림 5-2** | 학문 분야별로 살펴본, 연령에 따른 상대적 논문 발간 비율

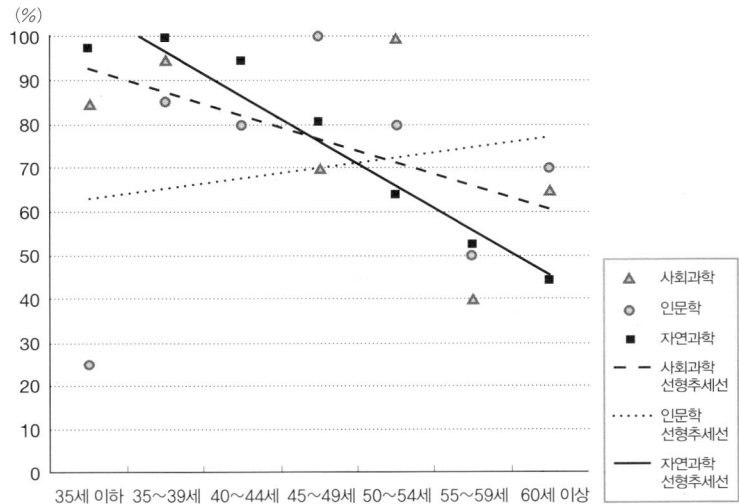

자료 Kyvik(1990)을 토대로 팀 분석

이 소폭 증가하는 모습을 보인다. 인문학처럼 장년이나 노년층이 청년층보다 절대우위를 보이는 분야도 있다는 이야기다.

학술 분야만이 아니라 일반 직업에서도 연령별 생산성은 생산직, 서비스직, 판매직 등의 직종에 따라 다르게 나타날 수 있다. 연령과 직업의 평균 생산성 관계에 대한 미국 노동통계청(BLS, Bureau of Labor Statistics) 조사에 따르면 신발·가구·의복 등 제조업 현장근로자들은 45세 이후 생산성 감소를 경험했다. 반면 사무직 근로자의 경우 연령 증가에 따라 생산성이 감소한다는 유의미한 증거를 찾을 수 없었다.[66]

---
66 Jackson(1998)〔최희선(2004), 36쪽에서 재인용〕

또한 프랑스 노동자들을 대상으로 연령집단별 평균 생산성과 임금의 관계에 대해 연구한 Aubert & Crepon(2006)도 유사한 결과를 도출했다. 여기서 연령집단별 생산성이란 각 사업체의 생산성에 대한 구성원 내 연령집단의 기여도로 정의된다. 이 연구에 따르면 생산성의 정점은 평균적으로 40~50세 사이에서 나타나고, 이후 생산성은 완만히 감소하는 것으로 나타났다. 그러나 생산성 기여도의 정점 연령과 이후 감소 추이는 산업별로 다르게 나타났다. 특히 제조업에서 생산성 기여도의 정점 연령은 40~44세로 다른 산업보다 빨랐고, 이후 생산성은 완만하게 감소했다. 서비스업의 경우 생산성 정점 연령은 45~49세로 제조업보다 늦게 나타났고, 이후 생산성이 감소하기는 하지만 55~59세 집단이 여전히 35~39세보다 높은 생산성 기여도를 보였다. 상업 분야에서는 40~44세 이후 생산성 기여도가 지속적으로 완만한 증가세를 보였고, 생산성 정점은 50~55세로 매우 늦게 나타났다. 이처럼 서비스업과 상업에서 제조업보다 생산성 정점이 늦게 나타나는 것은 고령층에게 제조업보다 서비스업이 더 적합할 수 있음을 시사한다.

동일 연령 내의 생산성 편차가 더 크다

연령과 생산성의 관계에서 마지막으로 주목할 것은 생산성 차이가 상이한 연령집단 간보다 동일한 연령집단 내에서 더 크게 나타난다는 사실이다. 〈그림 5-3〉에서 가는 실선은 연령집단별 생산성의 95% 신뢰구간이다. 즉 해당 연령집단 중 95%에 해당하는 사람들의 생산

| **그림 5-3** | 산업별·연령집단별 생산성 기여도 추이

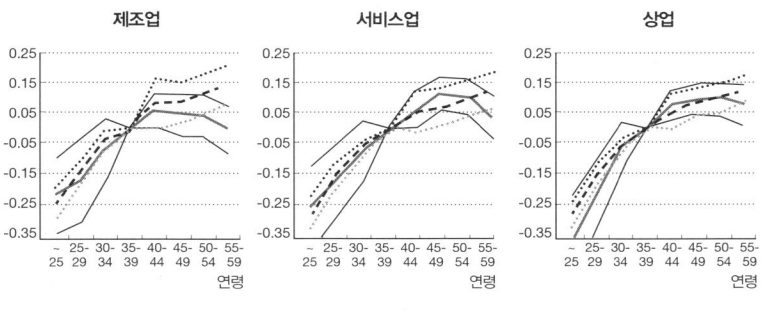

자료: Aubert & Crepon(2007)
주: 굵은 실선은 표본 연령집단별 생산성, 가는 실선은 생산성의 95% 신뢰구간
　　굵은 점선은 표본 연령집단별 노무비, 가는 점선은 노무비의 95% 신뢰구간

성은 가는 실선 내 범위에 존재한다는 의미다. 이에 따르면 제조업의 55~59세 연령집단 중 일부는 40~44세의 생산성 평균과 비교해도 별로 떨어지지 않는 높은 생산성을 보일 가능성이 있다. 쉽게 말해, 나이가 들어도 꾸준히 관리하고 노력한 고령자라면 청장년 이상의 높은 생산성을 보인다는 것이다. 결국 이런 사실은 연령 증가가 생산성 감소에 영향을 미치는 여러 요소 중 단지 하나에 불과하며, 생산성을 유지하고 증가시키는 데는 결국 나이 자체보다 개개인의 노력이 더욱 중요함을 시사한다. 나아가 고령층의 생산성 증대를 위해 고령자 개개인의 자기계발 노력을 적극 지원하기 위해 기업 및 국가 차원의 시스템적 뒷받침이 필요함을 암시한다.

Rogers & Wasmer(2009)의 연구도 이런 점을 잘 보여준다. 여기서는 산업 내에서도 개인별 훈련도나 직종 차이에 따라 연령별 생산성의 변화패턴이 달라질 수 있음이 검증되었다. 이에 따르면 중년기에 생산성 정점이 온 뒤 노년기에는 점차 저하되는 역U자형 패턴은 저숙련 서비스 직종, 고숙련 서비스 직종, 저숙련 상업 직종에서 많이 나타났다. 한편 저숙련 제조업에서는 나이가 들수록 생산성이 크게 감소하는 패턴이 나타났다. 흥미롭게도 고숙련 제조업 직종에서는 나이가 들어도 생산성이 크게 변하지 않았으며, 고숙련 상업 직종의 경우 나이가 들수록 오히려 생산성이 지속적으로 증가하는 모습이 관찰되었다. 실제로 조선이나 철강처럼 기술이 중시되는 산업에서는 현장에서 20~30년 일한 50대 장인이 20~30대 신입직원 몫의 3~4배를 너끈히 해내는 모습을 쉽게 볼 수 있다.

정리하자면, 연령별 생산성 패턴은 분야별·직종별로 다른 양상을 보이며 자기계발 노력과 학습에 따라 바꿀 수 있다. 이런 인식은 고령화시대에 부응하는 새로운 인사관리 및 노동시장 패러다임을 구축하는 데 의외로 중요할 수 있다. 예를 들어 기업체에서 연구직·생산직·관리직·판매직의 생산성 정점 연령대가 다르고 생산성 저하 패턴도 다르다면, 기업체 입장에서도 직무별 라이프사이클에 따라 내부 재교육 프로그램을 맞춤화하여 생산성을 최적화할 수 있다. 또한 임금피크제도 더 효율적이고 탄력적으로 운영할 수 있다. 이런 원리를 국가 차원으로 확대하면 어떨까? 연령대별 직무생산성 차이나 이에 따른 직무적성 변화를 반영해 '능동적 고령화' 정책을 발전시켜 고령화에 따른 경제충격을 완화할 수 있을 것이다.

| **그림 5-4** | 연령 증가에 따른 산업별·직종별 생산성 변화

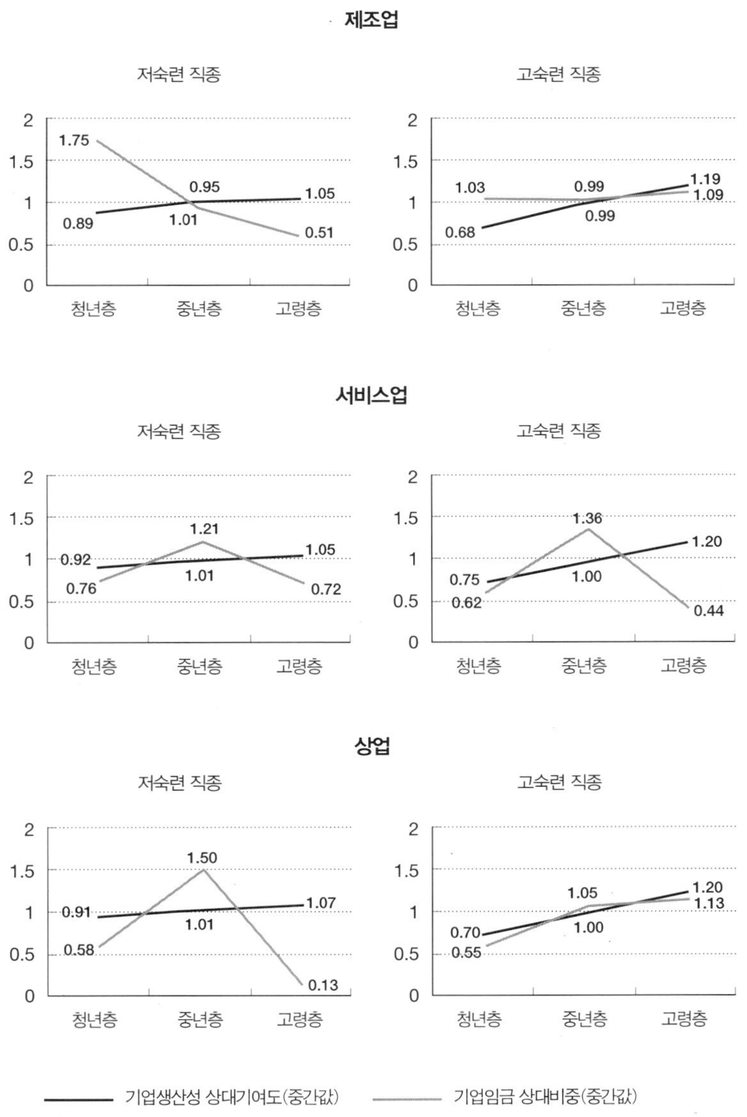

제조업

저숙련 직종

청년층: 1.75, 0.89
중년층: 0.95, 1.01
고령층: 1.05, 0.51

고숙련 직종

청년층: 1.03, 0.68
중년층: 0.99, 0.99
고령층: 1.19, 1.09

서비스업

저숙련 직종

청년층: 0.92, 0.76
중년층: 1.21, 1.01
고령층: 1.05, 0.72

고숙련 직종

청년층: 0.75, 0.62
중년층: 1.36, 1.00
고령층: 1.20, 0.44

상업

저숙련 직종

청년층: 0.91, 0.58
중년층: 1.50, 1.01
고령층: 1.07, 0.13

고숙련 직종

청년층: 0.70, 0.55
중년층: 1.05, 1.00
고령층: 1.20, 1.13

― 기업생산성 상대기여도(중간값)   ― 기업임금 상대비중(중간값)

2

왜 연령별 생산성 패턴이 분야마다 다를까?

연령별 생산성의 정형화된 사실(stylized facts)에 근거해 인사관리 및 노동시장 패러다임을 새롭게 구성하려면 무엇보다 연령별 생산성의 패턴이 다채롭게 나타나는 근본원인을 알아야 한다. 연령별 생산성 정점이나 저하 속도가 직종별·업무별로 차이를 보이는 근본적 이유는 무엇일까?

이와 관련해 Skirbekk(2004)은 연령별 생산성 변화와 그 원인에 관한 광범위한 문헌 연구를 통해 〈그림 5-5〉의 통합 모형을 제시한 바 있다. 이에 따르면, 최종적인 직무성과는 개인별 생산성 잠재력과 기업 및 직무 특성으로 결정된다. 또한 생산성 잠재력은 신체적 능력, 정신적 능력, 교육수준, 직무경험에 따라 결정된다. 그리고 이러한 요인을 매개변수 삼아 연령이 직무성과 창출에 영향을 주게 된다.

Skirbekk의 통합모형은 연령과 생산성 관계가 다채로운 모습을 보이는 이유가 무엇인지 잘 설명해준다. 첫째, 연령과 직무성과 또는 생산성 간에 다양한 매개변수가 개입되기 때문이다. 즉 연령이 증가해도 운동을 열심히 해서 신체적 능력의 저하를 막는다거나 끊임없는

| **그림 5-5** | 연령별 생산성 변화와 영향을 미치는 요인

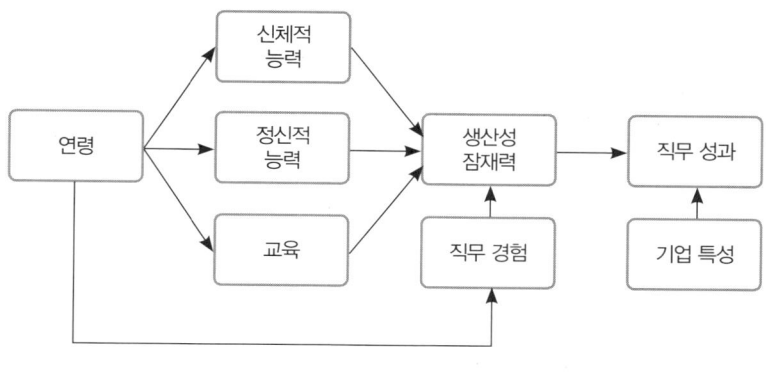

자료 Skirbekk(2004) : "Age and Individual Productivity", Max Planck Institute for Demographic Research

학습으로 정신적 능력을 계발한다든지 다양한 직무경험을 쌓는다면 잠재생산성을 유지할 수 있고, 때로는 더 증대시킬 수도 있다. 특히 유의할 점은 잠재생산성은 신체적 능력만이 아니라 정신적 능력에도 영향을 받는다는 것이다. 이는 경우에 따라서는 고령층이 더 유리한 직종도 있음을 암시한다.

둘째, 인간의 능력은 다차원적이며 개인의 능력에 따라 감퇴속도가 다르기 때문이다. 신체적 능력은 매우 빨리 정점에 도달하지만, 그에 비해 정신적 능력은 오래 지속되는 편이며 노력 여하에 따라서는 계속해서 개선될 수도 있다. 인간능력에서 특히 흥미로운 점은 특정 능력이 부족해지면 다른 능력이 커져 이를 보완하는 경우가 많다는 것이다. 시각을 잃은 맹인이 청각과 촉각이 발달해 이를 보완하듯이 말이다.

셋째, 직종별로 요구되는 기본능력과 업무스킬이 각각 다르기 때문이다. 정점 시기에 빨리 도달하는, 즉 신체적 능력이 많이 요구되는 직종이라면 연령 증가에 따라 생산성 감소도 매우 급격히 일어날 수 있다. 반면 정점에 비교적 느리게 도달하는 일로 정신적 능력이 더 필요한 직종에서는 연령이 증가해도 생산성은 그다지 뚜렷한 감소세를 보이지 않는다. 극단적 신체능력이 필요한 스포츠의 세계에서 선수들이 대개 20대에 역량의 정점을 찍고 30대면 은퇴를 고려하는 것도 그런 이유다. 반면 극단적 정신능력이 요구되는 성직자나 종교인의 경우에는 사실상 은퇴 자체가 없다고 해도 과언이 아니다.

연령에 따른 인간능력의 변화

이제 인간능력의 다차원성과 능력별 감퇴속도의 차이에 대해 자세히 살펴보자. 인간이 지닌 다양한 능력 가운데 어떤 것이 가장 빨리 쇠퇴하고 어떤 것이 가장 느리게 쇠퇴할까? 이는 이모작 직업 인생을 꿈꾸는 고령자들이 나이 들어서도 비교적 높은 생산성을 거두는 직종을 선택하는 데 의외로 중요한 질문이다. 연령에 따른 능력과 생산성의 점진적 쇠퇴라는 자연의 법칙을 효과적으로 우회할 방법을 가르쳐주기 때문이다.

이와 관련해 가장 대표적인 연구로는 Avolio & Waldman(1994)을 들 수 있다. 여기서는 직무수행상 가장 기초적으로 요구되는 인간의 능력을 크게 9가지로 분류하고 미국 노동국에 등록된 3만 568명 근로자를 대상으로 1970년부터 1984년까지 능력의 변화를 추적했다. 직

| 표 5-2 | 대표적인 직무수행 기초능력

구분		설명
신체적 능력	손가락운동능력	작은 사물을 다룰 때 얼마나 손가락이 신속하고 정확하게 움직이는 능력
	형상지각능력	구체적인 물체, 사진이나 그림에 대한 지각능력
	손운동능력	손이 쉽고 용이하게 움직이는 능력
	신체운동능력	행동을 할 때 눈과 손이 신속하고 정확하게 유기적으로 움직이는 능력
정신적 능력	공간인지능력	3차원 물체를 2차원 형상으로 나타내고 기하학적으로 이해하고 생각할 수 있는 능력
	수리능력	신속하고 정확하게 산술계산을 수행하는 능력
	사무지각능력	구체적인 구두전달 사항과 표로 표현된 사항에 대한 지각능력
	일반학습능력	일반적인 학습능력, 문제 분석 및 판단능력
	언어능력	언어와 단어의 의미에 대한 이해능력

자료 Avolio & Waldman(1994), "Variations in Cognitive, perceptual, and psychomotor ability across the working life span"

| 그림 5-6 | 직무수행 기초능력의 연령 증가에 따른 변화

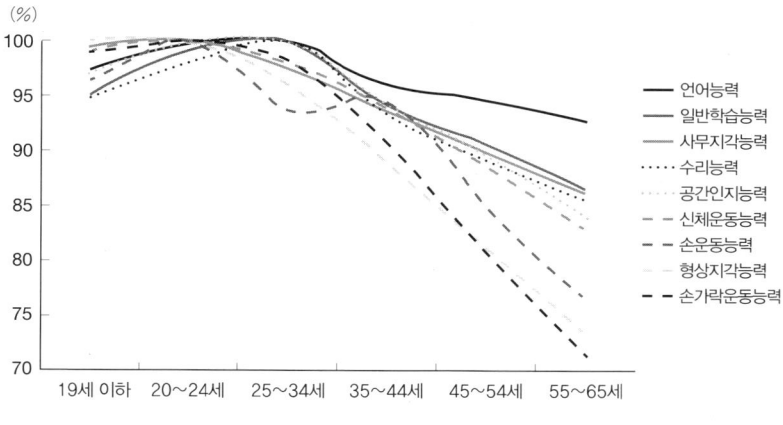

자료 Avolio & Waldman(1994), 팀 분석 자료

무수행에 중요한 9가지 기초능력은 〈표 5-2〉와 같다.

〈그림 5-6〉처럼 대부분의 직무수행 기초능력이 20~30대 초반 정점에 도달하고 이후 빠르게 저하된다. 이때 개개의 직무수행 기초능력이 최대로 신장되는 연령대와 연령 증가에 따른 능력의 감퇴속도가 각 사람마다 다르다는 점이 중요하다. 9가지 직무수행 기초능력 중 신체적 능력 4가지는 대체로 정점도 빨리 오고 연령 증가에 따른 감소폭도 컸다. 반면 정신적 능력 5가지는 나이가 들어도 비교적 감퇴속도가 느리며 그 폭 역시 작은 것으로 나타났다. 연령 증가에 따른 능력 저하의 폭이 가장 큰 것은 손운동능력이었고, 저하 폭이 가장 작은 것은 언어능력으로 나타났다. 이는 손동작이 중요한 업무보다 언어능력이 자주 활용되는 업무가 고령층에 더 적합함을 시사한다.

이런 연구결과가 타당한지 살펴보기 위해 연령과 직무수행 기초능력 간의 상관관계도 살펴보자. 즉 9가지 직무수행 기초능력은 연령에 대해 음의 상관관계를 가졌고, 상관계수의 절댓값은 언어능력, 일반학습능력, 사무지각능력 등의 순으로 커지는 등 유사한 결과가 나왔다. 즉 연령이 증가할수록 사무지각능력이 가장 크게 떨어지고, 언어능력은 비교적 적게 감소한다.

나아가 이런 상관관계가 실제로 성립하는지 살펴보기 위해 연령에 대한 직무수행 기초능력별 상관계수의 절대치를 작은 것에서 큰 것으로 오름차순 배열을 해보고, 실제 55~64세 근로자들을 대상으로 직무수행 기초능력을 조사해 우수한 것에서 열위의 것으로 내림차순 배열해 비교해보았다. 그 결과 두 순위가 유사한 순서를 보이는 것으로 나타났다. 예를 들어 언어능력은 연령 증가에 따른 감소도 가장 작았

| 표 5-3 | 고령 근로자들의 직무수행 기초능력 순위

연령과 지각능력 간 상관계수의 절댓값 (오름차순)	순위	55~64세의 지각능력 (내림차순)
언어능력	1	언어능력
일반학습능력	2	일반학습능력
수리능력	3	사무지각능력
공간인지능력	4	수리능력
사무지각능력	5	공간인지능력
신체운동능력	6	신체운동능력
손운동능력	7	손운동능력
손가락운동능력	8	형상지각능력
형상지각능력	9	손가락운동능력

자료 Avolio & Waldman(1994), "Variations in Cognitive, perceptual, and psychomotor ability across the working life span"

고, 실제 55~64세 조사표본 중 가장 우수한 수준을 보였다. 반대로 손가락운동능력이나 형상지각능력은 연령 증가에 따른 감소폭이 가장 크고, 실제 55~64세 조사표본도 가장 낮은 능력수준을 보였다.

Avolio & Waldman(1994)의 연구는 연령 증가에 따라 인간의 개별 신체적 능력이 감퇴되는 속도가 다르며, 고령자들이 이모작 직업을 구할 때 이 점을 고려하는 것이 중요함을 잘 보여준다. 다만, 이 연구는 신체적 능력만 살폈을 뿐 정신적·지적 능력은 깊이 다루지 않았다는 한계를 지닌다. 최근의 직업세계에서는 신체적 능력보다 정신적 능력의 비중 및 중요성이 점점 커지고 있으므로 정신적·지적 능력의 연령별 추이를 살펴보는 것이 상당히 중요할 수 있다.

그렇다면 과연 지적 능력은 연령 증가에 따라 어떻게 변할까? 지금까지 산발적으로 진행된 몇몇 연구를 종합하면 대체로 지적 능력이 연령 증가에 따라 감소하나, 그 정도는 신체적 능력에 비해 작은 것으로 나타났다. 그중 대표적 연구로는 Verhaeghen, P & T. A. Salthouse(1997)를 들 수 있다. 여기서는 지적 기초능력 중 속도처리력(processing speed), 단기작업기억력(primary-working memory), 일화기억력(episodic memory), 추론력, 공간지각력 등과 연령 간의 관계에 대해 수행된 91개의 연구들을 메타분석했다.[67] 그 결과 모든 지적 기초능력 요소들이 연령과 관련되며, 특히 처리속도와 단기작업기억들이 연령과 다른 능력들을 잇는 매개변수 역할을 하는 것으로 드러났다.

연령 증가에 따라 가장 많이 저하된 것은 처리속도였으며 추론력과 공간지각력, 일화기억력은 비슷하게 감소했다. 한편 주작업기억력은 연령과 비교적 관계가 적었다. 이런 결과는 일차적으로 노화에 따라 뇌의 처리속도가 느려지지만, 나이가 들면 건망증이 심해진다는 속설과 달리, 순간기억력이나 업무와 관련된 주작업기억력은 그리 나빠지지 않음을 의미한다. 한편 지적 능력에 대해 연령이 부정적 영향을 끼치기 시작하는 시기는 대략 50세 전후로 나타났으며, 50대를 넘

---

67 속도처리력이란 기억에 의존하지 않고 주어진 반응에 대해 즉각적으로 처리할 수 있는 능력 또는 그 속도를 의미한다. 그림 2개를 보고 다른지 같은지를 판단하는 능력 등이 여기 해당한다. 단기작업기억력은 일을 할 때 일시적으로 필요한 정보를 기억, 유지하는 능력을 말한다. 동료가 말해준 업무연락처의 전화번호를 잠시 기억했다가 전화를 건다든지, 상사의 작업지시를 듣고 기억했다가 이행할 때 필요한 능력이다. 한편 일화기억력이란 과거 개인적으로 경험했던 특정 상황을 장기 기억하는 것을 말한다. 과거 상사에게 야단맞았을 때의 상황과 자신의 행동, 느낌이 하나의 기억으로 저장되는 것을 예로 들 수 있다. 한편 주작업기억력이란 업무처리 노하우와 관련된 기억력을 말한다.

기면서 처리속도, 추론력, 일화기억력 감소가 빠르게 진행되는 것으로 나타났다.

이처럼 직무와 관련된 기초 신체능력과 지적 능력이 연령 증가에 따라 점차 감소한다면, 고령 근로자들의 성과는 젊은 근로자들에 비해 크게 저조할까? 그렇지는 않다. 지성도 따지고 보면 여러 종류가 있고 인간은 특정 능력이 저하될 때 다른 능력을 발달시켜 보완하는 시스템을 작동시킬 줄 안다. 이렇듯 지성의 다양성과 인간능력의 보완성 덕분에 고령 근로자도 젊은 근로자 못지않은 성과를 낼 수 있다.

Kanfer & Ackerman(2004)에 따르면 나이가 들수록 '결정화된 지성(crystallized intelligence)'이 증가한다. 결정화된 지성이란 경험이나 학습을 통해 익히게 된 나름의 노하우와 효율적 일처리 방식을 말한다. 결정화된 지성은 경험을 하면 할수록 정교하고 풍성하게 발전하는 특성을 띤다. 결국 나이가 들어 많은 경험을 했을수록 결정화된 지성이 증가하는 셈이다. 고령자들이 인지 및 처리 속도, 단기기억력 저하에도 불구하고 젊은이들 못지않게 여러 가지 일을 효과적으로 동시 수행해내는 데는 이 '결정화된 지성'이 작용하기 때문이다(Allen, Lien, Murphy, Sanders, and McCann, 2002).

한편 Colonia-Willner(1998)는 나이 들었지만 업무성과가 뛰어난 직원이 대개 젊은 직원보다 우수한 암묵지를 많이 갖고 있다는 사실을 발견했다. 암묵지 측면의 강점 덕분에 나이 든 사람들은 익숙한 문제를 접했을 때 젊은이들보다 더 빨리 해결력을 보였다(Artistico, Cervone, and Pezzuti, 2003).

마지막으로 고령층의 창의력에 대해 살펴보자. 흔히 나이 들면 창의력도 떨어진다는 말을 많이 하며, 고전적 연구가 이를 뒷받침한다. 대표적 연구로 Ruth & Birren(1985)에 따르면 연령 증가에 따라 창의력과 논리적 추론력이 대체로 감소하며, 창의력 감소는 놀랍게도 30~40대부터 시작된다. 이는 중년과 노년(65~75세) 간의 창의력 차이는 비교적 작았지만, 청년(25~35세)과 중년(45~55세) 간에는 매우 컸다는 사실에서 다시금 확인된다. 이 연구에서는 연령 증가에 따라 창의력이 떨어지는 이유로 정보 처리속도, 정보의 복잡성을 감내할 만한 능력, 새로운 해법의 추구 의지가 감소하기 때문이라 보았다.

그러나 최근에는 나이 든 사람들의 창의력이 결코 젊은 사람들보다 뒤떨어지지 않음을 강조하는 연구들도 나오고 있다. 창의력에도 여러 종류가 있고, 인간의 능력 구현상 보완 시스템이 작동한 결과, 나이 든 사람들이 창의력 측면에서 의외로 젊은 사람들보다 우수한 경우도 많다는 것이다.

창의력은 개념적 창의성과 경험적 창의성으로 구분할 수 있다. 개념적 창의성이란 과거에는 없던 새로운 개념이나 아이디어를 창조하는 능력으로 번득이는 통찰력과 톡톡 튀는 상상력이 필수다. 따라서 나이 들수록 개념적 창의성은 점점 약화된다. 그러나 개념적 창의성이 창의성의 전부는 아니다.

나이 든 사람들은 살아오면서 쌓은 다양한 경험을 새로운 맥락에 응용해 새로운 혁신을 창출하곤 한다. 이것이 경험적 창의성이다. 동양에서 흔히 '노인의 지혜'라 부르던 역량이다. 즉 고령자들이 개념적 창의성은 떨어져도 경험적 창의성이 증가하면서 종합적으로는 젊은 사람들 못지않은 창의성 발휘가 가능해진다는 이야기다(Galenson,

2004). 경험적 창의성은 어려운 문제를 쉽게 풀 수 있는 현실적 대안을 제시하는 경우가 많아 무척 중요하다. 즉 경험적 창의성은 일상생활과 경제·정치·비즈니스 등 다방면에서 그 빛을 발휘할 수 있다. 이들 분야는 파격적이거나 예술적으로 아름다운 아이디어보다 현실에서 실현 가능한 아이디어가 더욱 중시되기 때문이다.

직종별 요구능력의 차이와 연령별 생산성 저하

스포츠 가운데 은퇴적령기가 가장 빠른 것과 반대로 가장 느린 것은 무엇일까? 선수마다 천차만별이겠지만 구기 종목 선수들은 대략 30~40대 초반에 은퇴한다. 축구는 대략 30대 초반, 야구는 40세 전후, 농구는 30대 중반 정도를 은퇴적령기로 본다. 그러나 피겨스케이트와 리듬체조는 이보다 훨씬 빨라 20세나 21세쯤이 은퇴적령기라는 게 통설이다. 반면 골프는 나이가 별로 중요하지 않다. '골프황제'로 불린 잭 니콜라우스는 46세 때 통산 열여덟 번째 트로피를 획득했으며 은퇴는 67세 때 했다. 이것도 프로선수에서 은퇴한 것일 뿐 골프 관련 활동은 계속했다. 니콜라우스와 함께 골프의 양대 산맥으로 불리던 아놀드 파마도 77세 때 토너먼트 골프대회에서 은퇴했다.

이처럼 신체능력이 중요한 스포츠 분야에서도 은퇴적령기는 제각각인데, 종목별로 요구되는 능력이 달라서 그렇다. 구기 종목의 경우 기본적으로 공을 자유자재로 다루는 능력이 중요하다. 하지만 축구와 농구는 경기시간 내내 쉴 새 없이 뛰어다닐 수 있는 기초체력이 중요하므로 야구에 비해 선수들이 비교적 일찍 은퇴를 시작한다. 한편 피겨스케이트와 리듬체조는 유연성이 생명이다. 20대를 넘기면 유연성이 부쩍 줄어드는 반면 체중은 늘어나 10대 때처럼 고도의 기량을 펼치기 어렵다. 20대 초반에 선수생활을 접게 되는 이유가 여기 있다. 한편 골프는 체력이나 힘보다 다양한 필드 경험과 마인드 컨트롤이 중요하므로 나이 들어서도 골프를 즐기는 사람이 많고 선수들의 은퇴시기도 늦은 편이다.

갑자기 스포츠 분야의 은퇴시기 이야기를 꺼낸 것은 왜인가. 직무생산성의 정점시기나 저하속도가 분야와 직종마다 크게 다른 근본원인이 각각 요구되는 업무스킬이나 기본능력이 다르기 때문임을 좀 더 분명히 강조하고 싶어서다. 피겨스케이팅이나 리듬체조의 예처럼 해당 분야에서 중시되는 능력이 인간의 생리적 본성상 빠르게 감퇴되는 것이라면 생산성 저하는 당연히 일찍 그리고 급격히 일어날 수밖에 없다. 반면 골프처럼, 중시되는 능력이 비교적 천천히 감퇴되는 속성을 갖고 있다면 생산성 저하 역시 느리게 나타난다.

이런 원리는 비단 스포츠뿐 아니라 다른 분야에서도 보편적이다. 예를 들어 음악에서도 전공분야별로 생산성 정점은 크게 다르다. 연령별 생산성에 대한 고전적 연구를 내놓은 Lehman(1953)에 따르면 기악 연주자는 25~29세에, 오페라 가수는 35~39세에 기량이 최고 정점에 도달한다. 기악 연주자의 기량이 매우 빨리 정점에 도달하는 것은 앞서 살펴본 것처럼 가장 빨리 쇠퇴하는 능력 중 하나가 바로 손가락의 움직임 혹은 손의 운동능력이기 때문이다. 반면 목소리는 상대적으로 잘 늙지 않는 것이기에, 오페라 가수의 기량 정점은 더 나중에 나타난다. 세계적인 테너 파바로티는 60대에도 활발히 공연했다.

한편 지휘자는 특별한 정점 연령을 갖지 않고 나이가 들수록 원숙

미가 더해지는 경향을 보인다. 20세기의 명지휘자 카라얀은 브람스 교향곡 전곡(총 4곡) 음반을 일생에 걸쳐 네 번 냈는데, 죽기 1년 전인 1988년에 녹음한 마지막 판본을 좋아하는 사람이 의외로 많다. 테크닉으로 따지면 약간 허술한 측면도 있지만 여유로움과 인간적 호소력이 보다 풍부한 감동을 자아내서다. 명지휘자 토스카니니도 1957년 90세의 나이로 운명하기 전까지 지휘봉을 손에서 놓지 않았다. 작곡가 역시 정신노동의 특성상 사실상 죽을 때까지 현역으로 지낸다. 베토벤은 9번 합창 교향곡을, 사망하기 3년 전인 1824년 54세의 나이에 작곡했다. 이탈리아의 오페라 작곡가로서 88세까지 장수한 베르디도 85세 때 성가 4편을 마지막 작품으로 만들었다.

과학 분야에서도 연구생산성의 정점은 약간씩 차이가 난다. Stephan & Levin(1989)의 연구에 따르면 유사한 자연과학 내에서도 화학의 생산성 정점은 35~39세인 데 반해, 생리학은 40~44세, 지구과학은 45~49세, 그리고 물리학은 50~54세로 나타났다.

스포츠·예술·과학 분야 외에 일반 직종에서도 이런 원리는 유사하게 작동한다. 이를테면 수리능력과 최신지식 습득역량(일반 학습능력이 아니라)은 인간의 정신적 능력 중 가장 빨리 감퇴하는 부분이다. 따라서 이런 능력이 많이 요구되는 연구개발이나 제품설계 직종 종사자들은 불행히도 생산성 정점을 비교적 일찍 경험한다. 이공계 인력이 40대만 되어도 명퇴 불안에 시달리는 이유다. 생산성이 이미 정점에 도달해 점차 저하되기 시작했는데 기존에 배운 지식은 낡은 것이 되어버리고 최신지식을 따라가기란 힘에 부치는 일이기 때문이다.

반면, 회사의 사무직·관리직, 저술작업이나 카운슬링, 방송업 등 인문성이 중시되는 직업에서는 생산성 정점도 비교적 늦게 나타나고 생산성도 천천히 저하한다. 이들 인문계 직업에서는 통찰력이나 언어적 능력, 대인(對人) 스킬 등이 중요하다. 이는 연령별로 능력에 차이가 없거나 나이 들수록 오히려 증가하는 역량이다. 유명 작가나 카운슬러, 라디오DJ 중에는 나이 들어 더 왕성한 활동을 보여주는 사람들이 많다. 《로마인 이야기》로 유명한 작가 시오노 나나미는 70세가 넘어서도 활발한 저술활동을 벌이고 있고, 〈밤의 디스크쇼〉로 유명한 라디오DJ 이종환이나 〈전국노래자랑〉의 진행자 송해도 70대 나이로 활발히 현역생활을 이어가고 있다. 또 이공계 인력이라 하더라도 회사로부터 인정받는 40대 인력은 연구관리직으로 직무를 변경해 50대까지 직장생활을 계속한다.

3

연령별 생산성 저하, 막을 방법은 없을까?

고령화로 인한 생산성 저하를 막거나 효과적으로 우회하는 것은 개인, 기업, 국가 모두에게 중요한 이슈다. 무엇보다 개인에게 중요한데, 일모작 직장에서 자신의 가치를 얼마나 잘 유지하고 은퇴 이후 이모작 직장을 잡아 효율적으로 일할 수 있느냐와 관련된 문제이기 때문이다. 기업에는 연령별 임금-생산성 격차를 완화하고 기업 인력 전체의 생산성을 극대화한다는 측면에서 막중한 문제다. 나아가 국가에는 고령화시대에 경제 전반의 생산성 저하와 활력 쇠퇴를 막기 위한 핵심 이슈다.

인간능력의 '보완 메커니즘'을 활용하라

그러나 앞서 보았듯이 불행히도 연령 증가에 따른 생산성 저하는 자연의 법칙에 가까운 것이라 완전히 극복할 수는 없다. 다만 개인적 차원에서는 인간능력의 보완 메커니즘을 활용해 저하속도를 어느 정도 늦출 수 있을 것이다. '이 대신 잇몸'이라는 말처럼 인간에게는 어떤 능력이 쇠퇴하면 다른 능력이 외려 발달해 정상생활을 영위하도록 돕는 메커니즘이 작동하기 때문이다. 예를 들어 나이가 들면서 체력은 감소하지만 경험을 쌓으며 요령이 생기면 힘을 덜 들이고도 일을 해내는 능력이 생긴다. 건축공사 현장에서 쉰 넘은 중장년 일꾼들이 젊은 사람 못지않은 업무량을 소화하는 비결이 여기 있다. 기억력도 마찬가지다. 나이가 들수록 단편적 암기력은 감소할지라도, 맥락이 있는 사건에 대한 기억력은 별로 떨어지지 않거나 오히려 더 좋아진다. 위기 상황이 닥쳤을 때 공무원 조직이라면 나이 많은 주사가, 군대조직이라면 원사가 종종 문제해결책을 내놓는 데는 이런 요인이 작용한다. 과거 유사 사례들의 기억을 떠올리며 해결의 실마리를 끄집어내는 것이다.

고령자들이 흔히 약점이라 생각하는 창의력도 세부적으로 보면 보완관계를 맺는 무언가가 있다. 앞서 언급한 Galenson(2004)에 따르면 창조성은 개념적 혁신과 경험적 혁신의 형태로 발현된다. 나이가 들수록 개념적 혁신력은 떨어지지만, 관찰과 학습과 네트워크로부터 도출되는 경험적 혁신력은 더욱 증가해 부족한 부분을 보완해준다. 발명왕 에디슨은 일생 동안 1,093개 특허를 출원했는데, 그중 50세 이후에 출원한 특허가 전체의 3분의 1가량에 해당한다(347개).

이처럼 개인적 차원에서 연령 증가에 따른 생산성 저하를 늦추려면 나이 들수록 증가하는 능력이 무엇인가에 주목할 필요가 있다. 젊은 노동자의 경우 총체적인 전문가정신, 소통능력, 분석능력, 영업지식, 인적 네트워크가 부족하다. 이런 능력은 나이가 들고 경험과 연륜

| **그림 5-7** | 인생에서 두 번 생산성 정점에 오른 경제학자들

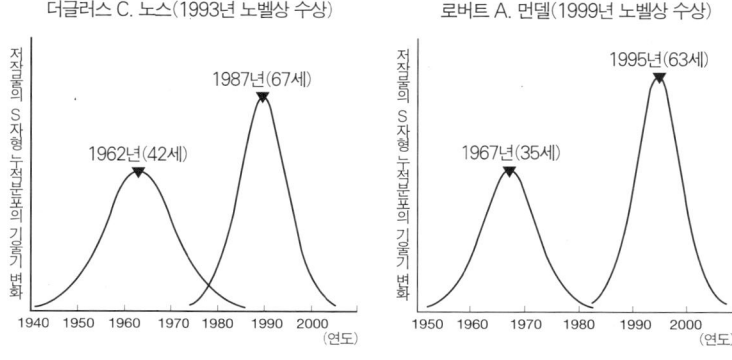

자료 Marchetti(2002)

이 쌓이면서 비로소 축적되는 것이다. 또한 일반적으로 천부적 능력이 많이 필요한 분야에서는 비교적 청년층이 유리하고, 나이 들어 얻게 되는 깊은 경험과 넓은 지식 등이 중요한 직종에서는 고령자가 비교적 유리할 수 있다.

성공한 사람들 중에는 나이 들수록 쌓이는 경험과 연륜, 지식 등을 활용해 생산성 저하에 효과적으로 대비하고 때로는 노년에 더 큰 성과를 거두는 경우도 적지 않다. 노벨경제학상 수상자인 마코위츠(재무이론)와 먼델(국제경제학)과 노스(계량경제사) 등은 논문 발간 횟수에서 일생에 두 번 정점에 올랐고, 특히 50대 이후에 눈부신 성과를 보였다.

그러나 인간능력의 보완 메커니즘을 활용해 나이 들어서도 생산성을 유지하거나 증대시키기란, 보통 사람들에게는 다음과 같은 이유로 쉽지 않을 수 있다.

첫째, 나이가 들수록 자기계발의 기회비용이 커지기 때문이다. 인간 능력의 보완 메커니즘을 활용하려면 나이가 들어도 다양한 경험, 연륜, 지식, 인적 네트워크를 쌓고자 부단히 노력해야 한다. 그러나 대다수 생활인은 40대 이후 자기계발을 계속하기 힘든 상황에 내몰린다. 당장 처리할 일이 산적해 있어 자기계발할 시간을 내기조차 어렵다. 또한 나이 들어 자기계발을 다시 하려니 육체적으로도 힘이 든다. 나아가 자기계발 노력의 효과를 언제 거둘 수 있을지도 불확실하다. 차라리 그 시간에 거래처 사람들을 한 번 더 만나거나 가족들과 시간을 보내는 게 나을 수 있다. 구구절절한 내용이 담긴 자기계발서는 해마다 수백 권씩 쏟아져 나오지만 실상 자기계발을 습관화한 사람은 결코 많지 않다.

둘째, 다양한 업무경험, 연륜, 지식을 쌓을 기회는 현실에선 의외로 소수에게만 주어지는 경향이 있다. 이런 기회는 사실상 조직의 배려에 의한 것이거나 운에 크게 좌우된다. 또한 인적 네트워크는 자기강화적 속성이 강하다. 일모작 인생에서 큰 성과를 거두거나 젊을 때 조직 내에서 높은 자리를 차지했거나 이른바 '자기만의 엣지(edge)'가 있어야만 좋은 인적 네트워크를 구축할 수 있다. 따라서 인간능력의 보완 메커니즘을 활용해 고령화에 따른 생산성 저하를 막는 것은 특정 분야에서 이미 성공을 거둔 소수 몇몇 사람에게만 적합한 방법일지 모른다.

셋째, 일반적인 자연법칙에 어긋나기 때문에 효율성이 낮을 수 있다. "나이가 들수록 생산성이 저하되며, 직무 관련 능력과 직업적성이 바뀐다"는 것은 평균적으로 관찰되는 자연법칙이다. 고령화에 따른 생산성 저하 경향에서 벗어나기란 중력의 법칙에서 벗어나는 것만큼이나 어렵다는 이야기다. 동일한 직업에 오래 머물렀다면 더욱 그렇다. 이런 법칙에서 예외가 되려면 엄청난 노력이 필요하다. 키 작은 사람이 농구를 잘하려면 남다른 점프력을 갖기 위해 남보다 몇 배 노력해야 한다. 마찬가지로 나이 든 사람이 자기 분야에서 젊은 사람과 경쟁해 승리하려면 앞서 살펴본 보완적 능력을 갖추기 위해 끊임없는 노력을 기울여야 한다.

자연법칙을 거부하고 보완적 역량을 키워 연령 증가에 따른 생산성 저하를 극복하고 자기 분야에서 일가를 이루려는 노력이 개인적으로는 아름다운 도전일 수 있지만, 사회 시스템 전체를 놓고 보면 상당한 비효율성을 야기할 수 있음을 간과할 수 없다. 고령자들 상당수가 포기하지 않고 끝까지 자기 자리를 고수한다면 어떻게 될까? 자기 자신도 힘들겠지만, 후배들도 힘들어진다. 나아가 젊은이들이 일자리를 얻을 기회조차 사라질 수 있다.

고령자 적합직종을 찾아내라

결국 우리에게 필요한 것은 평균적 자연법칙에 순응하면서 사회적 효율성을 극대화하는 대안적 방향이다. 개인적으로나 사회적으로나 자연법칙에 순응하며 연령별 생산성을 극대화하는 대안으로는 어떤 것이 있을까? 해법은 생각보다 간단할 수 있다. 즉 젊어서는 청춘의 역량에 맞는 일을 하고, 나이 들어서는 노년의 역량에 맞는 일을 하면 된다. 특정 분야에서 최고가 될 수 있는 사람이 아닌 이상, 일정한 나이가 되었을 때 고령자에게 적합한 일들 중 자기가 잘할 수 있는 것을 선택해 새로 시작하는 것이 개인적으로나 사회적으로나 더 바람직할 수 있다는 것이다.

'인생 이모작'은 이미 새로운 인생설계 방식으로 주목받고 있다. 향후 100세 장수시대와 지식정보사회가 본격화되면 새로운 규준(New Normal)으로서 완전히 자리 잡을 가능성이 크다. 100세 시대, 아니 현실적으로 90세 시대가 도래하면, 50대 초반 은퇴해 취미생활이나 즐기며 보내기에는 남은 생이 지나치게 길다. 50대 이후 적어도 10~20년 동안은 일을 해야 할 필요성이 커지는 셈이다. 게다가 지식정보사회로 진입하면서 기술과 지식의 반감기가 더 빨리 단축되고 있다. 정규 교육 커리큘럼 변화가 이를 잘 반영한다. 다시 말해, 학교에서 한 번 교육받은 지식으로 버틸 수 있는 시기가 이젠 그리 길지 않다. 직업인생의 특정 시점에서 재교육을 받거나, 다른 분야로 옮겨야만 하는 시대가 도래하는 것이다. 요즘 기업체 부장이나 임원들 사이에서 늦깎이 공부열풍이 부는 것은 이런 추세를 잘 반영한다. 여러모로 이모작 인생이 불가피한 상황이다.

어차피 이모작 직업이 필수라면, 더 효율적으로 생산성을 높일 방안을 모색할 필요가 있다. 이모작 농업을 생각해보자. 벼농사를 지은 다음 연달아 벼농사를 또 짓지는 않는다. 여름과 가을에는 벼를, 겨울과 봄에는 보리를 심는 형태로 그 시기에 맞는 작물로 윤작한다. 인생 이모작도 마찬가지다. 평생 한 가지 전문성만 고집하는 것은 힘도 많이 들 뿐더러 삶을 지루하게 만들 수도 있다. 젊어서는 청춘의 역량에 맞는 일을 하고 나이 들어서는 노년의 역량에 맞는 일을 하는 것이 더 수

월하고 효율적이면서, 또 재미있는 인생 아닐까. 한마디로 말해 이모작 인생에서는 고령자에게 적합한 직종을 선택하는 것이 개인적으로나 사회적으로나 가장 바람직한 결과를 낳을 것이다.

성공 가능성이 높은 이모작 직종은?

그렇다면 어떤 직종이 이모작 인생에서 성공 가능성이 높을까? 흔히 국가의 평생학습 시스템 구축이나 개인의 이모작 직업 선택에서 이동의 방향성, 즉 좋은 성과를 비교적 쉽게 거둘 수 있는 방향성이 존재한다는 점이 간과되곤 한다. 앞서 살펴보았듯 인간은 다양한 능력을 갖고 있으며, 그 능력의 연령별 감퇴속도 또한 저마다 다를 뿐 아니라, 직업별로 요구하는 능력집합이 제각각이다. 결국 직업 이동에도 보다 손쉽고 효율적인 방향이 존재한다.

먼저 일모작 직업부터 생각해보자면 물리적 능력, 수리력, 분석력, 개념적 혁신력이 요구되는 직업을 젊어서 선택하면 좋은 성과를 거둘 수 있다. 그리고 이모작 인생을 위해서는 나이가 들면서 빛을 발하는 언어적 능력, 판단력, 소통능력, 사무능력, 영업지식, 인적 네트워크가 중요한 직종을 골라 이직한다면 비교적 높은 생산성을 기대할 수 있다.

좀 더 구체적으로 일모작 직업과 이모작 직업에 적합한 직종을 알아보자. 〈표 5-4〉는 노동부(2000)의 "성인용 직업적성 개발 2차 연도 최종보고서"에서 발췌한 것으로, 직종별 주요 직무수행 기초능력에 관한 자료다. 기술자, 과학자, 제조업 등은 상대적으로 물리적 능력(공간

| 표 5-4 | 직종별 주요 직무수행 기초능력

대분류	중분류	주요 직무수행 기초능력								
		언어력	상황판단력	사고력	수리력	집중력	공간지각력	협응력	추리력	기계조작능력
관리인 및 사무원	일반관리자	○	○	○						
	일반사무원	○			○	○				
대인, 음식 및 기타 서비스	대인 서비스 관련 직업	○					○	○		
	음식제조 관련 직업	○					○	○		
사업서비스 관련 직업	세무사·공인회계사	○			○				○	
	광고·조사·컨설팅 전문가	○	○				○			
교육·도서관 관련 직업	대학교수, 사회과학 전문가	○		○					○	
	인문계 교사	○								
	자연계 교사	○			○				○	
전문기술자 및 과학자	전자 및 통신공학 기술자	○				○	○		○	
	기계공학 기술자	○			○					○
	물리·화학·생물 전문가	○				○			○	
제조업 관련 생산직업	일반 제조원						○	○		
	정밀 분야 제조원					○		○		○

자료 노동부(2000), "성인용 직업적성 개발 2차 연도 최종보고서"

지각력, 협응력, 추리력)과 기계조작능력, 수리력 등이 많이 필요함을 알 수 있다. 관리자, 사무원, 서비스 및 교육 직종은 물리적 능력이나 기계조작능력보다는 언어적 능력, 판단력, 사고력이 더 중요함을 알 수 있다. 여기서 물리적 능력, 기계조작능력, 수리력 등에는 주로 청년층과 중년층이 높은 적성도를 보이고 언어적 능력, 판단력, 사고력 등은 주로 장년층과 노년층이 비교우위를 갖는 능력이다. 그렇다면 젊어서는 기술자, 과학자, 제조업 분야에서 일하고 나이 들어서는 관리자, 사무원, 서비스직, 교육 등의 직종에서 일하면 연령 증가에 따른 생산성 저하를 효과적으로 회피할 수 있으리라는 추론이 가능하다.

흥미롭게도 기술자, 과학자, 제조직 등은 이공계적 특성이 강한 분야이고 관리자, 사무원, 서비스 및 교육 직종은 인문사회계적 특성이 강한 분야다. 간편하게 전자를 이공계적 직종, 후자를 인문사회계적 직종이라 해보자. 그렇다면 인생 전반부인 일모작 직업으로는 이공계적 직종을 선택해 일하고, 인생 후반부인 이모작 직업으로는 인문사회계적 직종을 택한다면 어떨까? 〈그림 5-8〉처럼 젊어서 이공계적 직종에서 빠른 성과를 내고, 생산성이 떨어질 무렵에는 나이 들어

| **그림 5-8** | 인생 이모작과 두 번의 생산성 정점

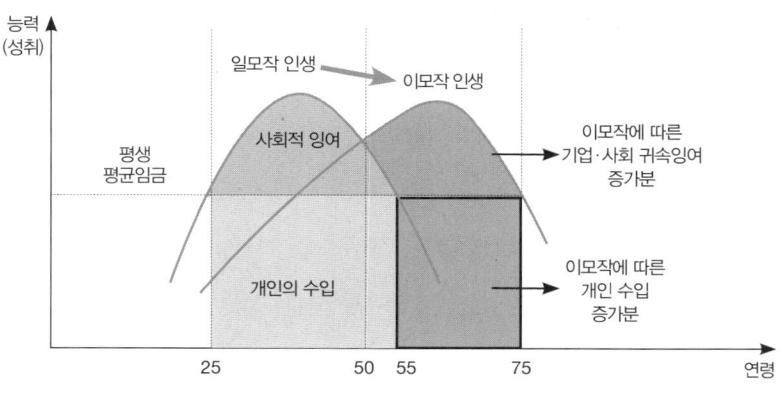

서도 성과를 내기 용이한 인문사회계 직종으로 갈아탐으로써 인생에서 두 번의 생산성 정점을 맞을 수 있게 된다. 대다수의 개인이 이런 이모작 인생을 영위해 젊어서나 나이 들어서나 좋은 성과를 낼 수 있다면 국가 전반의 생산성 또한 증대된다. 그러나 이러한 연령별 분업이 모든 사람에게 공통으로 적용되는 것은 아니다. 평생 이공계 적성을 벗어날 수 없는 사람이 있는가 하면 젊어서부터 이공계 적성이 전혀 맞지 않는 사람도 있다. 이러한 사람들은 일모작·이모작을 나누지 않고 한 가지 업종에서 오랜 기간 근무할 수밖에 없다. 그런데 현재와 같은 일모작 사회에서는 이런 사람들의 경우 직업능력이 쇠퇴하지 않았음에도 불구하고 입사동기생 또는 일정년도 이전 출생자들과 동시에 일괄퇴직을 강요당하는 경우가 대부분이다. 그러나 이모작 사회에서는 이들의 능력에 따라 이모작 기간만큼 더 오래 근무할 수 있는 분위기가 조성될 것이다. 실제 적성검사 결과에 따르면 이런 극단적인 경우도 없지 않지만, 많은 경우 두 가지 적성이 혼재하고 있어서 대다수의 사람들에게는 연령별 분업체계를 적용하는 데 큰 무리가 없을 것이다.

이런 이직 패턴을 따른다면 "나이 들수록 직무 관련 기초능력과 직업적성이 바뀐다"는 자연법칙에 따라 생산성도 높게 나타날 뿐 아니라 이직에 적응하기도 비교적 용이할 수 있다. 실제로도 이런 이직 패턴은 그 반대의 경우보다 훨씬 많고, 직무만족도나 성공도도 높은 편이다. 이와 관련해 "국내 직업 간 직장이동 현황"(2007년 기준)을 한번 살펴보자. 2007년 한국 직업인의 10%에 해당하는 총 233.6만 명이 이직을 했다. 이 중 직업 간 직장이동 현황을 살펴보면, 동일 직종 내에서 직장만 옮긴 경우가 130.3만 명으로 약 56%다. 아예 다른 직종으로 전업한 경우는 103.3만 명(44%)이다. 완전히 다른 업종으로 직업을 바꾸는 일도 꽤 많이 발생하고 있다는 이야기다. 현재와 같은 일모작 사회에서 다른 직종으로 이직률이 50% 가까이 된다는 사실은 국가가 정책적으로 이모작 사회 건설을 위한 제도적 장치와 정책적 지원을 마련한다면 일모작 직업에서 이모작 직업으로의 업종 전환이 상당히 원활할 것임을 시사한다.

이 가운데 인문사회계 직종(2, 3, 4)에서 이공계 직종(5, 6, 7)으로 옮긴 경우(빗금 영역)는 12.5만 명인 반면, 이공계 직종에서 인문사회계 직종으로 옮긴 경우(굵은 외곽선 영역)는 15.8만 명으로 26%가량 더 많다(표 5-5). 비율로 따지면 이런 차이가 더욱 극명해 흥미롭다. 인문사회계 직종에서 이공계 직종으로 옮긴 경우인 12.5만 명은 인문사회계 직종의 총 전출자 92.0만 명의 13.6%에 해당하나, 이공계 직종에서 인문사회계 직종으로 옮긴 경우인 15.8만 명은 이공계 직종의 총 전출자 74.9만 명의 21.1%에 해당한다. 이는 다른 직종으로 이직해야 하는 경우라면, 이공계 직종에서 인문사회계 직종으로 이직하기가 그 반대 경우보다 상대적으로 더 용이하다는 의미일 수 있다.

이런 맥락에서 CEO들 가운데 유독 이공계 출신이 많은 점도 이해할 수 있다. CEO라면 전문경영 사무직 피라미드의 정점이다. 언뜻 생각하기에는 마케팅이나 재무 등 경영학 전공이 CEO를 하는 데 유리할 것 같아 보이지만, 실제로 이름난 CEO들을 살펴보자면 심오한 기술적 이해를 바탕으로 나이 들며 경영능력을 보강해 그 자리에 오른 경우가 많다. 경영학도 출신이 공학 지식을 습득하는 것보다 공학도 출

| 표 5-5 | 직종 간 직장이동

(단위 : 천 명, 2007년 기준)

구분	전입계	0. 의회의원 고위 임직원 및 관리자	1. 전문가	2. 사무 종사자	3. 서비스 종사자	4. 판매 종사자	5. 기술공 및 준전문가	6. 기능원 및 관련 기능 종사자	7. 장치, 기계조작, 조립 종사자	8. 농업 및 어업 숙련 종사자	9. 단순 노무 종사자
전출계	2,336	44	191	336	322	262	254	277	218	65	368
0. 의회의원 고위 임직원 및 관리자	48	10	5	8	4	8	7	3	3	1	-
1. 전문가	185	4	122	11	2	7	35	1	1	1	-
2. 사무 종사자	367	6	20	187	26	36	49	12	17	2	12
3. 서비스 종사자	308	3	4	31	181	31	10	9	13	2	26
4. 판매 종사자	262	5	5	40	34	117	16	17	15	1	13
5. 기술공 및 준전문가	247	11	32	27	9	20	119	13	10	2	3
6. 기능원 및 관련 기능 종사자	274	1	3	7	16	11	4	176	28	2	25
7. 장치, 기계조작, 조립 종사자	201	2	1	14	10	11	8	20	103	4	30
8. 농업 및 어업 숙련 종사자	72	0	-	1	1	2	1	3	4	45	16
9. 단순노무 종사자	372	1	-	10	39	20	5	24	24	7	243
비고 (취업자수)	(계) 23,433	556	2,032	3,309	2,912	2,655	2,609	2,423	2,588	1,624	2,725

자료 통계청(2008), "주제별〉고용·노동·임금〉고용〉인력실태조사〉평소취업자〉직업 간 직장이동", "직업별 취업자", 국가통계포털

주 표 읽는 법 : (예) 전문가 전출자 19만 1,000명 중 사무종사자로 이동한 인구는 2만 명, 사무종사자 전출자 33만 6,000명 중 전문가로 이동한 인구는 1만 1,000명

신이 경영학 지식을 습득하기가 아무래도 용이한 것이다.

구체적인 예로 GE의 전임 CEO 잭 웰치를 보자. 그는 애초 화학을 전공한 공학도이고 GE에 엔지니어로 입사했으나, 최종적으로는 부사장과 회장을 거쳐 세계적 전문경영인으로 활약했다. BMW 판케 회장도 마찬가지다. 원래 물리학 박사 출신으로, 젊어서는 핵물리학 연구원과 뮌헨 대학 물리학과 교수를 지냈다. 그러다가 컨설팅회사 맥킨지로 자리를 옮기고, BMW에 연구개발 책임자로 이직해, 결국 BMW 그룹회장 자리에까지 올랐다. 폭스바겐의 빈터콘 회장도 금속공학 박사 출신이다. 한국에서도 2000년대 들어 최고 임원에 이공계 출신의 약진이 눈에 띄게 늘면서, 2010년 말 매출 기준으로 국내 1,000대 기업의 최고경영자 중 이공계 출신 CEO가 462명에 달했다.

경영자만이 아니다. 소통력과 표현력이 중요한 정치 분야 역시 형식상 인문사회계 직업으로 분류되지만 세계적으로 살펴보자면 의외로 이공계 출신의 국가지도자가 많다. 과거 중국의 최고지도자였던 장쩌민은 전기공학을 전공했고, 그 뒤를 이은 후진타오는 수리공정학을 공부했다. 독일 총리 메르켈 역시 이론물리학과 양자화학을 전공했으며, 리셴룽 싱가포르 총리도 수학과 출신이다. 영국의 전 총리인 '철의 여인' 대처도 대학에서 화학을 전공했다.

물론 경영자나 국가지도자라는 자리는 극소수 사람만이 경험하는, 경력 피라미드의 정점이다. 이런 피라미드의 끝까지 올라가지 못한 대다수의 일반인 중 젊어서 일모작 직업으로 이공계 직종에서 일하다가 나이 들어 이모작 직업으로 인문사회계 직종을 택해 큰 성공을 거둔 사례를 찾기란 쉽지 않다. 이는 일모작 패러다임에서 이모작 패러다임으로 국가와 사회가 아직은 변화하지 않았기 때문에 많은 사람에게 이모작 기회가 제공되지 못해서다. 그러므로 더 많은 이모작 성공 사례가 나오려면 개인적 노력만이 아니라 국가와 사회 차원에서 이루어지는 제도적이고 체계적 지원이 선행되어야 한다.

왜 새로운 직종으로 갈아타기가 두려운가?

한 직종에서 전문성을 갈고닦아 직업수명을 연장하는 일은 결코 만만한 일이 아니다. 나이 들수록 직장 내 피라미드의 상층부로 올라가야 하지만 상층부의 자리 수는 한정되어 있다. 게다가 새로운 지식과 기술로 무장한 후배 세대와도 경쟁해야 한다. 40대 후반~50대 초반의 대기업 부장이 겪는 비애를 한번 생각해보라. 이미 실력 있는 동기들은 상무 자리를 차지해 새로운 경력 사다리를 올라타기 시작했지만, 자신에게는 승진의 기회가 주어지지 않으리란 것을 잘 안다. 실력 있고 야심만만한 후배들이 슬슬 자신을 짐스러워한다는 사실 또한 잘 알고 있다. 하지만 자녀들이 대학을 졸업할 때까지라도 어떻게든 이 자리를 지켜야 한다. 지나간 세월을 생각하면 만감이 교차한다. 한국사회에서 의외로 많은 중년 직장인이 이런 고민을 하고 있다.

이처럼 상층부에 올라갈 가능성이 적은 대다수 사람들에게는 오히려 적절한 시기에 이모작 직종으로 갈아타는 것이 상대적으로 수월하고 효율적이며 유용한 인생설계 방식일 수 있다. 특히 젊어서 이공계 직종을, 나이 들어 인문사회계 직종을 택하는 패턴으로 이모작 인생을 영위한다면 전 생애를 통틀어 높은 생산성을 시현할 수 있다. 그런데도 왜 사람들은 이모작 인생을 시도하지 않는 것일까?

물론 저마다 갖가지 사정이 있을 것이다. 그중 가장 큰 이유는 두려움이다. 직종 자체를 바꾼다는 것은 그간에 쌓아둔 많은 것을 포기한다는 뜻이다. 현 직종 내의 생존방식에는 익숙하지만, 다른 직종의 생존방식은 어떤지 전혀 모른다. 또한 전직을 위해서는 여러 가지 새로운 노력을 쏟아 부어야 한다. 개인적 차원에서 다른 직종으로 전업을 준비하려면 주도면밀한 미래계획 마련과 상당한 노력이 필요한 것이다. 그런 무모한 도전을 하기에는 너무 나이 먹어버렸다는 생각을 하게 마련이다.

개인들의 이런 고충을 해결하려면 당연히 국가나 사회 차원의 지원책이 선행되어야 한다. 전업이직을 지원하기 위한 사회체계가 구성되고 뒷받침된다면, 향후 이모작 인생을 준비하는 사람들의 수도 훨씬 많아질 것이다. 나아가 인생 이모작과 관련해 체계적인 경력경로가 제시되고, 젊을 때부터 이런 경력경로를 염두에 두고 경제활동을 할 수 있다면, 인생 이모작의 효과가 국가 전반에서 극대화될 것이다.

따라서 고령화시대 패러다임 아래서 이루어질 평생교육 시스템은 인생 이모작을 극대화하는 방향으로 추진되어야 할 것이다. 그리고 이모작 인생경로가 개인적 차원이 아닌 사회·국가적 차원에서 마련되어야만, 사람은 늙어도 국가는 늙지 않을 수 있다. 향후 한국에 주어진 과제 또한 바로 이것이다. 미래 고령화시대에는 고령인구의 양적 확대만이 아니라 과거와 전혀 다른 신체적·정신적 조건을 갖춘 고령층의 등장이라는 질적 변화도 더불어 일어날 것이다.

고령층 증가를 단순히 사회적 비용부담의 증가로만 인식할 게 아니라, 새로운 노후를 개척할 능력과 의지와 필요를 갖춘 신인류 계층의 증가로 인식하고, 국가와 사회가 이들의 인생경로를 함께 설계하고 이들의 잠재력을 효과적으로 활용하고자 노력해야 할 것이다. 그러려면 우선 고령화시대에 효과적으로 대응할 수 있는 사회체계를 건설해야 하는데, 이런 사회체계란 과연 무엇일까? 다음 장에서 상세히 살펴보자.

6장

국가 차원의
연령별
분업체계 만들기

Intro

───── **5장에서 우리는** 연령 증가에 따른 직업적성의 자연스러운 변화를 추적해보았다. 이미 살펴본 것처럼 고령화시대에는 인간수명이 획기적으로 연장될 것이며, 이 추세를 자연법칙에 부응하는 방향으로 현명하게 활용하려면 인생 이모작 패러다임이 중요해질 것이다. 한마디로 말해, 청년일 때는 이공계 직종을 선택하고, 나이 들어서는 고령자의 적성에 적합한 인문사회계 직종으로 갈아탐으로써 제2의 인생을 시작하자는 이야기다. 그것만이 개인의 평생생산성을 극대화하고 직업수명도 효과적으로 연장하는 방법이다.

　문제는 성공적인 이모작 인생을 영위하려면 체계적으로 준비해야 한다는 점이다. 적잖은 시간과 노력이 요구되는 탓에 대부분의 고령자가 이모작 인생을 시작할 엄두조차 내지 못하는 모순적 현실에 직면하게 된다. 고령자 또는 예비고령자 개개인이 겪는 이런 고충을 해결하려면 아무래도 국가나 사회 차원의 지원책이 필수다. 한국인이라면 누구나 이모작 인생을 시도할 수 있도록 그것에 대한 마음가짐을 고취하고 탄탄한 제도로 뒷받침해주어야 한다. 나아가 인생 이모작을 가능케 하는 경력경로가 사회에 체계적으로 자리 잡힘으로써, 젊을 때부터 이런 경력경로를 염두에 두고 경제활동을 하게 된다면, 인생 이모작의 효과가 국가 전반에서 극대화될 것이다.

그런 의미에서 고령자 고용실태와 관련 정책의 현황을 살피는 일은 중요하다. 사실 지금 이 순간에도 다양한 고령자 고용정책이 시행되는 중이지만, 그 내용을 보자면 '고령자 고용률'이라는 형식적 실적만 강조한다는 한계가 있다. 하지만 그런 수준으로는 국가 전반의 '이모작 체계' 형성이 결코 쉽지 않다. 따라서 6장에서는 '생산적 고령화 정책'의 대안을 제시해 향후 고령자 고용정책이 이모작 인생이라는 사회 패러다임의 변화와 고령자 고용 그리고 국가 경제성장의 상호 연계를 강화하는 형태로 진화해야 함을 강조할 것이다. 아울러 간단한 모형을 통해 연령별 분업구조가 어떻게 국내총생산(GDP) 증대에 기여하는지, 이모작 인생사회를 구현하는 핵심 경제 기반으로서 연령별 분업구조를 국가 차원에서 어떻게 건설할 수 있을지 살펴보도록 한다.

1

겉만 화려한 고령자 고용실태

한국사회에서 고령자 취업은 외화내빈의 양상을 보이고 있다. 겉으로 드러나는 수치는 양호해 보이지만, 내실 측면에선 의외로 많은 문제를 안고 있다는 말이다. 먼저 수치 측면을 보자. 우리나라의 55~64세 준고령자들의 경제활동참가율과 고용률은 2006년 이래 60%대를 유지하고 있다. 특히 2010년의 경제활동참가율은 62.7%, 고용률은 60.9%에 달한다.[68] 이는 2010년 한국 전체의 생산가능인구(15~64세) 비율보

---

[68] 경제활동참가율, 고용률, 취업률은 종종 사람들을 혼란스럽게 만드는 지표다. 여기서 경제활동참가율은 경제활동인구를 생산가능인구로 나눈 비율이고, 이때 생산가능인구는 15~64세 인구, 경제활동인구는 취업자와 구직활동을 한 실업자를 말한다. 즉 경제활동참가율은 15~64세 인구 중 얼마나 많은 사람이 경제활동을 하고 있는가를 측정하는 지표다. 한편 고용률은 취업자를 생산가능인구로 나눈 것이다. 즉 15~64세 인구 중 실제 고용된 사람이 얼마나 되는가를 측정하는 지표다. 경제활동참가율의 분자인 경제활동인구는 고용률의 분자인 취업자에 구직활동을 한 실업자를 더한 것이기 때문에 일반적으로 경제활동참가율 수치는 고용률보다 더 크게 나타난다. 그렇다면 굳이 이 두 지표를 구분해 살펴보는 이유는 무엇일까? 양자 간의 차이가 고용 상황을 잘 보여주기 때문이다. 즉 경제 상황이 좋고 취업이 잘된다면 양자 간 차이는 작아진다. 그러나 경기가 나빠져 취업이 잘되지 않는다면 양 지표 간 괴리가 커진다. 구직활동을 하고 있어도 취업이 안 되는 실업자들이 많아지기 때문이다. 이런 괴리 정도에 집중하는 지표도 있다. 취업률 지표가 그것으로, 이는 취업자를 경제활동인구로 나눈 것이다. 다르게 말하면 취업률 지표는 고용률을 경제활동참가율로 나눠준 것과 동일하다. 즉 취업률이 올라간다는 것은 고용률과 경제활동참가율의 차이가 그만큼 작아진다는 의미다.

다 높고(각각 60.1%, 58.7%) 2009년 OECD 전체의 고령자(각각 57.8%, 54.5%) 비율과 비교해도 크게 웃도는 수준이다. 그러나 이런 수치에 근거해 고령자들의 취업이나 고용이 활발하다고 말하는 것은 한국 고용시장의 현실을 반영하지 않은 탁상공론일 수 있다.

한국에서 중장년층의 경제활동참가율이 높게 나타나는 것은 농업과 자영업 인구가 많고 연금 등 노후소득보장제도가 취약하기 때문이다. 특히 중장년층에서 자영업자가 늘어나는 것은 부정적인 신호일 수 있다. 중장년 자영업자들 중 상당수는 영세한 도소매업이나 음식숙박업에 종사하고 있어 소득수준이 열악한 경우가 많다. 문제는 서비스 업종의 대형화와 세련화 경향으로 점차 장사가 안 되어 휴·폐업에 직면하고 결국 생계위협에 노출될 가능성이 커지는 것이다. 고용노동부 조사에 따르면 자영업자 중 매출 부진으로 3년 이내 자진 폐업하는 업소가 절반이 넘는다. 음식점 등 먹거리 장사의 경우 폐업률은 70%에 육박한다. 준고령자들의 경제활동참가율은 높지만 경제활동의 질이나 향후 전망은 결코 좋지 않다는 이야기다.

한국의 고령자 고용률은 OECD 국가들의 상황과 비교할 때 중장기적 추이 측면에서 거꾸로 가는 양상이다. 최근 15년간 선진국 전체에서 고령자 고용률은 증가하는 추세인데, 유독 한국에서만 고령자 고용률이 감소하거나 정체하고 있다. 〈표 6-1〉에서 보듯이 OECD 평균 고령자 고용률은 1994년 46.1%에서 2009년 54.5%로 크게 늘어났다. 특히 독일이나 네덜란드에서는 고령자 고용률이 20% 이상 크게 증가했다. 그러나 한국에서는 같은 기간 동안 62.9%에서 60.4%로 오히려 감소하는 모습을 보였다. 2년이 지난 2011년 한국의 고령

| 표 6-1 | 한국과 OECD 국가들의 고령자(55~64세) 고용률 비교

(단위 : %)

	한국	OECD 평균	미국	독일	네덜란드	캐나다	영국
1994년	62.9	46.1	54.4	35.9	29.0	43.6	47.4
2009년	60.4	54.5	60.6	56.6	52.6	57.6	57.5
증가·감소	▼	△	△	△	△	△	△

자료 고용노동부 (연합뉴스 보도(2010.10.1) 재인용)

자 고용률은 62.1%로 소폭 늘었지만 전반적으로는 60%대에서 정체된 모습이다.

고령층 취업, 구조적 문제 심각

이뿐만이 아니다. 현재 우리나라에서 고령층 취업 양상을 유심히 살펴보면 다양한 구조적 문제점이 드러난다. 이 가운데 주목할 만한 것은 특히 3가지로, ①임금근로자 비율이 낮으며 비정규직 비중이 높고, ②근로시간은 많으며 임금은 낮아 고용의 질이 열악하고, ③일모작 직업의 퇴직 시점부터 완전은퇴 연령까지 지나치게 긴 공백이 존재한다. 이 내용을 좀 더 자세히 살펴보자.

첫째, 임금근로자 비율이 낮고 비정규직 비중이 높다. 취업 고령자 중 임금근로자가 차지하는 비중은 2009년 5월 50.6%, 2010년 5월 53.6%로 절반을 겨우 넘기고 있다. 게다가 고령 임금근로자 가운데 임시직과 일용직 등 비정규직 비중이 48.2%에 달한다. 이는 청년층

(31.6%), 30대(24.5%), 40대(30.3%) 등 다른 연령대와 비교할 때 매우 높은 수준이다. 종합해보면, 준고령자 가운데 일자리가 없는 사람은 10명 중 4명이나 되고(고용률 60.9%), 일자리를 가진 사람 6명 중 3명은 농림업과 자영업 종사자이며(임금근로자 비율 53.6%), 임금을 받는 사람 3명 중 1.5명은 비정규직이다(비정규직 48.2%). 준고령자 가운데 임금을 받는 번듯한 일자리를 가진 사람은 10명 중 1.5명에 불과한 실정인 것이다.

둘째, 취업 고령자들의 근로시간이 지나치게 길다. 상식적으로 생각하기에 나이가 들면 상대적으로 적은 시간 일하는 것이 바람직하다. 그러나 〈표 6-2〉에서 보듯 한국의 50~60대 취업 근로자는, 1개월을 기준으로 전체 평균과 비교해볼 때 비록 일하는 날은 비슷하지만 일하는 시간 자체는 더 많은 것으로 나타났다. 또한 급여도 50대는 전체 평균보다 많이 받지만, 60대는 그보다 매우 적은 급여를 받고 있다.

| 표 6-2 | 한국 고령 근로자의 근로 실태(2008년 기준)

		월별 총 근로일수 (일)	월별 총 근로시간 (시간)	월 급여액 (만 원)	시간당 급여환산액 (만 원)
전체 근로자	전체	21.7	184.5	194.5	1.05
	50~59세	21.8	189.3	213.8	1.13
	60세 이상	20.8	203.1	155.1	0.76
정규 근로자	전체	22.2	189.6	215.1	1.13
	50~59세	22.5	195.8	243.5	1.24
	60세 이상	22.0	204.0	185.8	0.91

자료 노동부(2008), "고용형태별 근로실태 조사" [국회입법조사처(2010) 재인용]

이는 한국 근로자들의 임금이 50대 초반 정점에 달하지만 이후 곧바로 퇴직하게 되며, 퇴직 후에는 임금이 낮은 비정규직 인생을 살아가게 되는 경우가 많다는 서글픈 현실을 보여준다. 한마디로 우리나라 고령자들의 고용의 질은 매우 취약하다고 할 수 있다.

셋째, 일모작 직장의 퇴직 시점부터 완전은퇴 연령까지 기간이 지나치게 길다. 방하남(2008)에 따르면 우리나라 근로자들이 '생애 주된 일자리', 즉 일모작 직업에서 물러나는 연령대는 평균 50대 초중반이다. 이 연구에 따르면 남성 임금근로자의 일모작 직업 퇴직시기는 53.8세, 여성 임금근로자는 50.1세로 나타났다.[69] 한편 일에서 손을 떼고 노동시장에서 완전히 은퇴하는 연령대는 대략 60대 후반인 것으로 추정되었다. 방하남은 한국인들의 완전은퇴 연령을 평균 68.1세(남성 67.3세, 여성 68.3세)로 추정한 반면, OECD는 2004~2009년간 우리나라의 실제 평균 은퇴연령을 남성 70.3세, 여성 69.8세로 추정했다.[70] 이들 연구를 토대로 볼 때, 만일 한국의 근로자들이 55세 전후 '생애 주된 일자리'에서 1차 퇴직을 하고, 대략 68~70세에 완전은퇴를 한다면, 약 13~15년 정도를 불완전 고용상태에서 살아간다고 볼 수 있다. 고용의 질이 일모작 시기와는 비교가 안 될 만큼 나빠진 상태에서 말이다.

그만큼 고령자 고용 문제는 고령자 개개인의 삶의 질과 직접적으로

---

69 방하남 외(2008), 〈한국의 정년현황 실태와 정년연장을 위한 여건조성 방안 연구〉, 한국노동연구원

70 www.oecd.org · document · 47 · 0,3343,en_2649_34747_39371887_1_1_1_1,00.html. OECD의 추정에 따르면 한국 남성의 완전은퇴 연령(70.3세)은 멕시코(72.2세)에 이어 OECD 국가 중 두 번째이고, 여성의 완전은퇴 연령(69.8세)은 멕시코(69.5세)보다 많아 OECD 국가 중 첫 번째에 해당한다.

연관된다. 즉 고령자 고용을 확대하는 과정에서 단순히 고용 수치 증대에만 주력할 것이 아니라 고령자들이 지속가능한 이모작 일자리를 확보할 수 있는지에 대한 정책적 배려가 필요하다는 이야기다. 더불어 고령자 고용 확대는 국가적으로도 고령자를 위한 사회안전망 확충과 복지비용 부담 줄이기, 국가생산성 유지 및 확대를 위해 필수적이고 중요한 문제라는 뜻이다. 단순히 복지 차원으로만 접근해 고용 수치 제고에만 주력할 경우 고령자 고용 확대 정책이 자칫 국가예산 낭비로 전락할 우려가 있는 것이다. 고령자 고용을 확대하는 가운데 어떻게 국가 전체의 생산성을 유지, 확대시킬 것인가를 분명히 고려해야만, 국민의 소중한 세금을 헛되이 쓰지 않으면서 고령화시대에도 번영하는 국가를 만들 수 있다.

2 고령자 고용정책의 현황과 문제점

우리 정부도 2000년대 들어서는 고령자 고용에 대해 활발한 정책활동을 벌이고 있다. 2005년 1월에는 〈고령자고용종합계획(안)〉을 마련해 고령자 고용에 대한 관심을 구체화했다. 또한 2006년 9월 〈고령자고용촉진 기본계획(2007~2011)〉을 통해 향후 지속적으로 고령자 고용을 증진시키겠다는 의지를 밝힌 바 있다. 또한 2008년부터는 정년을 연장해 고령자를 계속 고용한 사업주에 대해 정년연장 장려금을 지원하고, 과거 한시적으로 실시되던 임금피크제 보전수당[71]을 상시 제도로 전환하는 등 고령자 취업 증대를 위한 제도적 장치를 마련하기 시작했다.

고령자 고용정책의 현황

특히 정부는 2009년 7월 베이비부머의 대량 퇴직 문제를 해결하기 위

---

71 일정 연령이 되면 임금을 삭감하는 대신 정년은 보장하는 제도

해 "고령화시대에 대응한 '50＋세대' 일자리 대책"을 발표했다. 여기서는 고령자 고용 확대 정책의 대상을 크게 재직자와 실직자로 나누고, 재직자에게는 고용 연장과 전직 서비스 강화를, 실직자에게는 일자리 확충과 취업능력 제고를 목표로 다양한 정책을 선보였다.[72] 먼저 재직자를 위해서는 ①임금피크제 도입 장려, ②고령자 고용장려금 지원, ③정년제도 개선 등을 추진하고 있다.

첫째, 임금피크제(salary peak system)란 연령 증가에 따른 생산성 저하를 반영해 일정 연령부터 임금을 단계적으로 줄이고, 대신 일정 기간 동안 고용을 보장하는 제도다. 고령 직장인들이 임금을 덜 받는 대신 좀 더 오래 회사에 다닐 수 있도록 한 제도인 것이다. 임금피크제를 도입하면, 기업은 고참 직원의 숙련 기술과 노하우를 활용하는 동시에 이들에 대한 인건비 부담을 줄일 수 있다는 이점이 생긴다. 고령 직원들도 명예퇴직이나 구조조정 같은 조기퇴직 위험에서 벗어나 고용안정을 보장받을 수 있다. 나아가 정부도 고령화에 따른 생산인력 부족 문제를 해결하고 고령인구에 대한 사회보장비용 부담을 완화할 수 있다. 정부는 임금피크제 도입을 장려하기 위해, 이를 도입한 기업의 근로자에게 54세부터 최대 6년간 임금차액의 50%를 임금피크제 보전수당으로 연 600만 원 한도 내에서 지원하고 있다.

둘째, 고령자고용장려금제도란 기업에 고령자 채용 인센티브를 제공하는 것이다. 장려금은 크게 고령자 고용촉진장려금과 중장년 훈련 수료자 채용장려금으로 구분된다. 고령자 고용촉진장려금은 고령

---

72 범부처(2009. 7). "고령화시대에 대응한 '50+세대' 일자리 대책"

| 표 6-3 | 주요 국가의 정년제도 현황

	미국	영국	프랑스	일본
정년	없음	65세	60세	65세 (고용의무화)
관련 법규	연령을 이유로 채용, 해고, 보수 등 차별 금지(1986년)	연령을 이유로 해고는 위법(65세 이상은 제외, 2006년)	연금수급 연령을 회피하는 정년 설정 금지(2001년)	기업은 정년연장, 재고용 또는 정년 폐지 중 선택(2004년)
연금 지급 개시 연령	65세 (2027년에는 67세로 상향 조정)	여성 60세, 남성 65세	60세 (1993년 65세에서 60세로 하향 조정)	63세 (2013년부터 65세로 상향 조정)

자료 노동부(2010. 4), "정년 및 임금피크제 도입 현황과 과제"

자를 다수 고용하거나, 정년퇴직자를 계속 고용하거나, 정년을 연장한 사업주에게 장려금을 지급하는 제도다. 한편 중장년 훈련수료자채용장려금은 실직 후 재취업 훈련을 받은 준고령층이나 고령층 노동자를 채용한 사업주에게 월 30만~60만 원의 장려금을 1년간 지원하는 제도다.

셋째, 정년제도 개선은 고령화시대의 본격 도래에 발맞추어 정년제도를 선진국처럼 명문화하고 강화하자는 것이다. 정년제도는 그동안 법적 강제력 없이 사실상 기업 자율로 운영되어왔고, 국내 민간기업들의 평균 정년은 57세가량에 머물러 있었다. 이와 관련해 노동부는 연금 수급 연령을 상향 조정하면서, 이와 연계해 2013년부터 정년을 의무화하고 또 단계적으로 정년을 상향 조정하는 목표를 설정했다. 그리고 2010년부터 노사정 차원에서 협의회를 구성해 관련된 논의를 진행했다. 노사정은 정년연장의 필요성에는 공감했지만 도입 시기와 방법을 두고는 첨예하게 대립했다. 그 결과 당초 목표였던 '2013년 법제화'는 힘들어진 상태다. 한편, 2013년 박근혜 대통령이 취임하면서 핵심공약인 정년 60세 연장 방안과 관련해 정부는 2017년 시행을 목표로 다시금 논의를 시작했다.

한편 실직자의 일자리 확충과 취업능력 제고를 위해서는 ①고령자 뉴스타트 프로그램 확대, ②중소기업 전문인력 활용장려금 확충, ③시니어 창업 육성, ④노인일자리 확대, ⑤해외 취업지원, ⑥민간 취업지원기관 운영활성화 정책 등이 마련되어 있다.

첫째, 고령자 뉴스타트 프로그램이란 고령자 재취업과 관련된 상담, 훈련, 현장연수, 취업알선 등 일련의 과정을 패키지화한 구직 서비스를 제공하는 것이다. 이와 관련해 50세 이상 고령 실업자에게 1인당 연수수당 20만 원과 훈련비(36만~40만 원)를 지원하고, 운영 프로그램과 훈련기관을 다양화하기로 했다. 특히 기능역량 부족으로 취업에 실패하는 고령자 문제를 해결하기 위해, 2단계 연수과정이 도입되었다. 즉 직업훈련기관에서 취업능력 향상 프로그램을 이수하고, 그 다음 기업체에서 현장연수를 받는 2단계 과정을 통해 고령자들이 현장에서 기능역량을 높일 수 있도록 한 것이다. 이 프로그램의 대상인원은 2009년 700명에서 2010년에는 3,000명으로 점차 확대되고 있다.

둘째, 중소기업 전문인력 활용장려금이란 퇴직한 전문인력을 중소기업이 재고용할 경우 최대 4명까지 인건비의 4분의 3 수준(1인당 월 60만~120만 원)을 1년 동안 지원하는 제도다. 이는 대기업과 중견기업의 퇴직 인력이 중소기업에 재취업해 전문 노하우를 발휘하는 것이 양쪽 모두에 바람직하나, 현실적으로는 임금 차이가 커서 취업을 꺼리는 문제를 해결하고자 시행되고 있다. 관련 지원 대상은 2006년 4,686명에서

2009년 8,085명까지 빠르게 늘어났다.

셋째, 노인일자리 확대 사업은 65세 이상 저숙련 취약고령자를 대상으로 이들에게 공공서비스 등 다양한 일자리를 확대 공급하고자 보건복지부 주도로 전개되는 사업이다. 제공되는 일자리는 크게 공익형, 교육형, 복지형, 인력파견형, 시장형으로 구분된다. 이 사업은 비록 급여수준은 낮지만 일자리가 가장 많이 창출, 제공되는 고령자 고용 사업으로 평가되고 있다.[73] 2009년에는 1,166억 원의 예산으로 22.3만

| 표 6-4 | 저숙련 취약고령자용 일자리의 종류

구분	상세 분류	내용
공공 분야 (사회공헌형)	공익형	공공서비스 향상을 목적으로 환경, 질서유지, 시설관리 및 지역사회 현안 해결 등을 위해 운영하는 일자리 예) 초등학교 등하교 교통정리, 급식도우미, 주거·생태환경 개선, 지하철 이용 도우미 등
	교육형	경륜과 지식을 가진 노인이 다양한 계층을 대상으로 이를 전달해, 세대 간 문화전승과 피교육자의 능력 향상을 도모하는 일자리 예) 유아·초중생 교육, 노노교육, 신문 활용 교육, 숲·문화재·박물관 해설, 해외이주자 문화적응 교육 등
	복지형	사회·경제·문화적 소외계층을 대상으로 제공되는 사회서비스 중 노인적합형 일자리 예) 노노케어, 장애인케어, 비행청소년 선도, 소외계층 주거 개선 등
민간 분야 (시장형)	인력파견형	일정한 업무능력이 있는 노인을 해당 수요처로 파견해 근무기간에 대한 일정 보수를 지급받을 수 있게 하는 일자리 예) 시험감독관, 주례사, 주유원, 경비원, 가사도우미, 청소 및 미화원, 식당보조원, 농어촌 일손도우미 등
	시장형	노인에게 적합한 업종 중 소규모 창업 및 전문직종 사업단을 공동으로 운영하는 형태로 창출되는 일자리 예) 식품·특산물·공산품의 제작·판매, 아파트·지하철 택배, 세차·세탁사업, 지역 영농사업 등

자료 보건복지가족부(2009), "2009년 노인일자리 사업 안내"

개의 노인일자리가 만들어졌다. 이 가운데 공익형 일자리가 13.5만 개, 복지형 일자리가 4.4만 개로 전체의 80%를 차지했다. 기타 교육형·시장형 일자리도 비중은 작지만 꾸준히 증가하는 추세다.

넷째, 해외 취업지원은 해외 취업을 희망하는 퇴직한 전문인력을 대상으로 4~5개월 동안 언어, 문화, 법제도 등 현지적응 교육과 직종 기능심화 교육을 실시하는 것이다. 1인당 350만 원을 한도로 교육비를 전액 지급한다. 2010년 250명을 대상으로 중국, 싱가포르, 캐나다 취업을 희망하는 인력을 대상으로 교육과정이 개설되었다.

다섯째, 고령자 취업지원 기능을 강화하기 위해 민간 취업지원기관의 운영활성화도 추진 중이다. 무엇보다 고령자 인재은행의 훈련-취업 연계 기능을 확충하고, 개설 지점 수도 2009년 9개에서 2010년 10개소로 확대했다. 또한 거점별 고용지원센터를 15개소 운영 추진할 계획이다. 이 외에도 고령자 친화적 사회 분위기를 조성하기 위해 고령자 고용 캠페인이나, 연령 차별 모니터링 활동도 운영되고 있다.

현행 고령자 고용정책의 문제점

현재 추진 중인 고령자 고용정책은 외형적으로는 매우 다양하며, 과거에 비하면 무척 발전된 모습을 보이고 있는 것이 사실이다. 그러나 아직까지 사업 초기인 탓에 문제점도 노정하고 있다. 그중 꼭 짚어봐야 할 것만 간추려보면 다음과 같다.

---

73 공공 분야의 경우 2009년의 인건비 기준액은 월 20만 원(7개월)이었다.

첫째, 구심점이 되는 정책주체가 없다. 해외 선진국들은 이미 고령자 정책 전담기구를 운영하고 있다. 그러나 우리나라는 고령자 고용의 주관부서가 노동부와 보건복지부로 이원화되어 있다. 이 때문에 정책의 효과적 설계와 집행이 쉽지 않다. 더욱이 최근에는 복지를 강조하는 사회 분위기 때문에 고령자 고용정책도 '복지' 관점에서 진행되는 경향이 강하다. 이 때문에 안정적이고 생산적인 이모작 일자리 창출보다는 시혜적 복지 차원에서 단기 일자리를 대량 창출해 고령자들에게 나눠주기 급급하다. 정책 구심점이 불분명하기 때문에 전 사회 차원에서 일자리와 관련해 재계와 노동계, 나아가 청년층과 고령층 간의 이해관계 조율과 사회적 합의 도출이 제대로 이루어지지 못한다는 점도 문제다.

둘째, 정책 집행상 비용효율적이지 못할 우려가 존재한다. 일자리 창출이 시장 메커니즘이 아닌, 정부의 재정투입 증대에 의존하는 형태이기 때문이다. 현재 구도대로 계속 간다면 정부 재정투입의 증감에 따라 고령층 일자리 수가 고무줄처럼 변하고, 마련되는 일자리도 안정적이지 못할 가능성이 크다. 특히 공익형·복지형 일자리가 다수를 차지하면서, 생산적인 고령자 활용이라는 기치를 달성하기가 힘들어졌다. 고령자 취업률이 늘더라도 국가 가치창출이나 경제발전에는 제대로 기여하지 못하는 구조가 형성되고 있다는 것이다. 나아가 국가재정이 어려워지면 곧바로 고령자 일자리 창출이 크게 감소할 위험성도 상존한다.

셋째, 일자리의 질 측면에서 고령자들의 노하우와 업무역량을 최대한 활용하는 생산적 일자리를 창출하는 데는 매우 미진하다. 고령자들에게 지속가능한 이모작 일자리란 자신의 노하우와 지식과 적성 변화 등을 활용해 더 많은 가치를 창출하고 이를 통해 사회에 기여할 수 있는 일자리일 것이다. 그러나 지금은 실직상태의 고령자들이 일거리를 찾을 수 있도록 지원하거나, 공익형·복지형 일자리를 창출하고 분배하는 데만 역량이 집중되고 있다. 고령자의 직업능력 계발도 단기적이거나 그 대상이 여성이나 취약고령자에 치중된 탓에 정작 전문성 있는 고령자들은 재교육이나 재취업 기회를 얻기가 쉽지 않은 상황이다.

넷째, 개인의 전 생애를 두고 생각할 때 이모작 인생 준비가 너무 늦게 시작된다. 일모작 직업에서 퇴직한 후 계속해서 성공적인 이모작 인생을 영위하려면 적어도 퇴직 1~2년 전, 이상적으로는 4~5년 전부터 체계적으로 이모작을 준비할 필요가 있다. 그러나 현재의 고령자 고용정책은 단기적 노동수요 창출과 고령층 고용률 제고에만 초점이 맞추어져 있고, 그 대상 또한 재직자보다 실직자 중심이다. 즉 장년층과 고령층에 대한 장기적 관점의 이모작 교육훈련 인프라가 제대로 구축되지 못한 채 공백으로 남아 있는 셈이다. 이 때문에 개인들은 일모작 인생이 끝난 다음에야 허둥지둥 이모작 직업을 구하러 나선다. 이렇듯 정부의 전직 지원책이 실직 고령자들에게만 집중되다 보니 정작 고령자 고용정책의 실효성은 떨어진다. 결과적으로 정부지출은 늘어나지만 정책 효율성은 감소하는 악순환이 계속된다.

이런 측면에서 향후 고령자 취업정책은 단순히 비고용 고령층의 노동공급과 기업들의 고령층 고용수요를 직접 자극하는 데 그치지 않고 한발 더 나아가 이모작 직업역량을 확충하는 평생교육 인프라를 구축하는 방향으로 확대될 필요가 있다. 또한 고령자 고용률의 단기적 증감에 집착하지 말고, 장기적 관점에서 사회 전체적으로 인생 100세 시대를 대비한 이모작 직업생활 양식을 새롭게 정립, 형성하는 형태로 발전해나가야 한다. 이는 청년층과 고령층의 세대 간 갈등을 방지하며 고령자 이모작 인생을 효과적으로 지원하는 기본 관점으로서 특히 중요하다. 또한 복지·취업·보건·기업 정책들이 서로 부딪치는 문제까지도 새로운 고령화사회 시스템이라는 관점에서 과거와 다른 방식으로 해결할 수 있어야 할 것이다. 이런 측면에서 '연령별 분업체계에 근거한 생산적 고령화' 개념은 우리 실정에 잘 맞는 고령화 정책의 대안적 방향을 모색하는 근간이 될 것으로 판단된다.

3

'생산적 고령화' 관점에 해법 있다

앞서 언급한 여러 가지 문제점을 극복 또는 해결하려면 고령화 관련 정책을 실행하기 전에 근본적인 관점 전환이 급선무다. 그런 측면에서 향후 한국은 활동적 고령화(Active Ageing) 관점을 넘어 능동적 고령화(Proactive Ageing) 또는 생산적 고령화(Productive Ageing) 관점의 고령자 고용정책을 추진해야 할 것으로 보인다.

생산적 고령화란, 앞서 설명했듯이 고령화시대가 피할 수 없는 현실임을 냉철히 인식하는 데서 시작된다. 그리하여, 현재와는 판이하게 다른 인구·사회·경제 조건의 고령화 상황에서도 국가 가치창출을 최대화할 수 있도록 고령자들의 생산적 고용구조를 선제적이고 능동적으로 만들어가자는 것이다. 이는 단순히 고령자 일자리를 창출하고 알선하는 수준을 넘어, 고령자들이 일할 필요, 일할 의지, 일할 능력이 있는 한 언제라도 연령에 구애받지 않고 맘껏 일할 수 있도록 사회의 시스템을 만들자는 의미다.

이를 위해 가장 먼저 필요한 일은 노동시장의 구조를 고령화시대에 걸맞은 형태, 즉 '연령별 분업구조'로 전환해나가는 것이다. 여기서 연령별 분업구조란 다양한 직업 가운데 젊은 사람들이 비교우위를 갖는 직종은 청장년층이 주로 맡고, 나이 든 사람들이 비교우위를 갖는 직종은 고령자들이 주로 맡는 식으로 고용을 분업화하는 구조를 말한다. 이는 앞서 5장에서 확인한 연령 증가에 따른 인간능력과 적성의 자연스런 변화, 그리고 이에 따라 발생하는 연령별 비교우위로부터 자연스럽게 도출되는 개념이다.

절대우위와 비교우위

원래 절대우위론과 비교우위론은 국제자유무역이 존재할 때 국가별로 분업이 발생하는 근본원리를 설명하는 과정에서 고전파 경제학자들이 제시한 개념이다.

절대우위론을 최초로 제시한 사람은 '경제학의 아버지'라 불리는 애덤 스미스다. 그는 1776년 발간된 책 《국부론》에서, "특정 재화를 교역 상대국보다 낮은 절대비용으로 생산할 수 있는 능력"을 절대우위라고 정의했다. 이런 정의를 바탕으로 그는 각국이 절대우위를 갖는 재화에 특화하여 생산하고 이를 자유무역으로 교환하면 총 국부(wealth)를 증대시킬 수 있다고 주장했다. 예를 들어, 영국 농부와 프랑스 농부가 포도주와 양모를 각각 모두 생산하는 상황에서 영국 농부는 양모를, 프랑스 농부는 포도주를 더 저렴한 비용에 효율적으로 생산할 수 있다면 어떨까? 각국 농부가 포도주와 양모를 다 생산하는 것보다는 절대우위를 갖는 재화(영국은 양모, 프랑스는 포도주)에 특화해 생산하면 두 재화의 생산총량을 증대시킬 수 있다는 것이다.

아주 매력적인 이론이다.

그러나 이처럼 단순화된 이론은 늘 현실과는 좀 괴리가 있다. 대다수 산업 분야에서 선진국이 후진국보다 높은 생산성을 갖기 때문이다. 다시 말해 어떤 상품이든지 간에 비교적 선진국의 생산비용이 더 저렴하다. 이런 이유로 후발국은 더 저렴하게 생산해 선진국과 교역을 시도할 만한 상품을 갖지 못하게 된다. 이처럼 절대우위론은 현실적으로 선진국과 후진국 간에 생산성 격차가 존재할 때도 국제분업이 발생하는 이유를 제대로 설명하지 못한다는 한계가 있다.

이런 문제를 해결하기 위해 제시된 이론이 바로 데이비드 리카도의 비교우위론이다. 리카도는 《정치경제, 그리고 조세의 일반 원리》에서 비교우위의 개념을 처음 제시했다. 여기서 비교우위라 함은 "교역상대국보다 낮은 기회비용(즉 특정 재화 생산을 위해 포기한 다른 재화로 측정)으로 생산할 수 있음"을 의미한다. 즉 후발국이 모든 재화에서 절대열위에 있다 하더라도 상대국보다 기회비용이 저렴한 비교우위 상품이 있다면 이에 특화해 분업하고, 이를 서로 교환하면 양국 전체의 산출량이 증가한다.

비교우위 이론은 선진국이 후진국보다 전반적으로 높은 생산성을 갖더라도 국가별 특화분업과 국제교역이 발생할 수 있는 현실을 효과적으로 설명해준다. 더불어 '비교우위 기반의 분업' 논리는 국가 간 생산 특화 및 분업뿐 아니라 국가 내에서 청장년층과 고령층의 연령별 비교우위와 양 계층 간의 연령별 분업에도 적용될 수 있다. 이를테면 고령층은 청장년층에 비해 생산성 측면에서 평균적으로 절대열위에 놓여 있다. 그러나 5장에서 살펴본 것처럼 다양한 직종 가운데 고령층이 비교우위를 갖는 직종이 분명 존재한다. 따라서 청장년층과 고령층이 각각의 비교우위 업종에 특화해 연령별 분업을 하면, 국가경제의 총생산량은 크게 증대될 것이다.

'비교우위'에서 '분업구조'로

연령별 비교우위란 구체적으로 무엇인가? 젊은 사람과 나이 든 사람이 있고, 이들이 할 수 있는 일에는 A직무와 B직무 2가지가 있다고 가정해보자. 이때 A직무는 육체적·지적 능력이 많이 요구되는 일이고, B직무는 경험적이거나 언어적 또는 대인적 능력이 더 중요한 일이라고 해보자. 일반적으로 나이가 들수록 업무생산성이 점진적으로 감소한다. 그러므로 아무래도 젊은 사람이 나이 든 사람에 비해 A직무와 B직무 모두에서 더 높은 생산성을 보일 것이다. 이 경우 젊은 사람은 나이 든 사람에 대해 절대우위를 갖는다고 말할 수 있다. 기업체가 나이 든 사람보다 젊은 사람을 선호하는 이유가 이것이다.

그러나 어떤 일이냐에 따라 생산성 피크 시기나 저하속도는 다를 수 있다. 육체적이고 지적인 능력이 많이 요구되는 일(A직무)일수록 젊은 사람과 나이 든 사람 간의 생산성 차이는 클 것이다. 하지만 경험적이거나 언어적 또는 대인적 능력이 중요한 일(B직무)에서는 양자 간의 생산성 격차가 의외로 크지 않을 수 있다. 그렇다면 어떤 경우, 이를테면 B직무에서는 나이 든 사람이 더 나은 성과물을 얻어낼 가능성도 있다. 다시 말해 B직무에서는 고령층이 청장년층에 비해 절대우위를 갖지는 못할지라도 비교우위는 가질 수 있다는 이야기다.

만약 이러한 비교우위가 존재한다면 이에 기초해 분업을 하는 것이 그렇게 하지 않는 경우보다 더 많은 산출물을 얻는 방법이다. 각 국가가 교역에서 요소별 비교우위에 근거해 특화분업을 함으로써 더 많은 산출물과 후생을 얻는 것이 비교우위의 대표적 활용사례다. 연령별 비교우위가 존재할 때도 마찬가지다. 청년층과 고령층이 각각 자신의 비교우위에 따라 연령별 분업을 한다면 그렇게 하지 않았을 때보다 더 큰 수확을 거둘 수 있다.

이 점을 어느 한적한 섬마을의 예를 들어 살펴보자. 이 섬마을에는 젊은 부부가 사는 집과 노인 부부가 사는 집이 이웃해 있다. 두 집 모두 물고기 낚시와 산나물 채취를 하며 생계를 꾸린다. 편의상 물고기 한 마리와 산나물 한 꾸러미의 가치가 같다고 해보자. 일손이 부족하므로 부부는 함께 일하며 한 주에 총 60시간, 한 달이면 총 240시간 일한다. 또한 각 부부는 산나물 채취에 90시간, 물고기 낚시에 150시간을 사용한다.

이때 산나물 한 꾸러미와 생선 한 마리를 얻는 데 걸리는 시간, 즉 생산소요시간은 노인 부부와 젊은 부부가 각각 다르며 이는 표 〈6-5〉와 같다. 이 표를 보면 젊은 부부는 노인 부부에 비해 산나물 채취와 물고

| 표 6-5 | 연령별 비교우위의 예

	노인 부부	젊은 부부	각각 생산	노·소 분업
산나물 한 꾸러미 채취	90 → 240 3 (0.50)	90 → 0 2 (0.66)	30 + 45 = 75 (90/3 + 90/2)	80 + 0 = 80 (240/3 + 0)
물고기 한 마리 낚시	150 → 0 6 (2.0)	150 → 240 3 (1.5)	25 + 50 = 75 (150/6+150/3)	0 + 80 = 80 (0 + 240/3)

주 맨 위 화살표(→) 왼쪽의 숫자는 분업 전의 투입시간이며 화살표 오른쪽 숫자는 분업 이후의 투입시간이다. 가운뎃줄 큰 숫자는 각각 산나물과 물고기를 얻는 데 걸리는 시간이고, 그 아래 괄호 안의 숫자는 산나물과 물고기를 얻기 위해 지불해야 하는 기회비용이다.

기 낚시에서 모두 절대우위에 있다. 산나물 한 꾸러미를 채취하는 데 노인 부부는 3시간이 걸리는 반면 젊은 부부는 2시간이면 충분했다. 또한 물고기 한 마리를 잡는 데 노인 부부는 6시간이 걸리지만, 젊은 부부는 그 절반인 3시간이면 충분하다.

  그렇다면 두 부부는 각각 어느 쪽에 비교우위가 있을까? 원론적으로 포기해야 하는 기회비용이 더 적은 쪽에 비교우위가 있다. 즉 한 달에 일할 수 있는 240시간은 정해졌고 늘릴 수 없다고 생각해보자. 이때 노인 부부의 경우 만일 물고기 한 마리가 더 필요해서 낚시에 6시간을 추가로 사용하면 산나물 두 꾸러미를 얻지 못하게 된다(산나물 한 꾸러미 얻는 데 3시간이 소요되므로). 즉 노인 부부에게 물고기 한 마리의 기회비용은 산나물 두 꾸러미다. 반대로 산나물 한 꾸러미를 더 얻겠다고 3시간을 사용하면 물고기 반 마리를 얻지 못하게 된다. 즉 노인 부부에게 산나물 한 꾸러미의 기회비용은 물고기 0.5마리다. 이와 비슷한 방식으로 계산해보면 젊은 부부에게 물고기 한 마리의 기회비용은 산나물 1.5꾸러미, 산나물 한 꾸러미의 기회비용은 물고기 0.66마리다.

  이때 산나물 한 꾸러미를 놓고 비교해보면 노인 부부의 기회비용은 물고기 0.5마리, 젊은 부부의 기회비용은 물고기 0.66마리다. 따라서 포기해야 하는 기회비용이 작은 노인 부부 쪽에 산나물 채취의 비교우위가 있다. 반대로 물고기 한 마리를 놓고 보면 노인 부부의 기회비용은 산나물 두 꾸러미, 젊은 부부의 기회비용은 산나물 1.5꾸러미다. 따라서 물고기 낚시에는 젊은 부부 쪽이 포기할 기회비용이 작아 비교우위가 있는 셈이다.

  이처럼 각각 비교우위 분야가 다른 경우에 두 집이 회의를 해서 각자 비교우위를 갖는 일에 특화분업을 하고 산출물을 다시 배분하자고 결정했다면 어떻게 될까? 두 부부가 협력하지 않고 각각 산나물 채취에 90시간, 물고기 낚시에 150시간을 사용할 때 얻을 수 있는 산나물 총량은 75꾸러미, 물고기 총량은 75마리다. 반면 각자 비교우위가 있는 일에만 전념한다면, 즉 노인 부부는 산나물 채취에, 젊은 부부는 물고기 낚시에 특화해 월 240시간을 모두 사용한다면 산나물의 총량은 80꾸러미, 물고기의 총량은 80마리가 된다. 동일한 시간을 투입하고도 산나물 다섯 꾸러미, 물고기 다섯 마리만큼 생산량을 증대시킬 수 있다.

비교우위에 의한 연령별 분업은 젊은 부부나 노인 부부 모두에게 분명 이득이다. 즉 젊은이들이 나이 든 사람보다 무슨 일에서든 절대우위에 있고 생산성도 높지만, 연령별 비교우위에 근거해 분업을 한다면 전체 생활수준이나 후생을 더욱 증진시킬 수 있는 것이다.

사실 연령별 비교우위에 기초한 분업은 가장 기본적인 분업형태 중 하나로, 자연계에서도 보편적으로 나타나는 현상이다. 사회적 곤충으로 잘 알려진 개미를 예로 들어보자. 일개미의 담당 업무는 날 때부터 정해져 있는 게 아니다. 그러나 일개미들은 나이가 듦에 따라 점차 체력이나 인지능력이 증가하고 그에 알맞은 일들을 순차적으로 맡아 하게 된다. 우선 아주 어릴 때는 여왕의 시중들기부터 시작한다. 알이나 작은 개미유충들을 돌보거나 알의 부화를 돕는 간호사 혹은 산파 같은 역할을 하는 것이다. 개미가 좀 더 자라면 큰 애벌레들에게 먹이를 주거나 목욕을 시키는 본격적인 유모 역할을 한다. 그런 다음 완전히 자라 어른이 되면 굴 밖으로 나가 식량을 구하거나 군락을 지키고 새 굴을 파는 작업에 참여한다. 어릴 때는 안전한 집안일을 하고, 나이가 들면 조금 더 위험한 일이랄 수 있는 국방이나 각종 토목사업에 참여하는 형태로 개미왕국에서는 자연스레 연령별 분업이 이루어지고 있는 셈이다.[74]

인류 역사에서도 마찬가지로 다양한 연령별 분업이 이루어졌다. 전근대사회에서는 아이들도 일을 했다. 중세 시대의 가정에서 아이들은 쉽고 간단하며 위험하지 않은 일을 했다. 복잡하고 힘이 많이 들며 위험한 일은 젊은 남자가 했다. 또 힘이 많이 들지는 않지만 시간이 걸리고 번거로우며 복잡한 일은 나이 든 사람들이 도맡아 했다. 젊은 남자들이 모든 일에서 절대우위를 갖기는 하지만, 연령별 비교우위에 따라 가정 내의 일들을 나눠서 하면 더 효율적으로 생산물을 늘릴 수 있었기 때문이다. 고대 그리스나 로마에서도 경험과 지식이 중시되던 시대에는 젊은이들이 국방과 생산 등에 관련된 활동을 하고 고령층이 정치와 경제활동에 주력하는 비공식적인 연령별 분업체계가 작동했다.

현대사회의 가정, 사회, 기업에서도 연령별 분업은 부지불식간에 이루어지고 있다. 예를 들어 젊은 부부가 직장에 나가면 본가나 친정의 부모가 대신해서 자녀를 돌봐주고 집안일을 해준다. 젊은 부부는 체력적·정보적 측면에서 나이 든 부모보다 돈벌이나 육아나 가사 등 모든 부문을 더 잘할 수 있다. 즉 절대우위가 있는 셈이다. 그러나 젊

---

74 최재천(1996. 2), "개미와 인간", 《과학동아》

은 부부들이 돈벌이와 생계유지에 전념하고, 나이 든 부모는 비교우위에 있는 육아나 집안일을 하면 전체적으로 더 많은 경제적 이득을 누릴 수 있다.

기업체에서도 마찬가지다. 젊어서 연구개발을 했던 공학도가 나이 들어 기술관리직을 맡게 되는 것은 아주 자연스러운 연령별 분업의 결과다. 하지만 점차 나이가 들면서 수치계산이나 과학적 발견 부문에서는 생산성이 떨어진다. 그러다가 차츰 조직 및 연구개발 업무의 경험이 쌓이면 자연스럽게 관리직 쪽에 비교우위와 적성이 생긴다. 요컨대 나이가 들수록 연구개발 쪽에는 비교우위가 없어지지만 기술관리직 부문에 비교우위가 생기므로, 연구개발에서 기술관리 분야로 자연스럽게 이동하는 것이다.

국가 차원의 연령별 분업구조, 어떻게 만들까?

그렇다면 연령별 분업의 원리를 국가 차원에서도 도입할 수 있을까? 고령인력이 점점 많아지는 현실을 고려할 때 이는 아주 시급한 일이며, 현실적으로도 충분히 가능한 일이다. 문제는 젊은 사람들이 비교우위를 갖는 직종과 나이 든 사람들이 비교우위를 갖는 직종이 각각 무엇인가 하는 점이다.

5장의 논의를 바탕으로 따져보자면 청장년층은 창의력(특히 개념적 혁신력)과 수리력, 새로운 지식에 대한 호기심과 학습능력, 도전정신과 체력 등이 중요시되는 직종에서 비교우위를 갖는다. 그러한 역량을 더 많이 보유한 청장년층이 관련 직종에서는 더 높은 생산성을 창출하는 것이다. 예를 들자면 독창성(originality) 있는 신기술이나 신상품, 신서비스를 창조하고 만드는 업무나 직종으로서, 제조업이 여기 해당한다. 또 서비스 업종 가운데 소프트웨어나 콘텐츠 개발, 건축, 영화, 음악, 패션, 출판, 방송, 통신 등 혁신이 중요한 창의산업(creative industry) 분야에서도 청년층과 중년층은 비교우위를 갖는다.[75]

기업의 가치사슬 관점에서 보면 제품·서비스 기획, R&D, 생산, 마케팅, 신사업개발 등이 이런 직종에 해당한다. 이런 분야에서 부가가치 창출과 생산성 증대의 원천이 창의성과 혁신성에 있음을 감안해, 이를 창조적·혁신적 부문이라 부를 수 있을 것이다.

한편 창조적·혁신적 부문의 가치창출을 지원하는 부문에서는 의외로 고령층이 비교우위를 가질 수 있을 것으로 판단된다. 판매, 인사관리, 회계·재무, 구매 등의 직종에서는 업무 노하우, 대인 소통능력, 네트워크력 등이 중시되기 때문이다. 또한 서비스 업종에서도 도소매, 숙박·요식, 운수, 금융, 부동산, 사업서비스, 교육, 보건복지 등 인적 자원 투입 비중이 높고 생산성 향상이 쉽지 않은 분야는 장년층과 노년층이 절대우위는 아닐지라도 비교우위를 갖는 분야다. 여기서는 오랜 학습과 경험에서 축적된 노하우, 성실성, 대인 스킬 등이 중요하므로 장년층과 노년층이 비교적 높은 생산성을 창출할 수 있다.

이를 기업과 국가 단위에서 보자면, 창조적·혁신적 부문의 가치창출을 지원하되 그 자체의 생산성 향상은 쉽지 않다는 점에서 지원적·정

---

[75] 창의산업은 국제연합무역개발협의회(UNCTAD)의 정의에 따르면 "창의성과 지적 자본을 주재료로 만들어진 제품과 서비스"를 말한다.

태적 부문이라 부를 수 있다. 창조적·혁신적 부문은 '가치창출' 부문, 지원적·정태적 부문은 '가치이전' 부문이라고도 말할 수 있다. 국민총생산은 궁극적으로 가치창출 활동과 가치이전 활동의 합으로 표현될 수 있다. 여기서 '가치창출'이란 새로운 상품과 용역을 만들어, 경제활동의 기반이 되는 부가가치를 새로이 창출하는 활동을 뜻한다. '가치창출' 영역에 해당하는 산업으로는 유형(有形)의 제품을 만드는 제조업이나 무형(無形)의 지식 및 콘텐츠를 만드는 기술기반 서비스업을 들 수 있다. 한편 '가치이전'이란 가치창출 업무를 직간접적으로 지원하는 활동을 가리킨다. 이때 '가치이전'이라는 말을 쓴 것은 스스로 새로운 가치를 창출하지는 못하지만 그 용역의 대가로 가치창출 부문에서 창출된 가치의 일부를 이전해 가져가기 때문이다. 가치이전 활동은 주로 생산지원 서비스, 소비자 서비스 또는 공공 서비스의 형태로 나타난다. 이런 면에서 유통, 숙박, 식당, 운전 등의 소비자 서비스업은 '가치이전' 영역에 해당한다. 컨설팅, 법률, 금융, 회계 등 생산지원 서비스 업종이나 행정, 복지, 교육 등 공공 서비스도 새로운 가치를 직

| 표 6-6 | 창조적·혁신적 부문과 지원적·정태적 부문의 구분

	창조적·혁신적 부문(가치창출 부문)	지원적·정태적 부문(가치이전 부문)
제조업	제품기획, R&D, 생산, 마케팅기획, 신사업 개발 등 주력활동 분야	판매, 인사관리, 회계·재무, 구매 등 지원활동 분야
서비스업	창의산업 분야: 소프트웨어, 디자인, 광고, 영화, 음악, 출판, 건축설계, 방송	지원적 생산자 서비스 분야: 회계, 법률, 금융, 컨설팅, 부동산 등 유통 서비스 분야: 도소매, 운수, 창고 소비자 서비스 분야: 음식, 숙박, 문화, 위락·관광, 개인서비스 등 사회 서비스 분야: 의료, 사회복지 공공행정, 교육 등

접 창출하지는 않는다는 점에서 '가치이전' 영역에 해당한다.

여기서 질문을 하나 던져보자. 창조적·혁신적 부문과 지원적·정태적 부문 중 어느 쪽이 국가 가치창출에서 더 중요한 역할을 할까? 경제적 부가가치를 산업별로 계산한 결과를 보면 제조업이나 문화상품 창조 서비스업보다 금융·유통·부동산·회계·컨설팅·의료 업종의 부가가치 합계가 더 크다. 그러나 이는 부가가치를 단순히 합산한 것일 따름이다. 투입이 적고 소수 인력이 일한다는 특성상 후자가 부가가치는 더 높게 나올 수밖에 없다.

불행히도 단순한 계산수치 비교에 의거해 "서비스업을 육성해야 선진국형 경제를 창출할 수 있다"고 주장하는 사람들도 종종 있는데,[76] 이런 주장은 다음과 같은 문제점을 안고 있다. 첫째, 모든 서비스업이 다 고부가가치 업종은 아니다. 도소매, 숙박·음식, 유통, 부동산 등 일반서비스 업종은 취업자 수가 지속적으로 늘어나는데도 부가가치 비중은 오히려 감소하는 추세다. 고부가가치가 창출되는 서비스 업종은 금융, 회계, 컨설팅, 의료 등 3차 지식서비스 정도다.

둘째, 고부가가치 서비스 업종이라 해도 수출 증대를 통한 국부 창출에는 별로 기여하지 못하고 고용 창출에도 한계를 보인다. 서비스 업종은 기본적으로 내수시장 지향적이다. 서비스 업종의 해외진출은 대상국의 시장 상황이 국내와는 판이하게 달라 성공하기가 쉽지 않

---

[76] 최근에 실증된 연구결과들은 서비스업의 비중 확대가 소득수준 증가와는 유의미한 관계가 있지만, 경제성장과는 관련성이 크지 않다는 의견을 제시하고 있다(Wolfl, 2005). 생활수준이 상승함에 따라 자연스럽게 서비스업 수요가 늘어나는 것이지, 서비스업을 육성·강화한다고 해서 경제성장이 되는 것은 아니라는 의미다.

다. 또 우리나라의 서비스 기업이 미국과 중국 등 해외에 진출해서 성공하려면 그 나라에 뿌리를 내려야 한다. 뿌리를 내리려면 현지인 고용을 늘려야 하고 수익을 현지에서 재투자해야 한다. 그렇다면, 현지 진출에 성공한다 해도 해당 기업의 매출이 늘어날 뿐 국가경제 차원의 수출 증대에 대한 기여도는 미미하다. 이 때문에 고부가가치 서비스 업종의 경우 본질적으로 내수 지향적이며 고용 창출에도 한계를 가질 수밖에 없다.

셋째, 서비스 업종은 생산성 향상이 쉽지 않다. 기본적으로 이 업종은 이른바 '사람장사'이기 때문이다. 아무리 프로세스 표준화와 장비 현대화를 한다 해도 결국 서비스 품질은 서비스 접점에서 고객을 만나는 직원에 의해 결정된다. 서비스 품질을 유지하려면 충분히 많은 직원이 필요하다는 한계 탓에 제조업처럼 생산성 향상을 도모하기가 쉽지 않다. 결국 서비스업이 늘어날수록 경제 전체의 생산성은 감소하는, 이른바 보몰병(Baumol's disease)의 늪에 빠지게 된다.[77]

특히 본원적 가치를 창출하는 제조업과 문화상품 서비스업의 중요성은 한국처럼 내수시장이 작고 국가의 경제성장이 해외 수출과 밀접하게 연동되는 나라에서는 아무리 강조해도 지나치지 않다. 수출이 증가한다는 것은 그만큼 해외에서 많은 돈을 벌어온다는 의미이고, 이것이 국내에서 순환될 때 비로소 경제가 발전할 수 있다. 예컨대 반도체 한 품목만으로도 2010년 500억 달러(우리 돈 60조 원 상당)의 수출

---

[77] 보몰병이란 서비스업의 비중 증가와 경제 전반의 생산성 저하에 처음 주목한 경제학자 윌리엄 J. 보몰(William J. Baumol)의 이름을 따라 명명한 것이다.

을 거두었다. 현재는 문화상품의 수출규모가 그리 크지 않지만 미래에 지식정보사회가 되면 점진적으로 늘어날 전망이다. 아동용 애니메이션 캐릭터인 '뽀로로'의 경우 현재까지 누적 수출액이 400만 달러(우리 돈 52억 원)에 달한다.

반면 지원적·정태적 부문의 경우 산업 부가가치가 저조한 경우(도소매, 운송, 음식·숙박업 등)가 많고, 부가가치가 높더라도 해외수출 기여도가 낮은 경우(금융, 회계, 법률, 컨설팅 등)가 많다. 특히 미국과 유럽 등 선진국의 서비스 기업과 달리 한국 등 후발국의 서비스업은 지명도가 낮아 수출 전선에서 성공하기가 더욱 어렵다. 그러므로 수출이 가능한 제조업이나 창의 서비스업 등은 국가의 가치창출 및 경제발전에서 여전히, 그리고 미래에도 중요하다.

무엇보다도 서비스 업종의 속성을 간과해서는 안 된다. 3차 서비스업은 어디까지나 2차 제조업의 토대 위에서 발전한다. 제조업이 본원적 가치를 생산한다면 고도의 지식서비스업을 비롯한 제반 서비스업들은 이런 본원적 가치를 확대재생산하면서 발전한다. 지역사회가 공단을 조성하고 공장들을 유치하기 위해 그토록 노력하는 이유가 그것이다. 공장이 들어서면 고용이 늘어나고, 공장에 고용된 사람들이 자신들의 소득을 지역사회에서 소비하면 도소매, 숙박·음식업, 유통 등 일반서비스업이 발전한다. 또한 공장을 대상으로 한 회계, 법률, 금융, 컨설팅 등 3차 지식서비스업도 더불어 발전하게 된다.

젊은이와 노인, 고용 상생의 길은?

국가 차원의 연령별 분업구조 형성이란 이처럼 본원적 가치를 만

들어 국가의 가치창출에 직접적으로 기여하는 창조적·혁신적 부문에 청년층과 중년층이 가급적 많이 일하게 하고, 준고령층과 고령층은 지원적·정태적 부문에서 많이 일하게 하자는 것이다. 이처럼 연령별 분업구조를 형성해야만 젊은 사람들이 창조적·혁신적 부문에 비교우위를 갖게 되고, 나이 든 사람들은 지원적·정태적 부문에 비교우위를 갖게 되기 때문이다. 앞서 언급했던 것처럼 창조적·혁신적 부문에서는 창의력, 호기심, 학습능력, 도전정신, 체력 등이 중요하며 젊은 사람들이 여기서 더 높은 생산성을 발휘할 수 있다. 반면, 오랜 학습과 경험에서 축적된 노하우, 성실성, 대인스킬 등이 중요한 지원적·정태적 부문에서는 장년층과 노년층이 비교적 높은 생산성을 창출할 수 있다.

연령별·직종별 생산성과 적성 변화에 의거해 젊은 사람들과 나이 든 사람들이 국가 수준에서 분업체계를 형성한다면, 연령별 특화분업에 힘입어 국가는 총체적으로 더 많은 가치를 창출할 수 있게 된다. 청년층과 중년층이 해외수출 기여도가 높은 창조적·혁신적 분야에 많이 투입된다면 더 좋은 제품과 서비스를 더 많이 만들어 글로벌시장에 내다 팔 수 있다. 창조적·혁신적 분야의 가치창출이 많아지면, 이를 지원하는 법률·회계·컨설팅 서비스에 대한 수요가 자연스레 늘어나게 된다. 가치창출 증대로 국민소득 수준이 높아지면 일반서비스 수요도 창출된다. 결국 지원적·정태적 분야의 일자리도 자연스럽게 늘어나 장년층과 노년층 일자리가 확보되는 선순환 구조를 형성하게 되는 것이다.

예를 들어 지역사회에 대형 공단이 조성된다고 생각해보자. 당연히 주변에는 이 공장을 지원하는 다양한 지원 서비스 업체(물류, 법무, 회계, 금융)가 들어서게 된다. 나아가 공단 근무자들이 생활하는 데 필요한 다양한 서비스 시설(음식점, 백화점, 편의점, 병원 등)이 들어서고 결국 지역사회 전체의 경기가 되살아나게 되는 이치다. 결국 창조적·혁신적 부문이 경제의 뿌리와 줄기라면 지원적·정태적 부문은 경제의 가지와 잎이라 볼 수 있다. 경제의 뿌리와 줄기인 창조적·혁신적 부문에 창의적이고 활동적인 청년층과 중년층이 대거 투입되면 본원적 가치창출은 늘어날 수밖에 없다. 또한 경제의 가지와 잎인 지원적·정태적 부문에 경험 많고 성실한 준고령층 및 고령층이 투입되면 창출된 가치의 확대재생산이 풍성하게 이루어질 수 있다. 이처럼 국가 차원에서 연령별 분업구조가 형성된다면, 고령화시대에도 한국의 가치창출력은 극대화될 것이다.

문제는 창조적·혁신적 직종은 사전교육이 필요하며 노동의 강도도 센 반면에, 정태적·지원적 직종은 일에 비해서는 보상이 후하거나 진입장벽도 낮고 노동 강도도 약한 편이라는 점이다. 그래서 최근 한국 사회에서는 창조적·혁신적 직종의 인기는 날로 떨어지고, 정태적·지원적 직종의 인기는 반대로 크게 올라갔다. 교육수준이 비교적 높은 대학생들이 대체로 이공계를 기피하고 의대, 법대, 경영대를 선호하는 경향이 심한 것은 그런 이유다.

서울대의 경우 1990년대 초중반만 해도 물리학과나 전자학과의 커트라인이 의대보다 높았으나, 지금은 의대 쏠림현상이 너무 심하다. 최상위권 학생들이 서울에 소재한 대학교들의 의대에 먼저 지원서를 낸 다음, 보험 삼아 서울대 공대에 지원할 정도다. 취업 희망자들도 제조업은 3D 업종이라며 싫어하고, 깨끗한 사무실에서 번듯한 차림으로 일하는 지식서비스업을 선호하는 경향이 더욱 강해졌다. 대학 졸업자들이 지방 공장에서 근무하기를 싫어하고, 공대생들 중에는 대기업 연구개발직보다 차라리 변리사나 의치전(의·치학전문대학원)을 택하는 사람들이 많아졌다. 이런 경향이 계속될 경우 국가 가치창출의 기반이 되는 창조적·혁신적 부문은 장기적으로 붕괴할 수밖에 없다.

교육수준이 낮은 청년층에서도 상황은 마찬가지다. 이들 역시 제조업 현장에서 일하는 것보다는 편의점 아르바이트나 휴대폰 세일즈, 유흥업소 서빙을 택하는 경우가 오히려 많다. 공장의 생산라인에서 시급 5,000원을 받느니 편의점에서 일하며 시급 3,500원을 받는 쪽을 택하는 것이다. 고된 육체노동보다는 조금 덜 받더라도 카운터 앞에 서 있는 일을 훨씬 편하게 여기는 것이다. 좀 더 적극적인 젊은이라면, 남자는 휴대폰 세일즈를 택하고, 여자는 카페나 음식점 혹은 술집에서 서빙을 한다. 이렇게 하루 종일 일해도 150만 원가량의 월급이나 1,800만 원 연봉을 받으면 많이 받는 것인데도, 연봉 2,500만 원을 받을 수 있는 공장근로자의 길은 애당초 선택할 생각조차 하지 않는다.

한번 서비스업에 발을 들여놓으면 직업교육을 위한 기회는 좀처럼 갖기 힘들다는 점 또한 문제다. 평생 임시직을 전전하는 프리터로 전락해 빈곤의 악순환에 빠질 우려가 커지는 것이다. 이런 현상은 이미 일본에서 1990년대부터 일어났고, 이제 우리나라에서도 서서히 확산되고 있다. 결국 요즘 제조업 현장에서는 20대 젊은이는 점점 줄고, 40~50대 중장년층과 외국인 노동자들만 생산라인을 지키는 모습이 나타나고 있다. 실제로 중소 제조업의 20대 이하 비중은 2005년

21.4%에서 2010년에는 14.4%로 매년 1~2%p씩 감소하고 있다.[78]

이런 한국적 상황을 감안할 때 향후 연령별 분업구조는 창조적·혁신적 부문과 정태적·지원적 부문의 인력수급 불균형을 해소하는 방향으로 설계될 필요가 있다. 즉 정태적·지원적 부문에 있는 저학력 청년층의 경우 국가가 직업교육을 지원해줌으로써 창조적·혁신적 부문으로 정규직 취업을 유도할 필요가 있다. 또한 창조적·혁신적 부문의 인센티브를 강화해 고학력 청년층이 정태적·지원적 부문 대신 창조적·혁신적 부문을 선택하도록 만들어야 한다.

그런 다음, 이러한 인력 이동으로 비워지는 정태적·지원적 부문의 일자리에는 준고령층 및 고령층 취업을 적극 유도하자는 것이다. 그러면 경력 많은 고령층은 세일즈, 자문, 법률 등 고급 '지원' 영역의 일자리를 통해 그동안 쌓은 경험과 노하우를 효과적으로 살릴 수 있게 된다. 유통, 숙박, 식당, 운전 등 생활밀착적 '지원' 영역은 교육훈련이 비교적 수월해 경력이 부족한 고령층도 쉽게 진입할 수 있다. 이처럼 창의적·혁신적 부문은 청년층과 장년층이 담당하고, 지원적·정태적 부문은 준고령층과 고령층이 담당하는 연령별 분업구조를 구축하면, 고령층 실업 문제와 청년층 실업 문제를 동시에 해결하면서 연령별 비교우위에 입각해 국가 가치창출을 극대화할 수 있다.

---

[78] 중소기업청(2010. 12), "중소기업 실태조사 2010"

국가 차원의 연령별 분업구조, 왜 필요한가?

미래 고령화시대를 맞는 한국사회에 연령별 분업구조가 절실히 요구되는 이유로는 크게 3가지를 들 수 있다. 첫째 평균수명 증가에 따른 인생 이모작의 사회적 필요성, 둘째 연령별 비교우위를 활용한 국가 가치창출 능력의 극대화 필요성, 셋째 경제의 서비스화 과정에서 나타나는 생산성 저하 패러독스의 해결 필요성이다. 이 내용을 좀 더 세부적으로 살펴보자.

첫째, 평균수명 증가에 따라 인생 이모작의 사회적 필요성이 그 어느 때보다 커질 것이다. 인간은 만물의 영장으로서 생산력과 기술력의 가속적 발전에 힘입어 자연의 위협을 극복하고 수명연장에 성공했다. 덕분에 이모작 사회라는 초유의 경제환경에도 직면하게 되었다. 전근대사회에서는 한번 기술을 익히면 평생 써먹을 수 있었지만, 현대 산업사회와 미래 지식정보사회에서는 직업 기술과 지식이 너무 빨리 변하기 때문에, 중장년 시기의 재교육이 불가피하다. 이런 측면에서 연령별 분업구조는 기존의 이모작 논의를 더욱 체계적으로 국가적 차원에서 추진하는 새로운 틀이 될 수 있을 것이다. 개인 입장에서는 '이모작 인생'이 이상적인 것이고 그래서 당연히 준비해야 할 일이지만, 일모작 직장에서 그런 준비를 하기는 현실적 압력 때문에 쉽지 않다. 그러나 국가 차원에서 연령별 분업구조에 입각해 개인이 이모작 인생을 준비할 수 있도록 재교육을 제공하고 이모작 역량 강화 인프라를 구축한다면 이는 훨씬 수월한 일이 될 것이다.

둘째, 연령별 비교우위를 활용해 국가 가치창출 능력 극대화를 도모해야 한다. 국가 가치창출을 극대화하려면 고령화시대에 절대적으로 증가하는 고령자들을 사회적 부양대상이 아니라 가치 있는 자원으로 활용할 방안을 찾아야 한다. 고령자의 절대적 증가 경향에 효과적으로 대응하는 비결이 바로 연령별 비교우위와 연령별 분업에 있다. 고령자들이 비교우위를 갖는 지원적·정태적 부문으로 고령자 취업을 적극 유도해 고령자들의 생산성을 제고하고, 청년층이 비교우위를 갖는 창조적·혁신적 부문으로 취업을 유도해 청년층의 생산성까지 제고한다면, 국가 전체의 생산성은 당연히 증진될 것이다. 이렇게 연령별 분업구조가 제대로 정착된다면 연령별 분업이 고려되지 않은 현재 체제에 비해 더 많은 가치창출을 할 수 있게 될 것이다.

셋째, 연령별 분업구조 형성은 산업구조 고도화 과정에서 나타나는 생산성 저하 패러독스를 미연에 방지하는 대책이 될 수 있다. 앞에서 잠시 언급했듯이 언론이나 주류 경제학자, 외국계 컨설팅 회사들은 생산성 증대를 위해 서비스업 중심으로 산업구조를 고도화해야 한다는 주장을 많이 펼친다. 그러나 서비스업의 생산성은 시간이 지날수록 저하되는 경향을 보이는 게 보통이다. 실제로 2000년부터 2006년까지 OECD 국가 대부분에서 서비스생산성은 실질 기준으로 감소했다.[79] 서비스업 비중이 높은 선진국들은 다들 공통적으로 경제성장률 저하를 경험하고 있다. 최근 우리나라에서도 이런 현상이 나타나기 시작했다. 가치창출력이 높은 제조업은 3D 업종이라며 기피하고 가치창출이 정체되는 서비스업에 취업하려는 젊은이들만 늘어나는 추

---

79 KDI(2009. 5), "서비스 산업 선진화 정책방향 보고서"

세다. 이렇게 되면 단기적으로는 실업문제가 완화되겠지만, 장기적으로는 생산성이 낮은 서비스 섹터가 커지면서 경제 전체의 생산성이 감소한다. 이는 근원적으로 연령별 생산성과 취업 부문의 특성이 부적절하게 매치되어 나타나는 현상이다. 연령별 분업구조는 이를 바로잡아 한국경제의 성장성 저하를 막는 데 일조할 것이다.

서비스 생산성 패러독스

'산업구조 고도화'란 산업이 자본집약화, 기술집약화에 의해 생산성이 향상되고 효율화되는 구조적 변화를 의미하지만 서비스업 비중이 높아지는 것을 산업구조 고도화에 포함시키기도 한다. 그런데 서비스업 비중이 높아지면 목표로 하는 생산성의 증가가 아닌 하락 혹은 저하 현상이 나타날 수 있다. 이런 패러독스가 발생하는 까닭은 무엇일까? 경제학자 보몰은 서비스 산업 내의 이질성을 무시한 탓이라고 지적한다.

보몰에 따르면 서비스 산업의 다양한 하위 업종은 크게 인터넷, 첨단금융, 컨설팅 등 진보적(progressive) 산업과 음식·숙박업 등 정체적(stagnant) 산업으로 구분 가능하다. 여기서 진보적 산업이란 혁신, 자본축적, 규모의 경제 등으로 인해 노동시간당 생산량이 누적적으로 증가하는 산업 부문을 말한다. 진보적 산업에는 다양한 제조업과 일부 첨단서비스업이 포함된다. 이는 앞서 살펴본 창조적·혁신적 부문과 유사한 개념이다. 한편 정체적 산업이란 경제활동의 특성상 생산성 향상이 드문 부문으로, 상당히 많은 서비스 업종이 여기 포함된다. 이를테면 앞서 살펴본 지원적·정태적 부문과 유사한 개념이다.

보몰의 논의에 입각하자면, 서비스 섹터가 단순히 커지기만 해서는 생산성이 반드시 증대되지는 않는다. 경제인력이 정체적 서비스 산업으로 가느냐, 아니면 진보적 서비스 산업으로 몰리느냐에 따라 국가의 성장잠재력은 변할 수 있다. 즉 경제인력이 정체적 서비스 산업에 많이 취업하게 되면, 경제 전체의 성장잠재력은 오히려 저하될 수 있다.

인간은 누구나 편한 것을 원한다. 그래선지 실제로 선진국의 선례를 보면, 서비스화 진전에 따라 진보적 산업에서 정체적 산업으로 인력이 많이 이동했다. 그 결과 2000년대 중반 이후 경제 전반의 성장성 저하가 뚜렷이 나타나고 있다.

이런 서비스 패러독스가 의미하는 정책적 시사점은 무엇일까? 세계 각국의 정부는 산업구조 고도화를 위한 노력을 추진하고 있으나, 그것이 무조건적 제조업 방치나 서비스업 강화로 연결되어서는 안 된다는 의미다. 즉 서비스 부문 내부의 이질성을 분명히 인식하고, 서비스업 가운데 부가가치가 높은 산업과 가치창출의 기반이 되는 제조업을 강화하기 위한 정책적 노력을 기울여야 한다는 것이다.

7장

이모작 분업체계의
경제적 효과
시뮬레이션

Intro

———— 앞 장에서는 연령별 비교우위와 연령별 분업구조의 개념을 살펴보았다. 여기서는 연령별 분업체계를 국가 차원에서 확립했을 때 어떤 경제적 효과를 미래에 창출할 수 있을지 알아본다. 여기 제시된 내용은 좀 더 상세하게 구성된 별도의 보고서에서 중요 내용만 발췌해 알기 쉽게 재구성한 것이다.[80] 그럼에도 불구하고 이론적 모형의 속성상 조금 딱딱한 이야기가 될 수도 있으니, 이론적 설명에 익숙하지 않거나 시간이 부족한 독자들은 이 장은 건너뛰어도 좋다. 다만 1절의 주요 내용과 시뮬레이션의 핵심 결과는 일독할 필요가 있을 것으로 판단된다.

현재와 같이 저출산·고령화 추세가 계속되면 결국 일할 사람이 부족해져 국가 전체의 총생산 규모가 향후 크게 감소할 수 있다. 고령층(이 장에서 언급하는 고령층은 55세 이상을 가리킨다) 인구가 청장년층(25~54세) 인구보다 많아지는 2030년대 이후에는 고령층 인력의 활용 여부가 국가경제의 성쇠를 좌우할 정도로 매우 중요해질 것이다. 이런 측면에서 연령별 분업체계, 즉 청장년들을 비교우위가 있는 제조업이나 기술·지식 서비스업 등 '가치창출' 영역에 적극 유치하고, 그들이 제조

---

[80] 나준호·윤영훈(2012. 4), "연령별 비교우위와 연령별 분업 시뮬레이션(가제)"

업으로 이동함에 따라 비워지거나 '가치창출' 영역의 고용창출 효과에 따라 새로이 생기는 '가치이전' 영역의 일자리에 고령층을 취업시키는 사회체계를 확립한다면, 인구는 고령화되더라도 국가경제는 젊음과 활력을 유지하게 된다.

이런 연령별 분업체계의 경제적 효과를 측정하고자 우리는 보수적 가정 아래 기존의 장기전망 수치를 토대로 시뮬레이션을 시행해보았다. 그 결과 현행 일모작 고용체계가 유지될 경우, 인구 고령화 추세를 감안하면 2050년의 실질생산량 단위는 2010년의 절반 수준으로 감소할 것으로 나타났다. 그러나 만일 이모작 고용체계를 확립하면 총생산량이 일모작 고용상태에 비해 2030년에는 98%, 2050년에는 109% 증가해 약 2배가 되리라 예측되었다. 이는 연령별 분업에 기초한 이모작 고용체계가 미래 고령사회에서 생산량을 극대화하며 지속성장을 가능케 하는 훌륭한 대안임을 의미한다. 나아가 만일 현재 시점에서 바로 이모작 고용체계가 활성화된다면 현행 일모작 고용상태와 비교해 생산량을 66%나 증대시킬 수 있는 것으로 나타났다. 이는 지금 이 순간에도 고령인력의 잠재력이 충분히 활용되지 못하고 있음을 의미한다. 또한 연령별 분업체계라는 발상의 전환을 제대로 현실에 구현할 경우 2000년대 들어 이어지고 있는 성장률 저하 문제도 근본적으로 타개할 수 있음을 시사한다.

　나아가 실질생산량의 시뮬레이션 결과를 금액으로 환산해보면, 연령별 분업과 이모작 체계가 성립될 때, 보수적으로 예측해도 총GDP는 2030년경 2조 4,560억 달러로 세계 6위권에 진입할 수 있고, 1인당 GDP 기준으로 현재 세계 20위 수준에서 2030년에는 세계 4위 수준(5만 5,893달러), 2050년에는 세계 2위 수준(10만 6,759달러)까지 오를 것으로 보였다. 이는 고령화라는 시대사적 패러다임 변화 속에서 연령별 분업과 이모작 체계 형성이 세계경제에서 한국이 G7급 강소국으로 자리매김하기 위한 국가 발전전략의 한 기둥이 될 수 있음을 의미한다.

　또한 연령별 분업과 이모작 체계는 현재 큰 이슈로 부각된 복지 문제를 근본적으로 해결할 수 있는 유일한 현실적 방안이라고 판단된다. 시뮬레이션 결과 이모작 체계 확립은 취업자 부양비용을 획기적으로 감소시키고, 1인당 복지비용도 크게 증대시킬 수 있었다. 특히 국민연금, 퇴직연금, 개인연금, 일을 통한 고용소득이라는 4중의 노후대책이 확립되고, 고령자들의 노후보장과 삶의 질 개선이 뚜렷이 나타날 것으로 보인다. 나아가 '일을 통한 생산적 복지'라는 복지이념을 제시해 '선택적 복지 대 보편적 복지'라는 소모적 논쟁 프레임을 극복하고, 성장과 복지 문제를 동시에 해결하는 현실적 대안이 되리라 전망한다.

1
연령별 분업 시뮬레이션의 가정과 방법

국가 차원에서 연령별 분업을 시행하면 얼마나 큰 경제적 효과를 거둘 수 있을까? 이를 파악하기 위해 우리는 미래 인구 변화와 연령대별 생산성의 세부적 차이를 고려해 연령별 분업 모형을 국가 단위로 확장한 시뮬레이션을 수행하고, 이를 통해 연령별 분업이 미래 고령화사회의 국가 가치창출에 기여하는 영향력을 측정해보았다. 결과는 매우 긍정적이었다. 다만 결과의 의미를 제대로 이해하려면 먼저 시뮬레이션에 이용된 몇 가지 가정과 시뮬레이션 방법에 대해 간단히 살펴볼 필요가 있다.

시뮬레이션의 기본 가정

먼저 시뮬레이션에 전제된 몇 가지 가정(假定)을 살펴보자. 첫째, 단순화를 위해 폐쇄경제를 가정했다. 즉 일자리는 내국인에 의해 먼저 충원된다. 물론 현실적으로 외국인노동자들도 존재하지만 취업과 이민

등에 대한 다양한 규제와 노동조합의 반대 및 문화적 차이로 인한 한계 등을 감안해 내국인들만을 노동시장 참여 대상자로 가정했다.

둘째, 제조업 일자리는 희망자 전원이 취업할 수 있을 만큼 충분하다고 가정했다. 현재도 제조업 현장에서는 고용수요에 비해 노동공급이 매우 부족한 상황이다.

셋째, 제조업 일자리 1개당 서비스업 일자리가 1.3개 창출된다고 가정했다. 이는 제조업의 서비스업 고용창출계수를 1.3으로 보는 것이다. 앞서 6장에서 설명한 것처럼 제조업은 기반 가치창출 부문으로서 서비스업과 다른 산업 부문에 다양한 일자리 창출 효과를 미친다.[81]

넷째, 고령자들은 매우 높은 취업 의사에도 불구하고 청장년층(여기서는 25~54세를 가리킨다)에 비해 생산성이 낮고, 연령별 생산성 저하는 개인의 능력에 따라 다를 수 있다고 가정했다. 이에 따라 60세 이상 고령층은 제조업과 서비스업 양쪽 모두에서 절대열위를 갖지만, 정신적·사회적·언어적 능력이 중요한 서비스업에서는 비교우위를 갖는다.

다섯째, 청장년층과 고령층에서 고용정책의 우선순위는 청장년층에 있다고 가정했다. 청장년자와 고령자가 모두 실업상태라면 보다

---

81 구체적으로 산업연관표에서 이런 일자리 창출 효과를 확인할 수 있다. 현재 한국에서 다른 부문에 대한 제조업의 간접 고용유발 효과는 2.06이다. 즉 제조업에 일자리가 100개 생기면 다른 부문에 일자리가 206개 창출되는 효과가 발생한다는 의미다. 그러나 서비스업 중에는 그 일자리 수의 증가가 제조업 일자리 수의 증가에 직접적으로 반응하지 않는 부문도 많다. 대표적으로 국방·교육·사회복지 등 공적 서비스 부문의 일자리 증가 요인은 제조업의 생산 증가보다는 국제 안보환경, 교육수요, 고령화, 복지수요의 변화에 더 크게 영향을 받는다. 이런 특성을 반영해 여기서는 서비스업을 사적 서비스 부문과 공적 서비스 부문으로 구분하고, 제조업 일자리 수 증가에 사적 서비스 부문만 1차적으로 반응한다고 보았다. 이때 사적 서비스 부문과 공적 서비스 부문의 인적 구성은 약 2:1 정도다. 이 점을 감안해 여기서는 제조업의 서비스업 일자리 창출 효과를 1:1.3으로 가정했다($1.3 = 2 \times \frac{2}{3} + 0 \times \frac{1}{3}$).

높은 생산성을 갖는 청장년자에게 먼저 취업기회가 제공되는 것이 타당하기 때문이다. 그리고 제조업과 서비스업 중에서는 고용정책의 우선순위가 제조업에 있다고 가정했다. 제조업은 기반가치를 창출하는 산업으로서 국가경제에 미치는 영향이 크고, 제조업 일자리 증가는 서비스업 일자리를 증대시키는 효과까지 있으므로 제조업에 고용정책의 우선순위를 두는 것이 합리적이다.

여섯째, 시뮬레이션에서 생산성 증대 효과는 일모작에서 이모작 형태로 고용구조가 변화할 때로 한정해 측정한다. 기술의 진보, 인적자원의 질적 향상 및 건강 증진 등 다양한 긍정적 요인이 작용해 향후 생산성은 지속적으로 증가할 가능성이 크다. 그러나 여기서는 40년 이상의 장기적 변화를 다루므로, 생산성 증가 효과가 누적되면 지나치게 낙관적인 결과가 나올 위험성이 있다. 그러므로 여기서 측정한 생산성 증대 효과는 단지 일모작에서 이모작 형태로 고용구조를 바꾸는 경우로 제한한다. 즉 모형별 생산량 증가분은 기술의 진보나 인적자원의 질적 향상 등과 무관하게, 주어진 시점에서 고용인력의 이모작 배치만으로 가시적 성과를 보일 수 있는 순효과의 성격을 띤다.

시뮬레이션에 이용된 데이터 자료

한편 시뮬레이션에는 인구, 산업생산, 고용 등 다양한 공적 통계 자료들을 기초 자료로 활용하되 연구목적에 맞게 재분류해서 사용했다. 재분류에 이용된 중요한 기준은 다음과 같다.

먼저 취업가능인구는 연령에 따라 '청장년층(15~54세)'과 '고령층

(55세 이상)'으로 구분했다. 이때 성별 차이는 논의가 복잡해지는 것을 막기 위해 따로 고려하지 않았다. 본문에서는 청장년층 대신에 실질 생산가능인구라는 용어도 사용한다. 주의할 점은 청장년층 또는 실질 생산가능인구 개념은 기존의 생산가능인구(15~64세), 핵심생산가능 인구(25~49세)와 분명히 구분된다는 점이다. 우리가 제시한 '청장년 층'의 연령이 한국의 고용현실을 더욱 잘 반영할 수 있다고 보았기 때문이다.

청장년층, 생산가능인구, 핵심생산가능인구

잘 알려진 것처럼 한국의 대학진학률은 2010년 기준 79%(교과부의 교육통계 기본조사)로 매우 높다. 제대로 된 직업생활을 꿈꾸는 대다수 청년은 거의 모두가 대학에 진학한다는 뜻일 것이다. 하지만 한국의 대학생들은 다른 나라와 달리 무척 늦은 나이에 취업을 준비한다. 군복무, 해외연수, 자격증 취득, 등록금 마련을 위한 휴학 등 다양한 이유로 졸업이 늦어져서다. 결국 우리나라 대학생들은 대략 25세 이후에야 사회에 진출한다. 취업 포털 잡코리아의 2011년 조사에 따르면 신입사원의 평균 연령은 남성 27.6세, 여성 25.5세인 것으로 나타났다. 실제로 고용노동부의 2007년 고용형태별 근로조사 자료에 따르면 전체 피고용자 중 24세 미만은 7.8%에 불과하다.

82 조사대상이 된 총 근로자 수는 731만 5,545명이었는데, 이 가운데 19세 미만은 4만 114명, 20~24세는 53만 3,950명에 불과했다.

이런 한국 고용시장의 특수성을 감안할 때 청장년층의 하한기준은 25세로 보는 것이 타당하다고 판단되었다.[82]

한편 한국에서 공무원 법정 정년은 60세, 교사 정년은 62세지만 현실적으로 정년까지 근속하는 경우는 많지 않다. 정년까지 일하는 사람은 복 많은 사람으로 인식될 정도다. 특히 일반 사기업체에서는 평균 퇴직연령이 52.3세에 불과할 만큼 조기은퇴가 일반적이다.[83] 한국에서는 고령자가 일모작 직장에 오래 남아 있기란 쉽지 않다는 이야기다. 고용노동부 조사에 따르면 55세 이상 피고용자는 전체 피고용자의 7.8%에 불과할 정도다.[84] 이런 측면에서 청장년층의 상한 기준은 54세로 보는 것이 타당하다고 판단되었다.

이처럼 이 글에서는 청장년층을 25~54세로, 고령층은 55세 이상으로 연령을 구분함으로써 한국 고용시장의 현실적 특성을 보다 잘 반영하려 했다. 연령 증가에 따른 생산성 감소가 대략 50대 초반부터 나타난다는 점을 감안하면 이러한 연령 구분은 노동시장의 연령별 특성에도 잘 부합한다. 한편 생산가능인구(15~64세), 핵심생산가능인구(25~49세)는 국제적 비교에는 유용하지만, 의외로 한국 고용시장의 특수성은 제대로 포착하지 못하는 측면이 있다. 생산가능인구는 고용 가능한 인력의 연령별 상한과 하한 사이가 너무 넓다. 또한 핵심생산가능인구는 고용인력의 연령별 상한을 너무 낮게 설정하고, 50세 이상의 경제활동이 활발하다는 점을 간과한다는 문제가 있다.

---

83 심지어 한국노동연구원(2010)의 한국노동패널조사 자료 분석에 따르면, 한국 직장인들의 '주 직장'은 퇴연령은 남성 51세, 여성 49.9세로 나타났다.

84 조사대상 총 근로자 731만 5,545명 중 55~59세는 29만 7,677명, 60세 이상은 27만 447명에 불과했다.

| **그림 7-1** | 저출산·고령화에 따른 인구추이 변화 개념도

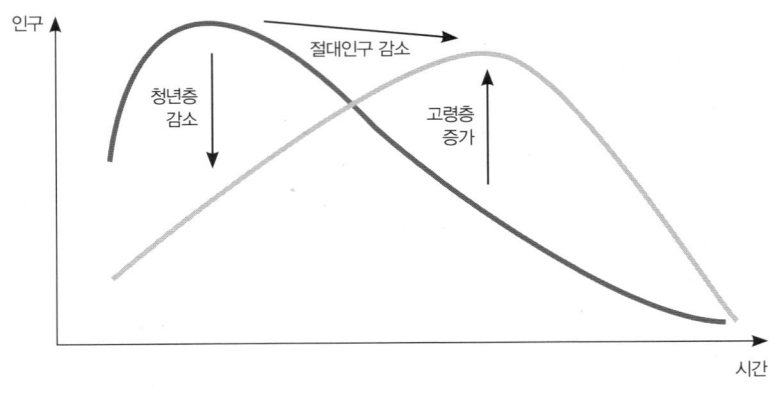

저출산·고령화는 장기적으로 청장년층 감소, 고령층 증가, 절대인구 감소를 야기한다. 향후 나타날 이러한 인구추이 변화를 도식화하면 〈그림 7-1〉과 같다.

저출산·고령화의 여파는 통계청의 장래인구추계 자료(2006)에서도 확인할 수 있다. 그에 따르면 청장년층 인구수는 2010년 2,410만 명에서 2050년 1,298만 명으로, 즉 거의 절반 수준으로 줄어든다. 한편 고령층은 같은 기간 동안 1,035만 명에서 2,231만 명으로 2배 이상 증가한다. 요컨대 2010년에는 청장년층이 고령층보다 2배 이상 많았지만 2050년에는 반대로 고령층이 청장년층의 2배 가까이 많아지는 셈이다. 또한 절대인구는 같은 기간 중 4,887만 명에서 4,234만 명으로 13.4% 감소한다. 이는 향후 전통적 관점에서 노동인구 감소와 부양인구 증가가 경제발전에 큰 질곡이 될 수 있음을 시사한다.

| 표 7-1 | 기간별 청장년층(25~54세)과 고령층(55세~)의 규모 변화

(단위 : 만 명, %)

연도	2010	2020	2030	2040	2050
유소년층(0~24세)	1,442	1,167	961	839	705
청장년층(25~54세)	2,410	2,217	1,920	1,578	1,298
고령층(55세~)	1,035	1,548	1,982	2,218	2,231
계	4,887	4,933	4,863	4,634	4,234
청장년층 비율	49%	45%	39%	34%	31%
고령층 비율	21%	31%	41%	48%	53%

자료 통계청(2006), "장래인구추계 조사"

앞서 본 것처럼 생산성은 연령이 증가할수록 저하된다. 그렇다면 연령대별 생산성은 어떻게 측정할 수 있을까? 사실 개인의 생산성은 구체적 측정이 매우 어렵기 때문에 보통은 생산성이 높은 만큼 급여가 많으리라는 가정하에 급여를 생산성의 대용치로 활용한다.[85] 여기서도 일반적 접근법에 따라 현행 업종별 월급여 조사 자료(박명수, 2011)를 생산성의 대용치로 활용하되, 제조업과 서비스업 분야별로 상대생산성을 재계산했다. 이 수치는 〈표 7-3〉과 〈표 7-4〉에 제시되어 있다. 상대생산성은 연령대별 월급여가 가장 많은 제조업의 45~49세 구간을 1로 보고 다른 구간의 임금을 비례 조정한 것이다. 이때 65세 이상 고령자들의 경우 급여 조사 자료가 따로 없어 이들의 상대생산성은 0.60에서 0.05까지 연령 증가에 따라 단계적으로 감소하는 것

---

[85] 박명수(2011. 9), "100세 시대 인력공급 전망과 과제", 『"100세 시대 노동시장, 어떻게 대응할 것인가" 세미나 발표 자료』, 한국고용정보원

으로 가정했다.[86]

| 표 7-2 | 연령별·직종별 임금표

(단위 : 천 원)

연령	~19	20~24	25~29	30~34	35~39	40~44	45~49	50~54	55~59	60~64
서비스 평균	906	1,305	1,801	2,066	2,183	2,061	2,058	2,097	1,937	1,787
제조 평균	1,268	1,465	1,738	2,002	2,171	2,242	2,257	2,186	1,992	1,543

자료 고용노동부(2011. 6), "2010년 고용형태별 근로실태보고서"
주 서비스 평균은 서비스 종사자와 판매 종사자 직종의 월급여를 평균
    제조 평균은 기능원 및 관련기능 종사자와 장치·기계 조작 및 조립 종사자의 월급여를 평균

| 표 7-3 | 연령별·직종별 임금의 상대적 크기(생산성)

연령	~19	20~24	25~29	30~34	35~39	40~44	45~49	50~54	55~59	60~64
서비스 평균	0.40	0.58	0.80	0.92	0.97	0.91	0.91	0.93	0.86	0.79
제조 평균	0.56	0.65	0.77	0.89	0.96	0.99	1.00	0.97	0.88	0.68

자료 팀 분석
주 각 수치는 〈표 7-2〉에서 45~49세 제조 평균(2,257)을 기준으로 상대적 크기를 계산한 결과임. 예를 들어
    ~19세의 서비스 평균 0.40은 45~49세 제조 평균 임금의 0.40배에 불과함을 의미

| 표 7-4 | 연령별 고령층 서비스업의 상대생산성

연령	65~69	70~74	75~79	80~84	85~90
서비스 평균	0.6	0.4	0.2	0.1	0.05

주 70~74세 그룹의 0.4는 최고 생산성 연령그룹(45~49, 제조업) 생산성의 40%임을 의미

---

[86] 25~64세의 생산성은 기존의 임금 자료를 이용하되, 각 구간 중 가장 큰 값을 1로 보고 상대생산성으로 재계산했다. 65세 이상 고령자의 임금 자료는 조사되지 않았다. 따라서 고령층의 상대생산성은 65~69세의 0.6부터 90세의 0.05까지 단계적으로 감소한다고 가정했다. 이때 65~69세의 서비스 분야 상대생산성을 0.6으로 추산한 것은 60~64세의 상대생산성이 0.79인 점을 감안하면 매우 보수적인 가정이다. 따라서 고령자 취업이 총생산량에 미치는 실제 효과는 시뮬레이션 결과보다 훨씬 클 것으로 판단된다.

여기서 제조업은 일반제조업뿐 아니라 건설업, 유틸리티(전기, 가스, 수도 등), 환경업을 포괄하는 넓은 의미로 이용되었다. 2010년 12월 현재 같은 분류에 따른 취업자 수는 602.8만 명에 달한다. 한편 서비스업에 포함되는 세부 업종은 매우 다양하다. 도소매, 운수, 숙박·음식, 출판·영상·방송통신, 금융·보험, 부동산·임대, 전문과학 및 기술서비스, 사업지원, 공공행정·국방, 교육, 보건·사회복지, 예술·스포츠·여가, 기타 개인 서비스업이 모두 포함된다.[87]

시뮬레이션의 방법

연령별 분업과 이모작 사회가 구현될 때의 경제효과를 측정하려면 기준점이 필요하다. 여기서는 현행 상태, 즉 현재의 일모작 고용관행이 지속되는 상태를 기준(모형 1)으로 잡았다. 〈모형 1〉에서 2010년도 취업자 수는 실제 조사 통계치이며, 이후 연도의 취업자 수는 2010년의 청장년층과 취업자 비율이 유지된다는 가정하에 예측한 것이다. 〈모형 1〉에서 나타나듯이 이 모형의 초기 상태에서는 고령층 실업만이 아니라 청장년층 실업도 존재한다. 이러한 실업을 최소화하고 경제 전체의 생산량을 최대화한다는 것을 목표로 삼아 시뮬레이션상의 연령별 분업을 다음 순서로 적용해보았다.

---

[87] 사실 소프트웨어업, 콘텐츠업, 연구개발업 등 과거에 없는 무형재를 창출해내는 서비스업도 넓은 의미에서는 새로운 가치를 창출해내는 제조업으로 포함될 수 있다. 그러나 여기서는 분석의 편의와 공식 통계 자료와의 일관성 확보를 위해 제조업은 유형의 물적 재화를 만들고 관리하는 업종으로 한정했다.

Step 1 정책 인센티브를 제공해 실업상태의 청장년층을 제조업에 우선적으로 취업시킨다.

- 시뮬레이션상 실업자들을 제조업에 우선 취업하도록 유도한 것은 ① 제조업이 경제의 기반 산업으로서 다른 산업에 대한 고용창출 효과가 크고, ② 수출이 용이한 업종이라는 특성상 우수 인력이 제조업에 많이 배치될수록 해외로부터 더 많은 국부를 확보해 국가경제를 더욱 부강하게 만들 수 있기 때문이다.
- 이때 제조업과 서비스업 간에는 1:1.3의 일자리 비율이 유지되며 실업 중인 개별 청장년층의 취업 순서는 무작위적으로 정해지도록 했다. 이는 무작위 취업 순서의 가정을 통해 청장년층 내부에 존재할 수 있는 연령별·개인별 생산성 격차가 지나치게 커지지 않도록 하기 위함이다.

Step 2 청장년층이 완전고용을 이루었다면, 이번에는 인센티브를 제공해 서비스업 취업 청장년층이 제조업으로 이동하도록 유도한다.

- 청장년층은 제조업에 비교우위를 갖는다. 따라서 청장년층이 서비스업 대신 제조업에 취업하면 국가의 부가 더욱 증대된다. 또한 제조업 취업인구가 1명 증가하면 일자리 유발 효과로 인해 서비스업의 일자리도 1.3명 늘어나리라고 기대할 수 있다.
- 서비스업에서 제조업으로 이동할 때 적성 불합치, 기존 업무 노하우의 무력화, 재학습 필요성 등 다양한 이유로 생산성이 감소할 수 있다. 이런 측면에서 업종을 바꾸면 생산성이 일정 비율로 감소한다고 가정했다. 예를 들어 서비스업에서 제조업으로 가장 먼

저 이동한 사람은 기존 생산성의 90%를 발휘하지만, 가장 늦게 이동한 사람은 기존 생산성 수준의 30%밖에 발휘하지 못하는 것으로 가정했다.

Step 3 서비스업 청장년들의 제조업 이동으로 인해 비워지거나 제조업의 서비스업 고용창출 효과로 인해 새로 창출되는 서비스업 일자리에 고령자들이 취업한다.

- 시뮬레이션상 'Step 1'을 통해 이미 청장년층은 완전고용이 되었다. 따라서 비워지거나 새로 창출되는 서비스업 일자리를 채울 1순위 대상은 고령자들이다. 물론 개방경제라면 외국인들도 대상이 될 수 있으나, 여기서는 폐쇄경제를 가정했기 때문에 노동시장에 내국인 청장년층과 고령층만 존재한다고 보았다.
- 제조업과 서비스업 일자리 비율이 1:1.3이라면 서비스업에 종사하던 청장년층 10명이 제조업으로 이동할 때 고령자들의 취업 가능한 일자리는 23개가 생긴다. 그중 10개 일자리는 제조업 이동에 따라 비워진 서비스업 일자리이고, 나머지 일자리 13개는 제조업의 신규 고용에 따라 서비스업에 새로 창출된 일자리다.
- 이때 고령자도 생산성 높은 순서대로 고용될 것이다. 따라서 신규 취업한 고령자들의 생산성은 취업인원 증가에 따라 일정 비율로 감소하는 것으로 가정했다.

이때 경제적 효과는 먼저 실질생산량을 계산하고 이후 GDP 단위로 변환하는 절차를 거쳤다. 실질생산량 개념을 도입한 이유는 시간 경과에 따른 화폐가치 변화로 인한 착시효과를 배제하고 연령별 분업이 야기할 생산량의 순수 증가 효과를 측정하기 위함이다. 생산량은 청장년층과 고령층, 제조업과 서비스업 등 연령층과 업종을 구분하여 4개 집단을 대상으로 생산성 함수를 정적분해서 계산했다.

2
연령별 분업이 가져다줄 성과 시뮬레이션

연령별 비교우위에 근거한 연령별 분업이 미래 인구구조 아래서 경제발전에 미치는 성과를 시뮬레이션해본 결과, 예상한 것처럼 연령별 분업으로 청장년층의 제조업 고용이 크게 늘어나고, 고령층의 상당수도 서비스업에 취업하는 것으로 나타났다. 또한 연령별 분업이 시행되면 총생산량이 현행 일모작 고용보다 매우 큰 폭으로 증대되었다.

먼저 2010년을 기준으로 살펴보면, 〈모형 1〉처럼 '현행 일모작 고용 상태'에서 총생산량은 1만 6,391단위로 나타났다.[88] 이때 청장년층 취업인구는 2,410만 3,000명으로 625만 6,000명이 미취업인 상태다. 이런 상황에서 만일 청장년층이 추가 고용되면 생산량은 더욱 증대될 수 있다. 고용 인센티브를 통해 청장년층의 완전고용이 달성된다면 〈모형 2〉처럼 총생산량은 2만 2,136단위로 〈모형 1〉의 현행 상태에 비해

---

[88] 여기서 총생산량은 시간 경과에 따른 화폐가치 변화로 인한 착시효과를 배제하고 연령별 분업이 야기할 생산량의 순수 증가효과를 측정하기 위해 도입된 가상의 생산단위다.

| 표 7-5 | 시뮬레이션 결과 요약

(단위 : 실질생산량 1단위)

연도		2010	2020	2030	2040	2050
모형 1	현행 일모작 고용상태	16,391	15,087	13,105	10,779	8,844
모형 2	청장년층의 완전고용	22,136	20,377	17,719	14,563	11,965
모형 3	연령별 분업에 기초한 이모작 고용	27,234	27,794	25,944	22,138	18,515
	효과(2:3)	23%	36%	46%	52%	55%
	효과(1:3)	66%	84%	98%	105%	109%
모형 4	〈비교〉 업종별 생산성을 유지하며 이모작 고용 실시	27,891	28,731	27,818	24,466	20,819

| 표 7-6 | 미래 취업인구 예측

(단위 : 천 명)

연도	2010	2020	2030	2040	2050
총인원	48,865	49,314	48,625	46,333	42,335
생산가능인구(15~64세)	35,611	35,506	31,299	26,525	22,424
청장년층(25~54세)	24,103	22,173	19,200	15,780	12,978
고령층(55세~)	10,350	15,480	19,820	22,180	22,310
(모형 1)현행 일모작 취업인구	17,825	16,399	14,191	11,661	9,591
(모형 2)청년 완전고용 취업인구	24,081	22,149	19,182	15,755	12,972
(모형 3)연령별 분업 기반 취업인구 (고령층 취업인구)	33,488 (9,407)	35,834 (13,685)	34,937 (15,755)	30,314 (14,559)	25,806 (12,834)

35% 증가하게 된다.

여기서 한발 더 나아가 연령별 분업을 실시한다면 어떨까? 적절한 인센티브를 제공해 서비스업에 종사하는 청장년층 중 일부를 제조업으로 이동하게 만들고, 제조업 이동으로 비워진 서비스업 일자리와 제조업의 고용창출 효과로 새로 생긴 서비스업 일자리를 고령층이 채우게 될 경우를 가정해보자. 이때는 〈모형 3〉처럼 고령층 940만 7,000명(=3,348만 8,000명-2,408만 1,000명)이 서비스 업종에 새로 취업해 총 고용인력 수준이 3,348만 8,000명에 달할 때 총생산량이 2만 7,234단위로 극대화된다. 즉 연령별 분업을 시행함으로써 현재 수준에서도 청장년의 완전고용뿐 아니라 일할 의사가 있는 고령층 상당수의 취업이 가능해지고 총생산량도 크게 증가한다.

〈모형 3〉의 연령별 분업에 기초한 이모작 고용은 〈모형 1〉의 현행 일모작 고용상태에 비해 66%나 생산량을 증대시킨다. 특히 〈모형 2〉의 청장년층 완전고용상태에 비해서도 총생산량은 23%나 증가한다. 완전고용은 고용증진 정책의 궁극적 목표다. 하지만 현재 정책은 완전고용의 대상을 암묵적으로 기존 청장년층에 한정하고 있다. 즉 〈모형 2〉의 결과는 현재의 고용정책이 거둘 수 있는 최대 성과치를 보여준다. 그러나 〈모형 3〉은 일모작 개념의 청장년 중심 고용정책에서 벗어나 연령별 분업과 이모작 고용체계를 추진할 때 총생산량이 우리가 생각하는 수준 이상으로 크게 증대될 수 있음을 잘 보여준다. 즉 연령별 분업에 기초한 고용구조의 변화를 통해 현재보다 훨씬 큰 경제적 성과가 창출될 수 있다는 것이다. 뒤에서 다시 보겠지만 이는 국가경제의 외연을 확대할 뿐만 아니라 고령자 복지 문제를 해결하고, 나아가 현재의 난제인 내수진작에도 크게 기여할 수 있다.

한편 〈모형 4〉는 업종 생산성을 유지하며 이모작 고용을 실시하는 가장 이상적인 모델이지만 현실적으로 구현하기는 매우 힘들기 때문에 단지 비교를 위해 제시했다. 일반적으로 생산성은 연령이 증가할수록 하락한다. 이 때문에 청장년층이 투입되었던 서비스 업종을 고령층이 맡게 되면 생산성이 다소 저하될 수 있다. 한 예로 패스트푸드점에서 3명의 젊은이가 일을 한다고 해보자. 이들은 손님이 햄버거를 주문하면, 1시간에 1인당 50개씩, 모두 150개를 처리한다. 만일 청장년층 대신 고령층이 이 일을 맡게 되면 업무량이 어떻게 달라질까? 패스트푸드 서비스 업무의 속성상 육체적 움직임이 많기 때문에 1인당 햄버거 주문 처리량이 크게 감소할 가능성이 있다. 이런 생산성 하락분을 보전하려면 결국 고령자를 추가 고용해야 한다. 구체적으로는, 고령자가 1인당 1시간에 30개의 햄버거를 처리할 수 있다면 동일한 150개 주문량을 소화하기 위해 고령자 5명이 필요할 것이다.

〈모형 4〉는 고령자 취업도 극대화하고 업종의 생산성도 유지된다는 점에서 이론적으로 가장 타당한 형태다. 그러나 현실적으로 따져보면, 고령자들은 개인별로 생산성 격차가 매우 크기 때문에 생산성 유지를 위해 몇 명이나 추가 고용해야 하는지 일괄적으로 파악하기가 쉽지 않다. 또한 동일 직장에서 지나치게 많은 고령인력을 고용하면, 관리복잡성의 증가로 생산성이 추가 하락하는 문제가 발생할 수 있다. 이런 현실적 난점 때문에 여기서는 생산성 유지 가정에 입각한 〈모형 4〉보다 인원비율 유지 가정에 입각한 〈모형 3〉의 현실적 타당성이 더 높다고 보고 이를 표준모형으로 채택했다.

특히 생산량 측면에서 〈모형 3〉은 〈모형 4〉에 비해 비교적 보수적인(conservative) 특징을 갖는다. 즉 실제 연령별 분업이 달성할 수 있는 경제적 성과는 〈모형 3〉과 〈모형 4〉 사이에서 결정되겠지만, 여기서는 보수적 입장에서 상정한 최소값인 〈모형 3〉의 결과를 성과예측에 활용했다.

저출산·고령화로 인한 가장 큰 문제는 일할 사람이 빠르게 줄어드는 것이다. 〈표 7-6〉의 미래 취업인구 예측을 살펴보면 문제의 심각성이 여실히 드러난다. 한국의 인구는 2020년 4,931만 명을 피크로 2030년경부터 점차 감소세로 돌아선다. 생산가능인구도 2020년 3,551만 명을 정점으로 이후 빠르게 줄어, 2050년경에는 2010년의 63% 수준인 2,242만 명으로 위축된다. 이뿐만이 아니다. 실질적으로 한국경제의 중추 역할을 맡는 25~54세의 청장년 인원은 이미 2014년을 정점으로 이후 지속적으로 감소한다. 결국 2050년경에는 2010년의 54%에 불과한 1,298만 명 수준으로 축소된다. 반면 55세 이상 고령층은 향후 꾸준히 증가해 2050년경에는 2010년의 2.2배에 달하는 2,231만 명이 된다.

이 같은 저출산·고령화 여파로 청장년층 감소와 고령층 증가가 동시에 일어나는 상황이라면, 과연 전통적인 일모작 고용 개념으로 경제가 계속 운영되었을 때 우리나라에서는 어떤 일이 벌어질까? 〈모형 1〉의 기간별 예측처럼 일할 사람이 점점 부족해져 경제 전체의 생산량이 지속적으로 감소하게 된다. 2010년 1만 6,391단위였던 총생산량은 2030년에는 1만 3,105단위, 2050년에는 2010년의 절반 수준인 8,844단위로 줄어든다. GDP가 경제활동에 투입 가능한 청장년 인원수와 비례한다면, 이는 곧 2050년의 경제규모가 2010년의 절반 정도로 위축될 수 있음을 의미한다. 즉 고령화와 일할 사람 부족 문제로 한국경제는 날이 갈수록 외연이 쪼그라드는 조로증 증세를 나타내게 된다. 선진국 문턱에 도달한 지 얼마 되지도 않았는데, 고령화의 여파로 인해 경제 전체가 늙어버리는 대형 위기를 맞이할 위험성이 크다는 것이다. 특히 인구가 막 증가하던 시기에 형성된 현행 고용 및 복지 구조를 지속할 경우 국가경제가 심대한 타격을 입을 수 있다는 점을 이 시뮬레이션은 보여준다.

더구나 우리나라에서는 고령화가 매우 빠른 속도로 진행되고 있다. 이 때문에 인력 부족에 대응해 청장년층의 완전고용이 달성되더라도 생산량 확대에는 한계가 있을 가능성이 크다.[89] 심지어 2040년경이면 실질 경제규모가 현재보다 작아질 가능성 또한 존재한다. 〈모형 2〉의 시뮬레이션 결과, 기존 고용구조 아래서의 생산량은 1만 6,391단위(모형 1의 2010년)인데, 청장년층 완전고용을 달성하더라도 2040년 생산량은 1만 4,564단위(모형 2의 2040년)에 불과한 것으로 나타났다. 이는 본질적으로 청장년층 인구 자체가 향후 큰 폭으로 계속 감소하기 때문에 일어나는 현상이다. 2040년의 청장년층 인구는 현재의 65.5% 수준에 불과하다. 이처럼 청장년 인구가 계속 감소한다면, 미래에는 청장년층 집단으로는 현 수준의 일자리를 다 채우기 힘들어 당연히 경제가 위축될 수밖에 없다. 불과 8년 뒤인 2020년에 청장년 인구가 2010년 대비 10% 이상 감소한다. 파국을 막으려면 지금부터 특단의 대책을 마련해야만 한다.

---

89 시뮬레이션에서는 배제했지만 부족한 노동력을 외국인노동자 수입을 통해 충원한다 해도 마찬가지다. 2050년경 청장년층 취업자 인구는 909만 명으로 2010년 1,783만 명에 비해 874만 명이나 감소했다. 2010년 수준의 고용을 유지하려면 외국인노동자를 874만 명이나 수입해야 한다는 의미다. 이렇게 많은 외국인노동자를 받아들이기란 쉽지 않을 것이다.

이런 시뮬레이션 결과는 향후 고령화가 한국경제의 실질 성장에 얼마나 심각한 장애물로 작용할 수 있는지를 잘 보여준다. 그렇다면 결국 저출산·고령화 여파로 청장년층이 크게 감소하는 상황에서는 일할 의지, 일할 능력, 일할 필요의 삼박자를 갖춘 고령층 활용이 무엇보다 중요해진다. 2050년경 고령층은 2,231만 명으로 청장년층 1,298만 명의 1.7배에 달한다. 이처럼 많은 고령층을 어떻게 효과적으로 활용하느냐가 눈앞에 다가온 고령화사회에서 지속가능한 경제성장 구조를 창출하기 위한 핵심적 과제일 수 있다.

여러 번 강조했듯이 우리는 연령별 분업구조 확립이 지속성장을 위한 하나의 해법이라 믿는다. 즉 청장년층을 비교우위가 있는 제조업에 가급적 많이 취업시키고, 청장년층의 이동과정에서 비워지고 또 제조업 고용 확대에 힘입어 새로이 창출되는 서비스업 일자리에 고령층을 취업시킨다면, 사람은 늙어도 경제는 젊은 이모작 사회를 만들 수 있다.

연령별 분업과 이모작 사회 구현을 통해 실질생산량이 현 상태인 〈모형 1〉에 비해 증대되는 효과는 2010년 66%에서 2030년 98%, 2050년 109%에 달한다. 시간이 경과할수록 생산량 증가효과가 확대되는 경향은 향후 청장년층이 줄고 고령층이 늘어났을 때 연령별 분업과 이모작 사회 구현이 얼마나 큰 위력을 발휘할지 보여준다.

물론 인구 자체가 감소 추세로 돌아서므로 2030년대 이후의 실질생산량 저하 현상을 막아내기는 곤란하다. 그러나 이모작 고용체계를 확립하고 고령자의 절반만이라도 활용한다면, 적어도 2010년의 경제 규모보다는 큰 수준을 앞으로도 계속 유지할 수 있다. 이모작 고용 사회를 전제한 〈모형 3〉에서 2050년 생산량은 1만 8,515단위로 현행 일모작 사회의 1만 6,391단위에 비해 13%가량 많다.

이는 2050년에는 총인구가 2010년 대비 13% 감소하고 일모작 사회를 유지할 경우 생산량이 2010년 대비 절반 수준으로 줄어든다는 점을 감안하면 무척 고무적인 결과다. 이는 고령화시대의 생산적 돌파구로서 노동시장에서의 연령별 분업구조 형성과 고령자 취업확대가 얼마나 중요한지를 여실히 보여준다.

GDP 상승효과

이 시뮬레이션 결과는 실질생산량을 대상으로 한 것이다. 그렇기 때문에 시뮬레이션 결과가 대체 어떤 경제적 의미를 갖는지 의문을 가질 독자들도 분명 존재할 것이다. 그래서 이 결과를 바탕으로 연령별 분업과 이모작 사회 건설이 GDP에 미치는 효과를 추가로 계산해보았다. 금액 기준으로 제시할 경우에는 이모작 고용구조 확립이 갖는 경제적 의미가 보다 명확히 이해될 것이다.

이를 계산하기 전에 먼저 한국의 미래 GDP 전망을 살펴볼 필요가 있다. 한국의 미래 GDP 전망에 관해서는 다양한 국제기관이 예측치를 발표하고 있다. 가장 최근의 자료들을 정리하면 〈표 7-7〉과 같다. 물론 장기 전망의 특성상 예측치는 기관마다 큰 편차를 보인다. 실질 전망을 기준으로 살펴보면 대략 2030년에는 1.45조 달러에서 3.1조 달러로 현재 경제규모의 1.5~3.5배 정도로 커질 전망이다. 2050년에는 2.06조 달러에서 4.56조 달러까지 현재의 3~5배 정도로 경제규모가 확대될 것으로 예상된다. 이처럼 다양한 GDP 전망치 중 여기서는

| 표 7-7 | 미래 한국의 GDP 전망[90]

(단위 : 조 원 또는 십억 달러)

GDP 예상치	2010년	2020년	2030년	2040년	2050년
기획재정부 (2011, 실질, 조 원)	1,029	1,592	2,099	2,484	2,799
카네기재단(2010, 실질, 십억 달러)	945	–	2,122	–	2,812
HSBC(2011, 실질, 십억 달러)	805	1,155	1,453	1,736	2,056
Citi(2011, 실질, 십억 달러)	928	2,206	3,108	3,989	4,562
PwC(2011, 실질, 십억 달러)	–	–	–	–	3,258
ADB(2011, 명목, 십억 달러)	1,006	–	2,724	–	3,845
GS(2007, 명목, 십억 달러)	1,071	1,508	2,241	3,089	4,083

주 모든 자료는 PPP(구매력 평가) 기준 자료임
카네기재단(2010)은 2010년, 2030년, 2050년에 대해서만, PwC(2011)는 2050년에 대해서만, ADB(2011)는 2010년, 2030년, 2050년에 대해서만 GDP 전망

비교적 최근에 발표되었고, 실질 전망치로 인플레이션 효과가 제거되었으며 국가기관의 공식적 전망을 대표하는 기획재정부 자료를 미래 GDP 전망의 기준치로 이용했다.

그렇다면 어떻게 실질생산량 계산 결과를 GDP 전망으로 전환할 수 있을까? 이 표에서 모든 GDP 예상치는 이모작 고용체계 변환을 감안하고 있지 않다. 즉 암묵적으로 현행 일모작 고용체계를 염두에 둔 것으로, 앞서 〈모형 1〉의 시뮬레이션 결과에 대응한다고 볼 수 있다. 따라서 이모작 사회가 구현될 때 GDP는 이런 예상치에 현행 일모작 고

---

[90] 기획재정부(2011), "2011 장기재정전망" ; Carnegie Endowment(2010. 3), "The World Order in 2050" ; HSBC(2011. 1), "The World in 2050" ; PwC(2011. 2), "World in 2050" ; ADB(2011. 8), "Centennial Group International projections" ; Goldman Sachs(2007. 3), "The N-11, More than an Acronym"

용 대비 이모작 고용 시 생산량 증대효과를 곱해서 계산할 수 있다. 다만, 계산과정에서 주의할 점은 시뮬레이션이 제조업과 서비스업, 특히 제조업으로부터 직접 고용창출에 따른 혜택을 입는 사적 서비스업에 한정해 진행되었다는 점이다. 현재 우리나라의 총GDP 중 제조업과 사적 서비스업이 차지하는 비중은 〈표 7-8〉처럼 대략 70%다. 즉 생산량 증대 효과를 모두 반영하면 안 되고 제조업과 사적 서비스업의 비중만 반영해야 한다는 것이다. 이를 감안해 이모작 사회 구현

| 표 7-8 | 연간 GDP 구성 비중 (계절조정 기준, 실질, 분기를 연 환산)

(단위 : 조 원, %)

연도	2000	2002	2004	2006	2008	2010
농·광업 및 기타	100.4	108.1	113.7	122.6	127.8	131.6
제조업	217.7	241.9	277.0	309.7	335.3	371.3
사적 서비스업	260.9	299.1	307.7	331.8	359.8	374.1
공적 서비스업	115.7	124.7	134.0	145.9	155.5	165.0
국내총생산	694.6	773.9	832.3	910.1	978.5	1042.1
제조업+사적 서비스 비중	69%	70%	70%	70%	71%	72%
기타 비중	31%	30%	30%	30%	29%	28%

| 표 7-9 | 연령별 분업의 GDP 확대 효과

(단위 : %)

연도	2010	2020	2030	2040	2050
제조업·서비스업 이모작에 따른 생산량 증대 기대 효과(모형 3과 모형1의 차이)	66	84	98	105	109
제조업·서비스업 비중을 고려한 이모작 시행의 전체 GDP 증대 기대 효과	47	59	69	74	77

에 따라 현행 일모작 사회 대비 GDP 증대 효과를 계산하면 〈표 7-9〉와 같다.[91]

이를 감안해 이모작 사회를 구현했을 때 미래 예상 GDP를 기획재정부 자료를 기초로 계산하면 2050년 4,952조 원으로 기존 예상치 2,799조 원보다 77% 증가함을 알 수 있다(표 7-9 참조). 또한 1인당 GDP도 훨씬 높게 나타날 수 있다. 특히 현재 상황에서도 연령별 분업 시스템이 도입되고 고령자들의 취업확대가 전격적으로 이루어진다면, 한국은 1인당 GDP 2.8만 달러로 2만 달러의 벽을 쉽게 뛰어넘을 수 있다. 또한 이모작 사회를 이룰 수 있다면 고령화의 위협에도 불구하고 2020년경 4만 달러, 2030년경 6만 달러의 벽을 넘어설 수 있다. 그리고 2050년경에는 꿈의 10만 달러대를 돌파할 수 있다.

이런 시뮬레이션 결과가 현실화된다면 총GDP 기준과 1인당 GDP 기준 모두 2020년 이후 충분히 10위권 진입이 가능할 것이다. 2011년 PPP 기준으로 한국이 총GDP는 12위, 1인당 GDP는 34위에 머무르고 있는 현실을 생각하면 무척 고무적이다. 그러나 미래에는 또한 많은 불확실성도 존재한다. 이런 불확실성을 어떻게 반영하느냐에 따라 미래 예측은 큰 차이를 보일 수 있다.

물론 여기서 예측의 기초로 삼은 기획재정부 자료는 비교적 신뢰성이 높고 다양한 예상치 가운데 가장 중립적인 편이다. 그럼에도 불구하고 미래 예측상의 불확실성을 감안한다면 가급적 보수적 입장에서

---

91 계산식은 다음과 같다. GDP 증가 효과=실질생산량 증대 효과×(제조업+사적 서비스 비중)+0×기타 산업 비중

| 표 7-10 | 연령별 분업을 실시한다고 가정할 때 한국의 미래 GDP 추계

GDP	2010년	2020년	2030년	2040년	2050년
기존 예상치(일모작 가정, 총계, 조 원)	1,029	1,592	2,099	2,484	2,799
이모작 시행에 따른 GDP 증대 효과(표 7-9 참조)	47%	59%	69%	74%	77%
이모작 시행시 GDP 예상치(총계, 조 원)	1,509	2,536	3,546	4,326	4,952
이모작 시행시 GDP 예상치(총계, 조 달러)	1.37	2.31	3.23	3.93	4.50
예상 인구(만 명)	4,887	4,931	4,863	4,633	4,234
1인당 GDP(일모작 가정, 달러)	19,151	29,355	39,241	48,744	60,105
1인당 GDP(이모작 가정, 달러)	28,065	46,749	66,288	84,885	106,343

주 1달러=1,100원 가정

미래를 바라볼 필요가 있다. 이런 측면에서 〈표 7-7〉의 전망 자료 중 미래 GDP를 가장 낮게 예상한 HSBC(2011)의 자료를 토대로 이모작 경제에서의 총GDP와 1인당 GDP를 다시 계산해보자. 게다가 좀 더 구체적인 HSBC(2011) 자료는 10년 단위로 총GDP와 1인당 GDP 관점에서 30위까지 세계 순위를 예측해 제시하고 있다. 내친김에 이를 토대로 미래의 세계무대에서 한국의 경제가 어떤 위상을 차지할 것인지도 살펴보자.

HSBC의 총GDP 예측에 따르면 2030년 한국의 GDP는 1조 4,530억 달러, 2050년 2조 560억 달러에 달한다. 세계 순위로 보자면 2020년 10위권 내에 입성한 이래 10년마다 1계단씩 점진적으로 순위가 하락하는 모습을 보인다. 그러나 HSBC의 예측은 암묵적으로 일모작 사회를 가정한다. 따라서 연령별 분업에 입각한 이모작 사회를 구현한다면 GDP는 증가할 것이다. 즉 실질생산량 증대효과를 여기에 반영하면, 2030년에는 69% 확대된 2조 4,560억 달러, 2050년에는 77% 확대된 3조 6,390억 달러로 GDP가 크게 증가한다. 이는 2020년 이래 총 GDP 순위에서 6위권을 확보할 수 있는 수준이다. 즉 2030년, 2040년, 2050년에 한국은 전체 경제규모 측면에서 영국을 제치고 세계 6위로 부상해 G7의 위상을 차지할 수 있게 된다(표 7-11).

1인당 GDP를 기준으로 보면 이모작을 통한 경제력 증대효과는 더욱 뚜렷해진다. HSBC의 원래 예측에 따르면 1인당 GDP는 2030년 3만 3,073달러로 고작 18위권에 머무르며, 2050년에도 6만 316달러로 10위권에 겨우 입성한다. 그러나 연령별 분업에 근거한 이모작 사회를 건설한다면, 2030년 1인당 GDP 5만 5,893달러로 일본을 제치고 세계 4위로 올라갈 수 있다. 또한 2050년에는 10만 6,759달러로 홍콩을 제치고 세계 2위 자리를 차지하게 된다(표 7-12). 이는 연령별 분업과 이모작 사회 구현에 성공할 경우 미래 고령화사회에서 한국이 오히려 강소국으로서 확고한 지위를 유지할 수 있음을 시사한다.

'복지의 역습'을 차단하는 효과

연령별 분업체계를 수립하고 서비스업 중심의 고령자 취업확대 정책을 시행하면 고령화시대가 오히려 한국에는 국가경제의 새로운 돌파구가 될 수 있다. 그뿐 아니라, 이미 지금 한국경제의 빅이슈로 부상한 복지문제 해결에도 크게 기여할 것으로 보인다. 왜냐하면 연령별 분업체계는 ①성장과 복지문제를 동시에 해결 가능하게 해주고, ②일을 통한 복지 개념을 통해 '복지 포퓰리즘'의 한계를 극복하며, ③고

| 표 7-11 | 미래 한국의 총GDP와 글로벌 순위 예측(HSBC 예측 기준)

(단위 : 십억 달러)

	2010년	2030년	2050년
기존 총GDP 예측	805	1,453	2,056
이모작 효과	47%	69%	77%
이모작 시행 시의 총GDP	1,183	2,456	3,639

순위	2010년		2030년		2050년	
1	미국	11,690	미국	14,987	중국	24,617
2	일본	4,962	중국	10,708	미국	22,270
3	중국	3,278	일본	5,648	인도	8,165
4	독일	2,068	인도	2,879	일본	6,429
5	영국	1,718	독일	2,731	독일	3,714
6	프랑스	1,487	영국	2,383	영국	3,576
7	이탈리아	1,107	프랑스	1,906	브라질	2,960
8	인도	959	브라질	1,687	멕시코	2,810
9	브라질	916	이탈리아	1,536	프랑스	2,750
10	캐나다	894	멕시코	1,468	캐나다	2,287
11	한국	805	한국	1,453	이탈리아	2,194
12	스페인	714	캐나다	1,382	터키	2,149
13	멕시코	690	스페인	1,252	한국	2,056
14	호주	562	터키	1,029	스페인	1,954
15	네덜란드	440	러시아	917	러시아	1,878
16	아르헨티나	431	호주	894	인도네시아	1,502
17	러시아	411	아르헨티나	834	호주	1,480
18	터키	388	인도네시아	635	아르헨티나	1,477
19	스위스	295	사우디아라비아	584	이집트	1,165
20	인도네시아	274	네덜란드	553	말레이시아	1,160

순위	2010년		2030년		2050년	
21	사우디아라비아	256	말레이시아	505	사우디아라비아	1,128
22	폴란드	248	폴란드	471	타이	856
23	홍콩	247	스위스	465	네덜란드	798
24	남아프리카공화국	188	이집트	439	폴란드	786
25	타이	185	홍콩	417	이란	732
26	이집트	161	타이	398	콜롬비아	725
27	이란	160	이란	382	스위스	711
28	베네수엘라	157	콜롬비아	328	홍콩	657
29	말레이시아	146	베네수엘라	291	베네수엘라	558
30	콜롬비아	140	남아프리카공화국	276	남아프리카공화국	529

자료: HSBC(2011. 1), "The World in 2050"
주: 테두리 부분은 이모작 시행 시 달성 가능한 한국의 총GDP 글로벌 순위

| 표 7-12 | 미래 한국의 1인당 GDP와 글로벌 순위 예측(HSBC 예측 기준)

(단위 : 달러)

	2010년	2030년	2050년
기존 1인당 GDP 예측	16,462	33,073	60,316
이모작 효과	47%	69%	77%
이모작 시의 1인당 GDP	24,199	55,893	106,759

순위	2010년		2030년		2050년	
1	싱가포르	45,957	싱가포르	89,690	싱가포르	146,963
2	노르웨이	40,933	스위스	63,476	홍콩	102,178
3	일본	39,434	홍콩	61,751	스위스	97,135
4	스위스	38,738	일본	52,590	일본	77,383
5	이스라엘	37,005	노르웨이	48,000	오스트리아	72,431
6	미국	36,354	오스트리아	44,636	노르웨이	65,935

순위	2010년		2030년		2050년	
7	홍콩	35,202	미국	43,057	아일랜드	61,745
8	스웨덴	31,777	아일랜드	41,147	독일	61,078
9	덴마크	31,418	캐나다	39,132	캐나다	61,066
10	아일랜드	27,964	독일	38,382	한국	60,316
11	영국	27,646	호주	38,238	미국	59,729
12	핀란드	27,150	핀란드	38,035	호주	58,514
13	오스트리아	26,455	스웨덴	37,264	핀란드	56,518
14	네덜란드	26,375	영국	37,235	영국	54,254
15	캐나다	26,335	덴마크	37,211	스웨덴	52,719
16	호주	26,243	네덜란드	35,174	네덜란드	52,266
17	독일	25,082	이스라엘	33,453	덴마크	51,619
18	벨기에	24,758	한국	33,073	스페인	48,301
19	프랑스	23,881	벨기에	32,373	벨기에	48,104
20	이탈리아	18,702	프랑스	31,226	그리스	46,461
21	한국	16,462	이탈리아	27,786	이탈리아	46,427
22	스페인	15,698	스페인	27,004	프랑스	45,947
23	그리스	14,382	그리스	26,229	이스라엘	43,310
24	아르헨티나	10,516	아르헨티나	17,232	폴란드	29,736
25	사우디아라비아	9,832	사우디아라비아	14,899	아르헨티나	29,646
26	폴란드	6,562	폴란드	14,240	말레이시아	29,495
27	멕시코	5,667	말레이시아	13,856	사우디아라비아	24,413
28	베네수엘라	5,437	터키	11,040	터키	23,052
29	말레이시아	5,223	멕시코	10,227	멕시코	20,948
30	터키	5,087	중국	7,829	중국	20,187

자료: HSBC(2011. 1), "The World in 2050"
주: 테두리 부분은 이모작 시행 시 달성 가능한 한국의 1인당 GDP 글로벌 순위

령자들의 취업확대는 '국민연금-퇴직연금-개인연금-일을 통한 고용소득'이라는 4중 복지체계를 구축해 일하는 고령자들의 노후생활을 풍요롭게 해주고, ④미래 복지재원을 마련하기 위한 실질적 기초를 제공하기 때문이다. 연령별 분업 및 이모작 사회 구현은 우리가 '보편적 복지 대 선별적 복지' 같은 해묵은 복지 논쟁에서 벗어나 '일을 통한 생산적 복지사회'라는 새로운 차원으로 나아가도록 단초를 마련해줄 것이다.

그렇다면 연령별 분업 및 이모작 사회 구현은 복지 정책 및 제도에 어떤 효과를 줄 수 있을까? 부양비(費)와 1인당 복지혜택의 관점에서 이 문제를 살펴보자.

부양비에 미치는 영향

먼저 부양비란 경제 전체의 부양부담을 측정하는 기본 수단으로 생산가능인구(15~64세, A)가 부양할 유년인구(15세 미만, B)와 노년인구(65세 이상, C)의 비율[=(B+C)/A]이다. 2010년의 우리나라 부양비는 39.4로, 이는 15~64세 인구 100명이 유년인구와 노년인구 39.4명을 경제적으로 부양한다는 의미다.

문제는 이런 기존 부양비 지표가 단순히 연령대별 인구의 증감만을 기준으로 삼는다는 점이다. 이 때문에 취업률 변동에 따른 실제 부양부담을 정확히 가늠할 수 없었다. 생산가능인구가 100명이라도 실제로 일하며 돈을 버는 사람이 100명인 경우와 50명인 경우에 각 개인이 느끼는 부양부담은 크게 다르다. 또 기존 부양비 지표에서 생산가능인구를 15~64세로 보는 것도 오늘날의 고용현실에 잘 부합하지 않아 문제가 된다. 15세면 아직 중학교 3년생이거나 고교 1년생에 불과하다. 15세부터 생산가능인구로 보는 것은 산업화 시대의 유산일 뿐, 성공하는 인재로서 사회활동에 참여하려면 대학 이상의 교육을 받아야 하는 현대 지식정보사회에서는 적절한 기준이 아니다. 또한 64세라는 기준도 애매하다. 요즘처럼 조기퇴직이 일상화된 시대에 일모작 직장에서 60세가 넘을 때까지 근무하는 사람은 많지 않다. 그러나 이모작 직업까지 따진다면 64세는 또 너무 이른 나이일 수 있다. 요즘은 70세가 넘더라도 힘닿는 한 일하는 사람이 많다. 결국 기존 부양비 개념은 분자는 과소평가하고 분모는 과대평가해 경제활동인구의 부양부담을 실제보다 낮추고 있다.

이런 고용현실을 고려할 때 오히려 실질부양비(=실질부양인구/실질생산가능인구)와 취업자 부양비(=미취업인구/취업인구)라는 새로운 지표를 활용하는 것이 경제 전체의 미래 부양부담 변화를 보다 정확히 파악하게 해준다. 여기에서 실질부양비의 분모인 실질생산가능인구는 청장년층, 즉 25~54세 연령층을 의미한다. 한편 분자 부분의 실질부양인구는 사회 진출 이전인 0~24세, 일모작 직업생활이 어느 정도 종결되는 55세 이상의 인구를 말한다. 한편 취업자 부양비는 일을 해서 돈을 버는 취업자들이 부담하게 되는 실질적인 사회 부양부담 의무를 측정할 수 있는 지표다. 또한 취업자 부양비는 국가의 취업확대 노력에 따른 경제적 부양부담 변화를 즉각적으로 측정 가능하다는 장점도 있다.

인구 관련 국가통계와 시뮬레이션 결과에 의해 계산된 취업자·미취업자 수를 바탕으로 계산된 부양비 지표들의 변화 전망을 비교하면 〈표

7-13〉과 같은데, 무엇보다도 기존의 부양비가 37%에서 2050년에는 89%로 증가한다. 생산가능인구 1인당 0.89명을 부양해야 한다는 의미다. 한편 한국의 현재 고용연령 패턴을 반영해 재계산된 실질부양비는 2010년 103%에서 2050년 226%로 매우 높게 나타난다. 현재 우리나라는 25~54세 인구 1명당 노인 1명 정도의 부양부담을 지고 있으나, 고령화 추세가 이대로 계속되다가는 2050년이면 25~54세 인구 1명당 노인 2.3명의 부양부담을 지게 되는 것이다. 이는 고령화로 인한 경제의 부양부담을 실질에 더욱 가깝게 반영한다.

한편 취업자 수를 기준으로 한 취업자 부양비를 살펴보면 2010년 174%에서 2050년 341%로 크게 증가한다. 즉 취업자 1명당 1.7명의 부양부담이 2050년경 3.4명이라는 살인적 수준으로 증가함을 의미한

| 표 7-13 | 부양비 지표의 변화 전망

(단위 : %)

연도	2010	2020	2030	2040	2050
기존 부양비 (부양인구/생산가능인구)	37	39	55	75	89
일모작 시행 시 실질 부양비 (실질부양인구/실질생산가능인구)	103	122	153	194	226
현행 일모작 지속 시 취업자 부양비 (미취업자/취업자)	174	201	243	297	341
이모작 체계 확립 시 취업자 부양비 (미취업자/취업자)	46	38	39	53	64

주 실질생산가능인구 : 각 개인이 일모작 주 직장에서 일할 수 있는 평균 나이대인 25~54세의 인구
　실질부양인구 : 일모작 개념 아래서 교육 및 훈련 대상인 24세 이하와 은퇴대상인 55세 이상 인구
　현행 일모작 지속 시 취업자 부양비 : 현행 일모작 고용제도 아래서 실제 취업인구와 미취업인구를 통해 계산된 부양비(미취업인구/취업인구)
　이모작 체계 확립 시 취업자 부양비 : 이모작 고용제도가 도입되었다는 가정 아래 〈모형 3〉을 통해 계산된 취업인구와 미취업인구를 통해 계산된 부양비

다. 예를 들어 25~54세인 부부들이 맞벌이 중이라고 해보자. 2010년에는 약 3.4명, 즉 자녀 1명과 고령 부모 2명 외에 추가로 0.4명의 사회적 부양부담을 졌는데, 2050년에는 자녀 1명, 고령 부모 2명 외에도 추가로 3.8명의 사회적 부양부담을 져야 하는 것이다.

사회적 부양부담이 이처럼 커질 경우 결국 어떤 문제가 나타날까? 폭증하는 사회적 부양비용을 감당하기 위해 결국 취업자들에 대한 세금부담과 의료보험, 연금 등 직간접적 형태의 사회복지비 부담을 늘리게 될 것이다. 즉 미래 초고령사회에서는 일하는 청장년의 어깨에 사회적 부양부담이라는 큰 멍에를 지우게 된다는 의미다. 이는 취업자들의 가처분소득 감소를 가져와 내수소비를 저하할 뿐만 아니라 취업자들의 근로의욕마저 쇠퇴시킬 것이다.

탈출구는 없을까? 연령별 분업과 고령자들의 적극적인 취업확대 정책을 도입하면 이런 사회적 부담을 크게 경감시킬 수 있다. 〈표 7-13〉의 마지막 열에 제시된 것처럼 지금 당장 이모작 체계를 확립해도 취업자 부양비를 46%로 크게 감소시킬 수 있다. 나아가 2050년에는 64%까지 줄여 사회적으로 충분히 감내할 만한 수준으로 부양부담이 억제될 수 있다. 이처럼 이모작 체계 확립 시에는 취업자 부양비가 크게 감소한다. 취업한 고령자들이 복지대상이 아니라 생산주체로 변모하기 때문에 부양비의 분자가 감소하는 한편 분모는 증대해 부양비가 큰 폭으로 줄어드는 것이다.

이러한 결과는 곧 2가지 의미를 갖는다. 먼저 고령자들의 취업확대는 경제 전체의 지속가능한 성장을 뒷받침할 뿐만 아니라 그 자체로 고령자들의 경제적 후생과 삶의 질을 증대한다. 그리고 가장 활동적으로 일할 25~54세 청장년의 사회적 부양부담이 경감되면서 경제활동이 더욱더 활성화될 수 있다.

1인당 복지비용에 미치는 영향

1인당 복지비용의 변화 가능성도 생각해볼 필요가 있다. 조세연구원(2009)에 따르면 한국에서 사회복지와 관련된 공적 지출은 2009년 GDP 대비 9.51%에서 2050년 16.3%로 확대될 전망이다. 이처럼 사회복지지출이 지속적으로 확대되는 가장 큰 이유 역시 고령화에 있다. 이는 공적 지출 증가분에서 가장 큰 비중을 차지하는 것이 바로 각종 연금(국민, 사학, 군인, 공무원, 기초노령연금)이라는 점에서 명확히 드러난다. 각종 연금의 GDP 대비 비율은 2010년 2.28%에서 2050년 10.1%로 크게 증가한다. 이처럼 연금 지출이 늘어날 경우 공적 지출 중 연금의 비중은 2010년 24%에서 2050년 62%로 급증한다.

복지비용의 지속적 증가는 결국 재정건전성 악화라는 '복지의 역습' 문제를 야기할 수 있다. 현재 추세로 복지비용이 증가한다면 한국의 국가채무는 2010년 36.9%에서 2050년 116%까지 증대되어 재정건전성이 심각하게 훼손될 것으로 예측된다.

그렇다면 복지를 늘리는 것이 과연 바람직한 일일까? 최근의 복지 논쟁에서 보편적 복지를 주장하며 복지확대를 요구하는 진영에서는 한국의 복지지출 수준이 선진국에 비해 턱없이 적다는 점을 강조한다. 즉 현재 OECD 국가의 복지지출은 대략 22.7% 수준이며 EU의 경우 대부분 20%대를 상회하나 한국은 아직 10%에도 못 미친다는 것이다.

그러나 서구에서도 복지에 대한 관점이 서서히 바뀌고 있다는 점을 직시해야 한다. 흔히 복지국가로 알려진 북유럽 국가들이나 역사적으로 많은 부를 축적한 중부 유럽 국가들은 1990년대 중반까지 복지지출을 지속적으로 증대시켰다. 이런 복지확대는 어디까지나 이들 유럽 국가가 멀리는 16세기 중상주의 시절부터 가까이는 18세기 산업혁명 이래 200~400년 동안 많은 부를 축적해온 부자 나라이기 때문에 가능했던 일이다. 이들 복지국가도 1990년대 중반 이후에는 오히려 복지지출을 감축하거나 효율화하는 경향을 보이고 있다. 복지지출의 확대만이 능사가 아님을 지난 수십 년의 경험으로 명확히 깨달았기 때문이다.

반면 복지확대 레이스에 뒤늦게 참여한 남부 유럽 국가들이나 일본은 1980년대 이래 내부의 다양한 복지 및 분배 요구에 부응하기 위해 복지지출을 매우 빠른 속도로 늘려왔다. 복지는 표심을 얻는 데 중요한 화두이기 때문에 이들 국가가 국채를 발행하는 등 나라빚을 늘리면서까지 복지지출을 확대해왔다. 흥미롭게도 이들 남부 유럽 국가들은 2009년 이래 재정위기의 대표적 희생양이 되었고, 일본은 잃어버린 20년의 수렁에서 빠져나오지 못하고 있다. 현재 이들 나라가 겪고 있는 난관 또한 지나치게 급격히 이루어진 복지지출 증가와 결코 무관치 않다.

그렇다면 앞으로 사회복지지출에 소요되는 총액은 향후 어떻게 변할까? 기존 GDP 전망과 사회복지지출 비중 전망에 근거해 계산한 결과, 사회복지지출 소요액은 2010년 650억 달러에서 2050년 4,150억 달러까지 6.4배 확대되는 것으로 나타났다. 이때 비취업자들을 포괄

| 표 7-14 | 기존 복지지출의 현황과 향후 전망

		2010년	2020년	2030년	2040년	2050년
기존 GDP 전망 (기획재정부, 2011; 조 원)	a	1,029	1,592	2,099	2,484	2,799
기존 GDP 전망 (십억 달러, 달러=1,100원 가정)	b=a/1.1	936	1,448	1,908	2,258	2,545
복지지출 비중 전망 (조세연, 2009)	c	6.9%	9.3%	11.6%	14.0%	16.3%
복지지출 재원 전망(십억 달러)	d=bxc	65	134	221	315	415
복지대상(현행 일모작 비취업자)	e	31,040	32,915	34,434	34,672	32,744
1인당 복지혜택(달러/인)	f=d/e	2,080	4,068	6,428	9,087	12,667

적 복지대상으로 간주할 경우 〈표 7-14〉처럼 1인당 복지혜택은 2010년 2,080달러에서 2050년 1만 2,667달러까지 크게 확대된다. 1달러를 1,100원으로 환산한다면 1인당 복지혜택은 2010년 1인당 228만 원에서 2050년 1인당 1,394만 원까지 늘어난다.

2050년 1인당 1만 2,667달러(1,394만 원)는 꽤 큰 액수다. 그러나 여기에는 각종 연금 7,845달러(우리 돈 863만 원)가 포함되어 있다. 결국 기타 기초생활보장, 취약계층지원, 보육·가족·여성, 노인장기요양보험 등 실질적 사회복지에 투여되는 1인당 혜택 규모는 4,822달러(=530만 원)로 크지 않은 편이다. 즉 국가 차원의 비용부담은 수백조 원으로 매우 크지만, 수천만 명에게 혜택을 제공해야 한다는 특성상 각 개인에게 돌아가는 몫은 얼마 되지 않는 이른바 '배분의 역설'이 나타난다. 만족하지 못한 개인들은 더 많은 복지를 요구하게 되고, 이에 부응하기 위해 복지비용 지출이 더욱 증대되는 복지-재정 동시 악화의 악순환에 빠지게 되는 것이다.

그렇다면 연령별 분업 및 이모작 사회가 확립될 경우 1인당 복지혜택이 어떻게 변할까? 이모작 사회를 구현하면 무엇보다도 GDP가 크게 증대한다. 이때 기존 수준과 동일한 사회복지지출 비중을 적용하면, 〈표 7-15〉처럼 사회복지지출 분야(Pool)는 2050년 8,070억 달러로 2배 가까이 늘어날 수 있다. 또한 복지대상이 현행 비취업자(=20~54세 중 일부, 54세 이상 고령 대다수)에서 고령자 중 일부로 크게 줄어들 수 있다. 물론 이때 고령 취업자 중 상당수는 연금뿐 아니라 기초생활보장, 장기요양 등 다양한 복지제도의 수혜를 받을 것이다. 또한 고령 취업자의 취업을 장려하고자 취업 인센티브가 다양하게 제공될 것이다. 이런 점을 고려해 여기서는 복지대상을 비취업자에 취업 고령자의 50%를 가산한 규모로 가정해보았다. 이 경우 2050년 1인당 복지혜택은 〈표 7-15〉처럼 2050년 2만 7,491달러로 기존 고용구조 유지 시의 복지비용 1만 2,667달러의 2배 이상으로 증가시킬 수 있다. 특히 연금혜택이 1인당 7,845달러임을 감안하면 기타 사회복지에 들어가는 1인당 혜택은 1만 9,646달러로 기존 4,822달러에 비해 4배 가까이 증대된다.

이는 사회적 고용체계를 연령별 분업 형태로 변화시킬 때 사회 전반의 복지 개선 및 삶의 질 증대가 획기적으로 가능해짐을 시사한다. 또한 고령자들은 국민연금, 퇴직연금, 개인연금에 이모작 일자리의 급여까지 추가되어 4중의 노후보장을 받을 수 있게 된다. 이뿐 아니라 기타 복지혜택도 누릴 수 있어 고령자들의 삶의 질이 크게 개선된다. 이처럼 연령별 분업 및 이모작 사회 확립은 일하는 생산적 복지사회

| 표 7-15 | 연령별 분업 시 1인당 복지비용 증대효과

		2010년	2020년	2030년	2040년	2050년
이모작 체계의 새로운 GDP	a′	1,509	2,536	3,546	4,326	4,952
이모작 체계의 새로운 GDP (십억 달러, 달러=1,100원 가정)	b′=a′/1.1	1,371	2,305	3,223	3,933	4,502
사회복지지출 비중 전망	c′	6.9%	9.3%	11.6%	14.0%	16.3%
사회복지지출 재원 전망 (십억 달러)	d′= b′xc′	104	235	411	606	807
복지대상 (비취업자+고령취업자의 절반)	e′	24,784	27,165	29,443	30,578	29,363
1인당 복지혜택(달러/인)	f′=d′/e′	4,200	8,635	13,969	19,808	27,491
복지비용 증대효과	g′=f′/f	202%	212%	217%	218%	217%

를 구현하는 데 주춧돌 노릇을 할 전망이다.

한편, 관점을 전환해서 만일 1인당 복지혜택을 현재 수준으로 동결하고 남는 부분을 R&D나 사회인프라 투자, 산업 육성 등 생산적 투자로 활용한다면 어떨까? 〈표 7-16〉에서 보듯이 2050년경 사회복지지출은 OECD의 절반 이하 수준인 8.3%로 크게 낮출 수 있다. 또한 GDP의 7.7%에 해당하는 4,350억 달러(478.5조 원)를 생산적 분야에 투자할 수 있게 된다. 이 엄청난 금액을 비생산적 복지가 아니라 생산적 가치를 만드는 데 투자할 수 있다면, 이로 인해 놀라운 생산성 향상과 다각적인 신산업 창출이 가능할 것이다. 이런 국가 성장잠재력 확충이 연령별 분업을 통한 고용구조 혁신과 맞물리면서 경제성장잠재력이 커지게 되고, 지속가능한 성장을 통해 한국은 세계적으로 유례없는 번영을 구가하게 될 것이다. 21세기 고령화시대를 활용해 오히

| 표 7-16 | 1인당 복지혜택을 기존 수준으로 유지할 때 연령별 분업을 통한 사회복지지출 비중의 감소 및 생산적 투자로 전환 가능한 금액

		2010년	2020년	2030년	2040년	2050년
이모작 체계의 새로운 GDP	a′	1,509	2,536	3,546	4,326	4,952
이모작 체계의 새로운 GDP (십억 달러, 달러=1,100원 가정)	b′=a′/1.1	1,371	2,305	3,223	3,933	4,502
사회복지지출 비중 전망	c″	3.8%	4.8%	5.9%	7.1%	8.3%
사회복지지출 재원 전망 (십억 달러)	d″=b′x c″	52	111	189	278	372
복지대상 (비취업자+고령취업자의 절반)	e″	24,784	27,165	29,443	30,578	29,363
1인당 복지혜택(달러/인)	f″= d″/e″	2,080	4,068	6,428	9,087	12,667
생산적 투자로 전환 가능한 부분 (십억 달러)	V=d″−d′	53	124	222	328	435

려 한국이 번창할 기회를 얻는 셈이다.

　연령별 분업을 통한 사회복지지출 재원의 증가와 1인당 복지비용 가능성은 현재 우리나라에서 벌어지고 있는 복지 논쟁에 중요한 보완책을 제공한다. 즉 현재 복지 논쟁에서는 방향성도 문제거니와, 복지의 재원을 어떻게 마련할 것인가에 대해서는 뚜렷한 방안을 제시하지 못해 큰 맹점으로 작용하고 있다. 일부에서 다양한 형태의 징세확대를 주장하지만, 이는 사회적 합의가 곤란하고 조세 형평성이 어긋나는 문제, 그리고 징세대상의 근로 및 사업 의욕 감소 등으로 인해 최근의 경제성장률 저하 추세를 더욱 악화할 소지가 있다.

　여기서 제시한 연령별 분업과 이모작 사회 건설은 근로의욕 고취, 실질적 생산 증대, 그리고 사회복지 재원 마련에도 효과적일 수 있다. 또

복지의 방향성 측면에서도 '보편적 복지냐 선택적 복지냐'라는 복지 대상 자체의 프레임에서 벗어나 '일하는 생산적 복지'를 추구하는 것이 성장과 복지라는 두 마리 토끼를 다 잡도록 해준다. 무엇보다도 이 방법은 한국적 토양에 가장 적합하다.

8장

미래 고령화 정책,
이렇게
업그레이드하라

Intro

───── **7장에서 분석해본** 것처럼 국가 차원에서 연령별 비교우위에 입각한 연령별 분업구조를 형성한다면 사람들은 늙어가도 국가경제는 젊음과 활력을 유지하며 성장을 지속할 수 있다. 연령별 분업에 기초한 이모작 체계가 미래의 고령사회, 나아가 초고령사회에도 계속 성장하는 새로운 사회경제체제를 건설하는 데 현실적 대안이 될 수 있는 셈이다.

우리나라는 1인당 국민소득이 선진국의 절반 수준인 2만 달러대에 머물러 있다. 향후 선진국 지위를 확고히 하려면 앞으로도 경제는 계속 성장하며 확대되어야 한다. 보몰(2008)이 강조한 것처럼 고령화가 진전될수록 경제성장은 더욱더 중요해진다. 고령자 수가 점점 늘어나는 상황에서 국가가 고령자에게 약속한 지원을 계속 제공하려면, 충분한 경제성장의 동력이 뒷받침되어야 한다.

그러한 원동력은 다름 아니라 우수하고 풍부한 인적자원이다. 이모작 사회 건설은 사실 고령사회에서 인적자원을 어떻게 육성하고 배치할 것인가와 긴밀히 연관된다. 이런 측면에서 올바른 고령화 정책은 단순한 고령자 일자리 창출이나 고령자의 복지 증대 이상을 의미한다. 즉 정책담당자들은 미래 초고령사회에서 국민들이 60~70대에 이르도록 각자의 능력과 적성을 최대한 발휘하고, 자신과 국가를 위해 더 많은 가치를 창출하게 만들려면 어떤 사회체계가 필요한지를 고민해야 할 것이다.

그러므로 미래의 고령화 정책은 고령자 취업률 개선이라는 지표관리를 넘어 이모작 사회의 관점에서 고용 및 평생교육 체계를 근본적으로 재편성하는 데 초점이 맞추어져야 한다. 그리고 진정한 이모작 사회를 만들려면 단순히 고령자에서 그치지 않고 청년층이나 중장년층까지 포괄하는 방향으로 고용 및 교육 체계가 진화해야 한다. 즉 청년층 대상 교육 및 고용 정책을 '가치창출 활동의 극대화'라는 방향으로 재정립하는 동시에, 이모작을 위한 재교육 및 재고용 체계도 새롭게 구축해 가치이전 활동도 극대화되도록 만들어야 한다.

이때 국민들이 연령과 학력 측면에서 각각 다른 특성과 니즈를 가진다는 점을 유념해야 한다. 이런 차이를 잘 반영해 각 집단에 부합하는 맞춤형 정책을 수립, 실행하는 것이 바람직하다. 그러므로 여기서는 〈표 8-1〉처럼 연령과 학력에 따라 정책대상을 4가지 집단으로 구분해보고, 각 집단별로 이모작 사회 건설을 위해 미래의 고용 및 교육 정책이 추구해야 할 방향성을 제안해보았다.

| 표 8-1 | 이모작 사회 건설을 위한 인구집단별 맞춤형 정책방향

	고학력 집단(대졸, 석박사 등)	저학력 집단(전문대, 기술학교 등)
일모작	교육 : 가치창출 활동 관련 학과 육성 및 강화 • 이학, 공학, 농수산해양, 산업디자인 등 취업 : 제조업, 지식서비스업 및 신산업의 연구개발, 제품혁신 부문으로 취업 유도 • 전기전자, 화학, 철강, 자동차, 조선, 정밀기기, 건설 엔지니어링 • 방송통신, 인터넷·소프트웨어·모바일 • 생명공학, 나노, 그린·에너지 등	교육 : 기술 명장 육성 관련 교육시설 확대 • 마이스터고, 산업대, 기술대, 특성화 대학, 실무 특화 교육과정 등 취업 : 제조업, 지식서비스업 및 신산업의 현장실무직으로 취업 유도 • 공정·장비, 품질·생산, 연구지원 엔지니어 • SW·어플·DB 개발자, 웹·콘텐츠 퍼블리셔, 제품 디자이너, 바이오·나노·환경 엔지니어 등
이모작	교육 : 관리·서비스 부문의 이모작 역량 강화 • 대학(원)의 성인 재교육기관화(경영대학원, 대학 이모작 전직·창업교육) 취업 : 이모작 역량과 경험, 노하우의 사회적 활용 • 중소기업체 일반행정 및 관리직 재고용 • 기술기반 세일즈, 영업 분야 취업지원 • 전문 창업 및 전문 컨설팅 지원 • 현장교육 및 사회교육 활동지원	교육 : 이모작 적응 교육훈련, 일반서비스 업종 창업교육 • 사회 교육기관·프로그램의 중장년 교육 • 고용 희망 업체와 연계 실무 교육 취업 : 일반서비스업, 농업 등의 기업 취직 및 창업 지원 • 도소매, 운수, 숙박, 음식업 • 사회복지(노노케어 등), 시설관리, 사업지원

첫째, 이 표에서 '일모작 고학력 집단'이란 주로 청년층 가운데 교육수준은 높지만 아직 직업세계에 입문하지 않았거나 직업경력을 많이 쌓지 않은 경우다. 연령별 적성을 감안할 때 이들은 '가치창출 활동'

분야에 대해 무한한 직업적 잠재력을 갖고 있다. 따라서 이들의 취업을 '가치창출 활동' 분야로 더 많이 유도할수록 우리나라가 창출하는 가치, 즉 상품과 재화의 생산이 확대될 수 있을 것이다. 문제는 최근 청년들 사이에서 '이공계 및 제조업 기피'처럼 우려할 만한 선호도 변화가 나타나고 있다는 점이다. 이런 문제를 극복하고 청년들이 가치창출 활동 분야로 취업하도록 유도하려면 다양한 인센티브와 유인책이 필요할 것이다.

먼저 교육과 관련해 이학, 공학, 농수산해양, 산업디자인 등 가치창출 활동에 직접적으로 관련되는 대학(원)과 전공학과를 육성, 강화해야 할 것이다. 특히 최근의 고부가가치 산업 영역들은 더욱 전문화되는 동시에 다양한 지식의 융합을 요구하고 있다. 이런 전 세계적 산업 진화의 추이를 감안해 교육과정의 융합화·다양화·세분화를 지속적으로 추진해야 할 것이다. 또한 관련 학문을 전공하는 학생들에게 학비·연구비 지원이나 병역특례 같은 정책적 배려를 과감히 확대 제공하여 이들 학과에 대한 지원이 줄어드는 현실적 문제를 타개하도록 노력해야 할 것이다.

이렇게 교육된 인재들은 일차적으로 현재 한국의 주력 산업으로서 수출을 통해 국부를 크게 증진시킬 수 있는 전기전자·화학·철강·자동차·조선·기계·건설 엔지니어링 산업의 연구개발 및 제품 혁신 부문으로 취업을 유도할 수 있을 것이다. 우수 인력이 주력 제조업 분야로 계속 유입된다면 중국 등 후발주자의 빠른 추격에도 경쟁력을 잃지 않도록 중요한 기반이 되어줄 것이다. 방송통신·인터넷·소프트웨어·모바일 등 지식기반사회에서 새롭게 성장하는 분야에도 투입되어 우리 경제의 산업구조 고도화에 크게 기여할 것이다. 나아가 생명공학, 나노, 그린·에너지 등 21세기 차세대 유망 산업 분야로도 취업이 확대되면서 현재 전문적 우수 인력이 부족해 어려움을 겪는 기업체들의 성장을 도울 수 있을 것이다.

둘째, '일모작 저학력 집단'이란 학력수준이나 직업기술이 부족해 취업에 상당한 애로를 겪는 청년층을 말한다. 이들 중 상당수는 당장 손쉽게 취업할 수 있는 '가치이전' 영역, 특히 단순서비스업에서 아르바이트나 임시직 형태로 불안정한 생계를 꾸려가고 있다. 이는 개인에게는 젊음의 낭비이자 국가에는 성장잠재력의 낭비라 볼 수 있다. 이런 측면에서 이들이 '가치이전' 영역의 임시직에서 벗어나 연령별 적성에 더욱 잘 맞는 '가치창출' 영역으로 이동하도록 교육 및 취업 정책상의 노력이 다양하게 필요하다. 이들이 제조업, 지식서비스업, 신산업 등의 가치창출 영역에서 현장실무를 맡게 될 경우, 국가의 경제적 가치창출에 크게 기여할 수 있을 뿐만 아니라 개인적으로도 안정적 수입 확보나 장기적 차원의 미래설계가 가능해진다.

이를 위해 먼저 교육 측면에서 기술육성 관련 교육시설을 확대하고 기술·기능계의 무상 교육과 단기 재교육 기회를 대폭 확대할 필요가 있다. 일찍부터 기술 관련 직업교육을 받을 수 있게 하여 젊음의 낭비를 막자는 것이다. 이런 기회 확대를 통해 이들이 분야별 기능명장 후보군으로 육성된다면 향후 20~30년간 산업계의 든든한 허리 역할을 해낼 수 있을 것이다.

이들이 취업할 수 있는 분야는 많다. 제조업과 지식서비스업 및 신산업에서 현장실무 인력이 매우 부족한 상황이고 앞으로도 그 수요는 점차 늘어날 것이다. 예를 들어 제조업 분야만 하더라도 공정·장비, 품질·생산, 연구지원 엔지니어, 지식서비스업에서는 소프트웨어(SW)·어플리케이션·데이터베이스(DB) 개발·관리자, 웹·콘텐츠 퍼블리셔, 제품 디자이너 등 다양한 현장실무직이 있다.

다만, 이런 현장실무직 업무가 무척 힘든 일인데도 초봉이 높지 않을 뿐 아니라 장기간의 현장숙련 과정도 필요하여 청년들이 취업을 기피하는 경우가 많다. 따라서 '가치창출' 영역에 취업할 경우 다양한 인센티브를 제공할 필요가 있다. 이를테면 '가치창출' 영역에 취업한 청년층에 고금리 재형저축(財形貯蓄)이나 주택우선청약 기회를 부여하는 등 제도적으로 배려하면 어떨까? 적은 임금으로도 빨리 목돈을 마련할 수 있고 젊은 나이에 안정된 주거도 마련할 수 있는 혜택이므로 직업 선택에 큰 유인이 될 것이다.

셋째, '이모작 고학력 집단'이란 교육수준도 높고 일모작 직장에서 오랜 기간에 걸쳐 전문적 직업경력을 쌓은 중장년층을 의미한다. 이들은 직업역량이 매우 높은 편이다. 그러나 안타깝게도 이들 중 상당수는 조직 내 승진 경쟁에서 밀려나 한창 일할 수 있는 50대 초반에 일모작 직장에서 은퇴하게 된다. 이들은 일모작 직업생활을 통해 많은 경험과 경륜을 쌓았기 때문에 성공적인 이모작 인생을 살 가능성이 크다.

이들을 위한 이모작 재교육의 초점은 연령별 적성이 맞는 관리·서비스 부문에서 이모작 역량을 강화하는 데 맞춰질 필요가 있다. 이를 위해 현재 청년 교육에만 주력하고 있는 대학(원)을 성인 재교육기관으로 확대 개편해야 한다. 특히 40대부터 이모작 역량을 체계적으로 계발할 수 있도록 주말 경영대학원이나 실용 외국어대학원, 대학 이모작 전직·창업교육 등 다양한 미래형 교육코스를 개발해야 할 것이다.

나아가, 이모작 고학력 집단을 대상으로 한 재취업 정책은 이들이 지닌 이모작 역량과 경험, 노하우를 사회 차원에서 효과적으로 활용하는 데 초점을 맞추어야 한다. 전문 관리인력을 절실히 필요로 하는 중소기업체의 일반 행정 및 관리직 분야에 취업한다든가, 일모작 직업에서 익혔던 기술과 관련된 세일즈나 영업 분야에 재고용될 수 있도록 지원해야 할 것이다. 또한 일모작 직업 경험을 토대로 창업 및 컨설팅 사업을 전문적으로 전개하는 데 장애가 되는 여러 가지 제약을 해소해줘야 한다. 아울러 적성이 맞는 사람들에게는 현장교육이나 사회교육 활동을 지원해 그간의 현장지식이나 인생철학이 사장되지 않고 사회적으로 전파되고 활용될 수 있게 배려해야 할 것이다.

넷째, '이모작 저학력 집단'이란 주로 중장년층 중에서 기술, 학력, 경력, 건강 등 다양한 문제 때문에 일모작 직장에서 전문적 경력을 충분히 쌓지 못하고 불안정한 직업생활을 영위하는 사람들을 말한다. 많은 경우 이들은 안정적 일자리를 구하지 못하고 어렵사리 생계를 꾸려간다. 이들 중에는 사업에 실패한 뒤 재기할 엄두를 내지 못하는 사람도 있고, 생활력이 부족해 수동적인 복지수혜 대상이 되어 있는 경우도 있다. 이들의 이모작 직업 재교육 및 재취업에서는 무엇보다 자립능력 확보에 초점을 맞추어, 인생의 고난을 딛고 능동적 경제활동의 주체로 거듭날 수 있도록 이끌어야 할 것이다.

이들에 대해서는 '가치이전' 영역, 특히 단순 생활서비스 업종을 중심으로 취업이 확대되도록 해야 한다. 이 업종은 상대적으로 이모작 역량 배양을 위한 준비기간이 짧을 뿐 아니라 다양한 일자리 기회가 존재하기 때문이다. 예를 들어 도소매, 운수, 숙박, 요식업종이나 사회복지, 시설관리, 사업지원 등은 이들이 이모작 일자리를 찾기 쉬운 분야일 것이다. 이 외에도 원하는 사람이 있다면 농업이나 단순제조업 등에서도 취업의 기회를 찾을 수 있도록 배려해야 한다.

　이를 위해 이모작 적응 교육훈련과 일반서비스 업종의 창업교육을 확대할 필요가 있다. 이모작 적응 교육훈련 체계는 이미 다양하게 존재하는 사회교육기관의 활동이나 프로그램을 중심으로 중장년 교육을 확대하는 형태로 비교적 빠르게 구축할 수 있으리라 보인다. 이때 구직 가능성을 높이고 단기간 교육으로도 즉각 실무에서 역량을 발휘할 수 있도록 가급적 고용 희망 직종과 연계한 실무 중심 교육을 전개해야 할 것이다.

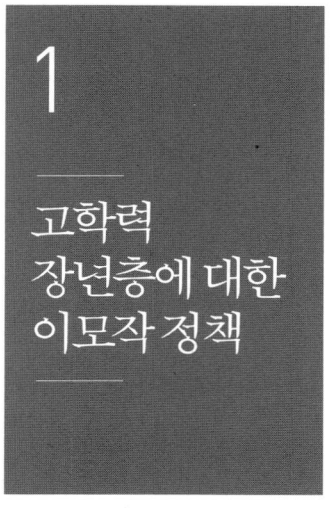

1
고학력 장년층에 대한 이모작 정책

연령별 분업에 기초한 인생 이모작 정책의 주된 대상은 현재 50~60대의 준고령자 및 고령자다. 이들은 과거의 50~60대와 달리 사회생활에서 매우 활동적인 모습을 보이기 때문에 흔히 '액티브 시니어(Active Senior)'라 불린다.[92] 물론 액티브 시니어들 모두가 반드시 일을 해야 할 필요는 없다. 일모작 직장에서 은퇴한 후 일을 계속할지, 아니면 여유로운 노후생활을 즐길지는 온전히 개인이 선택할 문제다. 다만 이들 액티브 시니어 계층 중 일할 능력, 일할 의지, 일할 필요가 있는 사람들이 단지 늙었다는 이유만으로 고용시장에서 외면당하는 일은 없어야 할 것이다. 즉 각각의 고령자들이 나이 때문에 고용에 차별받지 않고 일을 통해 자신의 행복을 추구하며 국가 가치창출에 기여할 수 있도록 보장

---

92 그동안의 사회기여 과정에서 장애를 안게 된 고령자들이나 일할 능력을 상당 부분 소진한 70대 이상 초고령층에 대해서는 국가가 반드시 복지정책을 통해 노후의 '삶의 질'을 보장해주어야 할 것이다. 물론 70대 이상 중에서도 일을 하고 싶어하며 남다른 건강을 유지하는 사람이 있다면 이들에 대한 일자리 제공은 현재 시행 중인 '사회적 일자리' 관점에서 검토될 수 있을 것이다.

하는 것이 이모작 재교육 및 재고용 정책의 궁극적 목표일 것이다.

물론 50~60대의 액티브 시니어 계층에서도 '일할 능력'은 사람마다 큰 차이를 보일 것이다. 자기 자신의 삶을 잘 관리하고 늘 새로운 지식을 학습하며 나름의 경험을 축적한 정도가 각 개인마다 매우 다르기 때문이다. 할 수 있다면 이런 차이를 적극 반영해 더 세부적으로 구분하는 것이 바람직하겠지만, 여기서는 일단 고령층을 고학력 집단과 저학력 집단으로 단순히 구분해보았다. 강조하고 싶은 점은 이모작 재교육 및 일자리 정책을 집단별로 각각 다르게 마련할 필요가 있다는 것이다.

고학력 액티브 시니어들은 교육수준도 높고 일모작 직업 과정에서 오랜 기간 전문적인 직업경력을 쌓은 중장년층을 의미한다. 그러나 불행히도 직장의 승진 구조는 피라미드 형태여서 상위 관리자 직급까지 올라갈 수 있는 인원은 매우 제한되어 있다. 따라서 대다수의 고학력 직장인은 아무리 애써도 승진과정의 어느 지점에서 더는 올라가지 못하고 밀려나고 만다.

2000년대 들어 직장 내 생존경쟁이 특히 치열해진 탓에 '사오정 오륙도'라는 말이 유행했다. 이는 45세가 실질 정년이고, 56세까지 회사를 다니면 도둑이라는 의미로 그만큼 직장인들의 실질적인 퇴직시기가 크게 앞당겨졌음을 풍자하는 말이다.[93] 그나마 40대에 퇴직한 사

---

93 요즘 실제로 50대나 60대까지 직장생활을 하다가 퇴직하는 경우는 얼마나 될까? 국세통계연보에 따르면 2009년 퇴직하고 퇴직소득을 받은 293만 명 중 50세 이상은 68만 명으로 전체의 23.2%다. 한편 60대 퇴직소득자는 27.4만 명으로 전체의 9.4%에 그친다. 2009년 퇴직자 중 60대까지 직장을 다닌 행복한 사람은 10명 중 1명뿐인 셈이다. 나머지는 그보다 훨씬 일찍 회사를 그만두고 재취업을 하든지, 사업을 하든지, 아니면 놀아야 한다는 의미다.

람들은 다른 직장이나 직종으로 옮겨 직업생활을 계속할 가능성을 갖는다. 하지만 50대에 은퇴한 직장인들은 아무리 경력이 좋고, 기술과 능력이 뛰어나며, 일할 의욕이 충분해도 갈 곳이 마땅찮은 현실에 직면하게 된다. 물론 소일거리가 될 만한 일은 쉽게 찾을 수 있겠지만, 50대 퇴직자들이 그동안 쌓은 경험을 살리며 기업과 국가경제의 발전에 지속적으로 기여할 수 있는 생산적이고 의미 있는 일자리를 찾기란 정말이지 어렵다.

연령별 분업체계를 형성하는 데 가장 중요한 과제 중 하나가 바로 이들 고학력 중장년층이 퇴직 이전에 새로운 직업역량을 미리 키우고, 퇴직 후 시간낭비 없이 양질의 일자리를 쉽게 얻어 성공적인 이모작 인생을 영위할 수 있는 사회체계를 만드는 것이다. 이런 측면에서 노동공급, 고용수요, 평생교육 인프라의 3가지 영역에서 인생 이모작 지원정책을 전향적으로 수립하고 실시할 필요가 있다.

사회적 배려와 지원이 우선이다

먼저 노동공급 측면부터 살펴보자. 현재 많은 고학력 고령자가 퇴직 후 제대로 된 일자리를 구할 수 없어 우수한 경험과 능력을 그냥 묻어둔다. 이들이 좌절하지 않고 새로운 이모작 직업전선으로 활발히 나설 수 있으려면 다양한 제도적 지원책이 필요하다. 최근 제도적 보완책이 마련되고는 있지만, 여전히 부족한 상태다. 향후 추진되어야 할 이모작 정책 중 가장 시급한 제도로는 퇴직 전 이모작 준비를 가능케 하는 점진적 퇴직제, 고령친화적 근무문화를 활성화할 유연시간

고용제, 이모작 인센티브를 제공하는 연금제의 옵션 다양화 등을 들 수 있다.

퇴직 전 이모작 준비를 지원하는 점진적 퇴직제

먼저 점진적 퇴직제(gradual retirement system)란 퇴직 희망원을 제출한 고령 직원들에 대해 정년 3~5년 전부터 단계적으로 근로시간을 감축해나가는 제도다. 이 제도가 시행되면 고령 직원들이 새로운 이모작 역량을 쌓는 데 필요한 시간적 여유를 가질 수 있다. 다만 이 제도는 근로시간이 줄어드는 만큼 근로소득도 감소한다는 것이 단점이다. 이 때문에 고령 직원들이 점진적 퇴직제 선택을 오히려 기피할 수 있다. 스웨덴, 독일, 핀란드, 노르웨이 등 선진국에서는 근로소득 감소분을 공적연금(부분연금), 고용보험, 공제기금 등을 통해 보충해주는 방식으로 이 문제를 해결하고 있다.

점진적 퇴직제는 고령화사회에서 근로자, 기업, 정부 모두가 윈윈(win-win)할 수 있는 유용한 제도다. 먼저 고령 근로자는 ①'완전취업→완전퇴직' 과정에서 나타날 수 있는 소득단절 및 생계불안정 문제를 완화할 수 있고, ②불시 퇴직에 따른 심리적 박탈감과 사회적 소외감을 경감시킬 수 있으며, ③이모작 인생에 대한 준비를 차근차근 진행할 시간적 여유도 갖게 된다.

점진적 퇴직제는 기업들의 고령인력 관리에도 다양한 이점을 제공한다. 무엇보다 고령 근로자들의 고용규모나 전체 근로시간을 조절할 수 있어, 고령인력 관리의 유연성을 증대할 수 있다. 또한 퇴직 직전 고령인력들은 동기부여 저하로 생산성이 급격히 떨어질 수 있는

| **그림 8-1** | 점진적 퇴직제의 개념

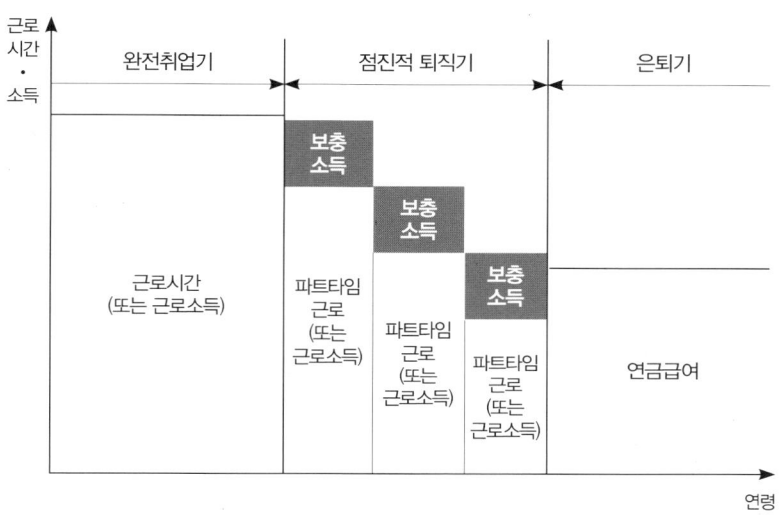

자료 방하남 외(2009), "한국의 정년현황 실태와 정년연장을 위한 여건 조성방안 연구", 한국노동연구원

데, 점진적 퇴직제는 일과 중 일부 시간만 집중적으로 일하게 하고 이모작 인생이라는 동기부여를 제공함으로써 이런 문제를 방지할 수 있다. 나아가 근로시간 단축에 따른 퇴직 희망자들의 임금손실을 별도의 사회보장제도에서 보전해줄 경우, 고령자 반발을 최소화하며 기업의 임금부담 또한 최적화할 수 있다.

그렇다면 정부 입장에서는 어떤 효과를 기대할 수 있을까? 무엇보다 재정수지 개선을 도모할 수 있다. 실업 고령자에게는 노령연금이나 실업보험 등이 생계지원용으로 지급된다. 완전 실업상태가 되어 지급받는 사회보장 지출수준보다 부분퇴직 상태에서 지급받는 소득 벌충 급여수준은 상대적으로 낮다. 나아가 점진적 퇴직제는 고령화시대에 필연적으로 발생할 노동력 부족 문제에 대한 합리적이고 유연한 중장기 해결책이 될 수 있다.

물론 점진적 퇴직제는 사회적 이슈를 불러일으킬 수 있다. 예를 들어 국가 전체적으로 강제 시행할 것인가? 아니면 개별 단체협약에 따라 기업별로 시행할 것인가? 점진적 퇴직기간을 몇 년으로 잡을 것인가? 점진적 퇴직에 따라 감소하는 근로소득을 얼마나 보충해줄 것인가? 또한 소득보전의 부담은 개인, 기업, 사회 중 누가 부담할 것인가? 이에 대해서는 유럽연합에 속한 여러 국가의 시행 경험을 참조할 여지가 많으므로, 향후 사회적 논의를 통해 적절한 합의점을 찾을 수 있으리라 기대된다.

고령친화적 근무문화를 창출하는 제도들

미래 고령화시대에는 사회 전반에서 고령친화적 근무문화를 창출하는 것이 중요하다. 즉 고령자들이 나이 문제로 완전히 노동시장에서 퇴출되는 것이 아니라 직업현장과 일정한 연계를 가지며 개인의 생활과 일을 병행할 수 있도록 사회문화가 변해야 한다.

고령친화적 근무제도를 확산시키려는 여러 정책대안 가운데 의외로 중요한 것이 유연고용제 도입이다. 유연(flexible)고용제란 고령 근로자가 자신의 근무시간과 근무형태를 선택할 수 있도록 하는 제도를 말한다. 즉 고령 근로자는 회사와의 계약에 따라 1주일에 2~3일씩 전일 근무를 하거나, 아니면 하루 4~5시간씩 주 5일 근무를 하는 등 자신의 형편과 회사 측의 상황에 맞추어 근로시간을 조정할 수 있다. 이때 임금은 시간급 형태로 받거나 대략 전업 근무의 30~60% 수준을 받게 된다. 또한 업무평가는 사전에 약정한 목표량이나 업무시간 또는 프로젝트 단위 등 계약에 따라 다양한 방식으로 이루어진다.

이 제도는 시간을 유연하게 활용할 수 있고, 일정한 수입을 확보할 수 있어 고령자들에게 매우 매력적으로 여겨질 수 있다. 한편 근로자를 고용한 회사 측은 저렴한 인건비로 고학력·고경력 고령 근로자의 경험과 기술을 활용한다는 장점이 있다. 국가 차원에서도 유연근무제는 더 많은 고령자가 양질의 일자리를 나누도록 하는 방안으로 활용될 수 있다.

고령자들을 대상으로 유연고용제를 실시할 때 주의할 사항은 회사가 전속근무를 요구하지 않도록 제도적 보장이 이루어져야 한다는 점이다. 즉 유연고용제 형태로 재취업한 고령자 중에는 금전적 필요나 다양한 이유에 따라 추가 취업을 해야 하는 경우가 있을 수 있다. 이때 직접적 경쟁관계에 있지 않은 한 고령 직원이 유연고용제 형태로 다양한 일자리에서 근무할 수 있도록 보장해야 한다. 예를 들어 월요일과 화요일에는 A사를 위해, 목요일과 금요일에는 B사를 위해 일할 수 있어야 한다.

고령자의 근로의욕을 북돋는 연금제 옵션

고령자가 자기 형편에 맞추어 다양한 형태로 일하는 이모작 사회를 만들려면 연금제 역시 단순 노후보장에서 고령자의 근로의욕을 고취하는 방향으로 변화할 필요가 있다. 현재 한국의 연금제는 노후보장에 초점을 맞추어 3중 보장체계로 설계된다. 고령자들이 국민연금으로는 최소한의 생계보장을, 퇴직연금으로는 안정적 소득보장을, 개인

연금으로는 풍요로운 노후생활을 보장받는 형태다. 그러나 이모작 사회에서 연금제는 이모작 직업소득까지 추가해 4중 보장체계로 발전할 필요가 있다.

이런 측면에서 보자면 최근의 연금제도 변화는 바람직하다. 현재 노령연금의 수혜 대상자는 만 60세로서 과거 국민연금을 10년 이상 납부한 사람이다. 그러나 이런 조건에 부합해도 이모작 직업을 통해 일정액 이상의 소득을 거둔다면 감액된 연금을 받게 된다. 즉 근로소득액이 월 286만 원 이상(사업소득자는 경비 공제 후 월 189만 원 이하) 발생한다면 연금액을 감액해 재직자 노령연금을 받게 된다. 재직자 노령연금은 과거에는 단순 연령을 기준으로 감액 여부를 결정했고 최고 감액률도 50%에 달해 일하는 고령자들의 불만이 많았다. 그러나 2010년 법이 개정되면서 감액 기준이 소득으로 바뀌고 최고 감액률도 30%로 낮추어졌다. 이는 준고령층의 근로의욕을 높이는 바람직한 변화 방향이라고 볼 수 있다.

나아가 미래 이모작 사회에서 고령자들의 직업생활 양상이 매우 다양해지라는 점을 감안해 국민연금의 지급시기 및 지급방법에서 연금수급자의 선택권을 다변화할 필요가 있다. 이런 측면에서 최근 입법화되어 2013년부터 도입될 예정인 연기연금제나 선택수령제 역시 바람직한 변화라 평가할 수 있다. 지금까지 연금수급자(61~65세)는 수령액 전액을 받거나 또는 연기할 수 있었다. 그러나 앞으로는 연금액의 50%, 60%, 70%, 80%, 90% 중 하나를 선택해 수령을 늦출 수 있도록 했고, 수령을 연기한 금액에는 이자가 가산되어 나중에 더 많은 연금을 받을 수 있다.[94] 이는 고령자 중 이모작 직업을 통해 소득을 얻

| **그림 8-2** | 점진적 퇴직제와 연금제 옵션을 활용한 노후보장

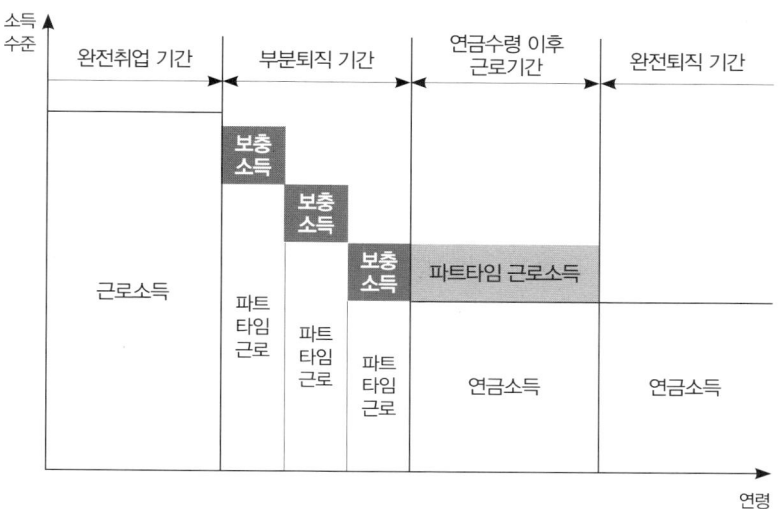

자료: 이철용·양희승(2005), "국민연금을 활용한 고령근로 증진방안", LG경제연구원

고, 이모작 직업생활 후의 완전은퇴 기간에 풍족한 노후생활을 누리려는 사람에게는 매우 유용한 선택권이 될 것이다.

이처럼 점진적 퇴직제와 연금제 옵션을 활용해 이모작 직업생활을 포함한 4중 보장체계가 마련될 경우 노후보장은 현재보다 훨씬 안전하고 고령자 각자의 형편에 알맞게 맞춤형으로 이루어질 수 있을 것이다. 또한 〈그림 8-2〉처럼 일시퇴직이 아니라 고령자 개개인의 일생에 걸쳐 점진퇴직이 일어나면서 고령자들의 삶의 질 또한 크게 향상될 것이다.

---

94 연금을 받을 고령자가 현재 어느 정도 소득이 있어서 연금수령을 뒤로 미룬다면 '연기월수×0.6%'만큼 연금수령액이 증가한다. 연기는 최대 60개월, 즉 5년까지 가능하다. 5년까지 연금수령을 연기한다면 수급액이 36%나 많아진다.

고령자 취업 늘리는 기업에는 인센티브를!

2012년 2월 롯데마트는 시니어 사원 모집행사를 시범적으로 실시했는데, 반응이 뜨거웠다. 시니어 사원 400명을 뽑는데 2,670명이나 지원해 6.7대 1의 경쟁률을 기록했고, 대기업 임원 출신도 60여 명이나 지원한 것이다. 이는 이 시대 고령자들이 일자리에 얼마나 목말라하는지를 단적으로 보여주는 사례다.[95] 베이비부머의 은퇴가 본격화되면서 기업들 사이에서도 정년을 연장하거나 고령직원을 다시 채용하려는 움직임이 일고 있다. 그러나 롯데마트처럼 시니어 사원 채용을 대대적으로 늘리는 기업은 그리 많지 않다.

은퇴 후 재취업전선에 나서는 고령자들이 많아져도, 정작 기업들이 고령자들을 외면하면 고령자들은 일자리를 구하지 못해 좌절하게 된다. 따라서 고령층의 노동공급 증대와 병행해 기업들의 고령인력 채용증대를 위한 제도적 노력도 함께 이루어져야 한다. 정부와 지자체 조직, 그리고 공공기업이 먼저 고령자 취업을 확대한다면 좋은 출발점이 될 것이다. 민간기업도 중장기적으로 고령자 취업을 확대해야 할 것이다. 고령층 채용확대는 민간기업이 사회적 기여도를 높이며 고령친화적 조직문화를 형성하는 데 큰 도움이 될 수 있다.

그러나 청년실업이 사회적 문제가 될 만큼 청년 구직자가 넘쳐나는 상

---

[95] 롯데마트의 시니어 사원은 하루 최대 6시간, 주 5일 일할 수 있으며 상황에 따라 근무시간을 조절할 수 있다. 계약직이지만 4대 보험(국민·건강·고용·산재)이 적용되고 건강과 근무성적이 좋을 경우에는 70세까지 일할 수 있다. 시간당 임금은 일반 아르바이트보다 10%쯤 높게 지급된다. 근무시간을 탄력적으로 조절할 수 있다는 것, 4대 보험이 지원된다는 것, 능력이 닿는 한 장기적으로 일할 수 있다는 것이 고령 재취업 희망자들에게 매력적이었다.

황에서 민간기업이 굳이 고령층 채용을 늘릴 이유가 없다는 게 문제다. 이런 측면에서 기업들의 고령자 취업확대를 효과적으로 유도해내려면, 제도적 환경정비가 무엇보다 중요할 것이다. 기업들의 고령자 채용확대를 유인할 정책 가운데 연령별 분업이라는 관점에서 특히 중요하다고 생각되는 정책은 고령자우선고용직종제도 개선, 고령친화적 고용 기업에 대한 인센티브 현실화, 정규직의 정년유지 및 촉탁사원제 운영, 시니어 인턴십 등 창의적 고령인력채용제도 개발 등을 들 수 있다.

연령별 분업 관점에서 고령친화직종제도를 업그레이드해야

현재 시행 중인 고령자우선고용직종제도를 연령별 분업 개념에 접목해 좀 더 체계적으로 발전시킬 필요가 있다. 현재 우리나라에서는 총 160여 개의 고령자 우선고용직종을 정하고, 이에 대해 고용주들이 고령자(법령상 55세 이상)와 준고령자(50세 이상)를 고용대상자로 우선 고려할 것을 권장하고 있다. 그러나 우선고용직종은 대부분 단순노무직이다. 연령별 비교우위를 생각하면 고령자들이 단순노무직에서 높은 생산성을 거두기란 쉽지 않다. 또한 이 제도는 권고 형태를 띠기 때문에 보통의 민간기업 입장에서는 제도를 수용할 인센티브가 없다는 점도 문제다.

고령자우선고용직종제도가 더 내실 있게 운영되려면 첫째, 연령 분업의 관점에서 우선고용직종을 고령자의 생산성을 극대화할 수 있는 직종 중심으로 재선정할 필요가 있다. 특히 날이 갈수록 고령 재취업 희망자들이 고학력화·고경력화되는 상황을 고려해 단순노무직에서 벗어나 고학력 고령자들이 자신들의 경험과 노하우를 살리며 새롭게 가치를 창출할 수 있는 직종을 대거 포함시켜야 할 것이다.

예를 들어 자동차 세일즈, 고객상담원, 사회문화교육 강사 등의 업무는 상당 부분 고령자들이 경쟁력을 가질 수 있는 분야다. 자동차 엔지니어 출신의 고령자가 차량의 기술적 장단점에 대해 세부적으로 설명하면서 젊은 영업직 사원처럼 친절하게 자동차를 판다면 큰 시너지가 날 것이다. 대부분 젊은 여성들로 채워지고 있는 고객상담의 경우도 마찬가지다. 젊은 여성들은 친절하지만 인생 경험이 많지 않아 고객들의 복잡 다양한 요구에 제대로 대응하지 못하고 매뉴얼에 쓰인 대로만 상담을 하는 경우가 많다. 고령자, 특히 고령 여성의 경우 풍부한 인생 경험을 바탕으로 유연하고 친근하게 고객들의 다양한 질문과 요구에 응답할 수 있을 것이다.

둘째, 마땅한 고령친화직종에 고령자들이 실제로 많이 취업하도록 적절한 인센티브나 규제방안을 마련할 필요가 있으며, 강제력도 병행되어야 한다.[96] 앞서 말한 것처럼 자동차 세일즈, 고객상담, 사회문화교육 등 고령자들이 경쟁력을 갖는 분야는 의외로 많다. 이런 분야에 대해 인력의 절반 이상을 기업이 자발적으로 고령자들로 채워나가도록 제도적·경제적 인센티브를 제공하고, 채용실적에 따라 세제혜택이나 교육지원을 제공하는 방안을 시행한다면 기업들의 고령자 채용이 크게 늘어날 것이다.[97]

---

96 특히 현재 고령친화직종의 목표채용률은 상당 부분 낮게 설정되어 가이드라인으로서 큰 의미를 갖지 못한다. 사회적으로 고령자 비율이 점차 증대될수록 이에 비례해 목표채용률을 상향조정해야 할 것이다.
97 예를 들어 최근 세계적으로 개발도상국 시장이 빠르게 커지고 있다. 국내 기업들도 개발도상국에 지사를 만들고 영업을 확대하고 싶어한다. 그러나 많은 젊은이가 선진국 파견은 선호해도 개발도상국 파견은 기피한다. 그렇다면 개발도상국 지사의 현지 관리 및 마케팅 인력으로 경험 많은 고령자를 적극 활용하면 어떨까? 이에 대한 교육비 등을 국가가 부담하는 방안을 고려해볼 만하다.

고령친화적 기업에 대한 인센티브 현실화

기업이 고령자 고용을 늘리고 고령자에게 우호적인 업무환경과 조직문화를 만드는 것은 국가 차원에서는 당연히 장려할 일이다. 이런 관점에서 선도적으로 고령자 고용에 앞장서는 고령친화적 기업에 적절한 인센티브를 제공할 필요가 있다.

다만 고령친화적 기업에 대한 판단기준과 관련 인센티브는 현실을 반영해 재정립될 필요가 있을 것이다. 이런 이야기를 꺼내는 것은 현행 고령자기준고용률제도의 유명무실함 때문이다. 이 제도에서는 300명 이상 기업에 55세 이상 고령자를 2~6% 이상 고용하도록 권고하고 있다. 그러나 이는 단지 권고 수준으로 인센티브도 없고 강제력도 전혀 없다. 또한 기준고용비율 2~6%는 너무 낮아 경비원이나 청소부 등 잡무직이나 고위직 임원만으로도 이 비율은 쉽게 채울 수 있다.

따라서 향후 현실적 필요에 맞게 기준고용률을 적절히 상향조정하고 이를 준수하는 기업에 대한 인센티브를 제공해야 한다. 앞서 말한 고령친화직종과의 관련성 아래서 고령친화 업무를 지정하고 이에 대해 고령자 고용비율이 30~50%를 넘는 기업을 고령친화적 기업으로 지정해 세제혜택 등을 제공하는 것이 바람직하다고 본다. 혹은 고령친화 업무에서 고용비율이 10% 미만인 기업에 적절한 불이익을 주는 것도 방법이다.

나아가 '300명 이상 기업'이라는 규모제한도 완화할 필요가 있다. 300명 이상 기업은 일반적으로 대기업으로 분류되고 그 수도 많지 않다. 2010년 기준으로 300명 이상 사업체는 3,291개로 전체 사업체 335.5만 개의 0.1%에 불과하다. 300명 이상 사업체의 종사자 수도

255.5만 명으로 전체 사업체의 총 종사자 수 1,764.7만 명의 14.5%에 불과하다.[98] 300명 이상 사업체가 모두 고령자를 5%씩 채용한다 해도 고용되는 고령자 수는 12.8만 명에 그친다. 이처럼 기준고용률제도를 300명 이상 기업으로 한정해 적용하는 것은 자칫 제도의 유명무실화를 초래할 소지가 크다.

따라서 기준고용률제도를 실질적으로 강제하려면 적용대상 기업의 범위를 단계적으로 확대할 필요가 있다. 예를 들어 50명 이상 기업에 적용한다면 사업체 수는 4만 2,945개, 종사자 수는 637.2만 명으로 크게 늘어난다. 일본에서도 모든 민간기업에 대해 전체 종업원의 6% 이상을 60세 이상 노인으로 채용하도록 법적으로 의무화하고 있다.

중요한 것은 고령자 고용기준이 현행 업종별 및 기업 내 직종별로 세분화되어야 기업의 생산성을 저하시키지 않고 고령자 고용을 효과적으로 늘릴 수 있다는 점이다. 즉 기업규모의 양적 기준보다 직종별 질적 기준으로 기준고용률제도를 적용하여야 한다.

기업정년제도는 연장 아닌 유지를

고령화사회에 대비해 기업정년을 늘려야 한다는 말이 많다. 그러나 이모작 사회를 만든다는 관점에서는 정년제도 연장보다 현행 수준의 유지나 단축이 바람직하다. 세대갈등을 방지하고 이모작 준비의 효과성을 증대하기 위함이다.

먼저 정년연장은 청장년층의 일자리를 빼앗고 기업 내에서 인사적

---

98 통계청(2011), "전국 사업체 조사"

체를 유발해 조직생산성에 부정적 영향을 끼칠 수 있다. 나아가 어설픈 정년연장은 오히려 이모작 인생 준비를 가로막을 가능성이 크다. 이모작 인생을 제대로 성취하려면, 40대 후반에서 50대 초반 사이에 조금이라도 일찍 준비를 시작해야 한다. 정년을 연장하면 현실에 안주할 소지가 있다. 기존 직장에서 2~3년 더 일하려다가 이모작 인생 20~30년을 잃어버릴 수 있는 것이다.

제대로 이모작 사회를 구현하려면 정년을 연장하는 대신 현행대로 유지하는 편이 낫다. 늦어도 50대 중반 이전에는 일모작 직장에서 퇴직해 새로운 이모작 인생을 준비하도록 독려해야 한다는 것이다. 물론 고령 임직원 중에는 회사에 정말로 필요한 사람도 있을 수 있다. 이런 경우라면 일단 정년퇴직 후 위촉사원 형태로 우선 재고용하면 될 것이다. 다만 이때 고령자들의 위촉사원화는 일자리 불안정을 가져올 수 있다. 따라서 위촉사원의 고용계약기간은 1년 단위가 아닌 3~4년 정도로 넉넉히 잡아 일정 기간은 고용을 보장해야 할 것이다. 이처럼 정년이 현행 수준으로 유지되고 기타 제도로 보완될 때 고령자들은 기존의 직장과 직위에 안주하지 않고 적절한 시기에 이모작 인생에 도전하려는 모습을 보일 것이다. 또한 회사 내 인사적체로 인한 젊은 사원들의 불만과 사회적 차원의 세대갈등 문제도 해소할 수 있을 것이다.

고령 퇴직자들은 이모작 역량을 강화해야

고령자들의 이모작 의욕이 높아지고, 기업들이 고령자를 더 많이 고용하는 것은 이모작 사회 건설의 기본요건일 따름이다. 더 많은 고령자가 이모작 생활을 영위하고 이모작을 통해 사회 전체의 생산성까지 증대되려면 고령자들이 이모작 직업역량을 제대로 갖추어야 한다. 이를 위해 사회 전반에서 이모작 교육 인프라가 적절히 조성되어야 할 것이다.

대학을 이모작 교육기관으로 활용하자

이모작 교육 인프라는 다양한 형태로 구축될 수 있지만 그중 평생교육 인프라를 제대로 구축하는 것이 중요하다. 평생교육 인프라를 구현하기 위해 현재 가장 필요하고 실현가능성도 높은 대안은 무엇일까? 바로 대학의 기능 및 역할 확대다. 지금까지 대학은 20대 청년층에 국한된 교육에 치중해왔다. 향후 고령화시대에는 이를 더욱 확장해 중장년층의 이모작 재교육까지 포괄하는 형태로 변신해야 한다.

대학이 이모작 교육기관의 기능을 겸하게 되는 것을 미래 고령화사회의 핵심 교육인프라 정책으로 강조하는 이유는 현재 나타나고 있는 평생교육체계의 부실화와 고령자 재교육의 품질 저하, 대학체계 구조조정 이슈 등 다양한 문제를 한꺼번에 해결하는 묘수가 될 수 있기 때문이다.

먼저 평생교육체계의 부실화 문제부터 구체적으로 살펴보자. 현재 평생교육은 학원, 원격교육기관, 훈련기관, 문화원 같은 다양한 민간 교육기관 및 사회단체에서 주로 담당한다. 민간 교육기관과 사회단체 중심의 현행 평생교육체계는 학습창구와 학습경로의 다양화, 학습자 형편에 맞는 맞춤형 교육 선택이라는 장점을 제공한다. 그렇지만 다른 한편으로 현행 평생교육체계는 교육기관 난립, 이수과정에서 난무하는 편법, 교육의 질 저하, 학생들의 낮은 만족도 등의 문제점을 낳고 있다.

고령층 대상의 직업재교육 및 재훈련에도 현재 많은 문제점이 노출되고 있다. 고령층 직업재교육은 산업인력공단의 주관하에 한국노인복지회 등 단기적응 훈련기관으로 지정된 126개 기관이 주로 실시한다. 문제는 이런 재교육 과정이 퇴직자나 퇴직 임박자를 주 대상으로 삼는다는 점이다. 즉 고령자들이 퇴직 5~10년 전부터 체계적으로 높은 수준의 인생 이모작을 준비하는 것이 아니라, 직장에서 밀려나기 직전 혹은 직후에야 허겁지겁 준비하기 시작한다는 것이다. 이런 단기 재교육 과정에서 육성되는 직종이라고 해봐야 대부분 건물관리나 주차관리 등 단순서비스 직무에 한정되는 경향이 있다. 이런 교육시스템으로는 고령 퇴직자들이 이모작 역량을 체계적으로 개발하기도 곤란할뿐더러, 취업한 고령자들도 능력을 제대로 발휘할 수 없고, 따라서 직무에 만족하지 못해 자주 불만을 터뜨릴 수밖에 없다.

한편 대학사회에서도 최근 구조조정 이슈, 양극화, 기업 및 지역사회와의 간극확대 등 다양한 문제점이 나타나고 있다. 무엇보다 구조조정 이슈는, 대학의 수적 증가와 학령(취학대상연령) 인구수 감소 간의 불일치 때문이다. 대학 수는 1995년 108개에서 2010년 현재 196개로 2배 가까이 늘었다. 그러나 해당 학령인구(19~21세)는 2000년 327.5만 명에서 2010년 257.4만 명으로 오히려 70만 명 가까이 줄었고, 앞으로도 계속 감소할 전망이다. 실제로 교육과학부의 대학정보 공시 시스템인 '대학알리미(www.academyinfo.co.kr)'를 살펴보면, 우리나라의 전체 대학 196개교 가운데 입학정원을 채우지 못하는 부실 대학이

77개교에 달하는 실정이다.

게다가 대학사회 내의 양극화 문제도 심각하다. 우선 수도권 이내 대학과 비수도권 대학 간에 진학자, 교육여건, 연구실적 등 다양한 측면에서 양극화가 일어나고 있다. 또한 동일 대학 내에서도 돈 되는 인기 학과와 돈 안 되는 비인기 학과 간에 갈등의 골이 깊다. 특히 인문, 사회, 자연대 등 기초학문 분야는 그 중요성에도 불구하고 학생과 자금의 부족으로 어려움을 겪고 있다.

마지막으로 가장 심각한 문제는 대학이 기업 및 지역사회와의 간극을 좁히지 못하고 있다는 점이다. 선진국에서 대학은 기업에 우수 인력을 공급하고 지역사회의 혁신주도자 역할을 수행한다. 실리콘밸리에는 스탠퍼드 대학이 있고, 보스턴 바이오 클러스터에는 하버드 대학과 MIT가 있다. 과거에는 우리나라에서도 대학이 인재를 양성해 기업에 공급하는 사회교육기관 역할을 훌륭히 수행했다. 그러나 최근에는 기업들의 요구수준이 높아지면서 기업과 대학 사이에 니즈 불일치 현상이 나타나고 있다. 대학들도 물론 사회지향적 교육체제로 변신하려는 노력을 많이 기울였지만, 여전히 기업들은 대졸자들의 업무역량이 부족하다며 불평한다. 더구나 우수 대학들의 수도권 집중으로 인해 지역사회에 대한 대학의 기여나 혁신주도적 역할이 매우 부족한 상황이다.

대학의 이모작 교육기관화는 성인교육체계 전반에서 점차 불거지는 이런 문제를 동시에 해결할 혁신적 방안일 수 있다. 향후 이모작 사회가 도래하면, 중장년층의 자기계발과 이모작 재교육 수요가 크게 늘어날 것이다. 중장년층은 양질의 교육에 대한 지불 의사도 있다. 이처럼 새로운 사회적 교육수요에 부응해 대학이 교육대상을 청년층에서 중장년층까지 확대한다면 어떠할까? 중장년층의 이모작 역량을 체계적으로 강화하도록 효과적으로 지원할 뿐만 아니라 평생교육체계의 질적 제고와 대학체제의 21세기적 재생까지 효과적으로 도모할 수 있다.

이때 중장년층은 2~3개월로 끝나는 단기 과정이 아니라 4~6학기에 걸친 장기 교육과정을 통해 자신이 원하는 분야의 최신 지식을 체계적으로 습득하고 쌓아갈 수 있다. 또한 재교육 과정을 통해, 원하는 분야의 학위도 취득하고 향후의 이모작 인생에 큰 도움이 될 만한 인적 네트워크도 형성할 수도 있다. 나아가 대학 내에 존재하는 다양한 정보원, 교양강좌, 편의시설 및 서비스도 활용할 수 있다.

대학의 이모작 교육기관화는 평생교육의 질도 크게 향상시킬 것이다. 대학 교수진의 교육역량과 학사관리 시스템상의 노하우는 수십 년에 걸쳐 축적된 것으로, 아무리 유명한 민간 사회교육기관이라도 쉽게 따라잡을 수 없다. 또한 2000년대 들어 교과목 자체가 매우 세분화되었고 현실지향적으로 변했으며 실무 경험이 많은 교수들도 다수 보강되었다. 나아가 산학협동 교육과정도 많아져 양질의 실무교육을 진행할 수 있다. 대학은 사회교육기관의 교육이수증과 달리, 널리 인정받는 학위자격을 수여하므로 교육이수자들의 만족도가 크게 높아질 수 있다.

대학이 적극 나서서 이모작 교육을 실시한다면, 대학교육체계의 21세기적 재생도 가능해진다. 현재 일반 사립대학들은 19~21세 학령인구 감소로 인한 재정난에 봉착해 있는데, 이 역시 중장년층을 받아들이면 해결 가능한 문제다. 한편 이모작 직종에서는 인문사회적 역량이 중요한데, 사실 사람이 나이가 들어 중장년이 될수록 인문사회 분야에 능력과 관심이 높아지며 그런 쪽의 교육을 선호하게 된다. 요즈음 직장인이나 사회인을 대상으로 인문학·심리학·예술 강좌가 큰 인기를 얻고 있는 것이 그 방증이다. 인문사회 계열의 교육은 그동안 중장년층이 쌓은 방대한 경험과 현실적 지식을 체계화해주고, 새로운 시너지를 창출하게끔 도와줄 수 있다. 중장년층의 재교육 과정에 인문사회 계열 과목이 강화된다면, 현재 고사 위기에 처한 대학 내 인문사회 계열도 돌파구를 마련할 수 있다.

나아가 대학은 중장년층 교육과정에서 기업과의 연계를 강화하고 지역적 특성을 고려하면서 기업과 사회에 대한 기여도를 자연스럽게 높여나갈 수 있다. 대학의 평생교육기관화는 근본적으로 현재의 연구 중심 대학 일변도 경쟁에서 벗어나 각 대학이 자신만의 특성을 살리면서 사회 및 산업 교육의 기반으로 재탄생할 수 있는 계기를 마련해줄 것이다.

그렇다면 대학의 평생교육기관 및 이모작교육기관화는 어떻게 가능할까? 현재 대학들이 부속기관으로 운영 중인 평생교육원을 확대하자는 뜻은 결코 아니다. 오히려 청년층 대상의 일모작 교육과 함께 중장년층 대상의 이모작 교육을 대학교육의 양대 축으로 육성해야 한다는 이야기다. 즉 대학은 청년을, 평생교육원은 중장년을 교육한다는 이분법에서 벗어나 대학 자체가 청년만이 아니라 중장년층까지 교육하는 기관으로 확대, 재편되어야 한다는 것이다. 그 방법은 대학별로 상황에 맞게 다양하게 고안될 수 있겠지만, 일차적으로 대학의 주말 이모작 석사과정, 평생학점 부전공제, 장년층 대상 주말 외국어대 같은 교육제도는 큰 어려움 없이 조기 도입이 가능하리라 판단된다.

중장년을 위한 이모작 석사과정

주말 이모작 석사과정은 현행 직장인 재교육 과정인 Executive MBA나 평생교육원과는 다른 개념이다. Executive MBA는 대부분 중견간부들의 일모작 능력 극대화를 돕기 위한 것이다. 즉 현재 직장에서 관리자로서 역량을 극대화하기 위한 교육이지, 현재 직장을 은퇴한 후 새로운 이모작 일터에서 요구되는 미래 역량을 미리 키우기 위한 교육이 아니다. 평생교육원도 교양적 측면에 치중하는 특성상 실제 직업적 능력으로 연결시키기 힘들고 교육이수 여부가 실제 교육경력으로 잘 인정받지도 못하며 결국 이모작 역량 강화에 크게 기여하지 못한다.

중장년 이모작 석사과정이 지향해야 할 분명한 차별점은 바로 직장인들의 이모작 직업역량 육성에 있다. 따라서 교육대상을 40대 이상으로 제한하고 교육 커리큘럼은 철저히 창업 및 기업활동 영역에 집중하는 형태가 되어야 한다. 여기에 업종의 특수성을 반영해 실제 내용은 좀 더 다양화할 수 있을 것이다. 예를 들어 의류유통업과 식당 프랜차이즈업의 운영방식은 확연히 다르다. 이런 차이를 잘 반영해 대학별로 교육 커리큘럼이 차별화될 수 있을 것이다.

또한 이모작 석사과정은 주중이 아니라 주말이나 하계 및 동계에 집중 실시하는 것이 바람직하다. 봄·가을 정규 학기의 주중에는 일반 청년학생에 집중하고, 성인 이모작 석사과정은 여름·겨울 방학기간과 봄·가을 주말시간을 활용한다면, 대학시설 및 교육인력 활용도를 극대화할 수 있을 것이다. 아울러 교육기간 중에 관련 자격증을 취득하도록 유도해 이수자의 경력관리를 도와야 한다.

국가 차원에서도 이런 이모작 석사과정 등을 포함한 대학들의 성인 재교육 기능 강화를 돕기 위해 다양한 정책적 지원을 해야 할 것이다. 이를테면 커리큘럼의 생산성에 따라 재교육기관에 대한 보조금을 차등 지급하는 방안을 고려할 필요가 있다. 취미나 사회봉사 위주의 평생교육에는 보조금을 적게 지급하고, 생산적이고 경제적인 가치창출에 기여하며 재취업에 직결되는 평생교육에는 보조금을 많이 지급하는 방식이다.

인생의 부전공 만들기 : 평생학점 부전공 학·석사 통합과정

학점은행제는 고졸이나 전문대졸 학력을 가진 사회인이 직업생활을 병행하면서 대학의 학사학위를 딸 수 있도록 한 제도다.[99] 학점은행제는 매우 훌륭한 평생교육제도로서, 그 연장선상에서 평생학점 부전공 학석사 통합과정제도를 도입하면 고령층의 이모작 인생설계 지원에

---

[99] 사회생활을 하며 학사학위를 딸 수 있는 방법은 사이버대학, 방송통신대학, 학점은행제 등 다양하다. 사이버대학과 방송통신대학은 모두 평생교육을 모토로 한 원격수업 기반의 대학교육제도다. 둘 다 온라인 수업 위주이고 가끔 학교에 직접 나가 수업을 듣고 과제를 제출하고 시험을 보아야 한다. 또한 학사학위를 취득하려면 정해진 전공학점을 이수하고 졸업시험이나 졸업논문을 통과해야 한다. 차이가 있다면 사이버대학은 인가받은 사립대학에서 운영한다는 점이고, 방송통신대학은 국립이라는 점이다. 한편 학점은행제는 평생교육진흥원에서 주관하는 제도로 다양한 형태의 학습이나 자격을 학점으로 인정받고, 일정 기준을 충족하면 학위를 부여하는 제도다. 학점은행제를 이용하는 사회인은 온·오프라인의 다양한 평생교육 창구를 통해 학점을 취득하여 이를 학점은행에 적립한다. 특히 사이버대학이나 방송통신대학과 달리 학점은행제에서는 전 대학 학점(전문대나 중퇴 대학의 학점)이나 자격증, 독학사 등이 모두 학점으로 인정된다. 이를 통해 학사 140학점, 전문학사 80학점 취득 시 교육부장관 명의의 학위를 취득할 수 있다.

큰 도움이 될 것이다. 즉 이미 학사 이상의 학위를 가진 중장년층이 나이 들어 관심이 생긴 전공과목의 학·석사까지 단번에 취득할 수 있는 제도를 만들자는 것이다.

중요한 점은 이미 학사학위가 있으므로 교양과목 학점 취득에 대한 부담감은 충분히 줄일 수 있다는 것이다. 현행 학점은행제에서도 학사학위가 있으면 다른 전공의 학위를 취득할 때 해당 전공학점을 48학점 이상만 취득하면 된다. 이처럼 학사학위 기초과목을 36~48학점 얻고 석사학위 과목 24학점을 더해 총 60~72학점을 추가로 취득하면 다른 전공의 학·석사를 인생 부전공으로 취득할 수 있게 해주자는 것이다.

이런 평생학점 부전공 학·석사 통합과정은 이모작 인생을 준비하는 고령 및 준고령자들이 상대적으로 적은 노력과 짧은 시간을 들여 다른 전공의 학·석사 학위를 취득하고, 이 과정에서 핵심적 전문지식을 확보할 수 있도록 한다. 특히 이 제도는 비상경계 인력이 비싼 돈을 들여 MBA를 취득하는 것에 대한 비용효율적 대안이 될 수 있다. 현재 MBA 코스는 학기당 1,000만 원이 넘는 비싼 학비를 물린다. 해외 MBA 코스를 밟으려면 2년에 걸쳐 학비와 생활비 등 총 1억 원이 넘는 투자가 필요하다. 만일 평생학점 학·석사 통합과정이 현행 학점은행제와 유사하게 일반 대학등록금 수준으로 운영된다면 큰 경제적 부담없이 다른 전공의 석사학위 취득이 가능할 것이다.

또한 제도활성화를 위해 40~50대에 이를 활용해 석사학위를 취득한 사람들에게 적절한 인센티브를 제공해야 할 것이다. 즉 고령자 우선적합 직종으로 이모작 전환 시 고령 및 준고령 인력 데이터베이스에서 1등급으로 분류하는 방향이나, 성적 우수자에게는 공공기관 직원 선발 시 가산점을 주는 방안도 모색할 필요가 있다.

중장년층을 위한 비즈니스 외국어 교육 활성화

중장년층이 주말에 집중적으로 다닐 수 있는 비즈니스 제2외국어 대학 운영도 고려해볼 만하다. 아직은 이런 대학이 없지만 향후 필요성이 매우 커질 것으로 예상된다. 이는 신흥국 중심의 글로벌화가 빠르게 진전되면서 지역언어 능숙자, 국제지역전문가의 양적 확보가 절실한 상황이기 때문이다.

2000년대 이후의 영어 열풍으로 이제 영어를 능숙하게 구사하는 사람은 아주 많다. 그러나 인도, 스페인, 러시아, 아랍권, 동유럽, 아프리카 등지의 언어를 구사하는 사람은 별로 없다. 2007년 국내 기독교 선교단의 아프가니스탄 피랍 사건 때 납치 문제를 해결하는 데 42일이나 걸렸던 가장 큰 이유는 그 지역 언어를 쓸 수 있고 현지사정을 잘 아는 지역전문가의 부재였다.

최근에는 기업들도 지역전문가가 부족해 고민이 많다. 2000년대 들어 세계경제의 성장엔진은 미국, 유럽 등 선진국에서 중국, 인도, 중동, 남미 등 신흥국으로 옮겨가고 있다. 하지만 신흥국의 언어에 능숙한 인력을 찾지 못해 애를 먹는 경우가 많다. 현지언어로 소통한다면 계약 성사가 훨씬 수월할 테니까 말이다. 현지언어에 능숙하면 좀 더 내밀하고 구체적인 현지사정이나 시장동향을 파악할 수 있게 된다. 아마도 21세기는 신흥국이 주도하는 글로벌시대가 될 것이다. 그러므로 영어 능통자만이 아니라 제2외국어를 잘하는 사람도 더 많이 필요한데, 현재로서는 기업이 필요로 하는 만큼 현지언어를 잘 구사하고 현지사정에 능통한 전문가가 절대적으로 부족하다.

그럼 지금이라도 젊은이들을 현지 전문가로 키우면 되지 않을까? 안타깝게도 요즘 청년들은 아프리카, 동남아, 남미 등 국민소득이나 삶의 질이 낮은 지역에 가서 신흥시장을 개척하는 일을 하는 것이 달갑지 않은 듯하다. 젊은 외무고시 합격자들도 미국이나 유럽 같은 선진국을 선호하고 인도나 남미, 동유럽 등 신흥국은 기피한다. 기업체의 현지법인에서도 이런 일은 유사하게 나타난다.

반면에 나이 든 사람들은 좀 다르다. 나이 들수록 외국어 습득이 어렵다고들 하지만 실상은 꼭 그렇지 않다. 비즈니스 외국어라면 나이가 들어도 얼마든지 습득할 수 있다. 대기업에서는 중국이나 인도 법인에 40대 차장과 부장을 파견하기 전 3개월간 집중적으로 언어교육을 받게 한다. 대부분은 단기 집중교육만으로도 현지생활에 잘 적응한다. 한국인들이 어릴 적부터 워낙 영어 스트레스에 시달려서 그렇지, 나이 들면 외국어 공부가 좋은 취미거리일 수 있다.

만약 고령자들이 외국어를 공부해 우리 기업의 현지법인 등에 파견된다면 그동안 쌓은 경험을 해외마케팅에 연계함으로써 높은 생산성을 발휘할 수 있지 않을까. 제2외국어 구사가 인적자원으로서 고령자의 가치를 크게 증대시킬 수 있는 셈이다. 나아가 이는 은퇴이민 기회 확보에도 유용할 수 있다. 이런 측면에서 비즈니스 외국어 습득은 장년층에게 큰 이점이 될 수 있다.

40~50대 중장년층이 다양한 지역과 국가의 제2외국어를 습득하고 특정 지역에 대한 정보를 꾸준히 모아 지역전문가가 된다면 미래에 이

모작 인생을 실현하는 데 여러모로 큰 자산이 될 것이다. 따라서 향후 한국의 대학에서는 40~50대 중장년층을 대상으로 한 비즈니스 제2외국어 특화대학을 만들어 운용해야 한다. 그것이 전략적으로 국가와 산업현장에 큰 기여를 할 수 있다.

가장 쉬운 방법으로 현재 외국어대학들의 교육인프라를 활용하는 방안을 고려해볼 수 있다. 단, 그 커리큘럼은 언어에 대해 문학적 차원이 아닌 철저히 비즈니스 차원에서 접근하는 것이어야 한다. 실용언어를 구사하는 능력을 가장 짧은 시간 내에 효과적으로 획득할 수 있도록 운영되어야 한다는 이야기다. 또한 이와 연계해 고령자 해외 취업지원 프로그램의 체계화를 시도할 필요도 있어 보인다.

노노(老老)교육 시스템의 정립

이모작 관점의 평생교육체계를 재정립하는 데 노노교육 시스템은 중요한 주춧돌이 되어줄 것이다. 한국은 장유유서 전통이 있는 나라다. 나이 든 사람들이 젊은 사람들을 교육하는 것은 당연시되지만 젊은 사람들이 나이 든 사람들을 교육하는 것은 왠지 어색하게 받아들인다. 선생(先生)이 본래 먼저 태어난 사람들을 의미하기도 하고, 한국에서는 단순한 지식만이 아니라 삶의 경륜까지 전달해줄 수 있는 사람들을 선생이라 여기기 때문이다. 특히 나이도 들고 나름의 인생 경험도 있는 중장년층은 이모작 재교육 과정에서 단편적인 직업지식을 넘어 은퇴 후 이모작 생활에 대한 생생한 경험담을 듣고 싶어한다. 이는 결국 자기보다 나이 많은 사람으로부터 얻을 수 있는 내용이다.

이런 측면에서 전문지식을 갖춘 은퇴 노년층을 중장년층의 이모작 교육에 강사로 활용하는 방안을 모색하는 것이 좋겠다. 이는 학습효과와 교육생의 참여도 증대에 필수적인 요소다. 문제는 많이 아는 것과 잘 가르치는 것은 분명 다르다는 점이다. 이 때문에 전문지식을 갖춘 노년층이나 중장년층 가운데 강의 및 수업구성 능력이 부족한 사람들이 적지 않을 것이다. 따라서 이 갭을 빠른 시간 내에 극복할 수 있도록 지원하는 시스템이 필요할 것이다.

  이처럼 노노교육 시스템 정립을 위한 노력이 뒷받침된다면, 전문지식과 노하우를 갖춘 노년층과 중장년층이 자칫 사장될 뻔했던 자신의 경험과 지식을 일차적으로는 중장년층에, 이차적으로는 사회 전반에 퍼뜨릴 수 있을 것이다. 이를 통해 이모작 교육의 전체적인 질과 수강생들의 몰입도가 크게 증진될 것이다.

2
저학력 고령층을 대상으로 한 이모작 정책

저학력 고령층 집단은 기술, 학력, 경력, 건강 등 다양한 문제로 많은 경우 안정적 일자리를 구하지 못하고 어렵게 생계를 꾸려간다. 또한 생활력 부족으로 수동적 복지수혜 대상이 되어 있는 경우도 많다. 일부는 사업에 실패하여 재기할 엄두조차 내지 못하는 이들도 있다.

물론 10~20년 후 지식기반사회에 본격 진입하면 저학력 고령층 문제의 심각성은 상당히 감소할 것이다. 1960~1970년대의 고도성장기에 유년기를 보낸 40~50대는 현재의 60대와는 달리 충분한 교육혜택을 받았고 또 1980~1990년대 호황기에 다양한 분야에서 전문경력도 쌓았다. 그리하여 과거 세대에 비해 저학력 계층 비율이 상당 부분 감소했고, 나름대로 은퇴 이후를 준비하려는 노력도 기울였다.[100]

10~20년 후에는 자동차나 조선 등 노동력을 필요로 하는 제조업 분

---

[100] 교육전문기업 이투스교육의 분석에 따르면 2010년 현재 20·30대 연령층에서는 대졸자 비율이 가장 높은 반면 40·50대는 대졸자에 비해 고졸자가 상대적으로 많았다. 그러나 60~70대로 거슬러 올라가면 초졸자가 가장 높은 비율을 차지했으며, 80대 이상은 무학자 비율이 가장 높았다.

야의 주도권이 상당 부분 중국이나 인도로 넘어가, 이 분야의 고용수요는 점진적으로 감소할 것이다. 그러나 중기적으로는 지식기반사회로 이행하는 과정에서 저학력 고령 일손은 여전히 중요할 것이다. 우리나라에서 제조업은 아주 중요한 가치창출의 기반이지만 오늘날 청년층이 기피하고 있고, 고령층 인력은 음식업과 유통업 등 단순서비스업에서만 주로 활동하는 상황이기 때문이다.

현재의 50~60대는 저학력 고령자 비중이 큰 편이다. 특히 도시에 거주하는 저경력 고령자들은 주로 임시직과 영세업에 종사하며 농어촌 거주 고령자들과 달리 번듯한 소득이나 자활 기반을 갖지 못한 경우가 많다. 또한 자녀들로부터 생계지원을 기대하기도 어려워 향후 노인문제(독거노인, 노인병)의 주된 희생양이 될 수 있다.

따라서 이들에게는 일차적으로 근로의욕을 고취해야 하고, 생활고 해결을 위해 일정 수준의 소득이 보장되어야 하며, 적응이 그리 어렵지 않은 제조현장 부문의 일자리나 정태적 서비스 분야를 중심으로 일자리 마련이 필요할 것으로 보인다. 이들 저학력 고령층의 일자리 창출은 3가지 방향, ①첫째 지원적·정태적 서비스 분야의 고령자 취업확대, ②노노케어 서비스, ③집단농장 형태를 통한 귀농지원이 필요할 것으로 보인다.

지원적·정태적 서비스 분야

무엇보다 지원적·정태적 서비스 분야, 즉 '가치이전' 성격이 강한 서비스 분야를 중심으로 저학력 고령자들의 취업기회를 적극 마련해야 할 것이다. 선진국과 달리 한국에서는 톨게이트 매표원, 레스토랑 서빙, 주유소·편의점 점원 등 단순서비스 분야에 중장년층 대신 청년층이 많이 투입된 상태다. 청년층의 잠재적 생산성이 그만큼 낭비되는 셈이다. 또 이런 단순서비스 분야의 취업은 자기계발을 할 시간적·금전적 여력을 감소시킨다. 이를 방치할 경우 일본처럼 아예 취업을 포기해버리는 프리터족을 대거 양산하게 된다. 따라서 이런 정태적 서비스에 종사 중인 저학력 청년층에게 국가 차원에서 학비와 생활비를 지원해 6개월 내지 1년가량 단기 직업교육을 실시하고, 이를 통해 생산적 일자리로 옮겨갈 수 있도록 지원해야 할 것이다. 이는 단기간의 학비 및 생활비 지원을 통해 청년층 실업의 악순환을 미연에 방지한다는 측면에서 경제적 효과가 크리라 기대된다.

이처럼 저학력 청년층을 '가치창출' 부문의 현장실무직으로 유도한다면, 단순서비스 분야에는 당연히 공백이 발생할 것이다. 이런 공백은 저학력 중장년층을 적극 취업시킴으로써 메울 수 있다. 이런 분야는 요구되는 기술이 간단해 단기간의 적응교육만으로도 직업활동을 할 수 있다. '가치이전' 성격이 강한 지원적·정태적 서비스업 중에서 청년층 대신 중장년층이 효율적으로 일할 수 있는 세부 직종을 정리해보면 다음과 같다.[101]

다만 이들 고령자를 정태적 서비스 분야로 취업시키는 과정에서 현실적으로는 다양한 마찰요인이 있다. 예를 들어 생활방식이나 업무태도 때문에 사업주들이 고령자 고용을 기피할 수 있다. 일부 업종에서

---

101 노동부(2006), "고령자 우선고용 직종 고시"에 제시된 직종을 토대로 재정리

> **저학력 고령자가 쉽게 취업할 수 있는 정태적 서비스업**
>
> 안내 및 접수원, 고객상담원, 설문조사원, 사무보조원, 사회교육 강사, 간병인, 보육교사 및 보육사, 생활지도원 및 생활지도보조원, 버스 및 승합차 운전원, 승용차 운전원, 지게차 운전원, 배달 및 수하물 운반원, 일반영업원, 상점판매원, 텔레마케터, 매장정리원, 주유원, 계산원 및 매표원, 경비, 건물(시설) 관리, 감시원, 창고관리원, 청소원, 주차관리원, 계기검침원, 접객원, 주방보조원, 건설 및 광업 관련 단순노무자, 전기 전자 부품 및 제품 조립 및 검사원, 생산 및 그 외 기타 단순노무자, 포장원, 농림어업 관련 단순노무자

는 장시간 자리를 지키거나 야간근무가 필요한데 그 경우 고령자들의 건강이 문제시될 수 있다. 또한 고령자들이 나이 어린 손님들에게 불친절한 태도로 접대할 경우 사업체의 평판을 떨어뜨릴 수 있다. 고령자들의 기대임금 수준이 높은 점도 문제가 될 수 있으며, 질환에 따른 결근이나 육체노동을 하던 중 사고가 발생할 우려도 비교적 크다. 또 젊은 사람이 나이 든 사람을 무조건 존중해야 한다는 한국 특유의 전통 탓에 고령자가 사업장에서 물의를 일으킬 경우 교정하기 힘들다는 문제도 존재한다. 이처럼 다양한 난점이 잠재되어 있기 때문에 고용주들이 고령층 채용을 꺼릴 소지가 크다.

바로 이런 문제가 고령자들의 서비스 업종 취업을 가로막는 장애요인일 수 있다. 다각적 측면에서 보완장치가 필요한 것이다. 특히 서비스업에서는 부드러운 말씨, 친절함, 배려 등의 덕목이 필수적으로 요

구된다. 따라서 저학력 고령자들에 대한 단기 직업교육에서는 직업스킬을 전수하는 데 그치지 않고 서비스 업종에 적합한 태도와 마인드까지 갖출 수 있도록 교육내용이 진화해야 할 것이다.

노노케어 분야

저학력 고령 여성들은 남성들 못지않은 취업의지를 보이는데, 아무래도 생계형 취업을 원하는 경우가 많다. 이런 특수성을 감안해 이들 고령 여성의 취업이 특히 중요하게 다루어져야 한다.

다행히 정태적 서비스 업종 중에는 간병인과 텔레마케터 등 여성들에게 더 적합한 업무가 많다. 이런 측면에서 고령친화적 서비스 업종, 특히 노노케어 분야는 저경력 고령층 여성이 많이 진출할 수 있는 분야다. 노노케어란 한마디로 '노인이 노인을 돌보는 것'을 말한다. 비교적 건강한 50~60대 고령자들이 70~80대 초고령자, 고령 환자, 거동이 불편한 고령자들을 돌보는 것이다.

호스피스나 요양원 간병인, 방문요양, 방문목욕, 독거노인 집안일 지원, 경로당 운영 등 고령자를 수발하는 일에는 상당한 노하우와 인내심 그리고 경험이 필요하다.[102] 또한 서비스 제공자와 서비스를 받는 대상들 간에 긴밀한 감정적 유대관계 형성이 중요하다. 청년층의 경우 고령자를 수발하는 노하우가 부족하고, 세대차이로 인해 감정

---

102 보건복지부 조사에 따르면 전국의 독거노인은 2000년 54만 명에서 2011년 말 119만 명으로 2.2배 증가했고, 2035년에는 343만 명으로 현재의 3배까지 증가할 전망이다.

적 유대 형성이 쉽지 않으며, 3D 업종이라는 인식 때문에 업무 자체를 기피할 가능성이 크다. 그들보다는 오히려 고령 및 준고령층 여성들이 가사생활 경험과 초고령 부모의 수발 경험이 풍부하고 노인으로서 서로의 어려움이나 아픔을 이해하기 때문에 인간적 유대관계를 형성하기가 쉽다.

실제로 노노케어가 성공적으로 진행될 때면, 돌보는 노인이나 돌봄을 받는 노인이 서로 가족처럼 정을 나누는 경우가 많다. 이처럼 노노케어는 한편으로는 일자리를 제공하고, 다른 한편으로는 노인 커뮤니티 내에서 새롭게 정붙일 곳을 만들어주는 등 고령화사회에 긴요한 사회서비스 활동이 될 수 있다.

집단농장 형태를 통한 귀농지원

다양한 산업 중 고령화에 가장 적합한 분야는 의외로 농어업 분야다. 현재 젊은이들은 대부분 도시로 빠져나가고 노인들만 농촌을 지키고 있다. 농업인의 평균연령이 62.3세라는 통계는 농촌의 급격한 고령화 상황을 여실히 보여준다. 현재는 아직 60~70대라 다소 힘이 드는 농사일도 해내지만, 10~20년 후 이들의 평균연령이 급격히 올라가면 농사일을 계속하기가 쉽지 않을 것이다. 농촌의 고령화는 한국 농업의 존폐가 걸린, 자칫하면 농촌사회의 붕괴를 유발할 수도 있는 심각한 문제다.

농업 부문은 어떻게든 지켜내야 할 전략적 산업 분야다. 최근 자주 이슈가 되곤 하는 국제적인 곡물부족 사태와 수입 농산물의 품질 불투

명성 문제를 생각하면 농업 부문은 단순히 효율성만 따져 재단해선 안 되는 영역이다. 이런 측면에서 지금부터라도 10년 후 농촌을 지켜낼 인력을 선행적으로 확보하고자 노력해야 한다. 현재 농업인의 평균연령이 60세가량이라는 점은, 역설적으로 현재 40대 후반~50대 초반의 준고령층이 이제라도 농업기술을 익힌다면 10~20년 내에 그 기술을 활용해 충분히 생업을 꾸려갈 수 있음을 보여준다. 도시에서 적절한 직업을 구하지 못한 준고령층을 농촌으로 유인한다면, 고용증대와 농촌공동화 방지라는 두 마리 토끼를 잡을 대책이 될 수 있는 것이다.

물론 개별적으로 귀농을 결심할 수도 있겠지만, 독자적 귀농은 정착도 어렵고, 정착을 하더라도 결국 실패할 확률이 높다. 따라서 보다 체계적인 귀농대책이 마련되어야 하는데, 최근 설립된 귀농·귀촌 종합대학을 효과적으로 활용할 필요가 있겠다. 농업진흥청에서는 각 도(道)의 농업기술원을 지역캠퍼스 단과대학으로 삼아 특수작물, 과수, 채소, 가공창업 등을 전수하는 귀농·귀촌 종합대학을 2011년부터 운영하고 있다. 이런 귀농 대학을 통해 도시의 희망 준고령자들에게 1~2년 정도 농업교육을 체계적으로 받게 한 뒤 농촌 이주를 유도하는 것이 바람직하다.

중장기적으로 보면, 향후 농촌은 초고령 농민들의 사망으로 인해 버려지고 방치되는 땅이 많아질 수 있다. 농지가 도시로 나간 자녀들에게 상속되겠지만 자녀들은 농사에 뜻이 없고, 그 땅을 활용해 농사지을 인력을 가까운 데서는 찾기가 쉽지 않을 터이기 때문이다. 이런 점을 감안해 점점 늘어나는 유휴방치 농지를 국가나 지자체에서 지속적으로 매입해 집단농장을 조성하고, 저경력 준고령자들에게 저렴한 토지이용료를 받고 제공한다면 어떨까? 저경력 준고령자들에게 훌륭한 이모작 터전이 될 뿐만 아니라 농촌의 재활성화에도 기여할 것으로 판단된다.

3

청년층을 위한 일모작 교육 정책

다시 한 번 강조하지만, 초고령시대에도 지속성장하는 이모작 경제를 만들기 위해 첫 단계로 진행해야 하는 것은 고령자들의 취업률 증대가 결코 아니다. 이는 단지 결과일 따름이다. 그 첫 단추는 바로 청년 근로자들을 '가치창출' 활동에 속하는 제조업과 기술기반 서비스 부문으로 적극 유도하는 것이다. '가치이전'의 성격이 강한 서비스 부문에 이미 취업을 했거나 취업을 희망하는 청년층이 제조업으로 이동함으로써 서비스 부문과 관리 부문의 일자리가 비워지게 된다. 바로 여기에 관리 및 서비스 부문에 비교우위를 갖는 고령층을 취업시켜야 비로소 경제 전체의 생산성을 유지, 제고할 수 있다.

이 같은 연령별 분업이 효율적인 이유는 5장에서 보았듯이 연령 증가에 따른 역량의 감퇴속도가 세부적으로 매우 다르고, 업종별로 요구되는 역량도 각각 달라서다. 제조업 생산직에는 다양한 신체적 능력이 강조되고, 기술직에는 신기술에 대한 적응력과 창의력이 강조된다. 이 때문에 청장년층은 생산직과 기술직에서 더 높은 생산성을 거둘 수 있다. 그러나 이들 청장년층이 나이 들어 체력, 수리력, 창의력 등이 감퇴되면 이 분야에서 더는 기존의 생산성을 유지하기가 힘겨워진다. 반면 일반서비스 직종이라면 나이 든 직장인들도 얼마든지 적응할 수 있다. 물론 업종이나 업무에 따라 청장년 근로자보다 효율이 약간 저하될 수는 있지만, 대개는 인격적 성숙이나 오랜 사회경험 등을 기반으로 자신에게 주어진 책무를 청년 근로자보다 더 성실히 수행할 수 있다. 따라서 서비스업 일자리에서는 이모작 취업을 한 고령자들도 어느 정도 만족스러운 성과를 낼 수 있을 것이다.

문제는 첫 단추를 어떻게 채울 것인가다. 즉 '가치이전' 업종에 이미 종사 중이거나 향후 취업하려는 청년층을 '가치창출' 업종인 제조업이나 기술기반 서비스 업종으로 어떻게 끌어올 수 있을까? 해법을 찾으려면 청년층이 제조업과 기술서비스업을 기피하는 이유부터 살펴봐야 한다. 이들 업종이 능력과 기술만 착실히 쌓으면 안정적 미래가 어느 정도 보장되는 곳이라는 사실은 청년층도 잘 안다. 그럼에도 청년층이 기피하는 이유는 당장 투입하는 노력에 비해 임금수준이 높지 않고 일 자체도 무척이나 힘들어서다. 따라서 청년들이 제조업 일자리를 선호하도록 만들려면 직업역량을 증진시키는 교육훈련과 취업 및 고용 유지를 위한 인센티브가 제공되어야 한다.

고학력 청년층 일모작 교육

먼저 고학력 청년층의 일모작 교육에 대해 살펴보자. 연령별 생산성을 감안할 때 대졸 이상 고학력 청년층은 제조업이나 기술서비스업에서 설계나 연구, 기획 업무 등 핵심 '가치창출' 활동을 수행할 때 다른 집단에 비해 아주 높은 생산성을 창출할 수 있다. 핵심 '가치창출' 활동에서는 수리적·분석적 능력이 많이 필요하고, 이와 관련된 지식과 역량은 젊을 때 가장 잘 습득할 수 있기 때문이다.

따라서 우수 고등학생들이 대학을 선택할 때부터 핵심 가치창출 활동에 연관되는 학과를 선택하고 공부할 수 있도록 이공계, 산업디자인 등 창조적·혁신적 부문과 높은 관련성이 높은 대학(원)을 강화해야 한다. 이들 창조적·혁신적 부문에서는 기술 및 시장 트렌드가 빠르게 변화하고 점점 더 많은 특수 분과학문의 융합을 요구하므로, 과거의 커리큘럼에 얽매이지 말고 시대적 요구에 발맞추어 다양한 첨단 학과를 많이 만들 필요가 있다. 예를 들어 그린에너지 분야는 미래의 유망 산업인데도 국내에는 관련 학과가 많지 않아 기업체들이 인력 확보에 어려움을 겪고 있다. 또한 전통적으로 각광받는 학과는 아니라도 최근 트렌드 변화로 산업현장에서 인력수요가 많아진 분야에 대해서도, 기존 학과의 강화뿐 아니라 단기 육성과정을 마련해 인력 수급을 지원해야 할 것이다. 예를 들어 원자력이나 아날로그 반도체 설계 분야는 최근 그 중요성이 재평가되면서 전문인력 부족 현상이 나타나고 있다.

문제는 이공계 인력 사이에 자조적 분위기가 팽배해 있다는 점이다. 고등학생도 본능적으로 이런 분위기를 느끼는지 갈수록 이공계 선택을 기피한다. 이공계 대학(원)이나 전문 교육과정을 아무리 설립해도 정작 학생들에게 선택받지 못하면 무용지물이다. 그러므로 젊은이들 사이에서 이공계 기피가 일어나는 원인을 파악해 그 해결책을 마련하는 것이 '가치창출' 영역을 강화하기 위한 근본 대책이다.

이공계 인력 사이에 자조적 분위기가 팽배한 데는 현실적인 이유도 있다. 첫째, 수학과 과학 중심의 학업 특성상 공부가 까다롭고 성과도 잘 나지 않는다. 사실 공대생들이 고학점을 받으려면 고시생 이상으로 많은 시간을 투입해야 한다. 최근 몇 년간 KAIST에서 대학생들의 자살이 속출한 이유 중 하나로 전문가들은 과중한 학업부담을 꼽기도 한다.

둘째, 의사와 변호사, 변리사와 회계사 등 지원적·정태적 분야의 전문직에 비해 현저히 낮은 사회적 대우를 받기 때문이다. 요즘 일반 연구개발직의 초봉은 2,000만~4,000만 원대로 의사(초봉 7,000만~8,000만 원)나 변호사(초봉 6,000만 원 이상) 등 다른 전문직보다 현저히 낮은 수준이다. 사회적 인식 측면에서도 이러한 전문직과 일반 연구개발직의 격차는 크다. 예를 들어 결혼정보회사가 내부적으로 마련하는 배우자 직업 인기순위에서 이들 전문직은 3등급 이상으로 랭크되지만, 회사원은 대기업에 다닌다 할지라도 7등급 이하라고 한다.

셋째, 조직 내에서 40대 이후 어떻게 될지 매우 불확실하다. 기술변화가 빠른 특성상 대기업에서 50대까지 연구직으로 남아 있는 사람은 그리 많지 않다. 40대가 되면 관리직으로 직무를 변경하거나 회사를 그만두는 경우가 많다. 미래에 대한 불안감 탓인지 우수 이공계 인력은 기업체 연구직을 택하지 않고 의치전이나 약대, 한의대로 전공을 바꾸는 경우가 점점 늘고 있다. 개인적으로는 대학 4년간 쌓은 전문지식과 경험이 무용지물이 되어버리고 국가적으로는 소중한 이공계 인력자원을 잃게 되는, 안타까운 일이 전 사회에서 확산되고 있다.

그렇다면 이 문제는 어떻게 해결될 수 있을까? 사실 과중한 학업부담은 이공계 학과의 특성상 해결하기가 쉽지 않다. 학업부담을 줄이면 배출 인력의 질이 떨어지고 이는 해당 인력의 장기적 경쟁력을 떨어뜨린다. 결국 과중한 학업부담을 다른 형태로 보상해주어야 한다. 예를 들어 창조적·혁신적 부문과 관련된 학과에 지원한 학생들이 경제적 어려움 없이 학업을 이어나갈 수 있도록 다양한 지원책을 마련해주는 것도 방법이 될 터이다. 이런 취지로 우리나라에서도 2004년 이공계지원특별법이 마련되었고 이후 BK21, 이공계 장학금, 이공계 전문연구요원제 등 다양한 형태의 이공계 학생 지원책이 실시되었다. 앞으로는 미래 경제발전 주역들이 더 많은 혜택을 골고루 받을 수 있도록 이런 경제적 지원책의 범위를 확대해나가야 할 것이다.

전문직에 대한 이공계의 사회적 처우 문제는 벤처 창업지원, 정부출연연구소를 중심으로 한 연구환경 개선과 이공계에 자부심을 고취하는 노력 등을 통해 장기적 관점에서 해결할 수 있다. 연구개발직의 임금수준 결정은 개별 기업 소관이므로, 직접적 정책 개입은 사실상 어렵다. 그러나 벤처 육성정책을 통해 이공계 출신으로서 창업해 큰 성공을 거둔 사람이 많아지고, 이런 성공 신화가 잘 알려진다면 어떨까? 이공계에 대한 사회적 인식이 자연스레 변화할 것이다. 또 기업 내 우수 인력 중에 벤처 창업을 위해 퇴직 의사를 내비치는 사람들이 늘어나면서, 기업들은 우수 인력 고용을 유지하기 위해서라도 연구개발직의 처우를 개선하게 되지 않겠는가.

정부출연연구소부터 자율적 연구환경을 조성하고 연구지원을 증대하는 것도 같은 효과를 낼 수 있다. 현재 많은 연구개발자가 단기 성과주의, 연구에 집중할 수 없게 만드는 업무 이외의 부담, 폐쇄적 연구풍토 등 다양한 문제로 인해 괴로워한다. 정책의 영향력 범위에 있는 정부출연연구소부터 이런 연구환경 문제를 해결해준다면 연구개발자들의 만족도가 크게 올라갈 것이다.

나아가 학술 분야에서는 금전적 인센티브보다 명예나 평판이 중요함을 감안해, 젊은 이공계 인력의 자부심을 고취할 명예로운 수상제도나 연구지원금제도를 만들어야 할 것이다. 노벨상 수상은 금전적 이득보다는 자신의 연구가 세계적으로 인정받았다는 측면에서 개인적·국가적으로 큰 영예가 된다. 독일 막스 플랑크 연구소에서도 우수 연구자들을 선정해 매년 '막스 플랑크 메달', '오토 한 메달'을 수여하고 있다. 이는 수상자에게는 큰 영광을 안기며, 다른 연구자들에게는 동기부여 요인으로 작용한다.

이처럼 창조·혁신 분야의 자부심과 사회적 처우를 개선하고 수련 과정상 경제적 인센티브를 제공하면, 고급한 창조·혁신 인력의 배출을 크게 확대할 수 있다. 이는 궁극적으로 우수 연구개발 인력에 목말라하는 기업체에도 도움이 될 것이다.

물론 어떤 사람들은 이공계 인력 배출의 증가가 인력수급의 균형을 깨서 결과적으로는 이공계 인력의 몸값을 더 떨어뜨리는 부작용을 낳을 수 있다고 우려한다. 실제로 최근에는 의사, 변호사, 변리사, 회계사 등 전문직에서 이와 유사한 현상이 일어나고 있다. 공인회계사 시험의 경우 한 해에 1,000명씩 합격자가 배출되면서 이미 2000년대 초반부터 시험에 붙어도 회계법인에 입사하지 못하는 사람이 많아지고 있다. 이처럼 인력공급 증가가 임금의 프리미엄 저하로 이어지는 것은 본질적으로 이들 전문직 업종이 지원적·정태적 부문, 즉 '가치이전' 부문에 속하기 때문이다. 전문직 업종의 시장은 대개 내수 중심으로 뚜렷한 지리적 한계를 갖는다. 또한 가치창출 활동을 지원하는 대가로 가치창출 활동에서 만들어진 가치를 받아오는 수익모델의 특성상 시장규모의 한계가 분명히 존재한다. 예를 들어 회계시장의 매출 규모는 금융감독원 조사에 따르면 2011년 2.3조 원에 불과하고 연평균 성장률도 4~5%에 그친다. 이런 상황에서 인력공급이 늘어난다면 경쟁만 치열해져 몸값은 외려 떨어지는 것이다.

그러나 창조적·혁신적 분야는 지원적·정태적 분야와는 좀 다르다. '가치창출' 활동을 주로 하는 창조적·혁신적 분야는 우수 인력 투입이 많아지면 그만큼 가치창출이 늘어난다. 특히 현대의 기술혁신은 '수확체증'의 특성을 가지므로, 인력 투입의 임계점을 넘으면 가치창출은 기하급수적으로 늘어날 수 있다. 즉 10명이 연구하면 1개의 제품 밖에 개발할 수 없지만, 100명이 연구하면 20개, 30개도 만들어내는 것이다. 나아가 대표적인 창조·혁신 분야인 제조업과 기술서비스업은 대개 세계시장을 목표로 하기에, 시장의 한계라는 것은 사실상 존재하지 않는다. 선박 수출의 경우 2000년 84.2억 달러에서 10년 뒤인 2010년에는 471.1억 달러로 5배 이상 증가했다. 휴대전화도 2000년 78.9억 달러에서 2010년에는 375.6억 달러로 4.8배가량 수출이 늘었다. 앞으로 우수 인력의 참여확대와 기업의 투자 증가를 통해 한국 기업들의 경쟁력이 좋아질 경우 가치창출은 더욱 확대될 것이다.

따라서 창조·혁신 관련 고급 인력 배출이 늘어나더라도 관련 인력의 몸값이 자동적으로 하락하지는 않을 것이다. 해당 산업 부문의 성장이 가속화되면 인력의 몸값이 더 상승할 것이다. 그런 의미에서 정부가 고급 창조·혁신 인력의 배출확대와 관련해 추가로 추진해야 할 정책은 '가치창출' 활동의 전반적 활성화다. 즉 기존 국내 기업들의 연구개발 활성화를 지원하고 풍부한 우수 연구개발 인력을 소구점 삼아 해외 기업들을 유치해야 한다. 만약 인건비가 저렴한 중국이나 동남아시아에 생산공장을 빼앗길 수밖에 없는 상황이라면, 풍부한 우수 연구개발 인적자원을 무기 삼아 R&D센터라도 유치해 와야 한다. 나아가, 앞서 언급한 것처럼 청장년층 창업을 지원함으로써 다양한 혁신 노력이 어우러지는 미래의 '창의국가'로 거듭나야 한다. 이렇게 산업 전반에 혁신 분위기가 충만할 때 비로소 이공계에 대한 사회적 인식이 제고되고, 창조·혁신 관련 고급인력도 제대로 된 대우를 받게 될 것이다.

저학력 청년층 일모작 교육

2000년대 들어 대학의 문호가 넓어지고 대학졸업장이 취직 필수품처럼 인식되면서 대학진학률은 2008년 83.8%까지 크게 올라갔다. 대학진학률이 33.2%에 머물렀던 1991년에 비하면 실로 놀라운 발전이다.

그런데 대학진학률 수치가 개선된 것과는 대조적으로 대학생들의 취업률은 그리 좋지 않은 상황이다. 4년제 대학, 2년제 전문대학, 기타 산업대학, 교육대학, 직업전문학교 등 고등교육기관 졸업자 취업률은 2002년 71.1%에서 2009년 76.4%까지 증가했다가 2010년

55.0%, 2011년 58.6%로 크게 떨어졌다.[103] 특히 전문대학 졸업자 취업률은 2009년 86.5%에서 2011년 60.7%로 급감했고, 4년제 대졸자 취업률도 2009년 68.2%에서 2011년 54.5%로 매우 낮아진 상태다. 물론 이런 대졸자 취업률 급감은 불황 탓도 있다. 하지만 근본적으로는 대학 졸업이 20년 전의 고등학교 졸업만큼 일반화되어 더는 취업의 보증수표가 되지 못하는 현실을 반영하고 있다.

또한 지방의 비명문 대학교 출신 청년들 중에는 소위 스펙 문제로 좋은 직장을 얻지 못하는 경우가 많다. 이 때문에 이들 지방대학 출신 청년들 중에는 현실에 크게 좌절하거나, 사행성 사업이나 악덕 다단계 사업에 손을 댔다가 낭패를 보기도 한다. 아니면 안정적 직장을 찾아 공무원과 경찰 등 각종 고시공부에 투신해 생산성 높은 청년기를 고시낭인으로 보내는 경우도 많다. 일부는 유통업과 콜센터 등 서비스업에서 임시직과 단기계약직을 전전하며 생계를 이어간다.

그러나 지방대학 중 의외로 취업률이 높은 곳이 많다는 점에 주목해야 한다. 교육과학기술부는 2012년 전국 4년제 대학의 취업률을 졸업생 규모에 따라 4개 그룹으로 나누어 발표했다. 흥미롭게도 졸업생 3,000명 이하 세 그룹에서 1위는 모두 과학기술대학교(구 산업대학교)가 차지했다. 또한 5위권 대학들도 한밭대학교, 건양대학교, 금오공대, 우송대학교, 해양대학교 등 특성화가 잘되어 있거나 이공계가 강한 학교인 것으로 나타났다. 이는 지방대 출신이라도 '가치창출'과 연관된 학과에서 지식과 기술을 쌓는다면 충분한 취업기회를 가질 수

---

103 한국교육개발원, "교육통계연보", 《취업통계자료집》(e-나라지표(www.index.go.kr)에서 재인용)

있음을 시사한다.

이런 현실은 제대로 된 일자리를 잡지 못했거나 임시직 삼아 서비스업에서 방황하는 청년들을 제조업이나 기술기반 서비스업 등 '가치창출' 부문으로 이전할 수 있도록 적극 유도하는 것이 저학력 청년층의 일모작 교육 및 취업에서도 역시 가장 중요하다는 사실을 다시 한 번 일깨운다.

문제는 요즘 제조업이나 기술기반 서비스 업종에서 제대로 일하려면 관련 대학이나 학과를 전공해야 하고, 현재 해당 업종을 떠나 있는 사람이라면 적어도 6개월에서 많게는 1~2년 정도 적응교육을 다시 받아야 한다는 점이다. 그런데 이러한 교육연수에 들어가는 비용도 만만찮고 이수하기까지 상당한 시간과 노력이 필요한 탓에 선택을 꺼리는 청년이 많다. 교육기간 동안 돈벌이를 하지 않는 한 생활고에 시달리기 십상이다. 다양한 제도가 최근 도입되기는 했으나 청년층 입장에서 겪는 이런 어려움은 여전히 간과되고 있고, 정책적 관심 부족으로 인해 제도 자체가 소규모로 운영되는 실정이다. 향후 '가치창출' 활동을 위주로 저학력 청년층의 일모작 교육 강화를 위해 이런 제도를 적극적으로 확대 또는 재편해야 할 것이다.

산업기술 장학생제도의 확대 운영

무엇보다 정부, 교육기관, 산업체가 연계해 학생에게 교육기간 동안 교육비와 생활비 일부를 지급하는 산업기술장학생제도를 확대할 필요가 있다. 현재는 주로 대기업들이 명문대를 중심으로 산업장학생제도를 운영 중이다. 우수 인력을 다른 곳보다 먼저 확보하려는 것이다.

반면 정작 기술인력이 필요한 중견·중소업체들은 여력 부족으로 이런 제도를 시행할 엄두도 내지 못한다.

이런 문제를 해결하고자 정부에서는 산업기술장학금지원사업을 추진했다. 이 사업에서는 정부가 40억 원의 출연금을 갹출하고, 참여를 희망하는 중견·중소업체들이 장학금의 20~30%를 매칭해 350여 명의 대학(원)생들을 선발하고 1년치 등록금을 장학 지원해주는 것이다. 이때 참여한 중견·중소업체들에는 학생의 우선선발권이 부여되고, 선발된 학생들은 해당 기업에 1년 이상 근무하는 의무복무협약을 맺게 된다.

이는 분명 가치창출 업종의 중견·중소업체를 중심으로 젊은 청년인력의 취업을 유도할 수 있는 좋은 제도다. 다만, 자금제한 문제가 걸려 있어 지원대상이 350여 명으로 매우 적고 1년치 등록금 지원은 우수 인력에게 충분한 인센티브가 되지 못한다는 것이 단점이다. 또한 학생들이 취업 이후 의무복무 기간이 끝나면 곧바로 다른 회사로 이직해버릴 수 있다는 것도 약점이다.

따라서 이 제도를 확대 발전시키려면 첫째, 예산배정 확대를 통해 지원대상을 크게 늘릴 필요가 있다. 400억 원 정도로만 예산을 늘려도 3,500여 명이 수혜를 받게 된다. 둘째, 학자금 대출과 연계할 필요가 있다. 즉 1년 등록금은 장학금으로 지급하고 이후 등록금은 저리의 학자금 대출을 받도록 한다면 학생들에게 좀 더 매력적인 제도가 될 수 있다. 셋째, 취업 후 학자금 대출 상환 시 기업의 매칭을 유도할 필요가 있다. 즉 취업대상이 되는 중견·중소업체에 졸업자들이 실제로 취업하고 이들이 학자금 대출원리금을 상환할 때 그 일부를 회사에서 매칭 지원해준다면 해당 수혜자가 그 회사에 오래 남을 충분한 유인이 될 수 있다. 한 예로, 3년간 대학등록금으로 3,000만 원을 대출받으면 졸업 후 5년 동안 월평균 60만~70만 원을 상환해야 한다. 이때 회사가 월 20만 원씩 지원해주면 취업자의 상환부담이 줄고, 회사로서도 월 20만 원으로 우수 인력을 장기 유치한다는 이점을 얻게 된다.

야간과 주말을 활용하는 재교육 과정 재설계

또한 현재 서비스업에 취업한 청년층이 제조업과 지식·기술 기반 산업으로 이직할 수 있는 기본 능력과 소양을 갖추게끔 야간 및 주말을 이용한 재교육제도를 새롭게 설계하고 확대해야 할 것이다. 유사 제도로는 2009년부터 2011년까지 운영된 '중소기업, 비정규직 근로자 단기직무능력향상(JUMP) 지원 사업'을 들 수 있다. 이는 상대적으로 교육기회를 갖지 못하는 중소기업 근로자나 비정규직을 대상으로 한국산업인력공단이 운영한 교육 프로그램이다. 모듈식 프로그램의 특성상 학습자가 시간을 쪼개 부분적으로 학습하면서 효율성을 도모할 수 있고, 특히 주말과 야간에 운영하여 학습자들의 편의성을 늘린 것이 장점이었다.

문제는 교육내용이 대부분 마케팅, 인사, 생산관리, 품질관리, 구매, 총무, 무역 등 경영지원 업무에 한정되었다는 점이다. 이런 업무역량은 단기간 습득은 가능하지만 이를 교육받은 취업자들의 특별한 경쟁력으로 연결되기는 힘들다. 다른 다양한 경로를 통해서도 익힐 수 있으며 이 직능에 특화된 경영학과 졸업생도 차고 넘치는 상태이기 때문이다. 그래선지 이 제도는 2009년부터 2011년까지 3년간 운영되다가 다른 과정으로 통합되면서 자취를 감추었다.

반면 '야간 및 주말 과정을 활용한 재교육'은 큰 의미가 있었다. 주중에는 돈벌이를 하고 그 외 여유시간을 활용해 직업인생의 새로운 무기를 확보하는 기회를 제공한다는 측면에서 그렇다. 따라서 앞으로 이 제도를 활성화시키되 교육내용을 차별적이고 현장지향적 직능기술 중심으로 재편할 필요가 있어 보인다. 예를 들어 기술서비스업의 경우, 핵심 실무역량인 주요 프로그래밍 언어나 설계, 편집 프로그램 실무 등을 교육내용으로 삼을 수 있을 것이다. 나아가 온라인 과정의 비중을 높여 온·오프라인 혼합교육 형태로 진행하는 방향도 고려할 만하다. 근무시간이 불규칙한 비정규직이나 임시직이 자투리 시간을 효과적으로 활용하도록 배려할 수 있기 때문이다.

취업 유지에 대한 인센티브 제공

더 많은 저학력 청년층이 '가치창출' 업종으로 취업할 수 있도록 교육체계를 재정비하는 것 못지않게, 청년층이 장기간 이 업종의 취업을 유지할 수 있도록 인센티브를 제공하는 것도 중요하다. 제조업이나 기술서비스업에 취업한 저학력 청년층 중에는 일이 고되고 월급이 적다는 이유로 직장을 금세 그만두는 사람이 많다. 제조업 및 기술서비스업에서는 장기간 현장경험을 통해야만 자기만의 노하우를 얻을 수 있다. 또 이런 노하우가 있어야 인력의 가치가 크게 증대되므로 단기간에 직장을 그만두는 것은 취업 청년층 스스로에게 잘못된 선택일 수 있다. 신입직원들의 잦은 이직은 초기 교육훈련 투자비용을 크게 늘린다는 면에서 기업체에도 좋지 않다.

따라서 청년층이 가치창출 활동에서 장기간 취업을 유지할 수 있도록 다양한 인센티브를 제공할 필요가 있다. 예를 들어 적은 월급이라도 꾸준히 모아 종자돈을 만들 수 있도록 근로자 재산형성저축제도를 부활할 필요가 있다. 현재 이자소득세 면제를 골간으로 한 근로자 재형저축의 부활이 논의되고 있다. 이 제도는 모든 저소득층 근로자들을 대상으로 하지만, 제조업 등 가치창출 업종 강화를 도모한다면 제조업 및 지식기술 산업 종사자들에게 추가 혜택을 주는 방안도 고려할 만하다.

또한 2000년대 부동산 열풍의 후폭풍으로 서울 및 수도권의 최근 집값은 현재의 임금수준으로는 "숨만 쉬고 30년을 모아도 사기 힘들" 정도로 뛰어버렸다. 그 결과 청년층은 만성적 주거불안정에 시달릴 뿐 아니라 내 집 마련의 꿈마저 잃어버렸다. 이런 측면에서 제조업 근로 청년층에게 보금자리주택이나 임대주택의 우선청약 또는 입주권을 부여하는 방법도 좋을 것이다.

이모작 재산업화가 미래 초고령사회의 해법이다!

지금까지 이모작 사회를 구현하기 위해 고령층과 청장년층을 대상으로 어떻게 교육·고용체계를 재구축할 것인지 그 세부 정책을 살펴보았다. 이모작 사회 구현방안은 젊고 활기찬 청년층을 제조업 및 기술서비스 업종의 '가치창출' 활동에 주력하게 만들어 국가경제에 활력을 불어넣고, 은퇴한 고령자들에게는 '가치이전' 활동 중심의 일반서비스 업종에서 노년기 일자리를 대거 마련해줌으로써 국민총생산을 획기적으로 확대하자는 것이다. 청년층은 가치창출 활동을 하고 고령자들은 가치이전 활동을 하는 형태로 연령별 분업체계가 형성되면서 인구는 고령화되어도 경제는 젊음과 활력을 유지하며 계속 성장할 수 있는 구조가 만들어질 수 있다.

고령자 취업확대나 청년층 실업해소를 위한 정책은 사실 이미 많이 마련되어 있다. 문제는 각종 정책이 구심점 없이 분리된 채 운영되고 있어 실감할 만큼의 정책효과를 거두지 못한다는 점이다. 우리는 '이모작 사회 건설'이라는 새로운 정책적 목표가 이런 정책을 한데 묶어 폭발적 시너지 효과를 거두게 할 구심점이 되기에 충분하다고 생각한다. 연령별 분업과 이모작 사회 건설이라는 목표하에 기존 정책을 더 발전시키고 정렬시킨다면 생각보다 쉽게 이모작 사회를 구현할 수 있을 것이다.

Epilogue

이모작 인생, 국가와 개인 모두가 행복해지는 길

Intro

──── 2007년 한국경제에는 경사스런 일이 생겼다. 1인당 국민소득 2만 1,695달러! 1995년 1인당 국민소득이 1만 달러를 넘은 지 12년 만에 드디어 선진국 대열의 문턱이라 여겨지는 2만 달러의 벽을 넘어선 것이다. 1960년 한국이 1인당 국민소득 1,000달러로 세계 최빈국 중 하나였던 점을 감안하면, 채 50년도 안 되는 짧은 기간에 괄목할 만한 경제적 성과를 거둔 것은 실로 경이로운 일이 아닐 수 없다.

그러나 현실과 미래를 냉정히 고찰하면, 우리가 이룩한 성장신화는 어디까지나 절반의 성공일 따름이다. 1인당 국민소득이 2만 달러를 돌파했다고 해서 곧바로 완전한 선진국이 되지는 않는다. 미국, 일본, 독일, 프랑스 등의 1인당 국민소득은 4만 달러대다. 북유럽 강소국으로 잘 알려진 덴마크와 스웨덴은 6만 달러대이고, 노르웨이는 9만 달러를 넘어선다. 우리는 이제 막 중진국 지위를 탈출해 선진국 문턱을 넘은 것이다. 따라서 미래세대를 위해 선진국 지위를 안정적으로 확보하려면, 아직도 갈 길은 멀다. 이런 측면에서 1인당 국민소득 2만 달러대 진입은 미완의 성공이라 말할 수 있다.

사실 세계적으로 아르헨티나, 브라질, 칠레 등 우리보다 먼저 선진국 문턱에 도달했던 나라들 중 상당수는 다시 중진국 신세로 전락했다. 이미 잘 알려진 '중진국 함정'의 사례는 한국의 경제적 위상이 여전히 취약함을 상기시킨다. 만일 우리가 절반의 성공에 안주하면 이들 나라가 그랬듯 얼마든지 선진국 문턱에서 미끄러져 중진국으로 떨어질 수 있다. 특히 2000년대 중반 이후 세계경제 질서는 미국과 유럽의 서구 중심에서 중국, 인도, 러시아 등 신흥국 중심으로 빠르게 변화하면서 한국에 위협과 기회를 동시에 제공하고 있다. 이런 역사적 변혁기에 성장을 지속해 선진국 대열에 확실히 들어서야만 비로소 완전한 성공이 될 수 있다. 여기서 성장을 멈추고 시대변화를 따라잡지 못한다면 이는 '절반의 실패'에 그치는 일이 된다.

1

개인도 행복해지고 국가도 부강하려면?

한국이 진정한 선진국이 되는 완전한 성공을 이루는 과정에서 해결해야 할 시대적 과제는 무엇일까? 첫째는 경제의 체질변화이며, 둘째는 고령화시대에 대한 대응이다.

투자재원 문제에 봉착한 한국

무엇보다 우리가 명실상부한 선진국 대열에 들어서려면 경제의 체질이 바뀌어야 한다. 선진국들이 100~200년에 걸쳐 이루었던 산업화를 우리는 수출지향형 제조업을 기반으로 압축 성장해왔다. 그러나 1990년대부터 정보통신 및 과학기술의 획기적 발전에 힘입어 전 세계적으로 산업사회는 가고 지식기반사회가 열리고 있다. 선진국의 산업화 과정을 따라잡은 한국에도 '지식기반사회 도래'라는 21세기 환경에 걸맞은 새로운 패러다임의 확립이 요구되고 있다. 지금까지는 모든 경제정책의 초점을 선진국 추격에 맞추었다면, 이제는 스스로 새로운 길을 개척하고 세계를 선도하는 방향으로 경제의 새 틀을 짜야 한다는 것이다.

이를 위해서는 경제의 체질을 산업사회형에서 지식기반사회형으로, 선진국추격형에서 탈(脫)추격형으로, 대량생산형에서 가치창출형으로, 자본집약형에서 지식집약형으로 업그레이드할 필요가 있다. 물론 이 같은 체질변화는 쉬운 일이 아니다. 새로운 미래를 위한 창의적 밑그림을 만들고 이를 실현하기 위해 엄청난 노력과 상당한 투자를 쏟아 부어야 한다. 산업화를 위한 투자는 이미 충분히 이루어졌다고 볼 수 있지만, 지식기반사회 건설을 위한 투자는 여전히 부족한 상태다. 예를 들어 한국의 총 연구개발 투자액은 2010년 379.3억 달러로 미국(4,016억 달러)의 10분의 1, 일본(1690.5억 달러)의 5분의 1에 불과하다.[105] 2010년 과학기술 인력(연구원 기준)도 한국은 26.4만 명에 그치지만 미국은 141.3만 명으로 우리의 5배가 넘고, 일본은 65.6만 명으로 우리의 2.5배다.

문제는 미국과 일본 등이 이미 오래전부터 지식기반사회 건설을 위한 투자를 해왔고 그 결과 사회적으로 축적된 지식과 기술의 양이 상당하다는 점이다. 반면 한국은 산업화에서는 일부 미국과 일본을 따라잡은 면도 있지만, 지식기반사회 건설에서는 상당한 격차를 보이고 있다. 물론 한국이 정보통신기술(IT) 분야에서는 세계적으로 선도국가이지만, 정보통신 산업은 다양한 지식기반 산업의 한 분야일 뿐이다. 바이오, 나노, 그린, 우주항공 등 다른 수많은 지식기반 산업에

---

105 김용희(2012. 4), "2012 주요 과학기술통계 100선", KISTEP

서는 선진국에 상당히 뒤처져 있다. 한국이 첨단 지식기반 산업에서 격차를 좁히고 미래 지식기반사회를 선도하는 국가가 되려면, 지식과 기술의 생산, 축적, 활용을 위해 이전보다 훨씬 많은 투자가 이루어져야 한다.

이런 당위성에도 불구하고 우리는 지식기반사회 건설을 위한 투자재원 부족이라는 내적 문제를 안고 있다. 이런 문제가 발생하는 근본적인 이유는 우리나라 경제가 선진국에 비해 현저히 작은 규모여서다. 한국의 GDP 대비 연구개발 투자의 비중은 3.7%로 미국의 2.9%, 일본의 3.4%보다 많은 편이다. 그럼에도 불구하고 앞서 본 것처럼 총 연구개발 투자액의 절대 규모가 미국이나 일본과 큰 격차를 보이는 것은 결국 경제규모의 열세 때문이다. 2010년 미국의 명목GDP는 14.4조 달러, 일본의 명목GDP는 5.5조 달러로 한국(1.01조 달러)의 14배, 5배를 넘긴다. 미국은 GDP의 1% 정도만 가지고도 우리의 3배 넘는 연구개발 재원을 만들 수 있다. 일본도 마찬가지다.

마지막으로, 완전한 선진국이 되려면 고령화 대응과 사회 전반의 복지확충 문제를 해결해야 한다. 고령화가 진전될수록 사회적 복지부담은 기하급수적으로 커진다. 현재 고령화와 관련된 순수 예산 지출은 30조 원대로 전체 국가예산의 10% 수준이다.[106] 더욱이 최근에

---

[106] 앞서 보았듯이 고령화의 급진전에 따라 사회적 복지부담은 기하급수적으로 커진다. 2011년 보건복지부 예산만 보더라도 정부의 국민연금기금 각출분이 10.9조 원, 건강보험 국고지원분이 4.6조 원, 기초생활보장 7.5조 원, 노인 부문 지원 지출이 3.7조 원 등 고령자와 직접적으로 관련된 재정지출은 현재 26.7조 원에 달한다. 여기에 각 부처 및 지방자치단체에서 다양하게 추진 중인 고령화 관련 사업을 함께 고려할 경우 고령화 관련 예산은 30조 원을 훌쩍 넘긴다. 현재만 하더라도 어림잡아 국가예산 총액 309조 원의 10% 정도가 고령화 관련 재정지출로 소요되는 셈이다.

는 소득 2만 달러 시대에 진입하면서 그동안 억제되던 사회복지 요구가 출산, 육아, 교육, 의료 등 다양한 분야에서 봇물 터지듯 늘어나고 있다. 이에 따라 지난 수년간 유치원 무상보육, 고령자 무상의료, 반값등록금 등 과거에는 상상할 수 없었던 새로운 형태의 복지 정책과 제도가 우후죽순 도입되고 있다. 그 결과 총 사회복지지출 규모가 2002년 41.3조 원에서 2010년에는 119.3조 원으로 9년 만에 3배 가까이 증가했다.[107]

향후 고령화에 따른 불가피한 사회적 복지부담 증대와 사회 전반의 복지요구 증가가 지속되리라고 가정한다면, 향후 복지예산은 더 빠르게 늘어날 것이며, 이는 국가재정에 큰 부담이 될 수 있다. 2012년 초 기획재정부가 정치권의 복지공약 65건을 검토한 결과, 이를 모두 수용할 경우 연간 최소 43조 원에서 최대 67조 원이 추가로 필요해 향후 5년간 최소 220조 원에서 최대 340조 원의 복지예산이 마련되어야 한다. 특히 우리가 현재 수준의 경제규모에 만족하고 성장보다 복지를 중시하는 방향으로 나아갈 경우, 향후 복지부담의 증가는 국가재정에 문자 그대로 '재앙(disaster)'이 될 수 있다. 물론 그렇다고 해서 복지를 줄일 수는 없다. 복지확대는 분명한 시대적 흐름이므로 복지 증대의 재원을 어떻게 확보할 것이냐가 문제다.

이렇듯 한국은 현재 2가지 투자재원 부족 문제에 직면하고 있다. 즉 미래의 지식기반사회 건설을 위한 투자재원 부족과 현재의 고령화 및 사회적 요구 대응을 위한 복지재원 부족 문제가 바로 그것이다. 국가

---

[107] 보건복지부(2012), "한국의 사회복지 지출" [e-나라지표에서 재인용]

예산이 제한된 상태에서 겪는 이러한 재원 부족은 심각한 정책 딜레마를 낳는다. 즉 미래 지식기반사회에 대한 투자를 늘리자니 현재 세대의 행복 추구가 곤란해지고, 현재 세대를 위한 복지재원을 늘리자니 국가의 성장잠재력이 약화되면서 미래 세대의 행복 추구가 위협받는 것이다.

해결방법은 없는 것일까? 다양한 방안이 제시될 수 있겠지만, 근본적으로는 경제의 지속적 성장과 규모확대가 해법이다. 국가의 곳간이 더욱 커지고 넉넉해져야 현재와 미래를 위한 투자를 동시에 진행할 수 있다는 이야기다. 우리가 절반의 성공에 만족하지 말고 지속성장을 위해 노력해야 하는 이유가 바로 여기 있다.

이모작 경제로 투자재원 문제 해결 가능

경제성장의 원동력은 궁극적으로 우수하고 풍부한 인적자원에 있다. 지속적인 경제성장을 이루려면 우수한 청년 인력자원을 더 많이 육성해 가치를 가장 많이 창출할 수 있는 산업에 투입해야 한다. 또한 고령화로 인해 경제활동인구가 점점 줄어들고 있기 때문에 나이 든 사람일지라도 직업능력을 갖고 있다면 효과적으로 활용해야 한다. 그러나 현재 우리나라에서는 이러한 인적자원 활용이 제대로 이루어지고 있지 않다. 이유야 여러 가지겠지만, 가장 근본적인 것은 산업화 시대의 유물인 일모작 경제 패러다임에 사로잡혀 있기 때문이다.

일모작 경제 패러다임에서는 고령자들이 은퇴 후 일자리를 구하기가 힘들다. 아직 일할 능력, 일할 의지, 일할 필요를 충분히 갖고 있더라도 말이다. 그런데 청년들도 최고의 생산성을 발휘할 수 있는 가치창출 영역의 일자리를 기피한다. 제조 및 지식 서비스 등 가치창출 영역의 일자리는 당장은 일이 고되고 장기간 직업능력을 습득해야 어느 정도 성공을 거둘 수 있는데, 실질적 정년은 다른 분야보다 더 짧아 오래 일할 수가 없기 때문이다.

이런 측면에서 이모작 경제체제의 확립은 일모작 경제 개념에 기초하는 현재 노동시장에서 발생하는 제반 문제를 극복하고 국가경제를 발전시키며, 현재와 미래를 위한 이중의 투자재원을 동시에 확보할 수 있는 중요한 전환점이 될 수 있으리라 판단된다. 이모작 경제체제 확립은 개인이 평생에 걸쳐 행복 추구를 계속하기 위한 훌륭한 대안이 될 것이다. 그림 〈E-1〉은 5장에서 제시한 〈그림 5-8〉의 아이디어를 더욱 확장한 것이다. 이를 통해 일모작 경제가 국가와 개인의 재정에 끼치는 문제점과 새로운 돌파구로서 이모작 경제가 갖는 장점을

| **그림 E-1** | 국가 및 개인 재정에서 일모작 경제의 한계

다시 한 번 확인해보자.

한국의 일모작 경제 패러다임에서 개인은 25세 즈음에 취직해 30년간 일모작 직업에서 종사하다가 55세 즈음에 퇴직한다. 그림에서 곡선은 개인의 직업능력 및 직업상 성취하는 산출물의 양적 변화를 나타낸다. 여기서 아래쪽 사각형은 임금의 형태로 개인에게 귀속되는 부분, 즉 개인이 일생 동안 직업생활에서 벌어들이는 수입을 가리킨다. 개인은 이 가운데 일부를 현재소비를 위해 사용하며, 일부는 저축했다가 퇴직 후 노후생활비로 사용한다. 그 윗부분은 사회적 잉여로 기업에 귀속되는 부분과 소득세나 법인세의 형태로 국가에 귀속되는 부분으로 구분할 수 있다. 기업과 정부는 이를 미래 또는 현재를 위한 투자재원으로 활용할 수 있다.

문제는 인간의 수명이 70세 즈음에서 90세 가까이로 연장되고 있다는 것이다. 이에 따라 일모작 경제 패러다임에서는 사회와 개인 모두 심각한 재정문제에 봉착하게 된다. 즉 노후생활비에 해당하는 A 부분은 과거 평균수명이 70세일 때는 일모작 직업생활 중 저축한 돈으로 충당이 가능했다. 알뜰하게 돈을 모은 경우라면 남는 돈을 자녀에게 상속할 수도 있었다. 그러나 평균수명이 90세로 접어들면서 노후생활비가 A+B 영역으로 대폭 늘어나게 된다. 일모작 직업생활 중의 저축만으로는 도저히 감당할 수가 없는 것이다. 한마디로 말해 개인이 재정문제에서 심각한 위기에 봉착하게 된다.

결국 정부나 기업에서 복지사회 개념을 확대하여 개인의 노후생활비를 보조해주고 지원해주어야 하는 사태가 발생한다. 이러한 사태는 최근 고령자들이 빠르게 늘어나면서 당장 해결해야 하는 시급한 현안

과제로 부상하고 있다. 국가의 재정은 제한되어 있으므로 현재 세대를 위한 복지지출을 크게 늘리면 미래를 위한 투자재원은 고갈되게 마련이다. 한국의 경제규모상 그렇지 않아도 미래 지식기반사회를 위한 투자재원이 부족한 형편인데, 고령화로 인해 재원문제가 더욱 악화되어 먼 미래에는 국가재정위기에 봉착할 가능성도 나타난다.

〈그림 E-1〉은 개인 및 국가의 재정위기가 누구의 잘못도 아니라는 점까지 여실히 보여준다. 국민 모두가 열심히 일하며 노후를 준비해 왔다. 열심히 일한 개인들의 노후생활을 보장해주고자 국가도 한정된 재원을 쪼개 복지지출을 늘려왔다. 그럼에도 불구하고 인간의 평균수명이 전례 없이, 개인이나 국가가 감당할 수 없을 정도로 늘어나고 있어 일모작 경제 패러다임 아래서는 국가나 개인이나 모두 재정위기에 봉착할 수밖에 없는 것이다.

고령화시대에 개인과 국가의 재정부족 문제를 극복하려면 근본적으로 개개인, 그리고 그 총합으로서 경제 전반의 가치창출이 극대화되어야 한다. 쉽게 말해 지금보다 더 일하고 더 벌어야만 고령화시대에도 개인과 국가가 재정위기를 겪지 않을 수 있다는 것이다. 즉 개인도 더 오래 일해야만 더 길어진 노후를 대비할 수 있다. 또한 개인이 더 오래 일해서 사회적 잉여를 많이 창출해야만 국가의 곳간이 여유로워져 복지재원 확충과 지식기반사회 건설을 위한 투자를 동시에 진행할 수 있다.

그렇다면 개인이 더 오래 일할 방법은 무엇일까? 가장 효과적인 방안은 오로지 '이모작 경제'다. 이모작 경제는 기존 직장의 정년을 연장하자는 정도의 논의가 결코 아니다. 일모작 직업적성이 점차 감소하고 새로운 이모작 직업적성이 증대되는 50세 즈음에 일모작 직장에서 조기퇴직하고, 이때부터 이모작 직업인생을 시작하는 것이 바람직하다는 이야기다. 그렇게 되면 개인은 일생에 걸쳐 두 번의 직업인생, 즉 25세에서 50세까지 25년간의 일모작 인생과 50세에서 75세까지 25년간의 이모작 인생을 영위할 수 있다. 이처럼 이모작 경제에서는 일모작 경제의 30년 직업인생보다 훨씬 길어진 50년 직업인생을 영위하며 자신과 사회를 위한 가치를 창출할 수 있게 된다.

이모작 경제가 국가와 개인의 평생재정에 미치는 영향은 〈그림 E-2〉에 잘 나타나 있다. 이모작 직업을 찾아 더 오래 일하면서 개인의 평생수입은 크게 증가한다. 이런 개인의 평생소득이 증가하면 75세에 완전히 은퇴하더라도 그 후 생활비를 감당하기에 충분할 것이다.

게다가 평생소득이 크게 증가한 탓에 은퇴 후 말년은 정말 멋지고 풍요롭게 보낼 수 있다. 2007년 개봉한 〈버킷 리스트(Bucket List)〉라는 영화에서는 죽음을 목전에 둔 두 주인공이 '죽기 전에 꼭 해보고 싶은 일' 리스트를 만들어 이를 하나씩 실행하면서 말년을 의미 있게 보낸다. 많은 사람이 살면서 해보고 싶었지만 못한 일들을 노후에 해보기를 꿈꾸지만 대부분 실행에 옮기지 못한다. 경제적 문제 때문이다. 그러나 이모작 직업을 통해 평생소득이 크게 증가한 상태이고 자녀들도 이미 충분히 장성했다면, 아무런 미련 없이 그동안 모은 돈을 사용할 수 있다. 예를 들어 일모작 직업인생 후 은퇴하고 만다면 제주도나 중국으로 여행을 가고 말겠지만, 이모작 직업인생을 살고 나서 은퇴한다면 세계일주를 다닐 수도 있는 것이다. 전원생활을 꿈꾼다면 정말 그림 같은 집을 지어 말년에 평화로운 삶을 살 수도 있다.

| **그림 E-2** | 이모작 경제를 통한 국가와 개인의 재정문제 극복 가능성

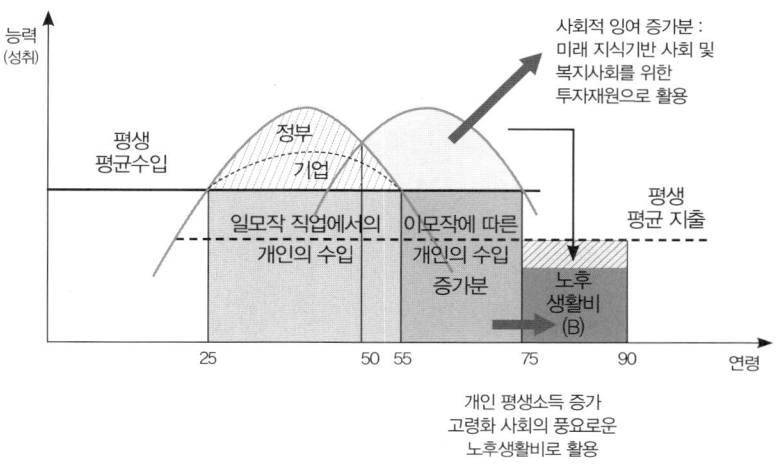

물론 사람에 따라서는 건강이나 체력 등의 이유로 이모작 인생을 제대로 영위하지 못하고 노후생활비 부족 문제에 봉착할 수도 있다. 그렇다면 이 부족한 부분은 정부가 복지지출을 통해 보전해주면 된다. 그렇더라도 국가의 부담은 일모작 경제를 운용할 때보다는 상당히 감소할 것이다. 따라서 개인들이 이모작 경제활동을 통해 창출한 사회적 가치의 상당 부분은 미래 지식기반사회를 위한 투자재원으로 다시 활용될 수 있다. 이처럼 이모작 경제를 통해 국가는 현 세대를 위한 고령자 복지사회도 건설하고, 미래 세대를 위한 지식기반사회도 만들 수 있다. 이모작 경제가 사람은 늙어도 사회는 젊어지는 미래, 개인도 행복해지고 국가도 부강해지는 미래를 만들 수 있다는 이야기다.

2
이모작 인생이 실패할 수 없는 3가지 이유

많은 사람이 '인생을 두 번 살 수 있다면 다음번엔 정말 잘살 수 있을 텐데'라는 생각을 한다. 젊어서는 왜 그리 실수도 많고 시행착오도 많았을까? 왜 그리 조급하게, 내가 꿈꾸던 것과는 전혀 다른 인생을 살았을까? 지나온 인생을 뒤돌아보면 이처럼 다양한 회한이 교차한다. 그럼에도 불구하고 이내 '인생은 한 번밖에 주어지지 않는 것'이라는 쓸쓸한 생각을 하며 체념하게 된다.

그러나 우리는 놀랍게도 인생을 두 번 살 수 있는 시대로 이미 접어들었다. 현대 과학문명의 발전과 '생활의 질' 향상이 인류에게 기대수명의 획기적 연장이라는 커다란 축복을 안겨준 것이다. 한국인의 기대수명은 현재 80.8세에 달한다. 가까운 미래에는 인간의 평균수명이 90세, 그리고 일부 고령자는 100세 즈음까지 살게 되는 '호모 헌드레드(Homo Hundred) 시대'가 열릴 전망이다. 평균수명이 60~70세에 불과했던 과거 세대보다 적어도 20년, 많게는 40년이라는 긴 시간을 추가로 얻는 셈이다. 인생의 전성기를 한 번 더 구가하기에 충분한 시간이 아닌가.

  물론 건강이 뒷받침되지 않으면 수명연장은 자칫 재앙이 될 수도 있다. 각종 성인병과 장애에 시달리는 말년이라면 정말 끔찍할 것이다. 이런 측면에서 요즘에는 실제 수명이 아닌 건강수명을 더 중요하게 생각한다. 건강수명이란 장애나 질병에 시달리지 않고 건강하게 살 수 있는 한계연령을 말한다. 1990년대 후반 이래 의학기술의 발전과 삶의 질 개선에 따라 건강수명은 전 세계적으로 점점 늘어나는 추세다. 선진국들의 건강수명은 평균 70세를 넘었으며, 일본은 76세, 스위스는 75세 등으로 이미 75세를 넘어선 나라도 있다. 한국의 건강수명도 2000년에는 67.2세였으나, 2007년에는 71세로 빠르게 개선되고 있다.[108] 정부는 국민건강증진종합계획(Health Plan 2020)으로 2020년까지 건강수명을 75세로 개선한다는 목표를 세워두고 있다. 조만간 적어도 75세, 많게는 90세까지도 건강하게 사는 시대가 도래하리라는 이야기다.

  도쿄 노인의학연구소의 추정에 따르면 2007년 87세인 사람의 건강과 체력 수준은 1977년 70세였던 사람에 해당한다. 즉 건강수명 측면에서 최근의 고령자들은 30년 전에 비해 17세나 젊어진 셈이다. 이 때문일까? 요즘의 60~70대는 40~50대 못지않게 건강하고 활기차다. '액티브 시니어(Active Senior)'라는 말이 그래서 생겨났다. 헬스클럽에서 60대 노년이 무거운 덤벨을 들고 운동하는 경우도 자주 볼 수 있다. 산에 가보면 젊은이보다 산을 더 잘 타는 고령자도 만나게 된다. 이처

---

108 WHO(2009), "World Health Statistics"

럼 건강하고 활력 넘치게 살 수 있는 20~40년의 인생이라면 이는 또 한 번의 인생이 주어진 것이라 봐도 과언이 아니다.

앞으로 인간의 일생은 일모작 직장의 퇴직을 기준으로 삼아 둘로 나누어 생각해볼 수 있다. 즉 사회 진출 후 일모작 주 직장에서 퇴직하기 전까지, 즉 일모작 인생기와 그 일모작 직장에서 퇴직한 후에 다시 시작되는 이모작 인생기가 그것이다. 일모작 직장의 퇴직을 앞둔 많은 사람이 걱정하는 것과 달리, 현대에서 이모작 인생기는 진정한 자아실현을 할 수 있는 값지고 보람된 제2의 인생이다. 왜냐하면 첫째, 이모작 인생기에 접어들어야 비로소 진정한 인간의 삶을 영위할 수 있기 때문이다. 그리고 둘째, 일모작 인생기에 이미 많은 시행착오와 실패를 겪었으므로 이모작 인생기에서는 그 과오를 반복하지 않을 수 있다. 셋째, 인생여정에서 많은 경험과 경륜을 얻었으니 이모작 인생은 일모작 인생보다 더욱 성공적으로 꾸릴 수 있다. 이 점을 보다 상세히 살펴보자.

이모작 인생기에야 비로소 진정한 인간의 삶을 살 수 있다!

이모작 인생기에 가서야 비로소 '진정한 인간'의 삶을 살 수 있다는 것은 무슨 뜻인가? 그럼 일모작 인생기에는 '인간'이 아닌 '동물'의 삶을 산다는 말인가? 의아하게 생각될 수도 있다. 하지만 인생사를 곰곰이 생각해보면 실제로 그렇다. 일모작 인생기는 사회에 첫발을 내디뎌 일모작 주 직장에서 퇴직하기까지의 기간이다. 대략 20대 중반에서 50대까지의 기간에 해당한다. 이때에는 다양한 '인생 이벤트'들을 겪게 된다. 어렵사리 취직하고, 결혼해서 애를 낳고 키우며, 집을 마련하고, 부모님 장례를 치르고, 빠르면 장성한 자녀들을 결혼시켜 내보낼 수도 있다. 일모작 인생기에 겪게 되는 다사다난한 인생 이벤트들은 공통점이 하나 있다. 이 모든 것이 바로 생물학적 번식의 의무와 부양부담에서 비롯된다는 점이다.

20세기 후반 이래 크게 각광받고 있는 진화생물학적 관점에서 생물은 '생존기계'로 이해된다.[109] 즉 유전자를 더 많이 전파하기 위해 유전자에 의해 만들어진 '생존기계'라는 것이다. 인간도 당연히 생물이며, 자연의 법칙에 따라 번식의 의무를 갖는다. 쉽게 말하자면, 사람이 결혼해서 가정을 이루고 애를 낳아 키우는 것은 자연의 이치라는 것이다. 더구나 인간은 사회 속에 살며 사회규범을 따르는 사회적 동물이다. 이런 측면에서 장성해 자신을 키워준 부모님을 봉양하는 부양부담을 지는 것은 당연한 인륜의 발로다.

문제는 이런 번식과 부양 의무를 실천하는 것이 정말로 힘들고 고된 일이라는 점이다. 특히 20세기 후반 이래 핵가족제도가 보편화되면서 애를 낳고 키우며 부모를 모시는 부담은 온전히 부부 두 사람에게 집중되고 있다. 그 때문에 대다수 사람에게 일모작 인생기는 직장 업무에 허리가 휘고 가정 내 일상사에 찌들며 살아가야 하는 피곤한 시기가 되어버렸다. 일모작 인생기는 체력적으로 가장 활동적이고 생산적이어야 할 때지만, 동시에 수많은 인생 이벤트들이 곳곳에서 터지는 폭풍의 시기다. 가족이라는 이유로 수많은 의무와 책임에 시달리며

---

109 리처드 도킨스(2001),《이기적 유전자》, 홍영남 역, 을유문화사

정신없이 이리저리 뛰다 보면 20~30년이 훌쩍 지나가고 만다.

　이처럼 생물학적 번식의 의무와 부양 부담이 크기에 사실 일모작 인생기에 직업생활에서 큰 성과를 내기란 쉽지 않다. 그렇지 않아도 현대 직업세계에서 개개인에게 맡겨진 일의 양은 과거 어느 시대보다 과중하다. 주어진 업무를 제대로 처리하려면 야근을 밥 먹듯이 하고 주말에도 일을 해야 할 정도다. 나아가 직장에서 승진하고 사회에서 명성을 얻으려면 장기간에 걸쳐 새로운 일들을 연속적으로 성공시켜야만 한다. 이처럼 남다른 성과를 내려면 온전히 일에만 몰입해야 한다.

　그러나 현실은 어떤가? 자녀교육 문제, 부모님 병환 문제, 일가친척과의 모임, 다양한 경조사, 가족과의 불화 등 크고 작은 가정사가 수시로 생기면서 업무에 집중하기가 힘들다. 시쳇말로 "(직장) 일 좀 하려고 하면 (집안) 일이" 터진다. 이 때문에 뛰어난 업무잠재력에도 불구하고 무거운 생물학적 부담 때문에 직장생활에서 큰 성공을 거두지 못한다. 애당초 일모작 인생에서 일과 가정의 양립이란 위험한 줄타기일 수밖에 없다. 속된 말로 아주 독한 사람이거나 가정을 포기한 사람만이 조직의 상층부까지 올라갈 수 있다.

　이처럼 일모작 인생기에는 자기 자신을 뒷전으로 밀어놓은 채 대자연의 섭리에 따라 종족보존의 책무를 수행하느라 허리가 휘는 기간을 보내게 된다. 또한 대부분의 사람이 직업생활에서 자신이 생각했던 것만큼 성공을 거두지 못하고 퇴장하게 된다. 그래서 누구나 40대 후반 또는 50대 초반이 되면 쓸쓸히 자기 인생에 대해 고민한다. 나 자신의 행복은 어디로 갔을까? 20대 초반 드높았던 꿈과 비전은 어디로 갔을까?

바로 이런 사람들에게 일모작 주 직장에서 은퇴한 후의 이모작 인생기는 새로운 기회가 될 수 있다. 아니, 단순한 기회가 아니라 인생의 새로운 황금기다. 그 까닭은 무엇보다도, 생물학적 의무와 책임으로부터 비로소 자유로워져서다. 50대 중반 이후라면 부모님은 대부분의 경우 이미 세상을 떠나셨을 것이다. 자녀들도 어느 정도 장성해 자신의 앞가림을 할 나이가 되었을 것이다. 그리고 대개는 40대에 자기 살 집을 마련했을 테니 향후로는 큰돈 들 일이 많지 않을 것이다. 즉 이 시기가 되면 자녀양육과 부모부양이라는 생물학적 의무를 어느 정도 해소하고, 인간다운 인생을 추구할 여유가 생긴다.

생각해보라. 그동안 인생을 짓누르던 자녀교육비 걱정, 부모님 건강 걱정, 집 대출금 상환 걱정에서 해방되어, 자기 시간과 자기 벌이를 오로지 자신과 배우자만을 위해 사용할 수 있다면 얼마나 행복하겠는가? 몸과 마음이 편안해지고 일상사에 닳아 없어졌던 부부 간의 사랑도 다시 샘솟을 것이다. 가족의 생계를 위해 마음 한구석으로 고이 밀어놓았던 젊은 날의 꿈을 꺼내어 다시 펼칠 여력도 생길 것이다. 게다가 이모작 인생기에는 큰돈 들어갈 '인생 이벤트'가 딱히 없고 자신과 배우자의 생계만 책임지면 되기에, 벌이가 적어도 괜찮다. 일과 가정이 양립할 수 있는 직업생활이 비로소 가능해진다는 게 중요하다.

이모작 인생기에는 생물학적 의무와 책임으로부터 자유로운 상태에서 적어도 20년, 많게는 40년이라는 시간을, 진정 자신을 위해 쓸 수 있게 된다. 그렇다면 이모작 인생기야말로 제2의 인생, 아니 일모작 인생에서 결코 경험할 수 없었던 새로운 황금기가 아니고 무엇이겠는가?

실패는 성공의 어머니, 이모작 인생기에 제대로 성공하라

이모작 인생기가 일모작 인생기보다 더욱 성공적인 삶이 될 수 있는 두 번째 이유는 일모작 인생에서 이미 많은 시행착오와 실패를 겪어 보아서다. 우리들 인간은 한계가 많은 존재다. 이 때문에 사람들은 대개 일모작 인생기에 수많은 시행착오와 실패를 겪는다. 그러나 실패는 다른 한편 학습의 과정이기도 하다. 다양한 시행착오를 거쳐야 비로소 성공하는 법을 배울 수 있다. 어릴 적 자전거 타기를 배울 때를 생각해보자. 수없이 넘어지는 과정을 거쳐야 마침내 자전거를 탈 수 있지 않던가.

  인생도 마찬가지다. 실패 없이 성공하는 사람은 많지 않다. 대부분의 사람은 무수한 실패를 경험하고 나서야 비로소 짜릿한 성공을 맛본다. '실패는 성공의 어머니'라고 하지 않던가. 이런 측면에서 일모작 인생기에 겪은 수많은 시행착오와 실패는 이모작 인생에서 새롭게 출발하고 또 성공하는 데 귀중한 밑거름이 된다. 이모작 인생에서 새로운 갈림길이나 위기를 만난다 하더라도 일모작 인생에서 경험했던 시행착오와 뼈아픈 실패가 우리를 구해줄 것이다.

  사실 주위를 둘러보면 일모작 직업인생 시기에는 빛을 발하지 못하다가 경로를 바꿔 이모작 직업인생에서 크게 성공하는 경우가 적지 않다. 스포츠 세계를 예로 들어보자. 스포츠 세계에서 일모작 전성기는 빠르면 20대 중반, 늦으면 30대 중반으로 매우 빨리 끝난다. 일모작 때 선수로 세계적 명성을 날리던 사람들도 신체능력이 떨어지면서 코치나 감독, 아니면 다른 직업을 늦어도 40세 이전에 찾아야 한다.

흥미롭게도 선수 시절에는 그다지 신통치 않은 실적을 보였지만 나이 들어 감독으로 전환하고 나서 큰 성공을 거둔 사람들을 심심치 않게 찾아볼 수 있다. 한국 축구를 세계 4강까지 끌어올린 히딩크 감독도 젊은 시절에는 평범한 선수에 불과했다. 레알 마드리드의 수장 조세 무리뉴 감독도 마찬가지다. 지금은 세계 최고의 축구감독 중 한 명으로 평가받고 있지만 선수 시절에는 그리 두각을 나타내지 못했다. 유명 골키퍼였던 아버지가 감독으로 있던 지역팀에서 선수 생활을 했었는데 실력이 별로 좋지 않아 아버지 덕에 입단했다는 비난을 받을 정도였으니 말이다. 이때 상처를 많이 받았지만 전술에 관심을 가지며 훌륭한 감독이 되겠다는 다짐을 했다고 한다.

어디 스포츠의 세계에서만 그렇겠는가? 음악계에서도 전업 후 성공을 거둔 사람들이 많다. 세계적인 명지휘자 카라얀도 젊은 시절 피아니스트가 되려 했지만 재능에 한계를 느껴 지휘자로 돌아서서 큰 성공을 거두었다. 우리나라 대중음악계에서도 이수만, 양현석, 박진영 등 젊은 시절에는 가수로 활동하다가 기획사 사장으로 전업해 더 큰 성공을 거둔 예들이 있다.

기업경영의 세계에서도 마찬가지다. 한번 실패를 경험해본 기업인들은 신규 창업자보다 성공 확률이 더 높았다. 실패에서 소중한 교훈을 얻었기 때문이다. 이와 관련해 2002년 미국 중소기업청(SBA)은 흥미로운 보고서를 발간한 바 있다. 여기서는 신규 창업 기업과 재창업 기업을 비교했는데, 창업 3개월 안에 흑자를 달성한 기업은 신규 창업이 34.1%에 불과한 반면 재창업의 경우에는 55.4%에 이르렀다. 또한 창업 후 29개월 안에 흑자기조가 정착된 비율에서도 재창업 기업이 59.9%로 신규 창업 기업(51.2%)보다 8.7%p 높았다. 현실적으로 크게 성공한 기업인들 중 한번도 실패를 경험해보지 않은 사람을 찾기란 매우 어렵다. 중소기업인들의 모임으로 '팔기회'라는 모임이 있다. 일곱 번 실패하고 여덟 번째에 다시 일어나 성공한 사람들의 모임이라는 뜻이다.

우리는 일모작 인생기에 다양한 시행착오와 실패를 겪는다. 이 때문에 이모작 인생기에는 실패가 오히려 어렵다. 특히 일모작 인생기가 불우했던 사람이라면 그만큼 이모작 인생기는 더 성공적일 수 있다. 이미 많이 넘어져보았기에, 제2의 인생에서는 또 넘어지지 않고 앞으로 빠르게 나아갈 수 있는 것이다.

일모작의 아마추어, 이모작 때는 프로페셔널이 된다!

일모작 인생기에 우리가 많은 시행착오를 거듭하는 가장 큰 이유는 다양한 인생사와 직업활동을 태어나서 처음 해봐서다. 일모작 인생기에는 노하우를 가르쳐주는 사람도 없을뿐더러 자신의 철학이나 판단기준도 확립되어 있지 않은 상태다. 이 때문에 일모작 인생기에는 좌충우돌하며 직업역량과 인생 자체를 배우게 된다. 달리 말하자면, 일모작 인생기에는 누구라도 아마추어의 삶을 살 수밖에 없다. 일모작 인생에서 성공한 사람들은 단지 실패를 조금 덜 했거나 빨리 배우는 사람일 뿐이다.

그러나 이모작 인생기에는 상황이 달라진다. 이미 인생사와 직업생활의 경험은 충분한 상태다. 게다가 그동안의 생활을 통해 여러 분야에 두루 쓰일 자기만의 노하우를 충분히 축적해놓은 상태다. 바로 이것이 이모작 인생기에 성공할 수 있는 세 번째 이유다. 일모작 인생기에 많은 직업적 지식과 경험 및 노하우 그리고 인적 네트워크를 축적해, 드디어 인생 프로페셔널로서 살 수 있는 준비가 되었기 때문이다. 그리고 이런 직업 노하우는 전문지식과 달리 다른 직업을 택하더라도 쉽게 이전될 수 있는 것들이다. 이모작 인생기에는 조금만 노력하면 누구라도 프로페셔널의 삶을 살 수 있는 것이다.

사실 직업생활에서는 학력이나 전문지식보다 실무경력이 더 중요한 경우가 많다. 회사에서 명문대를 나온 사원과 대리가 2~3일 걸려도 제대로 처리하지 못하는 일들을 평범한 대학을 졸업한 차장이나 부장은 전화 몇 통화와 약간의 문서작업만으로 몇 시간 만에 깔끔하게 해치우는 모습을 종종 볼 수 있다. 이렇게 오랜 경험에서 쌓은 업무 노하우는 다른 직종과 직업에서도 성공의 원천이 된다. 이모작 인생에서 전혀 다른 일을 선택하더라도 쉽게 적응하고 성공할 수 있는 귀중한 자산인 것이다.

최근 일본과 한국에서 퇴직자들의 고령 창업 또는 시니어 창업이 늘어나고 있는 이유가 바로 이것이다. 점점 더 많은 고령자가 그동안의 경험과 노하우를 살려 새로운 출발을 할 수 있다는 자신감을 갖게 된 것이다. 《니혼게이자이신문》 보도에 따르면 일본에서 2011년 60대 이상 고령층이 세운 회사는 2,200여 개에 달했다. 이는 전체 창업 건수의 6.6%를 차지하는 것으로 10년 전인 2001년의 3.9%에 비하면 2배 가까이 늘어난 수치다. 서울시에서도 2011년 8월부터 장년 창업 프로젝트를 시작한 지 불과 6개월 만에 시니어 계층이 88개 기업을 창업했다.

　이모작 인생기가 성공적일 수 있는 또 하나의 이유를 덧붙이자면 자신의 새로운 직업을 능동적으로 선택할 수 있다는 점이다. 일모작 인생기에 사람들은 자신의 적성이나 능력을 제대로 알지 못한 상태에서, 기회가 주어지는 곳에 무작정 취업을 하곤 했다. 그러나 나이 드는 것은 자신의 특성과 한계, 장단점을 제대로 알아가는 과정이다. 수많은 인생경험을 쌓으면서 사람들은 비로소 자신의 능력과 한계를 명확히 파악하게 된다. 또한 인생의 의미를 분명히 깨닫고 자신이 잘할 수 있는 일이 무엇인지도 알게 된다. "나이 오십은 지천명(知天命)"이라는 옛말은 이런 장년기의 인간적 성숙을 잘 반영한 것이다. 또한 오랜 사회경험을 통해 다양한 직업의 특성도 파악하게 된다. 그 덕분에 자신이 잘할 수 있고, 하고 싶었으며, 기쁨을 얻을 수 있는 일들을 생애 최초로 능동적으로 선택할 수 있게 된다.

이모작 직업인생은 하산길처럼 즐겁고 성과도 쉽게 나는 과정

인생은 흔히 등산에 비유된다. 등산이나 인생살이나 길고 긴 싸움이라는 점, 고난을 참고 한 발짝씩 밟아 올라가야 한다는 점, 그리고 그 인내를 통해 마침내 정상 정복이라는 달콤한 과실을 맛볼 수 있다는 점에서 말이다. 오죽하면 등산을 인내의 예술이라 할까?

　그러나 우리가 이모작의 관점에서 인생을 생각하면, 이것은 절반은 맞고 절반은 틀린 말이다. 즉 인생이 고된 등산과 비슷하다는 것은 일모작 인생에 대해서는 분명 맞는 말이다. 그러나 두 번째 인생인 이모작 인생기에는 분명 맞지 않다. 이모작 인생은 일모작 인생에 비해 힘도 덜 들고 더 즐겁고 성과도 쉽게 낼 수 있기 때문이다. 다시 말해 일모작 인생이 산을 오르는 등산길이라면, 이모작 인생은 산을 내려오는 하산길과 같다.

산에 오를 때는 먹을 것 등 많은 짐을 메고, 중력을 거슬러 높은 곳으로 올라가야 하니 자연 힘이 들 수밖에 없다. 게다가 간만에 산에 오르면 처음에는 산 오르는 법에 익숙하지 않아 한두 시간은 근육에 상당한 무리가 간다. 게다가 예정된 시간 내에 산꼭대기에 올라야 하니 제때 쉬지도 못하고 풍광을 구경하기도 힘들다. 만약 같은 팀에 지친 사람이 있다면 그 사람의 짐도 나누어 들어주어야 한다. 이래저래 산에 오르는 길은 힘겹고 괴로운 과정일 수밖에 없다.

반면 산에서 내려올 때를 생각해보자. 일단 음식물이나 기타 불필요한 준비물들이 많이 줄어 짐이 훨씬 가볍다. 또한 한두 시간 시행착오를 겪으며 산 타는 법에 익숙해졌기에 더 효율적으로 움직일 수 있다. 게다가 중력이 도와주니 훨씬 수월하다. 나아가 등산길에서는 한 번 정한 코스를 바꾸기가 쉽지 않지만, 산 정상에서 보면 다양한 하산길이 보이고 오르면서 산의 특성을 알게 되었기에 자신에게 맞는 길을 택할 수 있다. 그러니 내려오는 길은 휘파람도 절로 나오고 그동안 눈에 들어오지 않던 산수나 풍광도 즐기며 기분 좋고 빠르게 내려올 수 있다.

이모작 인생기도 마찬가지다. 앞서 살펴본 것처럼 이모작 인생기에는 생물학적 부담에서 자유로워져 가볍게 움직일 수 있다. 또한 일모작 과정에서 이미 시행착오를 많이 겪어보았고 그 과정에서 내 몸에 맞는 삶의 방법을 익혀놓은 상태다. 게다가 눈에 보이지는 않지만 그동안 축적해놓은 지식, 경험, 노하우 등이 마치 중력처럼 인생의 성공을 돕는다. 사정이 이런데, 어떻게 이모작 인생기라는 하산길이 어려울 수 있겠는가? 오히려 이모작 인생기는 일모작 인생기와 달리 쉽고도 즐겁게 더 좋은 성과를 낼 수 있는 시기인 것이다.

이처럼 현대사회에서 이모작 인생은 생물학적 부담에서의 해방, 도전 자체에 뒤따르는 높은 성공 확률, 그동안 쌓아놓은 경험과 노하우 발휘 등 다양한 이유로 누구나 인생 프로페셔널이 되어 살 수 있다. 즉 이모작 인생기는 온전히 자신의 행복을 추구할 수 있는 가치 있고 중요한 인생의 황금기다.

더욱이 이모작 인생기는 20~40년에 달하는 긴 시간이다. 이는 어떤 일을 새로 시작해 잘 배우고 남부럽지 않은 성과까지 내는 데 충분한 시간이다. 전문지식을 익히고 배우는 대학 교육과정도 4년에 불과하다. 또한 일모작 직업인생을 통해 사람들은 자기에게 맞는 학습 노하우나 일의 본질을 금세 알아차리는 통찰력을 터득하게 된다. 이 때문에 고령자가 비교우위를 갖는 관리나 서비스 업종이라면 누구보다 쉽게 일에 적응할 수 있다.

따라서 현재 많은 퇴직자나 퇴직을 앞둔 사람들이 걱정하듯이 이모작 인생기에 대해 비관적일 필요는 결코 없다. 새로운 직종에서 새로운 직업생활을 시작하는 이모작 인생은 오히려 새로운 인생의 전환기이자 재도약의 기회다. 성공 가능성 또한 매우 높다.

3

삶의 시계를 '이모작인생기'에 다시 맞춰라

은퇴는 영어로 retire이다. 그러나 요즘은 Re-Tire라고도 말한다. 즉 사람을 자동차에 비유하자면, 은퇴란 타이어(tire)를 다시(re) 갈아 끼우고 인생 마일리지를 새롭게 쌓기 시작한다는 의미다. 50년 이상 긴 인생행로를 달려오며 낡아버린 삶의 타이어와 부품을 일모작 직장에서 퇴직하면서 새로 갈아 끼운다고 생각해보자. 잠시 쉬면서 기름도 넣고, 그동안 삶을 짓눌렀던 무거운 짐도 내려놓고, 인생의 주행 마일리지를 다시 0으로 돌려놓는다고 생각해보자. 오르막길이 끝나고 내리막길이 시작되는 것이라고 상상하자. 50~60대는 결코 인생의 황혼기가 아니며 제2의 인생을 다시 시작할 수 있는 찬란한 황금기임을 충분히 느낄 수 있을 것이다.

우리가 은퇴에 대해 갖는 부정적인 생각은 사실 산업사회의 유물이다. 19세기와 20세기의 산업사회에서는 인간의 평균수명이 60~70세 정도로 매우 짧았다. 실제로 우리나라에서도 40여 년 전인 1970년의 기대수명은 61.9세에 불과했다. 또한 공장제 중심의 산업사회에서는 육체노동의 비중이 커서 나이 들면 일을 못한다는 생각이 당연시되었다. 따라서 50~60세 즈음에 은퇴하고 얼마 남지 않은 여생을 정리하고 생을 마감하는 것이 일반적이었다. 즉 은퇴는 직업생활의 끝이자 인생정리기의 시작이었다.

그러나 앞서 보았듯 건강수명 측면에서 현대의 중장년층은 과거에 비해 17년, 어림잡아 20년 정도 젊어졌다. 즉 현재의 75세는 과거 55세에 맞먹는 건강상태를, 현재의 55세는 과거의 35세에 맞먹는 건강상태를 가졌다고 보아도 과언이 아니다. 이른바 '50청년, 70중년, 90노년'의 시대로 접어든 것이다. 현대의 지식기반사회에서는 육체적 능력보다 지적·관계적·경험적 능력이 점점 더 중요해지고 있다. 이런 사회변화를 감안할 때, 은퇴는 이제 직업생활의 끝을 의미하지 않는다. 오히려 일과 가정사에 치여 고생만 하던 일모작 직업인생을 끝내고, 직업생활과 가정생활이 조화를 이루는 이모작 직업인생을 새로 시작하는 전환점으로서 큰 의미를 지닌다.

'25-55' 주기 대신 '25-50-75' 주기로!

현재 우리나라는 암묵적으로 일모작 인생 패러다임과 이에 근거한 25-55 일모작 인생주기를 갖고 있다. 즉 대학을 졸업하는 25세 즈음에 취직해 30여 년 일하고 55세 즈음에 은퇴하며 직업생활을 마감한다는 것이다. 그러나 이는 앞서 보았듯이 과거 인간의 평균수명이 짧았고 공장제 중심의 산업사회가 지배적이었을 때의 유물일 뿐이다. 100세 장수시대가 현실이 되면 55세 이후 45년을 집에서 쉬어야만

한다. 인간의 평균수명을 90세로 잡더라도 35년간을 하릴없이 보내야 한다.

특히 지식기반사회에서는 육체적 능력보다 지식, 경험, 노하우 등 지적 능력이 가치창출에 더 중요한데, 55세 즈음에 직업전선에서 퇴출되면서 직업생활을 통해 축적한 소중한 지적 자산들을 모두 사장시키고 만다. 따지고 보면 개인의 노후빈곤 문제나 국가의 사회보장비용 폭증 문제는 모두 일모작 인생주기가 현실의 변화를 따라가지 못했기 때문에 나타나는 현상이다.

필자는 이런 문제를 극복할 대안으로 이모작 인생 패러다임을 제시했다. 또한 적절한 이모작 인생주기는 25-50-75가 될 것이라 판단한다. 필자가 제안하는 25-50-75 인생주기는 인생이 길어진 만큼 그 시간을 효과적으로 활용해 일도 더 많이 하고 휴식도 더 많이 하자는 개념이다. 즉 100세 시대를 가정할 때, 성인으로 독립해 일모작 25년(25~50세)과 이모작 25년(50~75세)을 합해 인생의 절반인 50년을 일하고, 인생의 4분의 1인 25년 동안 여유롭게 노후생활을 즐기자는 것이다.

25-50-75 이모작 인생주기를 받아들이면 인생에서 두 번의 기회를 갖게 된다. 즉 일모작 직업인생에서 제대로 성과를 거두지 못한 사람들도, 이모작 직업인생을 통해 또 한 번의 성공기회, 인생반전을 도모할 수 있게 된다. 앞서 보았듯 이모작 인생기는 등산으로 치면 하산길과 같다. 생물학적 부양부담이라는 짐이 없어져 가볍게 움직일 수 있고, 일모작 오르막길에서 고생하며 얻은 시행착오의 경험과 업무 노하우가 있을 뿐만 아니라, 두 번째로 시도하는 것인 만큼 실패할 확률

도 적다. 더구나 더 오래 일하는 만큼 더 많은 노후자금을 마련해 75세 이후의 은퇴기에 더욱 안락하고 평온하게 보낼 수 있게 된다.

인생의 시계를 거꾸로 돌리고 이모작 인생을 시작하라

이런 측면에서 50~60대는 인생 이모작 시대에 능동적으로 대응하기 위해 무엇보다 먼저 마음가짐을 바꿀 필요가 있다. 건강수명으로 따지면 50대는 과거의 30대, 60대는 과거의 40대에 해당한다. '50청년, 70중년, 90노년'인 시대에 중요한 것은 마음가짐이다. 자신을 쓸모없는 퇴직자라고 생각하면 정말로 그렇게 늙는다. 물리적 나이는 60대라 해도 건강수명으로 따지면 과거 40대의 몸을 갖고 있으니 마음가짐 또한 40대가 되어야 한다. 인생의 시계를 거꾸로 돌려 재출발해야 한다. 한창 활력이 넘치는 40대의 마음가짐으로 돌아가, "나는 여전히 현역이고, 앞으로 20~30년은 거뜬히 일할 수 있다"고 되뇌면 이모작 인생기를 힘차게 살아갈 수 있다.

여전히 현역이라는 마음가짐으로 무장했다면, 퇴직 후 시간의 효과적 활용에 대해 다시 한 번 생각해볼 필요가 있다. 흔히 퇴직 후에는 하는 일도 없는데 시간이 속절없이 빨리 간다고들 말한다. 또한 새로운 것을 시도하기에는 너무 나이 들었다고도 말한다. 그러나 "No one is too old to learn"이라는 영어 속담처럼, 배우기에 너무 늦은 나이란 없다. 오히려 나이 들어서도 시간을 얼마나 효과적으로 활용하는가에 따라 이모작 인생기의 성공 여부가 판가름 난다. 퇴직 후에는 여유시간이 생각보다 많다. 일반적으로 하루에 수면, 운동, 식사, 가사 등 필수시간을 제외해도 11시간의 여유시간이 있다. 50세부터 75세까지 25년간 이모작 인생을 영위한다고 가정해보면, 적어도 10만 시간(=11시간×365일×25년)의 여유시간이 있다.

말콤 글래드웰이 쓴 책 《아웃라이어》에서는 '1만 시간의 법칙'을 이야기한다. 어떤 분야든 전문가나 달인이 되려면 최소 1만 시간을 투입해야 한다는 것이다. 1만 시간을 효과적으로 투입하면 어떤 새로운 분야에서도 성공할 수 있다. 그럼에도 불구하고 일모작 인생기에 전문가가 되는 사람은 많지 않다. 왜 그럴까? 직장생활과 가정생활이라는 두 마리 토끼를 쫓아야 하는 일모작 인생기에는 자신의 전문성을 위해 1만 시간을 투입하기가 현실적으로 쉽지 않기 때문이다.

그러나 이모작 인생기에는 이야기가 달라진다. 이모작 인생기에는 1만 시간을 다 투입하지 않아도 된다. 일모작 인생기에 쌓은 경험과 노하우가 절반 이상을 채워주는 덕분이다. 40대에는 자녀들이 어느 정도 성장한 시점이므로, 하루 2시간을 내기가 그리 어렵지 않을 것이다. 만일 40대부터 이모작 역량 확보를 위해 주중 하루 2시간이나 주말 하루(10시간) 정도를 꾸준히 이모작 준비를 위해 10년간 투자한다면 이미 5,000시간이 넘는다(=10시간×52주×10년).

여기에 그동안 직업활동과 사회생활에서 쌓은 경험과 노하우를 접목하면 어떨까? 이미 새로운 분야의 전문가가 될 준비가 어느 정도 갖춰진 셈이다. 따라서 50대 초반 일모작 직장에서 은퇴한 후 약간의 적응교육만 받는다면 충분히 이모작 인생을 시작할 수 있다. 그런 다음 조금만 더 이모작 직업현장에서 노력하면 전문가나 달인이 될 수 있다.

회사에는 정년이 있지만 인생에는 정년이 없다. 인생 후반부에는 자신이 노력한 것 이상으로 큰 성과를 거둘 수 있는 것이다.

인생에는 정년이 없다, 100세 시대 축복이 온다!

많은 사람이 어떻게 노후를 보내야 할지 고민한다. 분명한 것은 시대가 변하고 있다는 점이다. 인간의 평균수명이 60세 혹은 70세에 그쳤던 산업사회에서 노후생활은 직장에서 은퇴한 후 쉬면서 일에 지친 심신을 달래며 평온하게 황혼기를 보내는 것이었다. 그러나 인간의 수명이 100세 가까이로 연장될 미래 지식기반사회에서는 전혀 새로운 관점에서 노후생활, 나아가 인간의 생애 자체를 재설계해야 한다.

이런 관점에서 필자는 산업사회에서 성립한 25-55 패러다임의 인생설계 대신, 25-50-75 패러다임의 인생설계가 100세 장수시대에 더욱 적합하다고 보았다. 이는 인생을 4등분하는 개념이다. 첫 25년은 사회인으로 성장하는 데 쓴다. 중간의 50년은 일모작 인생기 25년과 이모작 인생기 25년으로 나누어 두 번 성공하는 데 쓴다. 그리고 후반 25년은 황혼의 노후생활을 보내는 데 쓴다. 이를 통해 인생이 늘어난 만큼 새로운 인생기회를 도모하며 더 오래 일하고 더 오래 즐기자는 것이다.

일모작 직장에서의 은퇴가 사회생활의 끝이라 생각하면 100세 장수시대는 자칫 재앙이 되기 쉽다. 은퇴 후 적어도 25년, 길게는 40년을 아무 하는 일 없이 보내는 것은 분명 고역일 테니까 말이다. 그러나 일모작 직장에서의 은퇴가 새로운 이모작 인생을 시작하기 위한 전환점이라 생각한다면, 100세 장수시대는 너무도 큰 축복이 될 수 있다. 비록 일모작 인생에서 성공적이지 못했더라도, 이모작 인생에서는 생물학적 부담에서 자유로워진 여유로운 상태로 자신이 원하는 인생을 새롭게 선택할 수 있기 때문이다. 앞서 살펴본 것처럼 지난 수십 년간의 시행착오 경험과 직업 노하우가 있기에 이모작 인생은 '실패할 수 없는 삶'이다. 이미 많은 사람이 일모작 직장에서 은퇴 후 새로운 직업인생을 시작하며 즐겁고 보람차게 살고 있다. 그러니 더는 미래를 두려워할 필요가 없다. 개인의 삶을 이모작하라. 그러면 행복해질 것이다.

4
국가는 멋진 이모작 인생의 파트너

이처럼 이모작 인생은 일모작 인생보다 훨씬 성공적일 수 있고, 인생 제2의 황금기로서 빛을 발할 가능성이 크다. 그럼에도 불구하고 많은 사람이 아직도 이모작 인생을 시도하는 것을 주저한다. 이유는 여러 가지다. 첫째 아까워서, 둘째 힘들어서, 셋째 불안해서다. 즉 새로운 직종에서 다시 시작하자니 그동안 일모작 직종에서 쌓아왔던 커리어가 아깝고, 전업을 위해 주도면밀한 미래 플랜 마련과 상당한 노력이 필요한데 나이 들어 이를 시도하자니 너무 힘들고, 아직 많은 사람이 가보지 않은 길이기에 성공할 수 있을지 불안하다는 것이다.

각각의 개인이 '인생 이모작'이라는 대명제에는 공감하면서도 막상 자신의 구체적인 이모작 인생을 만들어가는 데는 대부분 이런 고민에 휩싸여 실행을 주저한다. 사실 이는 불가피한 일이다. 인생 후반부의 명운이 달린 문제이기 때문에 누구라도 신중해질 수밖에 없다. 이런 측면에서 개인들의 이모작 인생 시도 노력을 북돋고, 더 많은 중장년층이 체계적으로 이모작 준비에 나서도록 하려면 국가와 기업들이 발벗고 나서주어야 한다.

　국가가 다양한 이모작 교육 및 고용체계를 만들고, 인생 이모작을 가능케 하는 체계적인 경력경로를 제시할 수 있어야 할 것이다. 이는 8장에서도 보았지만 단순히 고령자들의 이모작 재교육·재고용 체계뿐 아니라 청년들을 대상으로 한 일모작 교육 및 고용 체계의 변화까지 포함한다. 나아가 기업들도 고령친화적 고용문화를 만들어야 할 것이다. 여기에는 고령자들의 이모작 고용을 확대하는 것뿐 아니라, 직원들이 현재의 일모작 커리어뿐 아니라 적절한 시기가 되면 이모작 커리어 또한 준비할 수 있도록 배려하는 것까지 포함된다. 우리보다 일찍 고령화를 맞은 선진국의 기업들은 사회적 변화에 부응해 고령친화적 기업문화를 이미 구축하고 있다.

　이처럼 일모작 인생뿐 아니라 이모작 인생을 지원하는 사회체계가 구성되고 뒷받침된다면, 향후에는 이모작 성공사례가 늘어날 것이다. 이런 성공경험이 사회적으로 전파되어, 궁극적으로 젊은이들도 일모작뿐 아니라 이모작 경력경로까지 염두에 두고 경제활동을 전개한다면 인생 이모작의 사회경제적 효과는 극대화될 터이다.

　고령화의 급진전과 지식기반사회로의 이행이라는 세계사적 변화 속에서 한국이 확고한 선진국 지위를 확보하기 위해 반드시 해야 할 '국가의 일'이 바로 이것이다. 미래 고령화시대에는 고령인구의 양적 확대만이 아니라 과거와 전혀 다른 신체적·정신적 조건을 갖춘 고령층 등장이라는 질적 변화도 나타난다. 직업활동과 관련된 폭넓은 경험과 깊이 있는 경륜을 갖춘, 이들 신(新)고령층은 지식기반사회에서 청장년 못지않게 실속 있는 경제활동을 할 수 있을 것이다.

그렇다면 고령층 증가를 사회복지비용 부담의 증가 요인으로만 인식해서는 안 된다. 현재 그리고 미래의 고령층은 새로운 이모작 인생을 개척할 능력과 의지, 필요를 갖춘 신인류 계층이다. 이들의 수적 증가가 곧 사회적 인적자원 확대라는 인식을 갖고 국가와 사회가 적극적으로 이모작 인생의 경로를 함께 설계하여 신고령층의 잠재력을 효과적으로 활용하려는 노력이 필요한 이유다.

우리가 고령화에 제대로 대응하지 못한다면 일본의 전철을 밟게 되거나, 일본보다 더 힘든 "잃어버린 20년"의 수렁에 빠질 수 있다. 반면 점점 그 숫자가 늘어나는 고령자 인적자원을 효과적으로 활용한다면, "인구의 고령화에도 불구하고 경제는 젊음을 유지하는" 나라로서 미래세계를 선도할 것이다. 이런 측면에서 연령별 분업과 인생 이모작 사회 건설은 산업화로 인한 한국경제의 '절반의 성공'을 선진국 수준의 '완전한 성공'으로 도약시킬 묘책이다. 결국 연령별 분업제 시행에 의한 이모작 사회 건설은 개인, 사회, 국가 모두에게 '100세 장수시대'가 재앙이 아니라 축복이 될 길을 열어줄 것이다.

참고문헌

고용노동부(2007. 9), 고령자고용촉진법 일부 개정법률안

고용노동부(2011. 1), "고령자 고용지원제도 안내"

고용노동부 국제노동정책팀(2007), "일본 노동 동향-일본의 고령자 고용 촉진 정책 동향"

고용노동부 국제노동정책팀(2007. 7), "독일 노동 동향-독일의 고령인력고용 활성화 정책"

국민연금관리공단(2007), "국민연금법 개정 안내"

국민연금재정추계위원회(2009), "2008년 국민연금 장기재정추계 및 운영개선 방향"

국제노동정책팀(2007. 1), "독일 노동정책 동향-독일의 고령자 고용정책"

국회입법조사처(2010), 《지표로 보는 오늘의 한국 2010》, 1권~3권

김기호(2005), "인구고령화가 경제성장에 미치는 영향", 한국은행

김기호(2008), "인구고령화가 인적자본투자 및 금융 시장에 미치는 영향", 《보험개발연구》, 제19권 제3호

김기홍(2005), "중고령층 전직지원 및 직업능력개발훈련 현황", 한국직업능력개발원

김기홍(2008), "중고령자 진로전환 지원 체제 연구", 한국직업능력개발원

김기홍(2010), "고령인력 고용지원서비스 강화 방안", 한국직업능력개발원

김민재(2009), "고령화대응정책의 주요 선진국 동향과 시사점", 국회예산정책처

김선웅(2006), "미국의 고령화정책과 한국에의 시사점"

김소향·이신숙(2009), "노인일자리사업 참여 여부에 따른 노인의 자아존중감과 생활만족도에 관한 연구", 《한국노년학》학회지, Vol. 29 No. 1

김수원 외(2006. 12), "중고령자 능력개발을 위한 제2의 인생설계 지원프로그램 연

구", 한국직업능력개발원

김옥남, "고령화 정책에 관한 연구 : 일본의 사례를 중심으로", 노인복지연구 30

김용문 외(2006), "저출산·고령화사회에 대비한 국가전략", 정책현안자료 2006-06, 한국보건사회연구원

김중진 외(2007. 11), "고령자 우선고용직종 분석 및 재선정", 한국고용정보원

나영선(2005), "중고령층 고용특성과 유망직종", 한국직업능력개발원

남기철 외(2009. 1), "노인일자리 중장기 발전전략", 한국노인인력개발원

내각회의(일본), 《고령사회 백서》, 각년호

노동부(2006), "2006년 업무추진계획"

노동부(2009), "2009년 고령자 및 중견 전문 인력 취업지원서비스 기관 확충"

노동부(2009), "고령자 고용지원제도 안내"

노동부 고령자고용팀(2006. 8), "고령자 고용현황조사 분석"

노인인력운영센터(2005. 6), "유럽 3개국 노인일자리 사업 실태 조사 보고 : 네덜란드, 벨기에, 프랑스", 국민연금관리공단

대한상공회의소(2005), "제조업 고령화 원인과 생산성에 미치는 영향 실태조사"

대한상공회의소(2006), "고령화와 산업인력 수급 정책과제 보고서"

대한상공회의소(2006), "국내실버산업의 성장성 전망"

대한상공회의소(2007), "고령사회와 고령인력 활용 증진방안"

문형표(2006), "인구구조 고령화의 경제사회적 파급효과와 대응과제", 한국개발연구원

박경하(2010. 3), "중소기업체 노인고용현실과 정책과제", 한국노인인력개발원

박명수 외(2010), "중장기 인력수급전망 2008～2018", 한국고용정보원

방하남 외(2005), "인구 고령화와 노동시장 변화 및 노동정책과제", 한국노동연구원

방하남 외(2009), "점진적 은퇴와 부분연금제도 연구", 노동연구원

배성종(2008. 1), "최근 경제활동참가율의 하락 배경과 시사점", 한국은행 조사통계월보

보건복지부·한국 노인인력개발원, "2009년 노인일자리 사업 종합 안내"

보건사회연구원(2009), "국제비교를 통해 살펴본 한국 노인의 소득 및 빈곤실태"

손유미(2004. 7), "일본의 중고령층 경력개발 지원사례", 한국직업능력개발원

양희승(2004), "산업인력의 고령화 빨라진다", LG경제연구원
엄동욱(2005), "고령화·저성장 시대의 기업 인적자원 관리 방안", 삼성경제연구소
원시연(2010), "제2차 저출산·고령사회 기본계획(안) 평가-고령사회 부문", 국회입법조사처
원종현(2010), "고령화에 따른 장수위험 대응방안", 국회입법조사처
이병희 외(2008. 10), "생계형 서비스산업의 현황과 과제", 한국은행
이승길(2007), "고령화에 따른 일본의 노동정책과 그 시사점",《KIET산업경제》
이인규(2005), "주요국의 중고령층 직업능력개발 정책과 프로그램", 한국직업능력개발원
이주연(2007), "베이비붐 세대 퇴직의 본격화 및 그 영향", 해외경제포커스, 제2007-10호, 한국은행
이철용(2005. 7), "국민연금을 활용한 고령근로 증진방안", LG경제연구원
이철용(2007), "소득 2만 달러 이후 선진국 발전 경로", LG경제연구원
이철희(2009), "인구고령화 및 고령남성 경제활동 참가 변화가 노동인구구조에 미치는 영향", 한국경제학회
이현미(2009. 12), "노인 및 노인의 근로에 대한 국민인식 조사", 한국노인인력개발원
임춘식(2006), "선진국의 고령사회 대처 사례",《나라경제》, 한국개발연구원
임춘식 외(2005), "외국의 고령화사회 대책 추진체계 및 노인복지 정책 분석", 보건복지부
장인성(2009), "고령화와 연령대별 고용률 변화 추이 및 정책 시사점", 국회예산정책처
장인성(2010), "고령화가 생산성 및 경제성장에 미치는 영향", 국회예산정책처
장창원(2003), "고령화사회의 인적자원정책(II)-중·고령층을 중심으로", 한국직업능력개발원
조남범(2010. 5), "2009 노인의 경제활동과 사회참여 통계", 한국노인인력개발원
조남병(2010), "2010 해외(일본) 사례조사결과보고서", 한국노인인력개발원
조용수(2010), "2020년 글로벌 고령시대의 빛과 그림자", LG경제연구원
지은정(2006), "중고령자의 퇴직전환 및 노후소득보장과 점진적 퇴직지원",《한국

사회복지학》Vol. 58, No. 3, pp. 135~168

최숙희(2007), "한일 고령화의 영향과 파급효과", 삼성경제연구소

최숙희(2009), "고령화 정책의 우선순위 분석", 삼성경제연구소

최재천(2005), 《당신의 인생을 이모작하라》, 삼성경제연구소

최희선(2004), "고령 산업인력과 생산성", 산업연구원

최희선(2004), "고령 산업인력과 생산성-제조업 부문을 중심으로", 산업연구원

태원유 외(2009), "실업위기의 뇌관, 중고령자 고용 불안 대책", 삼성경제연구소

통계청(2006), "장래인구추계 2010~2050"

통계청(2008), "2008 고령자 통계"

통계청(2009), "향후 10년간 사회변화 요인분석 및 시사점"

통계청(2011), "장래인구추계 2010~2060"

통계청, "고령자 통계 각 호"

한국개발연구원(2005), "고령화 파급효과와 정책 대응 과제 1"

한국개발연구원(2006), "고령화 파급효과와 정책 대응 과제 2"

한국개발연구원(2006), "인구구조 고령화와 산업구조"

한국개발연구원(2006), "인구구조 고령화의 경제사회적 파급효과와 대응과제"

한국노동연구원(2003), "고령화시대의 노동시장과 고용정책(Ⅰ)"

한국노인인력개발원(2010. 10), "노인일자리 사업의 진단과 질적 성장방안 모색-제6차 노인일자리 전문가 포럼 자료", 한국노인인력개발원

한진희 외 (2007), "고령화사회의 장기 거시경제변수 전망 : 2006~2080", 한국개발연구원

현대경제연구원(2009), "베이비붐 세대의 은퇴와 정책적 대응방안", 현대경제연구원

황수경 외(2004. 11), "고령사회 대비 고령자 고용정책에 관한 국제비교 연구", 한국노동연구원

Aizenman, J. and I. Noy(2007), "Prizes for basic research: Human capital, economic might and the shadow of history," *Journal of Economic Growth*, 12(3): 261~282

Avramov, D., R. C. Schoenmaeckers, et al.(2004), Active ageing in Europe, Council of Europe

Cropley, A.(1995), "Creative performance in older adults," in *Reflections on educational achievement*. Germany, Waxmann Publishing: 75~871

Diamond, A. M.(1984), "An economic model of the life-cycle research productivity of scientists", *Scientometrics* 6(3): 189~196

Kim Ju-Hyun(2007. 6), "Productive Activities of older people and their Influence on Life Satisfaction", *Development and Society*, Volume 36 Number 1, pp. 45~69

Marchetti, C.(2002), "Productivity versus Age", *IIASA Contract*, No. 00-155, International Institute for Applied Systems Analysis, Laxenburg, Austria Received for publication, July 15: 2008

Ney, S.(2005), "Active aging policy in Europe: Between path dependency and path departure", *Ageing International*, 30(4): 325~342

Ng, T. W. H. and D. C. Feldman(2008), "The relationship of age to ten dimensions of job performance", *Journal of Applied Psychology*, 93(2): 392

OECD(2010), "OECD Factbook 2010"

Oster, S. M. and D. S. Hamermesh(1998), "Aging and productivity among economists", *Review of Economics and Statistics*, 80(1): 154~156

Ours, J. C. and L. Stoeldraijer(2010), "Age, wage and productivity", Discussion Paper

Ruth, J. E. and J. E. Birren(1985), "Creativity in adulthood and old age: Relations to intelligence, sex and mode of testing", *International Journal of Behavioral Development*, 8(1): 99~109

Skirbekk, V.(2003), "Age and individual productivity: A literature survey." MPIDR WP 28

Tikkanen, T. and B. Nyhan(2008), "Innovative learning measures for older workers", Innovative learning measures for older workers. Cedefop. Luxembourg: EUR-OP.(Cedefop Panorama series.): 5-12

Verhaeghen, P. and T. A. Salthouse(1997), "Meta-analyses of age-cognition relations in adulthood: Estimates of linear and nonlinear age effects and structural models", Psychological bulletin 122(3): 231

WHO(2002), "Active ageing : A policy framework"